U0955599

"十三五"职业院校理实一体化系列教材

# 初级会计实务

主　编◎张瑞英

西南财经大学出版社
Southwestern University of Finance & Economics Press
中国·成都

**图书在版编目(CIP)数据**

初级会计实务/张瑞英主编 .—成都:西南财经大学出版社,2021. 5
ISBN 978-7-5504-4842-1

Ⅰ. ①初… Ⅱ. ①张… Ⅲ. ①会计实务—高等职业教育—教材
Ⅳ. ①F233

中国版本图书馆 CIP 数据核字(2021)第 067918 号

**初级会计实务**

主编 张瑞英

责任编辑:高小田

封面设计:何东琳设计工作室

责任印制:朱曼丽

| | |
|---|---|
| 出版发行 | 西南财经大学出版社(四川省成都市光华村街 55 号) |
| 网　　址 | http://www. bookcj. com |
| 电子邮件 | bookcj@ swufe. edu. cn |
| 邮政编码 | 610074 |
| 电　　话 | 028-87353785 |
| 照　　排 | 四川胜翔数码印务设计有限公司 |
| 印　　刷 | 郫县犀浦印刷厂 |
| 成品尺寸 | 185mm×260mm |
| 印　　张 | 24 |
| 字　　数 | 521 千字 |
| 版　　次 | 2021 年 5 月第 1 版 |
| 印　　次 | 2021 年 5 月第 1 次印刷 |
| 印　　数 | 1— 2000 册 |
| 书　　号 | ISBN 978-7-5504-4842-1 |
| 定　　价 | 49. 80 元 |

# 内容提要

NEIRONG TIYAO

《初级会计实务》是高职财会类专业的一门专业核心课程，主要侧重于讲述企业基本会计要素及其基本业务的核算方法，以及会计报表的编制。本书依据最新的《企业会计准则》和《企业会计制度》的规范和要求，结合初级会计师考试中对财务会计部分的基本要求而编写，充分体现出以下特色：

（1）产教融合，体现真账实操，融汇实际职场情境；

（2）课证融通，将课程学习与职称考证相结合。

本书适用于高职高专会计、财务管理及其他经济管理类专业，也可作为各类院校、企业职工的培训教材及在职工作人员提高会计知识与应用能力的自学用书。

# 前言

QIANYAN

《初级会计实务》按照《国务院关于印发国家教育事业发展“十三五”规划的通知》的精神，以及高等院校应用技能型教育人才培养目标和培养模式的要求，注重理论联系实际，重视学生应用能力、实践能力和创新能力的培养及提高，依照“原理先行、实务跟进、案例同步、实训到位”的原则，结合“以能力为本位、以就业为导向”的思想和理念，在注重培养学生管理业务实践应用能力的同时，做到与时俱进，使得教材更接近实际应用。

本书涵盖15个项目，在结构安排上，采用“产教融合、课证融通”的编写方式，力求结构严谨、层次分明；在表述安排上，力求语言平实凝练、通俗易懂；在内容安排上，尽可能考虑到不同专业、不同层次的不同需求，每一个项目都设有“学习目标”“思维导图”“人物对话”“实例参考”。每一个项目后都编排了“能力训练”，包括单项选择题、多项选择题、判断题，帮助读者在学习每一项目的内容时做到有的放矢，改善学习效果。

本书具有以下特色：

（1）内容全面，体系规范。本书对会计的基本内容进行了深入细致的阐释，图文并茂，并利用二维码呈现大量习题，使教材的形式更加活泼、载体更加丰富，具备了“富媒体”的特色。教材以工作过程为导向，对实践应用的具体方法做了系统而全面的介绍，以便读者进行比较、分析，提高其分析问题、解决问题的能力。

（2）结构新颖，栏目丰富。为便于读者学习，本书力求在结构上有所突破，激发读者的学习兴趣和学习热情，每一项目的开篇有清晰的“学习目标”；正文中有“实例参考”“小贴士”；课后针对每一项目内容编排了单项选择题、多项选择题、判断题，以呼应本教材实践性、应用性的特色，更好地满足信息化条件下课堂的教改创新需要。

（3）与时俱进，紧跟政策。本书根据最新的《企业会计准则》和《企业会计制度》的规范和要求，内容新颖，参考初级会计师考试中对财务会计部分的基本要求而编写，突出实用性和可操作性。

（4）学练结合，学以致用。考虑到本课程具有实践应用性较强的特点，为了便于及时复习所学的知识内容，提高学习效率，本书在课后安排了能力训练，扫描二维码，即可得到大量习题供学生参考练习，学生可以一边学理论，一边将其加以应用，充分体现应用型人才培养目标，即“以应用为目的，以够用为原则”，实现理论和实训一体化。

本书由河南农业职业学院张瑞英主编，适用于高职高专会计、财务管理及其他经济管理类专业，也可作为各类院校、企业职工的培训教材及在职工作人员提高会计知识与应用能力的自学用书。

在书的修订编写过程中，编者参阅了大量的教材、专著、网站资料，同时，得到了出版单位的大力支持，在此向相关作者及各位编辑表示衷心的感谢。

由于编写时间仓促，加之编者水平有限，本书难免存在一些不足之处，恳请专家、学者批评指正，以便我们不断地更新、改进与完善。张瑞英邮箱为 zhangruiying@ hnca. edu. cn，欢迎读者交流意见。

**编者**

2020 年 4 月

# 目录

MULU

# 项目 1　认识会计

## 学习目标：

1. 了解会计的定义、职能与目标；
2. 认识会计职业，了解会计入职资格及应遵守的职业道德；
3. 熟悉会计机构与会计岗位的设置，遵守会计岗位职责。

认识会计思维导图，如图 1–1 所示。

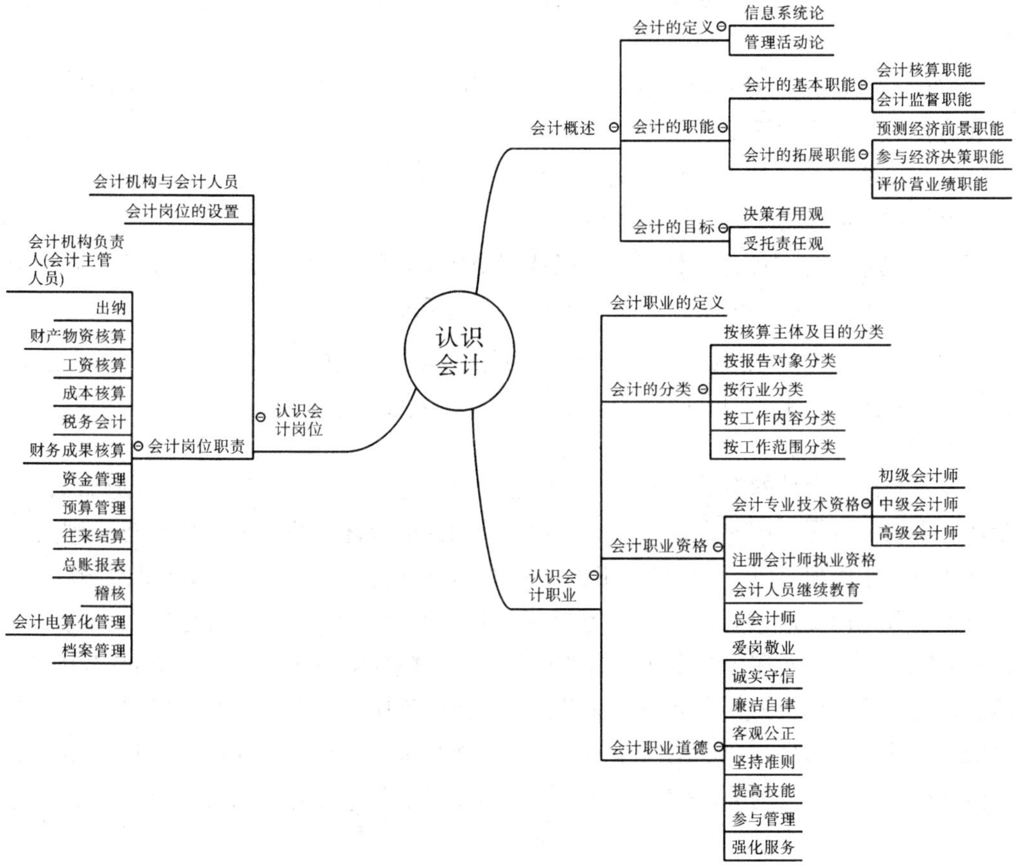


图 1–1　认识会计思维导图

# 任务 1.1　会计概述

## 1.1.1　会计的定义

关于会计的基本含义，在各国会计理论界和实务界曾经历了一个长期的争论和探索过程，由于研究者对会计认识的角度不同，所给出的定义也不完全相同，主要有以下几种观点：

（1）工具论，即把会计定义为管理经济的一种工具。

（2）方法论，即把会计定义为反映和监督经济活动过程及其结果的一种方法。

（3）技术论，即把会计定义为以货币形式对经济业务事项进行记录和报告的一种应用技术。

（4）艺术论，即把会计定义为以货币形式记录、报告并解释经济业务事项及其结果的一门艺术。

（5）管理活动论，即把会计定义为经济管理的重要组成部分，是对经济活动进行系统核算和监督的一种管理活动。

（6）信息系统论，即把会计定义为旨在提高单位的经济效益，加强经济管理而建立的一个以提供财务信息为主的经济信息系统。

（7）控制系统论，即把会计定义为以认定受托责任为目的，以决策为手段，对一个实体的经济事项进行分类、记录、汇总、传达的控制系统。

以上各种观点中，在我国具有较大影响的是信息系统论和管理活动论，这两种观点通常被认为是关于会计本质问题的两大基本观点和代表性主张。

1. 信息系统论

信息系统论将会计的本质定义为一个信息系统，这是西方国家较为主流的认识，在国际会计界也较为流行。例如，美国会计学会、美国注册会计师协会所属的会计原则委员会在 20 世纪 60 年代和 70 年代发布的相关文告中都曾有过类似的定义。20 世纪 80 年代初期，我国学者在接受这一基本观念的基础上，进一步将会计明确定义为旨在提高经济效益，加强经济管理，而在每个企业、事业机关等单位建立的一个以提供财务信息为主的经济信息系统。该观点认为，会计的目标是提供经济决策所需的会计信息，处理的对象是关于价值运动的完整信息，会计不仅是一个系统，而且是一个信息系统，为了区别于其他类型的信息系统，可称之为会计信息系统，会计信息系统是企业管理系统中重要的子系统。

2. 管理活动论

管理活动论是20世纪70年代末、80年代初由我国学者最早提出的。该观点认为，会计提供信息只是手段，不是目的，会计的目的是借助这些手段参与经济管理，会计这一社会现象属于管理范畴，是人的一种管理活动，……会计的职能总是通过会计工作者从事的多种形式的管理活动而实现的，因而会计是经济管理的重要组成部分，是讲求经济效益的一种管理活动。

近年来，随着会计理论研究的不断深化，也有学者认为两种主张的基本观点是一致的，有着共同的内涵，仅是认识问题的方法和角度不同而已，前者是将会计视为一个系统予以论证，强调会计是一个经济信息系统，同时也承认会计是经济管理系统的一个组成部分；而后者是将会计视为一项工作予以研究，强调会计的本质是一种经济管理活动，同时也承认会计信息系统的存在及其作用，两大观点并不是根本冲突的。从我国目前制定的会计相关规范来看，较大限度地接受了信息系统论的基本思想和主张。

基于以上的认识，我们可以对会计做以下归纳：会计是以货币为主要计量单位，采用专门方法和程序，对企业和行政、事业单位的经济活动进行完整的、连续的、系统的核算和监督，以提供经济信息和反映受托责任履行情况为主要目的的经济管理活动。

**小贴士：单位与企业的理解**

单位是国家机关、社会团体、公司、企业、事业单位和其他组织的统称。其中，企业通常是指以营利为目的，运用各种生产要素（土地、劳动力、资本、技术和企业家才能等），向市场提供商品或服务，实行自主经营、自负盈亏、独立核算的法人或其他社会经济组织。企业广义上包括营利性企业和非营利性企业两类。企业是市场经济活动的主要参与者，在社会主义经济体制下，各种企业并存，共同构成社会主义市场经济的微观基础。企业存在三类基本组织形式：独资企业、合伙企业和公司，公司制企业是现代企业中最主要的、最典型的组织形式。非营利组织，主要包括政府机构、事业单位和社会团体等。

### 1.1.2 会计的职能

1. 会计的基本职能

会计职能是指会计在经济管理过程中所具有的功能。会计的职能随社会经济的发展和会计内容、作用的不断扩大而发展。传统的会计主要是记账、算账、报账。随着商品经济的发展，以及现代数学、现代管理学，特别是电子计算机技术引入会计领域，会计的职能有了新的发展，具有了新的特点。

《中华人民共和国会计法》（以下简称《会计法》）明确规定：会计机构、会计人员依照本法规定进行会计核算，实行会计监督。

（1）会计核算职能

会计的核算职能，是指会计以货币为主要计量单位，对特定主体的经济活动进行确认、计量和报告。会计核算贯穿于经济活动的全过程，是会计量基本的职能。确认，是指通过一定的标准或方法来确定所发生的经济活动是否应该或能够进行会计处理。计量，是指以货币为单位，对已确认为可以进行会计处理的经济活动确定其应记录的金额。报告，是指以报表及附注等形式向有关方面和人员提供会计信息。

会计核算的内容，是指特定主体的资金运动，包括资金的投入、资金的循环与周转、资金的退出三个阶段。会计核算的内容主要包括：①款项和有价证券的收付；②财物的收发、增减和使用；③债权、债务的发生和结算；④资本、基金的增减；⑤收入、支出、费用、成本的计算；⑥财务成果的计算和处理；⑦需要办理会计手续、进行会计核算的其他事项。

（2）会计监督职能

会计监督职能，也称会计控制职能，是指对特定主体经济活动和相关会计核算的真实性、合法性和合理性进行监督检查。其中，真实性审查是指检查各项会计核算是否根据实际发生的经济业务进行；合法性审查是指对各项经济业务是否符合国家有关法律制度、是否执行国家有关方针政策进行的审查，以杜绝违法乱纪行为；合理性审查是指检查各项财务收支是否符合客观经济规律及经营管理方面的要求、保证各项财务收支符合特定的财务收支计划，实现预算目标。

**小贴士：会计核算职能和会计监督职能的关系**

会计核算是基础，如果没有会计核算提供可靠、完整的会计资料，会计监督就没有客观依据，也就无法进行会计监督；反之，会计核算又必须以会计监督为保证。没有科学、严格的会计监督，会计核算就失去了存在的意义，也不可能提供真实可靠的会计信息，从而起不到发挥会计管理、提高经济效益的作用。因此，正确的核算是会计监督的基础和前提，而加强会计监督又能强化会计核算，两者必须结合起来发挥作用，才能正确、及时、完整地反映经济活动。

2. 会计的拓展职能

会计的拓展职能有预测经济前景、参与经济决策、评价经营业绩。

（1）预测经济前景

预测经济前景，是指根据财务会计报告等信息，定量或者定性地判断和推测经济活动的发展变化规律，以指导和调节经济活动，提高经济效益。

（2）参与经济决策

参与经济决策，是指根据财务会计报告等信息，运用定量分析和定性分析方法，对备选方案进行经济可行性分析，为企业生产经营管理提供决策相关的信息。

（3）评价经营业绩

评价经营业绩，是指利用财务会计报告等信息，采用适当的方法，对企业一定经营期间的资产运营、财务效益等经营成果，对照相应的评价标准，进行定量及定性对比分析，做出真实、客观、公正的综合评判。

**经典考题回顾**

1. 【多选题】下列各项中，关于会计职能的表述正确的有（　　）。

A. 核算职能是监督职能的基础

B. 核算与监督是基本职能

C. 监督职能是核算职能的保障

D. 预测经济前景，参与经济决策和评价经营业绩是拓展职能

2. 【判断题】会计不仅具有核算和监督的基本职能，而且还具有预测经济前景、参与经济决策、评价未来业绩等拓展职能。（　　）

**扫码关注，获取答案及更多考题资料**

### 1.1.3 会计的目标

会计目标是指在一定的会计环境中（主要为企业组织形式），人们期望通过会计活动达到的结果。会计目标源于会计信息使用者的需求，要解决两个方面的问题：第一，向谁提供会计信息；第二，提供什么样的会计信息。

目前，国内外关于会计目标的表述主要有以下两种观点：

1. 决策有用观

决策有用观认为，企业财务会计的目标就是向会计信息的使用者提供与其做出经济决策相关的信息，主要包括企业财务状况、现金流量等方面的财务信息。决策有用观的目的在于帮助投资者和债权人等做出投资或贷款等经济决策。

2. 受托责任观

受托责任观认为，企业的经营管理层既应承担通过有效管理促使受托资源保值增值的责任，也应承担如实向委托方报告受托责任的履行过程及其结果的义务，以便于投资者和债权人等对企业管理层的经营业绩进行考核。

决策有用观和受托责任观并不矛盾，各个国家财务报告目标的区别主要是两者的侧重点不同，因此，许多国家都提出了双重目标，我国就是其中之一。

我国现行的《企业会计准则》中关于企业会计目标的规定，全面体现了以上两种会计目标的学术研究观点，并且采取了将受托责任观排列在先、决策有用观排列在后的做法。如我国《企业会计准则》第四条规定，企业应当编制财务会计报告。财务会计报告的目标是向财务会计报告使用者提供与企业财务状况、经营成果和现金流量等有关的会计信息，反映企业管理层受托责任履行情况，有助于财务会计报告使用者做出经济决策。财务会计报告使用者包括投资者、债权人、政府及其有关部门和社会公众等。

## 任务 1.2 认识会计职业

### 1.2.1 会计职业的定义

会计职业是以货币为主要计量单位，运用专门的方法，核算和监督一个单位经济活动的一种经济管理工作。这些工作在特定的组织（如企业、事业单位等）内表现为各种会计岗位。传统的会计岗位主要有：出纳、成本会计、总账会计、会计主管、财务经理、财务总监等。随着会计电算化的广泛应用，会计岗位又出现了电算主管、审核记账、电算审查、数据分析等岗位。现如今，机器人自动化流程（RPA）和人工智能（AI）技术的出现与使用、“互联网+财务”的推广，财务通、财务云、财务机器人的出现，对传统会计提出了巨大的挑战，会计岗位也处于不断调整中。

### 1.2.2 会计的分类

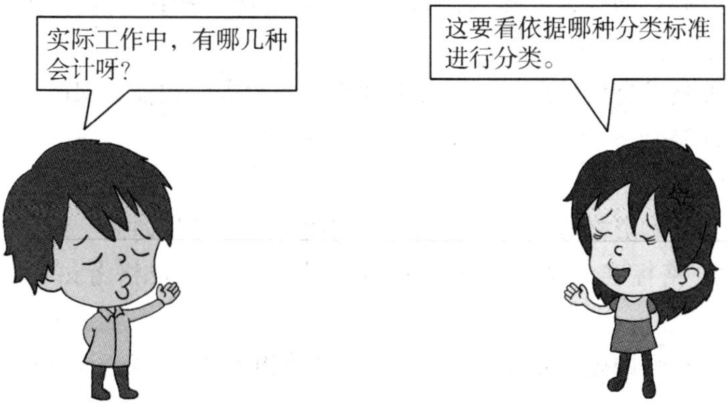


1. 按核算主体及目的分类

按核算主体及目的的不同，会计可以分为预算会计、非营利组织会计和财务会计。

2. 按报告对象分类

按报告对象的不同，会计可以分为对内报告的财务会计和对外报告的管理会计。

财务会计负责编制财务报表，为企业内部和外部使用者提供信息。财务会计的信息是提供广泛的用户。其重点在于报告财务状况和运营状况，主要是对外部提供参考。

管理会计主要是对企业的管理层提供信息，作为企业内部各部门进行决策的依据。

3. 按行业分类

按行业的不同，会计可以分为工业企业会计、商品流通会计、金融证券会计、保险企业会计、施工企业会计、房地产会计、农业企业会计、医疗卫生会计、交通运输会计、物业管理会计、上市公司会计、高新技术企业会计等。

4. 按工作内容分类

按工作内容的不同，会计可以分为总账会计、往来会计、成本会计、材料会计等。

5. 按工作范围分类

按工作范围的不同，会计可以分为公共会计、私用会计、政府会计等。

### 1.2.3 会计职业资格

1. 会计专业技术资格

会计专业技术资格，是指担任会计专业职务的任职资格，是从事会计专业技术工作的必备条件，分初级、中级和高级三个级别。初级职称有助理会计师，中级职称有会计师，高级职称有正高级会计师和副高级会计师。副高级会计师相当于副研究员或副教授，正高级会计师相当于研究员或教授。会计职称是衡量一个人会计业务水平高低的标准，会计职称越高，表明会计业务水平越高。

会计专业职务是区别会计人员业务技能的技术等级，会计专业职务分为高级会计师、会计师、助理会计师。高级会计师为高级职务，会计师为中级职务，助理会计师为初级职务。

获得会计专业技术资格的途径是参加财政部、人力资源和社会保障部共同组织的全国统一考试，并且成绩合格。

（1）初级会计师

初级会计专业技术资格考试实行全国统一组织、统一考试时间、统一考试大纲、统一考试命题、统一合格标准的考试制度。初级会计专业技术资格考试，原则上每年举行一次。

在国家机关、社会团体、企业、事业单位和其他组织中从事会计工作，并符合报名条件的人员，均可报考。

会计专业技术初级资格考试合格者，颁发人力资源和社会保障部统一印制，人力资源和社会保障部、财政部用印的会计专业技术资格证书，该证书在全国范围内有效。用人单位可根据工作需要和德才兼备的原则，从获得会计专业技术资格的会计人员中择优聘任。

会计人员的职业发展通常集中在以下四大方向：进入企业从事财务、成本和管理、财务管理、内部审计等方面工作；进入金融行业在银行、证券行业和其他金融机构从事会计相关工作；进入行政事业单位，如学校、医院、福利慈善机构等担任会计工作和内部审计工作，一般对应于公务员行政级别；进入会计师事务所从事鉴证服务、税务代理、资产评估、会计服务、管理咨询等工作。

**小贴士：初级会计师的报名和考试方式**

（1）报名条件

报名参加初级会计职称考试的人员，应具备下列条件：

①坚持原则，具备良好的职业道德品质；

②认真执行《中华人民共和国会计法》和国家统一的会计制度，以及有关财经法律、法规、规章制度，无严重违反财经纪律的行为；

③履行岗位职责，热爱本职工作；

④具备国家教育部门认可的高中毕业（含高中、中专、职高和技校）及以上学历。

符合报名条件的人员，在职在岗的在其工作所在地报名，在校学生在其学籍所在地报名，其他人员在其户籍所在地或居住地报名。符合报名条件的香港、澳门和台湾居民，在其内地的居住地或工作单位所在地报名；在内地学校学习的，在其学籍所在地报名。报名条件审核时，报考人员应提交学历证书、居民身份证明（香港、澳门、台湾居民应提交本人有效身份证明）等材料。

(2) 报名方式

①初级会计职称报名方式。初级会计职称考试实行“网上报名”的方式。考生在网上报名时须牢记报名注册号、初始密码。进行独立网上报名省份的初级会计职称考试报考人员，在各自省级会计资格考试管理机构指定的报名网站已通过注册的，必须在本省（区、市）规定的报名时间截止日期之前，自行登录本省省级会计资格考试管理机构指定的报名网站查询确认自己的报名状态；其他各省（区、市）报考人员，在财政部会计资格评价中心官网“全国会计资格评价网”（http：//kzp. mof. gov. cn）上已通过注册的，必须在全国统一的报名时间截止日期之前，自行登录“全国会计资格评价网”上的报名系统，查询并确认自己的报名状态。这一点非常重要，也是网上报名的规定环节，考生应对未查询确认而带来的不利后果负责。

②初级会计职称审核方式。初级会计职称考试报名资格的审核部分地区实行“考前资格审核”，“考前资格审核”又分为网上审核和现场审核，部分地区实行“考后资格审核”。

(3) 考试方式

初级会计职称全部实行无纸化考试，考试在计算机上进行。试题、答题要求和答题界面在计算机显示屏上显示，考生应使用计算机鼠标和键盘在计算机答题界面上进行答题。

初级会计职称考试初级会计实务、经济法基础两个科目试题全部采用客观题，考试题型为：单项选择题、多项选择题、判断题、不定项选择题。参加初级会计资格考试的人员，必须在一个考试年度内通过全部科目的考试，方可获得初级资格证书。

(2) 中级会计师

中级会计专业技术资格实行全国统一组织、统一考试时间、统一考试大纲、统一考试命题、统一合格标准的考试制度。会计专业技术资格考试，原则上每年举行一次。

在国家机关，社会团体，企业、事业单位和其他组织中从事会计工作，并符合报名条件的人员，均可报考。

会计专业技术初级资格考试合格者，颁发人力资源和社会保障部统一印制，人力资源和社会保障部、财政部用印的会计专业技术资格证书，该证书在全国范围内有效。用人单位可根据工作需要和德才兼备的原则，从获得会计专业技术资格的会计人员中择优聘任。

随着中国经济的迅速发展，企业对财务的要求不再只是做账和支付，也会要求财务做预算、绩效管理、成本管理、税务筹划、汇率风险管理等。公司对管理会计的需求会大大增加，想要成为财务行业复合型、综合型、专家型人才，那么中级会计职称是必备的“起点”证书。

**小贴士：中级会计师的报名和考试方式（2021年）**

（1）报名条件

报名参加中级资格考试的人员，应具备下列基本条件：

①遵守《中华人民共和国会计法》和国家统一的会计制度等法律法规；

②具备良好的职业道德，无严重违反财经纪律的行为；

③热爱会计工作，具备相应的会计专业知识和业务技能。

报名参加中级资格考试的人员，除具备基本条件外，还必须具备下列条件之一：

①具备大学专科学历，从事会计工作满5年；

②具备大学本科学历或学士学位，从事会计工作满4年；

③具备第二学士学位或研究生班毕业，从事会计工作满2年；

④具备硕士学位，从事会计工作满1年；

⑤具备博士学位；

⑥通过全国统一考试，取得经济、统计、审计专业技术中级资格。

所述学历或学位，是指经国家教育行政部门认可的学历或学位。

所述有关会计工作年限，截止日期为2020年12月31日；在校生利用业余时间勤工助学不视为正式从事会计工作，相应时间不计入会计工作年限；参加中级资格考试工作年限为取得规定学历前后从事会计工作时间的总和。

符合报名条件的在职在岗人员按属地化原则在其工作单位所在地报名；符合报名条件的在校学生，在其学籍所在地报名；符合报名条件的其他人员，在其户籍所在地或居住地报名。

符合报名条件的香港、澳门和台湾居民，按照就近方便原则在内地报名。有工作单位的，在其工作单位所在地报名；为在校学生的，在其学籍所在地报名。

所有报名参加考试人员，均在其报名所在地参加考试。

审核报考人员报名条件时，报考人员应提交学历或学位证书或相关专业技术资格证书、居民身份证明（香港、澳门、台湾居民应提交本人有效身份证明）等材料。

各地报名条件略有不同，具体以当地考务文件为准。

（2）报名方式

①中级会计职称报名方式。中级会计职称考试采用“网上报名”的方式。考生在网上报名时须牢记报名注册号、初始密码。各省（区、市）报考人员，在财政部会计资格评价中心官网“全国会计资格评价网”（http：//kzp. mof. gov. cn）上报名，已通过注册的，必须在全国统一的报名时间截止日期之前，自行登录“全国会计资格评价网”上的报名系统，查询并确认自己的报名状态。这一点非常重要，也是网上报名的规定环节，考生应对未查询确认而带来的不利后果负责。

②中级会计职称考试资格审核方式。中级会计职称考试报名资格审核实行考前资格审核、考后资格审核；其中“考前资格审核”，又分为网上审核和现场审核；“考后资

格审核”采用报名后不审核，直接参加考试，考试结束后再进行现场审核。

（3）考试方式

中级会计职称全部实行无纸化考试，考试在计算机上进行。试题、答题要求和答题界面在计算机显示屏上显示，考生应使用计算机鼠标和键盘在计算机答题界面上进行答题。

中级会计职称考试中级会计实务、财务管理、经济法三个科目试题全部采用客观题，考试题型为：单项选择题、多项选择题、判断题、计算分析题、综合题。考试成绩两年内有效。两年内成绩合格者可获得中级会计师职业资格证书。

（3）高级会计师

高级会计师，是指我国会计专业技术职称中的高级会计专业技术资格。高级会计师须遵守中华人民共和国宪法和法律，具有良好的职业道德，在业务能力上应具有坚实的专业理论知识，掌握国内外现代的经济管理科学方法并了解其发展趋势。高级会计师须有较高的政策理论水平和丰富的经济工作实践经验，能够解决重要经济活动中的实际问题，提出有价值的政策性意见，在加强经济管理和提高经济效益、社会效益方面具有重大作用。

高级会计师的报考条件如下：

①基本条件：

A. 遵守《中华人民共和国会计法》和国家统一的会计制度等法律法规。

B. 具备良好的职业道德，无严重违反财经纪律的行为。

C. 热爱会计工作，具备相应的会计专业知识和业务技能。

②申请参加高级会计师考试人员，除具备基本条件外，还应符合下列条件之一：

A. 具备大学专科学历，取得会计师职称后，从事与会计师职责相关工作满 10 年。

B. 具备硕士学位，或第二学士学位，或研究生班毕业，或大学本科学历或学士学位，取得会计师职称后，从事与会计师职责相关工作满 5 年。

C. 具备博士学历，取得会计师职称后，从事与会计师职责相关工作满 2 年。

报考人员应根据各省（区、市）具体要求提交相应材料。

**小贴士：高级会计师的考试方式**

高级会计师的考试科目为高级会计实务，以开卷笔答的方式进行。主要考核应试者运用会计、财务、税收等相关的理论知识、政策法规，分析、判断、处理会计业务的能力和解决会计工作实际问题的综合能力。参加考试并达到国家合格标准的人员，由全国会计考办核发高级会计资格考试成绩合格证，该证在全国范围内三年有效。要求在通过考试后三年内通过评审，如果通过了，就是高级会计师，永久有效；如果没有通过，那么第四年要重新考试，然后继续参加评审。

2. 注册会计师执业资格

注册会计师是指取得注册会计师证书并在会计师事务所执业的人员，英文全称certified public accountant，简称为CPA，指的是从事社会审计、中介审计、独立审计的专业人士。

注册会计师全国统一考试是中华人民共和国财政部依据《中华人民共和国注册会计师法》和《注册会计师全国统一考试办法》设立的专业技术人员准入类职业资格考试，由财政部注册会计师考试委员会组织实施注册会计师全国统一考试工作，分为专业阶段考试和综合阶段考试。

（1）专业阶段合格证管理

参加注册会计师全国统一考试的应考人员，专业阶段考试的单科考试合格成绩五年内有效。对在连续五个年度考试中取得专业阶段全部科目考试合格成绩的应考人员，财政部考委会颁发专业阶段考试合格证电子证书。

注册会计师全国统一考试专业阶段考试合格证电子证书由考生自行登录网报系统下载打印。

（2）综合阶段合格证管理

综合阶段考试科目应在取得注册会计师全国统一考试专业阶段考试合格证书后五个年度考试中完成（现已取消“在五个年度中完成”这一规定）。对取得综合阶段考试科目考试合格成绩的考生，财政部考委会颁发注册会计师全国统一考试全科合格证。

注册会计师全国统一考试全科合格证由考生到综合阶段考试报名地的地方考办领取。

（3）全科合格证管理

根据《注册会计师全国统一考试管理工作指南》的规定，取得综合阶段职业能力综合测试成绩合格的申请人，应持综合阶段职业能力综合测试成绩合格凭证向参加综合阶段职业能力综合测试所在地的地方考办申请换发全科合格证。全科合格证上的发放日期为财政部考办下发的批复文件日期。

地方考办在发放全科合格证时，应同时向全科合格证申请人发放“中国注册会计师协会非执业会员登记表”，督促其申请成为中注协非执业会员。应考人员取得全科合格证后，若在国内会计师事务所工作两年，可持有关资料前往所在地省级注册会计师协会申请成为正式的执业会员。

**小贴士：注册会计师的报名和考试方式**

（1）报名条件

同时符合下列条件的中国公民，可以申请参加注册会计师全国统一考试专业阶段考试：

①具有完全民事行为能力；

②具有高等专科以上学校毕业学历，或者具有会计或者相关专业中级以上技术职称。

同时符合下列条件的中国公民，可以申请参加注册会计师全国统一考试综合阶段考试：

①具有完全民事行为能力；

②已取得注册会计师全国统一考试专业阶段考试合格证。

有下列情形之一的人员，不得报名参加注册会计师全国统一考试：

①因被吊销注册会计师证书，自处罚决定之日起至申请报名之日止不满5年者；

②以前年度参加注册会计师全国统一考试因违规而受到禁考处理期限未满者；

③已经取得全科合格者。

（2）考试方式

考试采用闭卷、计算机化考试（简称机考）方式。即在计算机终端获取试题、作答并提交答案。考试系统支持五种输入法：微软拼音输入法、谷歌拼音输入法、搜狗拼音输入法、极品五笔输入法、万能五笔输入法。另外，微软新仓颉输入法、速成输入法仅供港澳台居民居住证持有人使用。

注册会计师考试分为专业阶段考试和综合阶段考试，考生在通过专业阶段考试全部科目后，方可参加综合阶段考试。

专业阶段考试科目：会计、审计、税法、经济法、财务成本管理、公司战略与风险管理。

综合阶段考试科目：职业能力综合测试（试卷一）、职业能力综合测试（试卷二）。

3. 会计人员继续教育

根据《会计专业技术人员继续教育规定》，国家机关，企业、事业单位以及社会团体等组织具有会计专业技术资格的人员，或不具有会计专业技术资格但从事会计工作的人员享有参加继续教育的权利和接受继续教育的义务。用人单位应当保障本单位会计专业技术人员参加继续教育的权利。

具有会计专业技术资格的人员应当自取得会计专业技术资格的次年开始参加继续教育，并在规定时间内取得规定学分。不具有会计专业技术资格但从事会计工作的人员应当自从事会计工作的次年开始参加继续教育，并在规定时间内取得规定学分。

继续教育的内容包括公需科目和专业科目。会计专业技术人员参加继续教育实行学分制管理，每年参加继续教育取得的学分不少于90学分，其中，专业科目一般不少于总学分的2/3。会计专业技术人员参加继续教育取得的学分，在全国范围内当年度有效，不得结转以后年度。对会计专业技术人员参加继续教育的情况实行登记管理。

4. 总会计师

《会计法》规定，国有企业和国有资产占控股地位或者主导地位的大、中型企业必须设置总会计师。《会计基础工作规范》要求，大、中型企业、事业单位，业务主管部门应当根据法律和国家有关规定设置总会计师。总会计师由具有会计师以上专业技术资格的人员担任。《总会计师条例》规定，事业单位和业务主管部门根据需要，经批准可以设置总会计师。其他单位可以根据业务需要，自行决定是否设置总会计师。

### 1.2.4 会计职业道德

会计职业道德是指会计人员在会计工作中应当遵循的、体现会计职业特征、调整会计职业关系的职业行为准则和规范。

《会计法》规定，会计人员应当遵守职业道德，提高业务素质。会计职业道德主要包括以下几个方面：

（1）爱岗敬业。爱岗敬业要求会计人员正确认识会计职业，树立职业荣誉感；热爱会计工作，敬重会计职业；安心工作，任劳任怨；严肃认真，一丝不苟；忠于职守，尽职尽责。

（2）诚实守信。诚实守信要求会计人员做老实人，说老实话，办老实事，不搞虚假；保密守信，不为利益所诱惑；执业谨慎，信誉至上。

（3）廉洁自律。廉洁自律要求会计人员树立正确的人生观和价值观；公私分明、不贪不占；遵纪守法，一身正气。

（4）客观公正。客观公正要求会计人员端正态度，依法办事；实事求是，不偏不倚；如实反映，保持应有的独立性。

（5）坚持准则。坚持准则要求会计人员熟悉国家法律、法规和国家统一的会计制度，始终坚持按法律、法规和国家统一的会计制度的要求进行会计核算，实施会计监督。会计人员在实际工作中，应当以准则作为自己的行动指南，在发生道德冲突时，应坚持准则，维护国家利益、社会公众利益和正常的经济秩序。

（6）提高技能。提高技能要求会计人员具有不断提高会计专业技能的意识和愿望；具有勤学苦练的精神和科学的学习方法，刻苦钻研，不断进取，提高业务水平。

（7）参与管理。参与管理要求会计人员在做好本职工作的同时，努力钻研业务，全面熟悉本单位经营活动和业务流程，主动提出合理化建议，积极参与管理，使管理活动更有针对性和实效性。

（8）强化服务。强化服务要求会计人员树立服务意识，提高服务质量，努力维护和提升会计职业的良好社会形象。

# 任务 1.3　认识会计岗位

## 1.3.1　会计机构与会计人员

会计机构是指单位内部设置的办理会计事务和组织领导会计工作的职能部门。设置会计机构要考虑单位的具体情况，根据会计业务的需要设置会计机构。

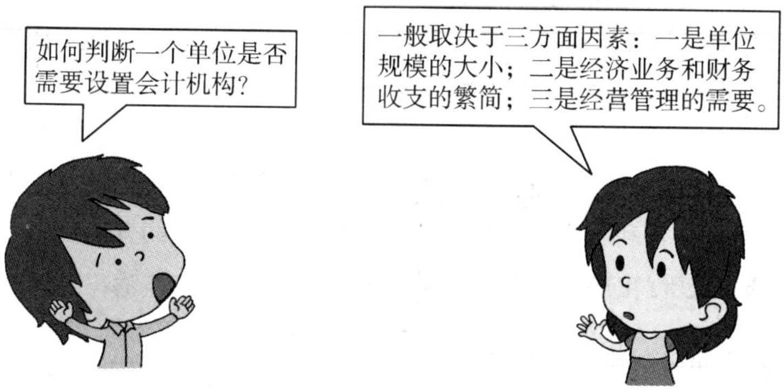


《会计法》第三十六条对会计机构和会计人员的设置做了如下规定：“各单位应当根据会计业务的需要，设置会计机构，或者在有关机构中设置会计人员并指定会计主管人员；不具备设置条件的，应当委托经批准设立从事会计代理记账业务的中介机构代理记账。”会计机构内部应当建立稽核制度。

会计人员是指从事会计工作的专职人员。在我国，会计人员按职权划分主要有总会计师、会计机构负责人（会计主管人员）、一般会计人员；按照专业技术职称划分为高级会计师、中级会计师、初级会计师。

我国《会计法》规定，会计人员应当具备从事会计工作所需要的专业能力。担任单位会计机构负责人（会计主管人员）的，应当具备会计师以上专业技术职务资格或者从事会计工作三年以上经历。

**小贴士：会计工作的禁入规定**

因有提供虚假财务会计报告，做假账，隐匿或者故意销毁会计凭证、会计账簿、财务会计报告，贪污、挪用公款，职务侵占等与会计职务有关的违法行为被依法追究刑事责任的人员，不得再从事会计工作。

因伪造、变造会计凭证、会计账簿，编制虚假财务会计报告，隐匿或者故意销毁依法应当保存的会计凭证、会计账簿、财务会计报告，尚不构成犯罪的，5 年内不得从事会计工作。

会计人员具有违反国家统一的会计制度的一般违法行为，情节严重的，5年内不得从事会计工作。

### 1.3.2 会计岗位的设置

会计工作岗位是指一个单位会计机构内部根据业务分工而设置的职能岗位。根据《会计基础工作规范》的要求，各单位应当根据会计业务需要设置会计工作岗位。会计工作岗位一般可分为：会计机构负责人或者会计主管人员、出纳、财产物资核算、工资核算、成本费用核算、财务成果核算、资金核算、往来结算、总账报表、稽核、档案管理等。开展会计电算化和管理会计的单位，可以根据需要设置相应工作岗位，也可以与其他工作岗位相结合。

会计工作岗位，可以一人一岗、一人多岗或者一岗多人。但出纳人员不得兼任（兼管）稽核、会计档案保管和收入、支出、费用、债权债务账目的登记工作。会计人员的工作岗位应当有计划地进行轮换。档案管理部门的人员管理会计档案，不属于会计岗位。

**小贴士：会计人员回避制度**

国家机关、国有企业、事业单位任用会计人员应当实行回避制度。单位领导人的直系亲属不得担任本单位的会计机构负责人、会计主管人员。会计机构负责人、会计主管人员的直系亲属不得在本单位会计机构中担任出纳工作。需要回避的直系亲属为：夫妻关系、直系血亲关系、三代以内旁系血亲以及配偶亲关系。

### 1.3.3 会计岗位职责

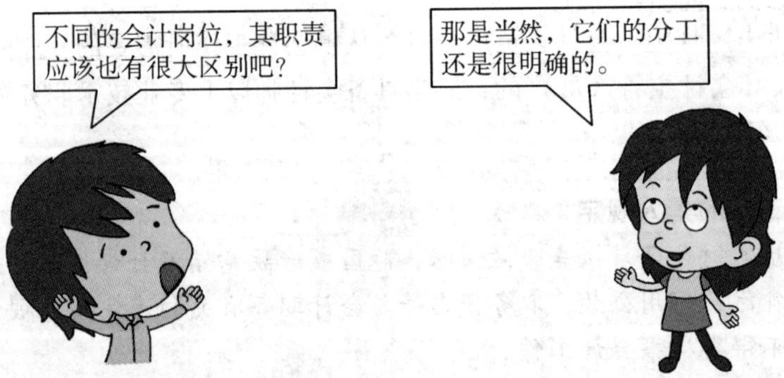

不同会计岗位的职责见表1-1。

**表1-1 会计岗位职责**

| 会计岗位 | 职责 |
|---|---|
| 会计机构负责人（会计主管人员） | ①按照会计制度及有关规定，结合本单位的具体情况，主持起草本单位具体会计制度及实施办法，科学地组织会计工作，并领导、督促会计人员贯彻执行；<br>②参与经营决策，主持制定和考核财务预算；<br>③经常研究工作，总结经验，不断改进和完善会计工作；<br>④组织本单位会计人员学习业务知识，提高会计人员的素质，考核会计人员的能力，合理调配会计人员的工作 |
| 出纳 | ①严格按照本单位《货币资金内部会计控制实施办法》的规定，对原始凭证进行复核，办理款项收付；<br>②办理银行结算，规范使用支票；<br>③认真登日记账，保证日清月结，及时查询未达账项；<br>④保管库存现金和有关印章，登记注销支票；<br>⑤审核收入凭证，及时办理销售款项的结算，督促有关部门催收销售货款 |
| 财产物资核算 | （1）存货核算岗位职责<br>①会同有关部门拟定材料物资管理与核算实施办法；②审查采购计划，控制采购成本，防止盲目采购；③负责存货明细核算，对已验收入库尚未付款的材料，月终要估价入账；④配合有关部门制定材料消耗定额，编制材料计划成本目录；⑤参与库存盘点，处理清查账务；⑥分析储备情况，防止呆滞积压<br>（2）固定资产核算岗位职责<br>①会同有关部门拟订固定资产管理与核算、实施办法；②参与核定固定资产需用量，参与编制固定资产更新改造和大修理计划；③计算提取固定资产折旧、预提修理费用；④参与固定资产的清查盘点与报废；⑤分析固定资产使用效果 |
| 工资核算 | ①审核有关工资的原始单据，办理代扣款项（包括计算个人所得税、住房基金、劳保基金、失业保险金等）；<br>②按照人事部门提供工资分配表，填制记账凭证；<br>③协助出纳人员发放工资，工资发放完毕后，要及时将工资和奖金计算明细表附在记账凭证后或单独装订成册，并注明记账凭证编号，妥善保管；<br>④计提应付福利费和工会经费，并进行账务处理 |
| 成本核算 | ①核对各项原材料、物品、产成品、在产品入库领用事项及收付金额；<br>②编制材料领用转账凭证；<br>③审核委托及受托外单位加工事项；<br>④计算生产与销售成本及各项费用；<br>⑤进行成本、费用的分配及账目之间的调整；<br>⑥分析比较销售成本，做好成本日常控制；<br>⑦进行内部成本核算及业绩考核；<br>⑧编制公司有关成本报表；<br>⑨其他与成本核算、分析、控制有关的事项 |

表1-1(续)

| 会计岗位 | 职责 |
|---|---|
| 税务会计 | ①办理公司税务上的缴纳、查对、复核等事项；<br>②办理有关的免税申请及退税冲账等事项；<br>③办理税务登记及变更等有关事项；<br>④编制有关的税务报表及相关分析报告；<br>⑤办理其他与税务有关的事项 |
| 财务成果核算 | ①负责销售核算，核实销售往来；<br>②计算与分析利润计划的完成情况，督促实现目标；<br>③建立投资台账，按期计算收益；<br>④结转收入、成本与费用，严格审查营业外支出，正确核算利润；<br>⑤按规定计算利润和利润分配，计算应缴所得税；<br>⑥结账时的调整业务处理 |
| 资金管理 | ①反映资金预算的执行及控制状况；<br>②筹措及调度资金；<br>③办理借贷款事项及其清偿；<br>④办理投资业务；<br>⑤记录、保管各种有价证券；<br>⑥与财务调度有关的其他事项 |
| 预算管理 | ①编制各期资金预算；<br>②编制及考核生产预算；<br>③编制及控制成本费用预算；<br>④编制及分析销售预算；<br>⑤编制及执行资本预算；<br>⑥处理其他与预算有关事项 |
| 往来结算 | ①执行往来结算清算办法，防止坏账损失，对购销业务以外的暂收、暂付、应收、应付、备用金等债权债务及往来款项，要严格清算手续，加强管理，及时清算；<br>②办理往来款项的结算业务，对购销业务以外的各种应收、暂付款项，要及时催收结算；应付、暂收款项，要抓紧清偿；对确实无法收回的应收账款和无法支付的应付账款，应查明原因，按照规定报经批准后处理；实行备用金制度的公司，要核定备用金定额，及时办理领用和报销手续，加强管理；对预借的差旅费，要督促及时办理报销手续，收回余额，不得拖欠，不准挪用；<br>③负责往来结算的明细核算，对购销业务以外的各项往来款项，要按照单位和个人分户设置明细账，根据审核后的记账凭证逐笔登记，并经常核对余额；年终要抄列清单，并向领导或有关部门报告 |
| 总账报表 | 、①负责保管总账和明细账，年底按会计档案要求整理与装订总账及明细账；<br>②编制会计报表并进行分析，写出综合分析报告；<br>③其他与账务处理有关事项 |
| 稽核 | ①审查财务收支；<br>②复核各种记账凭证；<br>③对账簿记录进行抽查，看其是否符合要求，并将计算机中的数据与会计凭证进行核对；<br>④复核各种会计报表是否符合制度规定的编报要求 |

表1-1(续)

| 会计岗位 | 职责 |
|---|---|
| 会计电算化管理 | ①负责协调计算机及会计软件系统的运行工作；<br>②掌握计算机的性能和财务软件的特点，负责财务软件升级与开发；<br>③对计算机文件进行日常整理，对财务数据盘进行备份，妥善保管；<br>④监督计算机及会计软件系统的运行，防止利用计算机进行舞弊；<br>⑤经常进行杀病毒工作，保证计算机的正常使用 |
| 档案管理 | 依据《会计档案管理办法》的规定，建立会计档案的立卷、归档、保管、查阅和销毁等管理制度，保证会计档案妥善保管、有序存放、方便查阅，严防毁损、散失和泄密 |

# 能力训练

## 一、单项选择题

1. 会计的主要计量单位是（　　）。

A. 货币

B. 人民币

C. 劳动量

D. 实物

2. 下列关于会计基本职能的说法中，不正确的是（　　）。

A. 即使没有会计监督，会计核算也可以提供高质量的会计信息

B. 会计核算是会计监督的基础

C. 会计监督是会计核算的质量保障

D. 没有核算提供的各种信息，监督就失去了依据

3. 按报告对象的不同，会计可以分为财务会计和（　　）。

A. 预算会计

B. 管理会计

C. 总账会计

D. 政府会计

4. （　　）要求会计人员端正态度，依法办事；实事求是，不偏不倚；如实反映，保持应有的独立性。

A. 爱岗敬业

B. 诚实守信

C. 客观公正

D. 坚持准则

5. 会计机构负责人（会计主管人员）的岗位职责不包括（　　）。

A. 参与经营决策，主持制定和考核财务预算

B. 审核收入凭证，及时办理销售款项的结算，督促有关部门催收销售货款

C. 经常研究工作，总结经验，不断改进和完善会计工作

D. 组织本单位会计人员学习业务知识，提高会计人员的素质，考核会计人员的能力，合理调配会计人员的工作

## 二、多项选择题

1. 会计的基本职能包括（　　）。

A. 核算职能

B. 预测职能

C. 清查职能

D. 监督职能

2. 下列各项中，属于会计核算的内容的有（　　）。

A. 对真实性、合法性和合规性进行审查

B. 收入、支出、成本、费用的计算

C. 对经济效益进行评价

D. 资本的增减

3. 下列各项中，关于会计职能关系表述正确的有（　　）。

A. 会计核算职能是会计的首要职能

B. 会计监督是会计核算职能的基础

C. 会计拓展职能只包括预测经济前景

D. 会计监督是会计核算的保障

4. 会计的监督职能是指对会计核算的（　　）进行审查。

A. 完整性

B. 真实性

C. 合法性

D. 合理性

5. 会计职业道德主要包括（　　）

A. 爱岗敬业

B. 廉洁自律

C. 坚持准则

D. 参与管理

## 三、判断题

1. 会计的核算职能是指对特定主体经济活动和相关会计核算的真实性、合法性和合理性进行审查。（　　）

2. 财务会计的信息是提供广泛的用户，其重点在于报告财务状况和营运状况，主要是对内部提供参考。（　　）

3. 会计工作岗位，只能一人一岗。（　　）

# 项目 2　货币资金核算

## 学习目标：

1. 熟悉国家现行的有关现金、银行存款的管理制度和银行支付结算办法；
2. 掌握库存现金收入、支出等业务的账务处理流程和核算方法；
3. 掌握银行存款增减变动及期末对账业务的账务处理流程和核算方法；
4. 掌握其他货币资金的内容和核算方法；
5. 能正确填制和审核支票、银行进账单等与库存现金、银行存款相关的原始凭证；
6. 能正确登记库存现金日记账、银行存款日记账和总账；
7. 能正确编制银行存款余额调节表。

货币资金核算思维导图如图 2-1 所示。

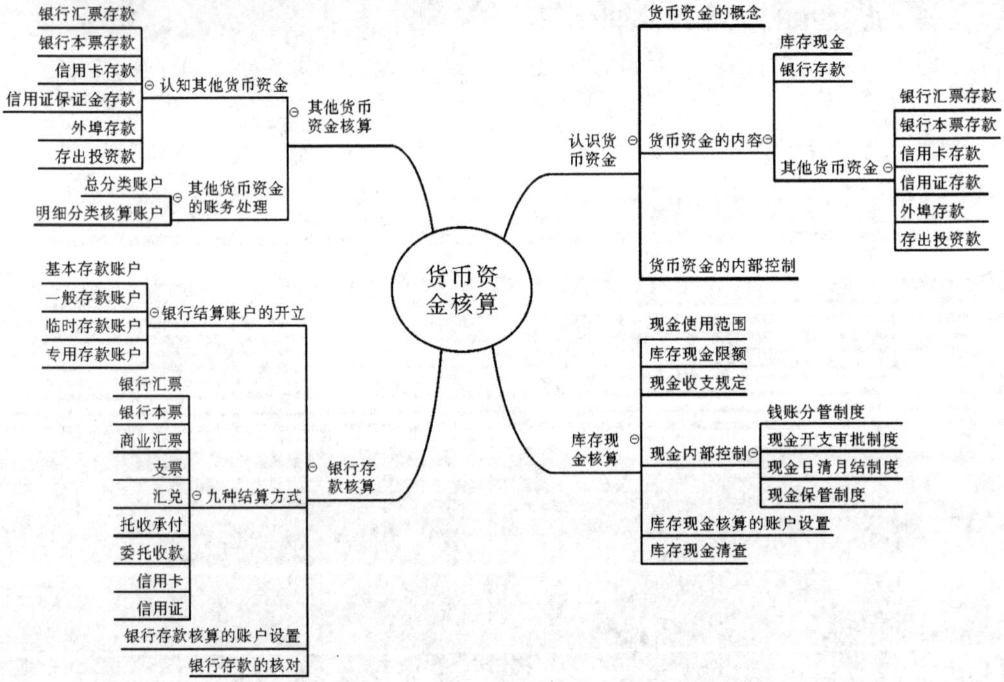


图 2-1　货币资金核算思维导图

# 任务 2.1　认识货币资金

货币资金是指企业生产经营过程中处于货币形态的资产。

## 2.1.1　货币资金的概念

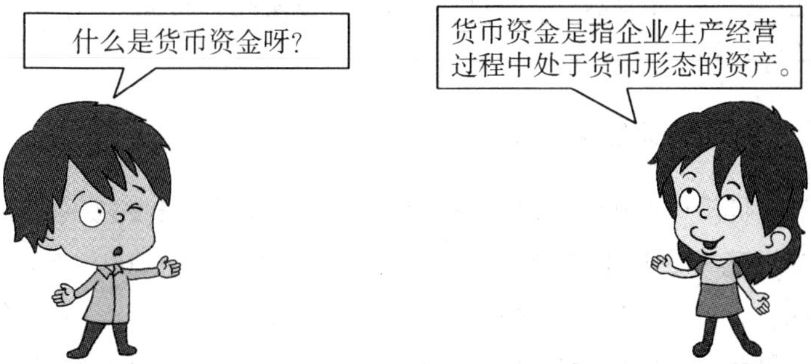


企业可以直接用货币资金购买货物、支付劳务报酬、偿还债务等。因此，货币资金是企业中流动性最强的资产，并且是唯一能够直接转化为其他任何资产形态的流动性资产，也是唯一能代表企业现实购买力水平的资产。此外，企业所拥有的货币资金量也是分析判断企业偿债能力与支付能力的重要指标。

为确保生产经营活动的正常进行，企业必须拥有一定数量的货币资金，以便于用来购买材料、交纳税费、发放工资、支付利息及股利或进行投资等。

## 2.1.2　货币资金的内容

根据存放地点和用途不同，货币资金分为库存现金、银行存款、其他货币资金三类，如图 2-2 所示。资产负债表中的货币资金，就是库存现金、银行存款、其他货币资金三个账户余额的合计。

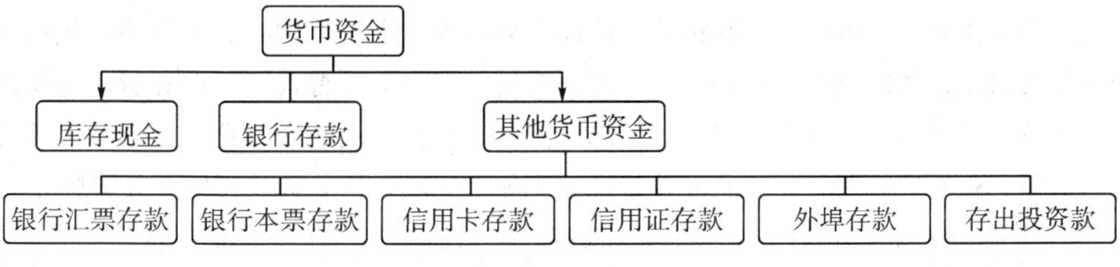


**图 2-2　货币资金的内容**

1. 库存现金

现金是通用的交换媒介，也是对其他资产计量的一般尺度，会计上对现金有狭义和广义之分。狭义的现金仅仅指库存现金，即企业金库中存放的现金，包括人们经常接触的纸币和硬币等。广义的现金包括库存现金、银行存款和其他货币资金三个部分。

2. 银行存款

银行存款是指企业存放在银行或其他金融机构的货币资金。

3. 其他货币资金

其他货币资金是指除库存现金、银行存款以外的其他各种货币资金，如银行本票存款、银行汇票存款、信用卡存款等。

### 2.1.3 货币资金的内部控制

为了加强对单位货币资金的内部控制和管理，保证货币资金的安全，根据《会计法》和《内部会计控制规范——基本规范》等法律法规，财政部于 2001 年 6 月 22 日发布了《内部会计控制规范——货币资金（试行）》，规定单位负责人应当对本单位货币资金内部控制的建立健全和有效实施以及货币资金的安全完整负责，并从建立货币资金业务的岗位责任制、配备办理货币资金业务的合格人员、建立货币资金业务授权批准制度、建立责任追究制及货币资金支付业务办理程序等做了具体规定。

## 任务 2.2 库存现金核算

### 2.2.1 现金使用范围

根据《现金管理暂行条例》的规定，企业可以在以下范围内使用现金：

（1）职工工资、津贴。其中，职工工资是指企业、事业单位和机关、团体、部队支付给职工的工资和工资性津贴。

（2）个人劳务报酬。个人劳务报酬指由于个人向企业、事业单位和机关、团体、部队等提供劳务而由企业、事业单位和机关、团体、部队等向个人支付的劳务报酬，包括新闻出版单位支付给作者的稿费，各种学校、培训机构等支付给外聘教师的讲课费，以及设计费、装潢费、安装费、制图费、化验费、测试费、医疗费、法律服务费、咨询费、各种演出与表演费、技术服务费、介绍服务费、经纪服务费、代办服务费及其他劳务费用等。

（3）根据国家规定颁发给个人的科学技术、文化艺术、体育等各种奖金。

（4）各种劳保、福利费用以及国家规定的对个人的其他支出，具体包括退休金、抚恤金、学生助学金、职工生活困难补助等。

（5）向个人收购农副产品和其他物资的价款，如金银、工艺品、废旧物资等。

（6）出差人员必须随身携带的差旅费。

（7）结算起点（人民币1 000元）以下的零星支出。

（8）中国人民银行确定需要支付现金的其他支出。

**小贴士：“中国人民银行确定需要支付现金的其他支出”的说明**

对于如因采购地点不确定、交通不便、抢险救灾以及其他特殊情况，办理转账结算不够方便，必须使用现金的支出，开户单位应向开户银行提出书面申请，由本单位财会部门负责人签字盖章，开户银行审查批准后，予以支付现金。这里所说的开户单位，是指在银行和其他金融机构开立账户的企业、事业单位和机关、团体和部队。这里所说的开户银行是指开户单位在其设立账户的银行和其他金融机构，包括各商业银行，如中国工商银行、中国农业银行、中国建设银行、中国银行、交通银行、光大银行、招商银行、城市信用社、农村信用社和其他金融机构，如保险公司、信托投资公司等，以及经批准在中国境内经营人民币业务的外资、中外合资银行和金融机构。一个单位在多家银行开户的，只能在一家银行开设现金结算户支取现金，由该家银行负责核定库存现金限额并进行现金管理检查。

在实际工作中，企业可结合本单位的实际情况，结合上述规定，确定本单位现金的开支范围。

### 2.2.2 库存现金限额

库存现金限额是指企业的开户银行根据《现金管理暂行条例》的规定，在保证企业日常零星现金支付需要的前提下，允许企业保留的库存现金最高限额。库存现金限额每年核定一次，经核定的库存现金限额，开户单位必须严格遵守。

按《现金管理暂行条例》及其实施细则的规定，库存现金限额由开户银行和开户单位根据具体情况商定。一般情况下，开户银行根据开户单位零星开支的实际需要，核定3~5天的日常零星开支数额作为该单位的库存现金限额。这里所说的日常零星开支，即除去定期性的大额现金支出（如发放工资、奖金等）和不定期的大额现金支出（如新闻出版单位的稿费支出等）以外的零星的行政费用支出等。距离银行较远且交通又不方便地区的开户单位，其库存现金限额的核定天数可适当放宽在5天以上，但最多不得超过15天的日常零星开支的需要量。

库存现金限额一经核定，各单位就必须严格遵守，每日现金的结余数不得超过核定的限额，所有超过限额的现金必须于当天送存银行。但当库存现金用完后或留存的库存现金低于库存限额时，除可以用非业务性的零星现金收入（如退回差旅费、出售废品收入等现金收入）补充，允许坐支的单位可以从业务收入中补充外，均应向银行领取现金补足限额。单位向开户银行领取现金补足限额一般不得超过原核定的库存现金限额。

此外，单位向开户银行领取零星现金时，在现金支票用途栏应注明“备用金”字样，不属于备用金范围需要的现金，应另开现金支票领取。单位收入的现金不得作为库存现金留存，应于当日送存银行。

**小贴士：什么是备用金**

备用金是指企业财会部门拨付给非独立核算的内部用款单位或职工个人作为日常零星开支的备用款项。备用金的使用方法是先借后用、凭据报销。

企业可单独设置“备用金”账户进行备用金的核算，也可以直接在“其他应收款——备用金”账户中进行核算。

根据管理方式的不同，备用金可分为定额备用金和非定额备用金两种，两者具体的区别和联系见表 2-1。

**表 2-1　定额备用金和非定额备用金的区别与联系**

| 项目 | 定额备用金 | 非定额备用金 |
| --- | --- | --- |
| 区别 | 经常使用 | 临时性需要 |
| | 核定数额 | 金额不固定 |
| | 在初次领取时办理手续即可，在年末才需要收回定额备用金 | 每次借支时都要办理手续，随借随用，用后报销 |
| | 定额备用金下，“其他应收款”需下设二级明细科目“备用金”，再按“借款人”设置辅助核算科目“其他应收款——备用金” | 非定额备用金下，“其他应收款”科目一般按“借款人”设置明细科目“其他应收款——借款人” |
| | 实报实销，用现金或银行存款支付 | 实报实销，多退少补，一次结清。冲减前期借款（其他应收款） |
| 联系 | 年终必须结清，次年再重新履行相关手续 | |
| | 需经所在部门负责人、财务负责人、单位负责人签字同意方可办理借款手续 | |

库存现金限额的计算方式一般是：

库存现金=前一个月的平均每天支付的数额（不含每月平均工资数额）×限定天数

凡在银行开户的独立核算单位都要核定库存现金限额，一个单位在几家银行开户的，由一家开户银行核定开户单位库存现金限额。独立核算的附属单位，由于没有在银行开户，但需要保留现金，也要核定库存现金限额，其限额可包括在其上级单位库存限额内；商业企业的零售门市部需要保留找零备用金，其限额可根据业务经营需要核定，但不包括在单位库存现金限额之内。

### 2.2.3 现金收支规定

（1）开户单位收入现金应于当日送存开户银行，当日送存确有困难的，由开户银行确定送存时间。送存现金时，需先由出纳人员清点票款、填写“现金缴款单”，然后送存开户银行。

（2）不得“坐支”现金，即开户单位支付现金，可以从本单位库存现金中支付或从开户银行提取，不得从本单位的现金收入中直接支付，即实行收支两条线。企业因特殊情况需要坐支现金的，应当事先向开户银行提出申请，说明坐支现金的理由、用途和预计坐支的金额，然后由开户银行根据有关规定进行审定。审定后，企业应当严格按照开户银行核定的坐支范围和坐支限额坐支现金，并定期向银行报送坐支金额和使用情况。

（3）开户单位从开户银行提取现金，一般是由出纳人员填写“现金支票”，由本单位财会部门负责人签字并加盖预留银行的印鉴后，到开户银行办理提取现金业务。

（4）因采购地点不确定、交通不便、抢险救灾及其他特殊情况必须使用现金的单位，应向开户银行提出书面申请，由本单位财会部门负责人签字盖章，经开户银行审查批准后予以支付现金。

（5）出纳人员在办理现金收入业务时，应当面点清现金数额，开出现金收据，并加盖“现金收讫”印章和出纳人员名章。

（6）出纳人员在办理现金支出业务时，应认真审核现金付款凭证，并加盖“现金付讫”印章。出纳人员应根据付款凭证所列金额支付现金，同时在付款凭证上的“出纳”栏签字盖章。

（7）按照《现金管理暂行条例》及其实施细则规定，企业事业单位和机关团体部队现金管理应遵循以下规定：不准用不符合财务制度的凭证顶替库存现金（不得白条顶库）、不准单位之间互相借用现金、不准谎报用途套取现金、不准利用银行账户代其他单位和个人存入或支取现金、不准将单位收入的现金以个人名义存入储蓄、不准保留账外公款、不准发行变相货币、不准以任何票券代替人民币在市场上流通。

（8）企业除工资性支出和农副产品采购现金支出外，在提取大额现金时，要填写大额现金支取登记表，该表内容主要包括支取时间、企业名称、金额、用途等，由开户银行建立台账，报当地人民银行分支机构备案。

> **小贴士：什么是白条**
>
> 白条是指不符合财务制度和会计凭证手续的字条或单据，一般由报销者在白纸上填制，无红、蓝色印章，所以称为白条。

### 2.2.4 现金内部控制

库存现金是企业流动性最强的资产，很容易出现挪用、短缺、盈余等现象，企业发生的舞弊事件也大多与现金有关。因此，企业应根据《现金管理暂行条例》的规定，加强现金内部控制，监督现金使用的合法性和合理性。

(1) 钱账分管制度。企业应配备专职的出纳员，办理现金收付和结算业务，登记现金和银行存款日记账，保管库存现金和各种有价证券，保管好有关印章、空白收据和空白支票；出纳员不得兼管稽核、会计档案保管和收入、费用、债权债务账目的登记工作。

(2) 现金开支审批制度。明确企业现金开支范围；明确各种报销凭证，规定各种现金支付业务的报销手续和办法；确定各种现金支出的审批权限。

(3) 现金日清月结制度。日清是指出纳员对当日的现金收付业务全部登记库存现金日记账，结出账面余额，并与实有现金核对，保证账实相符；同时，月度终了，出纳员必须对现金日记账按月结账，并将库存现金日记账的余额与“库存现金”总分类账的余额核对，做到账账相符，此为月结。

(4) 现金保管制度。库存现金超过限额的部分，应在下班前送存银行；除工作时间需用的小额现金外一律放入保险柜；限额内的库存现金核对后，放入保险柜；不得公款私存；纸币和铸币应分类保管。

### 2.2.5 库存现金的账户设置

为加强库存现金收支业务的核算，企业应设置库存现金日记账和总分类账，分别进行库存现金序时核算和总分类核算。

库存现金日记账一般采用三栏式的订本式账簿，日常工作中也有采用多栏式的订本式账簿的，由出纳员根据审核无误的现金收款、付款凭证和银行存款付款凭证，逐日逐笔顺序登记；库存现金总分类账采用三栏式的订本式账簿，由会计负责，可以直接根据记账凭证登记，也可以根据汇总记账凭证或账户汇总表登记，见表2-2。

登记库存现金日记账时，需要填写以下项目：

①日期栏：登记现金收、付业务发生的实际日期。

②凭证栏：登记收、付款凭证的种类和编号。

③摘要栏：登记经济业务简要说明。

④对方科目栏：登记现金收入或支出的对应账户名称。

**表 2-2 库存现金日记账**

| 20××年 | | 记账凭证号数 | 摘要 | 对方科目 | 页数 | 借方 | | | | | | | | | 贷方 | | | | | | | | | 借或贷 | 余额 | | | | | | | | |
|---|---|---|---|---|---|---|---|---|---|---|---|---|---|---|---|---|---|---|---|---|---|---|---|---|---|---|---|---|---|---|---|---|---|
| 月 | 日 | | | | | 百 | 十 | 万 | 千 | 百 | 十 | 元 | 角 | 分 | 百 | 十 | 万 | 千 | 百 | 十 | 元 | 角 | 分 | | 百 | 十 | 万 | 千 | 百 | 十 | 元 | 角 | 分 |
| | | | | | | | | | | | | | | | | | | | | | | | | | | | | | | | | | |
| | | | | | | | | | | | | | | | | | | | | | | | | | | | | | | | | | |
| | | | | | | | | | | | | | | | | | | | | | | | | | | | | | | | | | |
| | | | | | | | | | | | | | | | | | | | | | | | | | | | | | | | | | |
| | | | | | | | | | | | | | | | | | | | | | | | | | | | | | | | | | |
| | | | | | | | | | | | | | | | | | | | | | | | | | | | | | | | | | |
| | | | | | | | | | | | | | | | | | | | | | | | | | | | | | | | | | |
| | | | | | | | | | | | | | | | | | | | | | | | | | | | | | | | | | |
| | | | | | | | | | | | | | | | | | | | | | | | | | | | | | | | | | |
| | | | | | | | | | | | | | | | | | | | | | | | | | | | | | | | | | |
| | | | | | | | | | | | | | | | | | | | | | | | | | | | | | | | | | |
| | | | | | | | | | | | | | | | | | | | | | | | | | | | | | | | | | |
| | | | | | | | | | | | | | | | | | | | | | | | | | | | | | | | | | |
| | | | | | | | | | | | | | | | | | | | | | | | | | | | | | | | | | |
| | | | | | | | | | | | | | | | | | | | | | | | | | | | | | | | | | |
| | | | | | | | | | | | | | | | | | | | | | | | | | | | | | | | | | |
| | | | | | | | | | | | | | | | | | | | | | | | | | | | | | | | | | |
| | | | | | | | | | | | | | | | | | | | | | | | | | | | | | | | | | |
| | | | | | | | | | | | | | | | | | | | | | | | | | | | | | | | | | |
| | | | | | | | | | | | | | | | | | | | | | | | | | | | | | | | | | |
| | | | | | | | | | | | | | | | | | | | | | | | | | | | | | | | | | |
| | | | | | | | | | | | | | | | | | | | | | | | | | | | | | | | | | |
| | | | | | | | | | | | | | | | | | | | | | | | | | | | | | | | | | |
| | | | | | | | | | | | | | | | | | | | | | | | | | | | | | | | | | |
| | | | | | | | | | | | | | | | | | | | | | | | | | | | | | | | | | |

⑤金额栏：登记收入或支出现金的金额。收入记借方，支出记贷方，每日终了应计算当日现金收入及现金支出的合计数及本日余额（日清）。

⑥借或贷：表明余额的方向。借方余额写“借”字，贷方余额写“贷”字。

⑦余额栏：在登记每笔现金收入或现金支出金额后，应逐日结出当日现金余额。

【例2-1】2019年8月1日，甲公司职员魏某因公到上海出差，预借差旅费8 500元。

员工预借的差旅费，需要员工出差回单位后凭票据报销。在报销之前，单位有权收回借款。在没收回之前，形成单位的应收款项，但不是销售形成的货款，应记入“其他应收款”。即“其他应收款”增加记借方，“库存现金”减少记贷方。因此，应进行如下操作：

借：其他应收款——魏某　　8 500

　贷：库存现金　　8 500

根据【例2-1】的会计分录，填制甲公司本月记账凭证，并登记相关日记账和明细账。

【例2-2】承【例2-1】，2019年8月12日，职员魏某出差归来，实际报销差旅费6 300元，余款退回财务处。

职员出差发生的差旅费，属于管理费用性质，应在“管理费用”中列支。原预借的8 500元实际只报销了6 300元，因此，管理费用增加6 300元，余款2 200元退回，财务部门的库存现金相应增加2 200元。报账后，原来魏某预借的8 500元，已被用完，应冲销原来的“其他应收款”。因此，应进行如下操作：

借：管理费用　　6 300

　　库存现金　　2 200

　贷：其他应收款——魏某　　8 500

根据【例2-2】的会计分录，填制甲公司本月记账凭证，并登记相关日记账和明细账。

### 2.2.6 库存现金清查

为了保证现金的安全完整，企业应当按规定对库存现金进行定期和不定期的清查，一般采用实地盘点法，对于清查的结果应当编制现金盘点报告单。

**小贴士：盘点注意事项**

（1）盘点前，出纳人员应先将现金收、付款凭证全部登记入账，并结出余额；盘点时，出纳人员必须在场，现金应逐张清点，如发现盘盈、盈亏，必须会同出纳人员核实清楚。

（2）盘点时，除查明账实是否相符外，还要查明有无违反现金管理制度规定，有无以“白条”充抵现金，现金库存是否超过银行核定的限额，有无坐支现金等情况。

（3）盘点结束后，应根据盘点结果，填制“库存现金盘点报告表”，并由检查人员和出纳人员签名或盖章。此表具有双重性质，既是盘存单也是账存实存对比表；既是反映现金实存数调整账簿记录的重要原始凭证，也是分析账实发生差异原因、明确经济责任的依据。

库存现金清查结束后，如果发现有挪用现金、白条顶库的情况，应及时予以纠正；对于超限额留存的现金应及时送存银行。如果账款不符，发现有待查明原因的现金短缺或溢余，应先通过“待处理财产损溢”账户调账，做到账实相符。经查明原因并按管理权限批准后，应分别按以下情况进行处理：

（1）如为现金短缺，属于应由责任人赔偿或保险公司赔偿的部分，计入其他应收款；属于无法查明具体原因的，计入管理费用。

（2）如为现金溢余，属于应支付给有关人员或单位的，计入其他应付款；属于无法查明具体原因的，计入营业外收入。

**小贴士：“待处理财产损溢”账户说明**

“待处理财产损溢”是会计里边的科目，属于资产类账户，核算企业在清查财产过程中已经查明的各种财产物资的盘盈、盘亏和毁损。

“待处理财产损溢”账户经常设置两个明细科目，即“待处理固定资产损溢”“待处理流动资产损溢”。本科目可按盘盈、盘亏的资产种类和项目进行明细核算。待处理财产损溢在未报经批准前与资产直接相关，在报经批准后与当期损益直接相关。企业的财产损溢，应查明原因，在期末结账前处理完毕，处理后本科目应无余额。

库存现金清查业务的账务处理程序如图 2-3、图 2-4 所示。

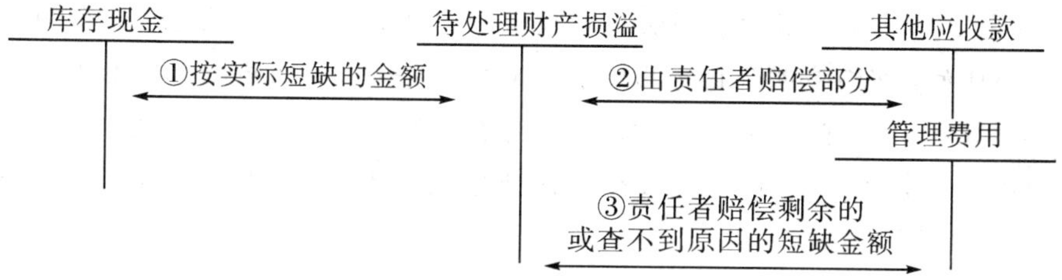


**图 2-3　现金短缺业务账务处理程序**

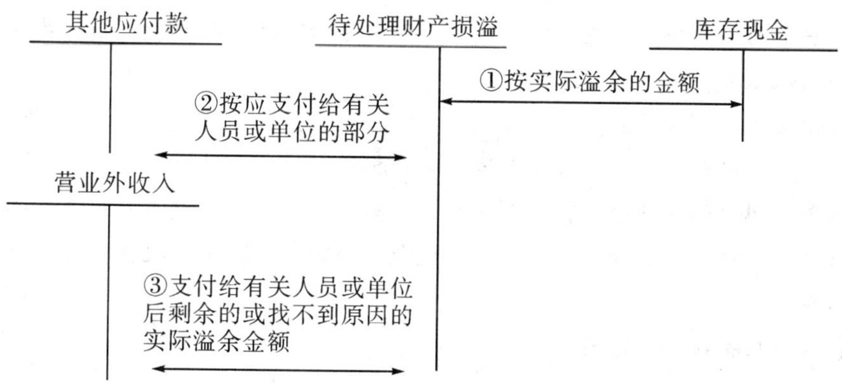


**图 2-4　现金溢余业务账务处理程序**

【例 2-3】2019 年 10 月 20 日，甲公司在现金清查中发现，库存现金账面余额比实际少 500 元。23 日查明原因为：采购部王某购买材料报账时少付了 470 元，其余 30 元无法查明原因，经批准转入营业外收入。

22 日，发现盈余现金 500 元，即现金增加 500 元，为保证账实相符，应在“库存现金”借方登记；在查明原因前应先记入“待处理财产损溢”的贷方，等待查明原因再处理。因此，应进行如下操作：

借：库存现金　　500

　贷：待处理财产损溢——待处理流动资产损溢　　500

23 日，查明原因，王某报账时少付的 470 元应付给王某，未支付时列入其他应付款；无法查明原因的按规定转入营业外收入。应进行如下操作：

借：待处理财产损溢——待处理流动资产损溢　　500

　贷：其他应付款——王某　　470

　　营业外收入　　30

根据【例 2-3】的会计分录，填制甲公司记账凭证，并登记相关日记账和明细账。

以后实际支付报账时少付给王某的 470 元时，应同时减少库存现金和其他应付款。

借：其他应付款——王某　　470

　贷：库存现金　　470

【例 2-4】2019 年 8 月 5 日，甲公司在现金清查中发现，库存现金账面余额 7 200 元，实际库存 6 400 元。当日查明原因系出纳员肖某工作失误引起的短缺，应由其赔偿。

实际库存比账面余额少 800 元，属于现金短缺，即库存现金减少，应在贷方登记“库存现金”800 元，查明原因前，先记入“待处理财产损溢”借方。因此，应进行如下操作：

借：待处理财产损溢——待处理流动资产损溢　　800

　贷：库存现金　　800

现已查明原因系出纳员肖某工作失误，应由其赔偿，收到赔偿款之前，先将该笔款项记入“其他应收款”。

借：其他应收款——肖某　　800

　贷：待处理财产损溢——待处理流动资产损溢　　800

根据【例 2-4】的会计分录，填制甲公司记账凭证，并登记相关日记账和明细账。

以后收到肖某的赔偿款时，应增加库存现金，同时减少其他应收款。会计分录为：

借：库存现金　　800

　贷：其他应收款——肖某　　800

**经典考题回顾**

1.【单选题】下列各项中，出纳人员根据会计凭证登记现金日记账正确的做法是（　　）。

A. 将现金付款凭证汇总后再登记

B. 根据库存现金收付业务凭证逐笔、序时登记

C. 根据现金收付款凭证金额相抵的差额登记

D. 将现金收款凭证汇总后再登记

2.【单选题】现金盘点时发现现金短缺，无法查明原因的，经批准后计入（　　）。

A. 营业外支出

B. 财务费用

C. 管理费用

D. 其他业务成本

3.【多选题】下列各项中，关于企业现金溢余的会计处理表述正确的有（　　）。

A. 应支付给有关单位的现金溢余计入其他应付款

B. 无法查明原因的现金溢余计入营业外收入

C. 无法查明原因的现金溢余冲减管理费用

D. 应支付给有关单位的现金溢余计入应付账款

# 任务 2.3 银行存款核算

## 2.3.1 银行结算账户的开立

银行存款是企业存放在银行或其他金融机构的货币资金。企业应当根据业务需要，按照规定在其所在地银行开设账户，运用所开设的账户，进行存款、取款以及各种收支转账业务的结算。银行存款的收付应严格执行银行结算制度的规定。

为规范人民币银行结算账户的开立和使用，加强银行结算账户管理，维护经济金融秩序稳定，中国人民银行根据《中华人民共和国中国人民银行法》和《中华人民共和国商业银行法》等法律法规，制定了《人民币银行结算账户管理办法》。该管理办法明确规定：银行结算账户是指银行为存款人开立的办理资金收付结算的人民币活期存款账户，按存款人不同分为单位银行结算账户和个人银行结算账户。下面，我们重点讲解单位银行结算账户。

存款人以单位名称开立的银行结算账户为单位银行结算账户。个体工商户凭营业执照以字号或经营者姓名开立的银行结算账户纳入单位银行结算账户管理。

单位银行结算账户按用途分为基本存款账户、一般存款账户、临时存款账户、专用存款账户。

（1）基本存款账户是指存款人因办理日常转账结算和现金收付而开立的结算账户，一个单位只能在银行开立一个基本存款账户。存款单位的工资、奖金等现金的支取，只能通过本账户办理。

（2）一般存款账户是存款人因借款或其他结算需要，在基本存款账户开户银行以外的银行营业机构开立的银行结算账户。该账户可以办理现金缴存，但不得办理现金支取。开立基本存款账户的存款人都可以开立一般存款账户，且开立数量没有限制，但一个企业不得在同一家银行的几个分支机构开立一般存款账户。

（3）临时存款账户是存款人因临时需要并在规定期限内使用而开立的银行结算账户。因异地临时经营活动需要时，可以申请开立异地临时存款账户，用于资金的收付，临时存款账户最长使用年限不超过2年。最常见的临时账户为企业验资账户。存款人可以通过本账户办理转账结算和根据国家现金管理的规定办理现金收付。

（4）专用存款账户是指存款人按照法律、行政法规和规章，对其特定用途资金进行专项管理和使用而开立的结算账户，如基本建设资金、更新改造资金、财政预算外资金、社会保障基金等的管理和使用均需要开立专用存款账户。

**小贴士：企业开立银行账户需要提供的资料**

企业开立银行账户一般需要提供以下资料：

①营业执照；

②组织机构代码证；

③法定代表人身份证；

④税务登记证；

⑤经办人身份证及授权书；

⑥企业公章、法人章、财务印鉴章等；

⑦开户许可证（初创验资和基本账户开户时无须提供）。

实行多证合一的地区，只需要提交营业执照、开户申请书、法定代表人（单位负责人）身份证即可。

### 2.3.2　银行结算方式

结算方式是指用一定的形式和条件来实现各单位（或个人）之间货币收付的程序和方法。结算方式是办理结算业务的具体组织形式，是结算制度的重要组成部分。

根据中国人民银行《支付结算办法》的规定，现行的银行结算方式包括银行汇票、银行本票、商业汇票、支票、汇兑、托收承付、委托收款、信用卡和信用证等。这九种结算方式根据结算地点的不同，可以划分为同城结算方式、异地结算方式和通用结算方式三大类。其中，同城结算方式是指在同一城市范围内各单位或个人之间的经济往来通过银行办理款项划转的结算方式，具体有支票和银行本票；异地结算方式是指不同城镇、不同地区的单位或个人之间的经济往来通过银行办理款项划转的结算方式，具体包括银行汇票、汇兑结算和托收承付；通用结算方式是指既适用于同一城市范围内的结算，又适用于不同城镇、不同地区的结算，具体包括商业汇票、委托收款、信用卡和信用证。

1. 银行汇票

银行汇票（图 2-5）是汇款人将款项交存当地出票银行（开户银行），由出票银行签发，并在见票时无条件支付给收款人或持票人实际结算金额的票据。

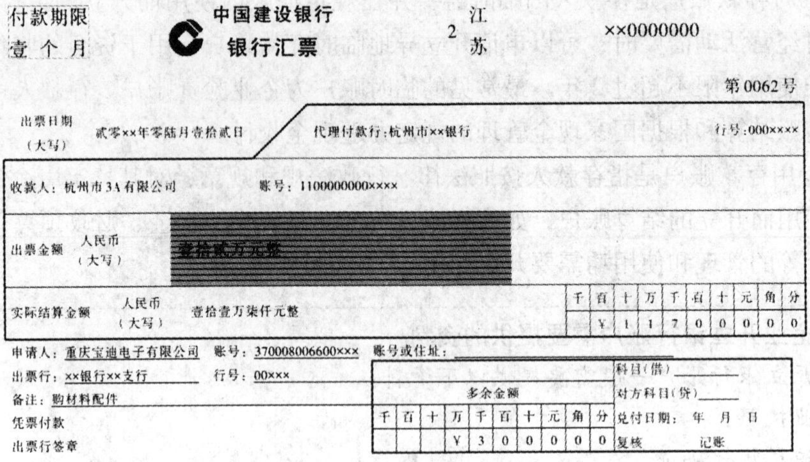
付款期限 壹个月　中国建设银行 银行汇票　2 江苏　××0000000

第 0062 号

出票日期（大写） 贰零××年零陆月壹拾贰日　代理付款行：杭州市××银行　行号：000××××

收款人：杭州市 3A 有限公司　账号：1100000000××××

出票金额 人民币（大写） [redacted]

实际结算金额 人民币（大写） 壹拾壹万柒仟元整

| 千 | 百 | 十 | 万 | 千 | 百 | 十 | 元 | 角 | 分 |
|---|---|---|---|---|---|---|---|---|---|
|  | ¥ | 1 | 1 | 7 | 0 | 0 | 0 | 0 | 0 |

申请人：重庆宝迪电子有限公司　账号：370008006600×××　账号或住址：

出票行：××银行××支行　行号：00×××

备注：购材料配件

凭票付款

出票行签章

多余金额

| 千 | 百 | 十 | 万 | 千 | 百 | 十 | 元 | 角 | 分 |
|---|---|---|---|---|---|---|---|---|---|
|  |  |  | ¥ | 3 | 0 | 0 | 0 | 0 | 0 |

科目(借)______
对方科目(贷)______
兑付日期：　年　月　日
复核　　记账

图 2-5　银行汇票示例

银行汇票具有使用灵活、票随人到、兑现性强等特点，适用于先收款后发货或钱货两清的交易。银行汇票采用记名方式，可以用于转账，填用“现金”字样的也可用于支取现金（申请人或收款人为单位的，不得申请现金银行汇票）。银行汇票的付款期限为 1 个月（不分月大月小，按次月对日计算，到期日遇节假日顺延），过期可办理退款；按实结算，多余款项由开户银行自动退回；可背书转让。

2. 银行本票

银行本票是申请人将款项缴存银行，由银行签发并承诺自己见票时无条件支付确定金额给收款人或持票人的票据。银行本票按照其金额是否固定可分为不定额银行本票和定额银行本票两种。不定额银行本票是指凭证上金额栏是空白的，签发时根据实际需要填写金额，并用压数机压印金额的银行本票；定额银行本票是指凭证上预先印有固定面额的银行本票。定额银行本票面额为 1 000 元、5 000 元、10 000 元和 50 000 元。银行本票提示付款期限自出票日起最长不得超过 2 个月。银行本票一律记名，可以用于转账，注明“现金”字样的也可用于支取现金（申请人或收款人为单位的，不得申请现金银行本票）；银行本票见票即付，不予挂失，银行本票采用记名方式，可背书转让，用于转账的，在银行本票上划去“现金”字样。

3. 商业汇票

商业汇票是出票人签发的，委托付款人在指定日期无条件支付确定的金额给收款人或者持票人的票据。在银行开立存款账户的法人以及其他组织之间，必须具有真实的交易关系或债权债务关系，才能使用商业汇票。商业汇票的付款期限由交易双方商定，但最长不得超过 6 个月。商业汇票的提示付款期自汇票到期日起 10 日内。商业汇票可以背书转让，也可向银行申请贴现。

（1）商业承兑汇票

商业承兑汇票是由银行以外的付款人承兑的票据。商业承兑汇票可以由付款人签发并承兑，也可以由收款人签发交由付款人承兑。商业承兑汇票的付款人开户银行收到通过委托收款寄来的商业承兑汇票，将商业承兑汇票留存，并及时通知付款人。

①付款人收到开户银行的付款通知，应在当日通知银行付款。付款人在接到通知日的次日起 3 日内（遇法定休假日顺延，下同）未通知银行付款的，视同付款人承诺付款，银行应于付款人接到通知日的次日起第 4 日上午开始营业时，将票款划给持票人。

②银行在办理划款时，付款人存款账户不足以支付的，应填制付款人未付票款通知书，连同商业承兑汇票邮寄持票人开户银行转交持票人。

③付款人存在合法抗辩事由拒绝支付的，应自接到通知日的次日起 3 日内，提交拒绝付款证明给开户银行，银行将拒绝付款证明和商业承兑汇票邮寄至持票人开户银行转交持票人。

（2）银行承兑汇票

银行承兑汇票是由出票人签发并由其开户银行承兑的票据（图 2-6）。每张票面金额最高为 1 000 万元（含）。银行承兑汇票按票面金额向承兑申请人收取万分之五的手续费，不足 10 元的按 10 元计。承兑期限最长不超过 6 个月。出票人在银行承兑汇票到期未能足额交存票款时，承兑银行除凭票向持票人无条件付款外，对出票人尚未支付的汇票金额按照每天万分之五计收罚息。

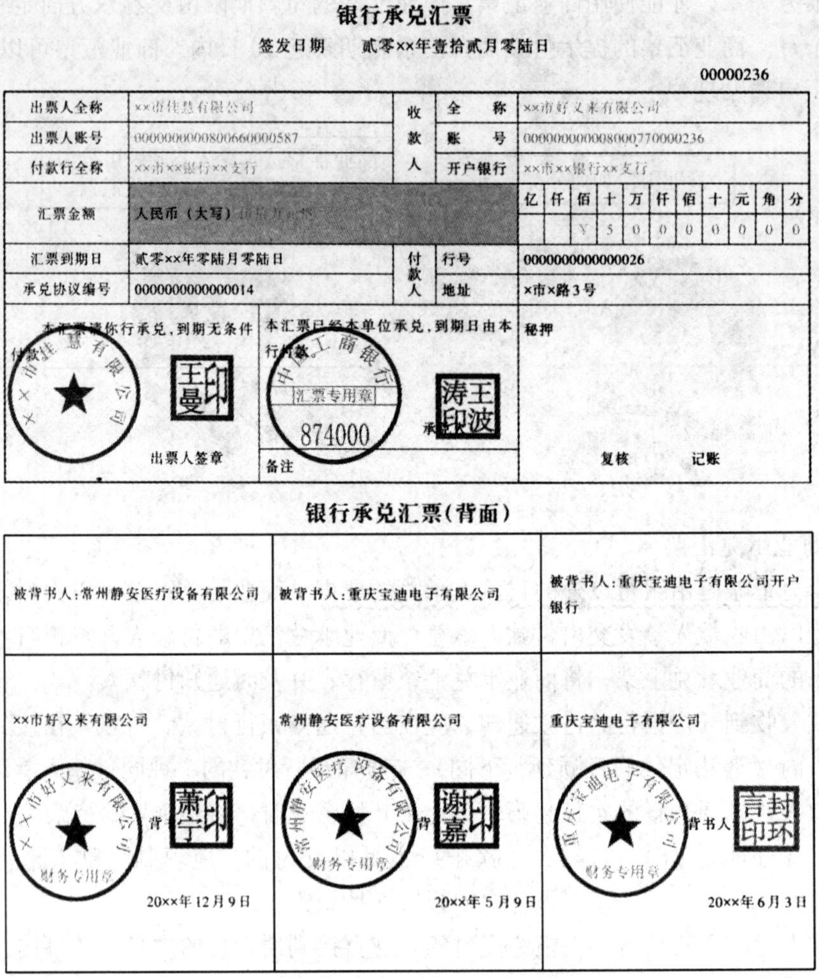

银行承兑汇票

签发日期　贰零××年壹拾贰月零陆日

00000236

| | | | | |
|---|---|---|---|---|
| 出票人全称 | ××市佳慧有限公司 | 收款人 | 全称 | ××市好又来有限公司 |
| 出票人账号 | 0000000000800660000587 | | 账号 | 0000000000008000770000236 |
| 付款行全称 | ××市××银行××支行 | | 开户银行 | ××市××银行××支行 |
| 汇票金额 | 人民币（大写）[illegible] | | | 亿 仟 佰 十 万 仟 佰 十 元 角 分<br>¥ 5 0 0 0 0 0 0 |
| 汇票到期日 | 贰零××年零陆月零陆日 | 付款人 | 行号 | 000000000000026 |
| 承兑协议编号 | 000000000000014 | | 地址 | ×市×路3号 |
| 本汇票请你行承兑，到期无条件付款。<br>出票人签章 | 本汇票已经本单位承兑，到期日由本行付款。<br>承兑行<br>备注 | | | 秘押<br>复核　记账 |



银行承兑汇票（背面）

| | | |
|---|---|---|
| 被背书人：常州静安医疗设备有限公司 | 被背书人：重庆宝迪电子有限公司 | 被背书人：重庆宝迪电子有限公司开户银行 |
| ××市好又来有限公司<br>背书人<br>20××年12月9日 | 常州静安医疗设备有限公司<br>背书人<br>20××年5月9日 | 重庆宝迪电子有限公司<br>背书人<br>20××年6月3日 |



图 2-6　银行承兑汇票示例

4. 支票

支票是出票人签发的，委托办理支票存款业务的银行或者其他金融机构在见票时无条件支付确定的金额给收款人或者持票人的票据（图 2-7）。单位和个人均可使用支票进行结算。

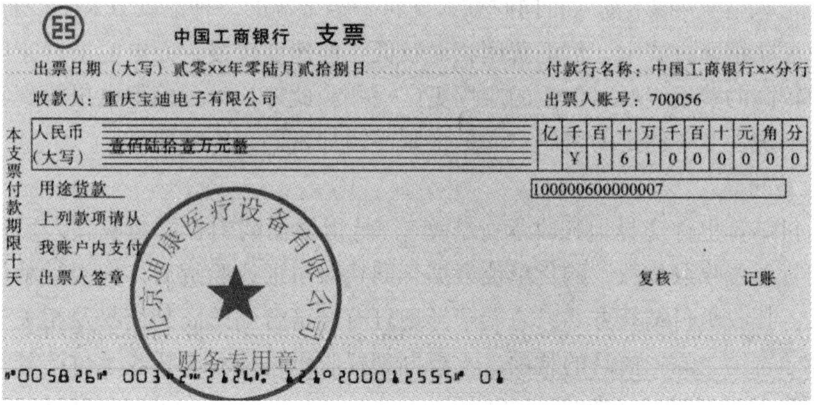
中国工商银行　支票

出票日期（大写）贰零××年零陆月贰拾捌日　　付款行名称：中国工商银行××分行

收款人：重庆宝迪电子有限公司　　出票人账号：700056

本支票付款期限十天

人民币（大写）壹佰陆拾壹万元整

| 亿 | 千 | 百 | 十 | 万 | 千 | 百 | 十 | 元 | 角 | 分 |
|---|---|---|---|---|---|---|---|---|---|---|
|  | ¥ | 1 | 6 | 1 | 0 | 0 | 0 | 0 | 0 | 0 |

用途货款　　100000600000007

上列款项请从

我账户内支付

出票人签章　　复核　　记账

北京迪康医疗设备有限公司　财务专用章

⑈005826⑈ 003⑆2⑆2124⑆ 121⑆2000125555⑈ 01

图 2-7　支票示例

我国《票据法》按照支付票款的方式，将支票分为现金支票、转账支票、普通支票三种。支票上印有“现金字样”的为现金支票，现金支票只能用于支取现金；支票上印有“转账”字样的为转账支票，转账支票只能用于转账；未印有“现金”或“转账”字样的为普通支票，普通支票可以支取现金，也可转账；在普通支票左上角划两条平行线的，为划线支票，划线支票只能用于转账，不得支取现金。

**小贴士：支票使用注意事项**

（1）转账支票可以背书转让，现金支票不得背书转让。

（2）支票提示付款期为 10 天（从签发支票的当日起，到期日遇例假顺延）。

（3）支票签发的日期、大小写金额和收款人名称不得更改，其他内容有误，可以划线更正，并加盖预留银行印鉴证明。

（4）支票发生遗失，可以向付款银行申请挂失止付；挂失前已经支付，银行不予受理。

（5）出票人签发空头支票、印章与银行预留印鉴不符的支票，银行除将支票做退票处理外，还要按票面金额处以 5%但不低于 1 000 元的罚款。持票人有权要求出票人赔偿支票金额 2%的赔偿金。

5. 汇兑

汇兑是汇款人委托银行将款项支付给收款人的结算方式。汇兑根据划转款项的不同方法以及传递方式的不同可以分为信汇和电汇两种，由汇款人自行选择。

信汇是汇款人向银行提出申请，同时交存一定金额及手续费，汇出行将信汇委托书以邮寄方式寄给汇入行，授权汇入行向收款人解付一定金额的一种汇兑结算方式。

电汇是汇款人将一定款项交存汇款银行，汇款银行通过电报或电传传给目的地的分行或代理行（汇入行），指示汇入行向收款人支付一定金额的一种汇款方式。

这两种汇兑结算方式中，信汇费用相对较低，但速度较慢，而电汇虽然速度快，但汇款人要负担较高的费用，所以信汇的应用更广一些。此外，为了确保电报的真实性，汇出行需在电报上加注双方约定的密码；而信汇则不需加密码，签字即可。

6. 托收承付

托收承付结算也称“异地托收承付结算”，是指根据购销合同由收款人发货后委托银行向异地购货单位收取货款，购货单位根据合同核对单证或验货后，向银行承认付款的一种结算方式。托收承付结算方式只适用于异地订有经济合同的商品交易及相关劳务款项的结算。代销、寄销、赊销商品的款项，不得办理托收承付结算。托收承付结算每笔金额的起点为 10 000 元。托收凭证如图 2-8 所示。

**托收凭证(受理回单)**　　1

委托日期：20××年6月3日

| | | | | | |
|---|---|---|---|---|---|
| 业务类型 | 委托收款（□邮划、☑电划） | | 委托承付（□邮划、☑电划） | | |
| 付款人 | 全称 | ××市开发区支行 | 收款人 | 全称 | 重庆宝迪电子有限公司 |
| | 账号 | 14345645644464 | | 账号 | 3700000800660000 |
| | 地址 | ××× 省××× 市/县　开户行 ××市开发支行 | | 地址 | 省 重庆 市/县　开户行 高新支行 |
| 金额 | 人民币（大写）伍拾万元整 | | 千 百 十 万 千 百 十 元 角 分 | | ¥ 5 0 0 0 0 0 0 0 |
| 款项内容 | 货款 | 托收凭据名称 | 银行承兑汇票 | 附寄单证张数 | 1 |
| 商品发运情况 | | 合同名称号码 | | | |
| 备注：<br>复核　记账 | | 款项收妥日期<br>20××年6月3日 | | 重庆工商银行高新支行 业务受理<br>收款人开户银行签章<br>20××年6月3日 | |

此联作收款人开户银行给收款人的受理回单

图 2-8　托收凭证（受理回单）

**小贴士：办理托收承付的前提条件**

《支付结算办法》规定，办理托收承付必须具备以下 3 个前提条件：

①收付双方使用托收承付结算必须签有符合《经济合同法》的购销合同，并在合同中注明使用异地托收承付结算方式；

②收款人办理托收，必须具有商品确已发运的证件；

③收付双方办理托收承付结算，必须重合同、守信誉。

根据《支付结算办法》规定，若收款人对同一付款人发货托收累计三次收不回货款的，收款人开户银行应暂停收款人向付款人办理托收；付款人累计三次提出无理拒付的，付款人开户银行应暂停其向外办理托收。

托收承付的付款方式有验单付款和验货付款两种，应在合同中予以注明。验单付款的承付期为 3 天，验货付款的承付期为 10 天。承付期内购货企业未表示拒绝付款的，银行视为同意承付，于承付期满的次日上午银行开始营业时，将款项划给销货企业。付款单位开户银行对不足支付的托收款项可作逾期付款处理，但对拖欠单位按每日 0.05%计算逾期付款赔偿金。

7. 委托收款

委托收款是指收款人委托银行向付款人收取款项的结算方式。委托收款分邮寄委托收款和电报委托收款两种，由收款人选用。前者以邮寄方式由收款人开户银行向付款人开户银行转送委托收款凭证、提供收款依据，后者则以电报方式由收款人开户银行向付款人开户银行转送委托收款凭证，提供收款依据。

凡在银行或其他金融机构开立账户的单位或个人的商品交易，公用事业单位向用户收取水电费、邮电费、燃气费、公房租金等劳务款项以及其他应收款项，无论是在同城还是异地，均可使用委托收款的结算方式。

付款人应于接到通知的 3 日内书面通知银行付款。付款人未在规定期限内通知银行付款的，视同同意付款，银行应于付款人接到通知日的次日起第 4 日上午开始营业时，将款项划给收款人。

银行在办理划款时，付款人存款账户不足支付的，应通过被委托银行向收款人发出未付款通知书。按照有关办法规定，债务证明留存付款人开户银行的，应将其债务证明连同未付款项通知书邮寄至被委托银行转交收款人。

8. 信用卡

信用卡是商业银行向个人或单位发行的，凭以向特约单位购物、消费和向银行存取现金，且具有消费信用的特制载体卡片。信用卡可以透支，透支还款期限最长为 60 天。

根据清偿方式的不同，信用卡可分为贷记卡和准贷记卡。贷记卡是指银行发行的、并给予持卡人一定信用额度、持卡人可在信用额度内先消费后还款的信用卡；准贷记卡是指银行发行的，持卡人按要求交存一定金额的备用金，当备用金账户余额不足以支付时，可在规定的信用额度内透支的准贷记卡。

按发行对象不同，信用卡分为单位卡和个人卡。凡在中国境内金融机构开立基本存款账户的单位均可申请单位卡。单位卡账户的资金一律从基本存款账户转入，不得交存现金，也不得将销售收入的款项存入信用卡，且不得用于10万元以上的商品交易、劳务供应款项的结算，不得支取现金。

9. 信用证

信用证是开证行根据开证申请人（付款人）的申请，向受益人（收款人）开出的有一定金额、并在一定期限内凭规定的单据承诺付款的付款承诺书。信用证的性质是一种银行信用，即由银行对买卖双方提供信用保证。信用证是国际贸易中最主要、最常用的支付方式。

**小贴士：信用证的特点**

（1）信用证是一项自足文件。信用证不依附于买卖合同，银行在审单时强调的是信用证与基础贸易相分离的书面形式上的认证，而不管销货方是否改造合同以及履行合同的程度如何。

（2）信用证是纯单据业务。信用证是凭单付款，不以货物为准。只要单据相符，开证行就应无条件付款，不管货物的真假好坏。

（3）开证银行负首要付款责任。信用证是一种银行信用，它是银行的一种担保文件，开证银行对支付有首要付款的责任。

### 2.3.3 银行存款的账户设置

为了反映和监督企业银行存款的收入、支出和结存情况，企业应当设置“银行存款”科目，借方登记企业银行存款的增加，贷方登记企业银行存款的减少，期末借方余额反映期末企业实际持有的银行存款的金额。

企业应当设置银行存款总账（表2-3）和银行存款日记账（表2-4），分别进行银行存款的总分类核算和序时、明细分类核算。企业可按开户银行和其他金融机构、存款种类等设置“银行存款日记账”，根据收付款凭证，按照业务的发生顺序逐笔登记。每日终了，应结出余额。

银行存款日记账和总账的登记与库存现金日记账和总账的登记原理相同。

【例2-5】2019年2月8日，甲公司向中国建设银行借入生产经营用短期借款180 000元，期限为10个月，年利率为7%。根据借款协议规定，该项借款的本金到期后一次归还，利息分月预提，按季支付。借款已于当日收到。

表 2-3　银行存款总账

会计科目编号及名称

| 20××年 | | 记账凭证号数 | 摘要 | 页数 | 借方 | | | | | | | | | 贷方 | | | | | | | | | 借或贷 | 余额 | | | | | | | | |
|---|---|---|---|---|---|---|---|---|---|---|---|---|---|---|---|---|---|---|---|---|---|---|---|---|---|---|---|---|---|---|---|---|
| 月 | 日 | | | | 百 | 十 | 万 | 千 | 百 | 十 | 元 | 角 | 分 | 百 | 十 | 万 | 千 | 百 | 十 | 元 | 角 | 分 | | 百 | 十 | 万 | 千 | 百 | 十 | 元 | 角 | 分 |
| | | | | | | | | | | | | | | | | | | | | | | | | | | | | | | | | |
| | | | | | | | | | | | | | | | | | | | | | | | | | | | | | | | | |
| | | | | | | | | | | | | | | | | | | | | | | | | | | | | | | | | |
| | | | | | | | | | | | | | | | | | | | | | | | | | | | | | | | | |
| | | | | | | | | | | | | | | | | | | | | | | | | | | | | | | | | |
| | | | | | | | | | | | | | | | | | | | | | | | | | | | | | | | | |
| | | | | | | | | | | | | | | | | | | | | | | | | | | | | | | | | |
| | | | | | | | | | | | | | | | | | | | | | | | | | | | | | | | | |

表 2-4　银行存款日记账（三栏式）

户名__________　账号__________

| 20××年 | | 记账凭证号数 | 摘要 | 对方科目 | 页数 | 借方 | | | | | | | | | 贷方 | | | | | | | | | 借或贷 | 余额 | | | | | | | | |
|---|---|---|---|---|---|---|---|---|---|---|---|---|---|---|---|---|---|---|---|---|---|---|---|---|---|---|---|---|---|---|---|---|---|
| 月 | 日 | | | | | 百 | 十 | 万 | 千 | 百 | 十 | 元 | 角 | 分 | 百 | 十 | 万 | 千 | 百 | 十 | 元 | 角 | 分 | | 百 | 十 | 万 | 千 | 百 | 十 | 元 | 角 | 分 |
| | | | | | | | | | | | | | | | | | | | | | | | | | | | | | | | | | |
| | | | | | | | | | | | | | | | | | | | | | | | | | | | | | | | | | |
| | | | | | | | | | | | | | | | | | | | | | | | | | | | | | | | | | |
| | | | | | | | | | | | | | | | | | | | | | | | | | | | | | | | | | |
| | | | | | | | | | | | | | | | | | | | | | | | | | | | | | | | | | |
| | | | | | | | | | | | | | | | | | | | | | | | | | | | | | | | | | |
| | | | | | | | | | | | | | | | | | | | | | | | | | | | | | | | | | |
| | | | | | | | | | | | | | | | | | | | | | | | | | | | | | | | | | |
| | | | | | | | | | | | | | | | | | | | | | | | | | | | | | | | | | |

在实际工作中，向银行借入的款项都是通过银行转账到企业的存款账户，由于当日已收到借款，因此，应增加银行存款，在借方登记“银行存款”。该银行存款来源于借款，而且借款期限为10个月，应确认为企业的流动负债，在贷方登记“短期借款”。因此，应进行如下操作：

借：银行存款　　180 000

　贷：短期借款　　180 000

根据【例2-5】的会计分录，填制甲公司记账凭证，并登记相关日记账和明细账。

【例2-6】2019年7月11日，甲公司收到乙公司前欠货款150 000元；同日，用银行存款支付16 000元因违反税法规定的罚款。

甲公司收到乙公司前欠货款，银行存款增加，应在借方登记“银行存款”，同时，应向乙公司收取的货款减少，即应收账款减少，应在贷方登记“应收账款”。因此，应进行如下操作：

借：银行存款　　150 000

　贷：应收账款——乙公司　　150 000

同时，甲公司当天用银行存款支付了罚款16 000元，银行存款减少，应在贷方登记“银行存款”；由于罚款不是企业日常经营业务的支出，应列入营业外支出中，即在借方登记“营业外支出”。因此，应进行如下操作：

借：营业外支出　　16 000

　贷：银行存款　　16 000

根据【例2-6】的会计分录，填制甲公司记账凭证，并登记相关日记账和明细账。

### 2.3.4 银行存款的核对

“银行存款日记账”应定期与“银行对账单”核对，至少每月核对一次。企业银行存款账面余额与银行对账单余额之间如有差额，应编制“银行存款余额调节表”调节，如没有记账错误，调节后的双方余额应相等。需要注意的是，“银行存款余额调节表”只是为了核对账目，不能作为调整企业银行存款账面记录的记账依据。

【例2-7】甲公司2019年12月31日银行存款日记账的余额为6 800 000元，银行转来对账单的余额为9 500 000元。经逐笔核对，发现以下未达账项：

①企业送存转账支票6 300 000元，并已登记银行存款增加，但银行尚未记账。

②企业开出转账支票4 800 000元，并已登记银行存款减少，但持票单位尚未到银行办理转账，银行尚未记账。

③企业委托银行代收某公司购货款5 700 000元，银行已收妥并登记入账，但企业未收到收款通知，尚未记账。

④银行代企业支付电话费1 500 000元，银行已登记减少企业银行存款，但企业未收

到银行付款通知，尚未记账。

计算结果见表 2-5。

**表 2-5　银行存款余额调节表**　　　　单位：元

| 项目 | 金额 | 项目 | 金额 |
|---|---|---|---|
| 企业银行存款日记账余额 | 6 800 000 | 银行对账单余额 | 9 500 000 |
| 加：银行已收、企业未收款 | 5 700 000 | 加：企业已收、银行未付款 | 6 300 000 |
| 减：银行已付、企业未付款 | 1 500 000 | 减：企业已付、银行未付款 | 4 800 000 |
| 调节后的存款余额 | 11 000 000 | 调节后的存款余额 | 11 000 000 |

上例反映了企业银行存款账面余额与银行对账单余额之间不一致的原因，即存在未达账项。

未达账项，是由于结算凭证在企业与银行之间或收付款银行之间传递需要时间，造成企业与银行之间入账的时间差，一方收到凭证并已入账，另一方未收到凭证因而未能入账由此形成的账款。

**经典考题回顾**

1. 【判断题】银行存款余额调节表可以作为调整企业银行存款账面余额的记账依据。（　）

2. 【判断题】银行存款余额调节表中，银行对账单应减去企业已收银行未收的款项。（　）



# 任务 2.4　其他货币资金核算

## 2.4.1　认知其他货币资金

其他货币资金是指企业除库存现金、银行存款以外的各种货币资金，主要包括银行汇票存款、银行本票存款、信用卡存款、信用证保证金存款、外埠存款、存出投资款等。因其存放地点和用途与库存现金和银行存款不同，管理上也有别于库存现金和银行存款，因此企业应单独进行会计核算。

1. 银行汇票存款

单位和个人各种款项的结算，均可使用银行汇票。申请银行汇票时，应向银行提交“银行汇票委托书”，并将款项交存银行。申请人收到银行签发的银行汇票和解讫通知后，应一并交付给汇票上记明的收款人。收款人应在出票金额以内，根据实际需要的款项办理结算，并将实际结算的金额和多余金额准确、清晰地填入银行汇票和解讫通知的有关栏内，到银行办理款项入账手续。收款人可以将银行汇票背书转让给被背书人，但背书转让以不超出汇票金额的实际结算金额为准。

银行汇票的提示付款期为自出票日起一个月，持票人超过付款期限提示付款的，银行将不予受理。且在提示付款时，必须同时提交银行汇票和解讫通知，否则，银行不予受理。如果银行汇票丢失，失票人可以凭人民法院出具的享有票据权利的证明，向出票银行请求付款和退款。

2. 银行本票存款

单位和个人在同一票据交换区域需要支付的各种款项，均可使用银行本票。申请银行本票时，应向银行填写“银行本票申请书”，并将款项存入银行。申请人或收款人为单位的，不得申请签发现金银行本票。申请人应将银行本票交付给本票上记明的收款人。收款人可以将银行本票背书转让给被背书人。

在有效付款期内，银行见票付款。持票人超过付款期限提示付款的，银行不予受理。如果银行本票丢失，失票人可以凭人民法院出具的享有票据权利的证明，向出票银行请求付款和退款。

3. 信用卡存款

信用卡存款是指企业为了取得信用卡而存入银行信用卡专户的款项。在日常生活中，需要区别贷记卡和准贷记卡。

4. 信用证保证金存款

信用证保证金存款是指采用信用证结算方式的企业为开具信用证而存入银行信用证保证金专户的款项。企业向银行申请开立信用证，应填写“信用证申请书”，一同提交信用证申请人承诺书和购销合同，并将信用证保证金交存银行。

5. 外埠存款

外埠存款是指企业为了到外地进行临时或零星采购，而汇往采购地银行开立采购专户的款项。该账户的存款不计利息，只付不收，付完清户，除了采购人员可从中提取少量现金外，一律转账结算。企业汇出款项时，须填写汇款委托书，加盖“采购资金”字样。

6. 存出投资款

存出投资款是指企业已存入证券公司但尚未进行短期投资的款项。企业如要购买股票或债券等进行短期投资，须在证券公司开立证券账户，并通过银行将款项划转到该账户，然后通过电话委托或网上交易买卖股票或债券。

### 2.4.2 其他货币资金业务的账务处理

1. 总分类账户

为反映和监督其他货币资金的收支与结存情况，企业应当设置“其他货币资金”总分类核算账户。该账户属于资产类，借方登记其他货币资金的增加数，贷方登记其他货币资金的减少数，期末余额在借方，反映企业实际持有的其他货币资金。

2. 明细分类核算账户

因其他货币资金种类多，为了反映和监督各自的收支和结存情况，应在开设“其他货币资金”总账账户的同时，按其具体内容设置“银行汇票”“银行本票”“信用卡”“信用证保证金”“外埠存款”“存出投资款”等明细科目，进行明细核算。

【例2-8】甲公司于2019年7月25日将45 000元交存银行取得银行汇票一张，准备用此款购买材料。

甲公司将款项存入银行取得银行汇票，导致银行存款减少，其他货币资金增加，因此，应借记“其他货币资金——银行汇票”账户，贷记“银行存款”账户。应进行如下操作：

借：其他货币资金——银行汇票　　45 000

　贷：银行存款　　45 000

虽然此款用于购买材料，但还没购买，因此，购买材料的业务在此不进行核算。

根据【例 2-8】的会计分录，填制甲公司记账凭证，并登记相关日记账和明细账。

如果是企业销售商品收到银行汇票，则应填制进账单，连同汇票一起到开户银行办理款项入账手续，并根据进账单回单及销货发票等，借记“银行存款”账户，贷记“主营业务收入”“应交税费——应交增值税（销项税额）”等账户。

【例 2-9】甲公司于 2019 年 3 月 15 日，将 12 000 元存入银行并办理信用卡，用于购买配件，并于当天购买配件 7 900 元。

取得信用卡的核算与取得银行汇票的核算相似，只是由于购买的是配件，应记入“管理费用”。因此，应进行如下操作：

借：其他货币资金——信用卡　　12 000

　贷：银行存款　　12 000

借：管理费用　　7 900

　贷：其他货币资金——信用卡　　7 900

根据【例 2-9】的会计分录，填制甲公司记账凭证，并登记相关日记账和明细账。

对于银行本票、外埠存款、信用证保证金存款等的核算可比照上述任务进行，而使用存出投资款购买股票或债券等进行短期投资的核算，将在交易性金融资产中进行学习。

**经典考题回顾**

【多选题】下列各项中，企业应通过“其他货币资金”科目核算的有（　　）。

A. 存入证券公司指定银行的存出投资款

B. 申请银行汇票划转出票银行的款项

C. 开具信用证存入银行的保证金款项

D. 汇往采购地银行开立采购专户的款项

扫码关注，获取答案及更多考题资料

# 能力训练

## 一、单项选择题

1. 企业无法查明原因的现金溢余，应做的账务处理是（　　）。

A. 冲减管理费用

B. 增加营业外收入

C. 冲减财务费用

D. 增加其他业务收入

2. 下列各项中，不会引起其他货币资金发生变动的是（　　）。

A. 企业销售商品收到商业汇票

B. 企业用银行本票购买办公用品

C. 企业将款项汇往外地开立采购专业账户

D. 企业为购买基金将资金存入在证券公司指定银行开立的账户

3. 下列各项中，不通过“其他货币资金”科目核算的是（　　）。

A. 银行汇票存款

B. 交易性金融资产

C. 外埠存款

D. 银行本票存款

4. 企业在现金清查中发现有待查明原因的现金短缺或溢余，已按管理权限批准，下列各项中，有关会计处理不正确的是（　　）。

A. 属于无法查明原因的现金溢余，应借记“待处理财产损溢”科目，贷记“营业外收入”科目

B. 属于应由保险公司赔偿的现金短缺，应借记“其他应收款”科目，贷记“待处理财产损溢”科目

C. 属于应支付给有关单位的现金溢余，应借记“待处理财产损溢”科目，贷记“其他应付款”科目

D. 属于无法查明原因的现金短缺，应借记“营业外支出”科目，贷记“待处理财产损溢”科目

5. 假设企业每月末计提利息，企业每季度末收到银行寄来的短期借款利息付款通知单时，应贷记（　　）科目。

A. “库存现金”

B.“银行存款”

C.“财务费用”

D.“应付利息”

6. 企业银行存款日记账余额与银行对账单不符，企业银行日记账的余额是 150 万元，企业日记账和银行对账单的差异包括：企业收到货款 10 万元，银行未入账，企业开出支票 5 万元，对方尚未到银行办理收款，银行代扣水电费 2 万元，企业尚未入账，调节之后的企业银行存款余额为（　　）万元。

A. 160

B. 165

C. 152

D. 148

7.（　　）是指企业为购买股票、债权、基金等根据有关规定存入在证券公司指定银行开立的投资款专户的款项。

A. 银行汇票存款

B. 银行本票存款

C. 其他货币资金

D. 存出投资款

8. 下列各项中，不应确认为其他货币资金的是（　　）。

A. 企业购买的准备随时出售的股票资产

B. 企业为购买股票向证券公司划出的资金

C. 企业汇往外地建临时采购专户的资金

D. 企业为购买原料向银行申请银行本票

9. 2019 年 9 月 30 日，某企业银行存款日记账账面余额为 216 万元，收到银行对账单的余额为 212. 3 万元。经逐笔核对，该企业存在以下记账差错及未达账项：从银行提取现金 6. 9 万元，会计人员误记为 9. 6 万元；银行为企业代付电话费 6. 4 万元，但企业未接到银行付款通知，尚未入账。9 月 30 日调节后的银行存款余额为（　　）万元。

A. 212. 3

B. 225. 1

C. 205. 9

D. 218. 7

## 二、多项选择题

1. 下列各项中，企业应确认为其他货币资金的有（　　）。

A. 向银行申请银行本票划转的资金

B. 为开信用证而存入银行的专户资金
C. 汇向外地开立临时采购专户的资金
D. 为购买股票向证券公司划出的资金

2. 关于调节平衡后的“银行存款余额调节表”，下列说法正确的有（　　）。
A. 可以作为记账的原始依据
B. 可以反映未达账项
C. 可以反映企业实际可动用的银行存款数额
D. 可以使企业银行存款账面余额与银行对账单余额完全一致

3. 下列关于企业现金清查的说法中，正确的有（　　）。
A. 现金清查一般采用实地盘点法
B. 对于现金清查结果，应编制现金盘点报告单
C. 对于无法查明的现金短缺，经过批准后应计入营业外支出
D. 对于超限额留存的现金应及时送存银行

4. 下列关于银行存款余额调节表编制方法的说法中，正确的有（　　）。
A. 银行存款余额调节表用来核对企业和银行的记账有无错误，并作为记账依据
B. 调节前的银行对账单的余额，反映企业可以动用的银行存款实有数额
C. 调节后的银行存款日记账的余额，反映企业可以动用的银行存款实有数额
D. 调节后的银行对账单的余额，反映企业可以动用的银行存款实有数额

5. 下列各项中，企业可用现金支付的有（　　）。
A. 职工工资
B. 给个人的奖金
C. 向个人收购农产品的价款
D. 结算起点以下的零星支出

**三、判断题**

1. 经过银行存款余额调节表调节相等后的存款余额，通常是企业可动用的银行存款实有数。（　　）

2. 企业与银行核对银行存款账目时，对已发现的未达账项均应该作为企业的会计差错，应当编制银行存款余额调节表进行调节，并以银行存款余额调节表作为原始凭证进行相应的账务处理。（　　）

3. 库存现金限额每月核定一次，经核定的库存现金限额，开户单位必须严格遵守。（　　）

4. 开户单位支付现金，可以从本单位库存现金中支付或从开户银行提取，不得从本单位的现金收入中直接支付。（　　）

5. 银行汇票的提示付款期为自出票日起一个月，持票人超过付款期限提示付款的，银行将不予受理。 （ ）

扫码关注，获取答案及更多练习资料

# 项目 3　应收及预付款项核算

## 学习目标：

1. 明确应收票据的分类、期限与计价，掌握应收票据各种业务的相关计算与会计处理；

2. 明确应收账款的确认与计价，掌握应收账款各种业务的会计处理；

3. 熟悉预付账款和其他应收账款的核算；

4. 明确企业坏账的管理要求及坏账准备的计提与核算。

应收及预付款项核算思维导图如图 3-1 所示。

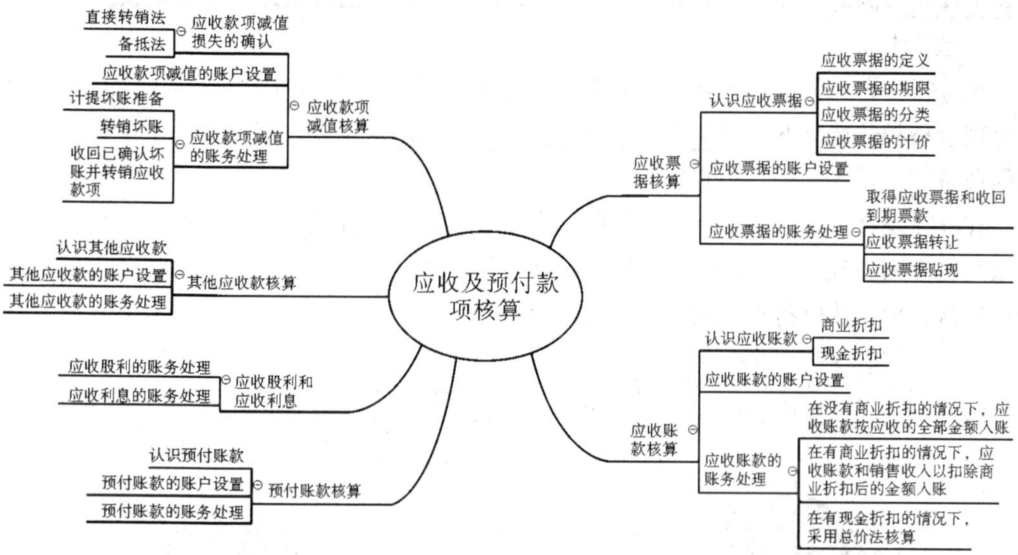


图 3-1　应收及预付款项核算思维导图

# 任务3.1　应收账款核算

## 3.1.1　认识应收账款

应收账款是指企业因销售商品、提供劳务等经营活动，应向购货单位或接受劳务单位收取的款项，主要包括企业销售商品或提供劳务等应向有关债务人收取的价款及代购货单位垫付的包装费、运杂费等。

通常情况下，应收账款应按从购货方应收的合同或协议价款作为初始确认金额，包括销售货物或提供劳务的价款、增值税，以及代购货方垫付的包装费、运杂费等。

在确定应收账款入账价值时，应注意区分商业折扣和现金折扣。

1. 商业折扣

商业折扣，是企业为促进商品销售而在商业标价上给予的价格扣除。商业折扣一般在交易发生时即已确定，它只是确定实际销售价格的一种手段，不需要在买卖双方任何一方的账上反映。因此，在有商业折扣的情况下，应按折扣后的价款计入应收账款。

2. 现金折扣

现金折扣，是债权人为鼓励债务人在规定的期限内付款而向债务人提供的债务扣除。在有现金折扣的情况下，现金折扣不影响应收账款的入账价值，实际发生现金折扣作为当期财务费用，计入发生当期的损益。

在存在现金折扣的情况下，应收账款入账金额的确认有总价法和净价法两种方式。总价法是将未减去现金折扣前的金额作为实际售价，现金折扣只有客户在折扣期内付款，才予以确认；净价法是将减去现金折扣后的金额作为实际售价。

**小贴士：现金折扣的表示方式**

现金折扣一般使用符号“折扣/付款期限”表示，如用“2/15，1/25，N/40”表示，其含义是信用期为40天，买方在15天内付款可给予2%的折扣；在25天内付款给予1%的折扣；超过25天至40天内付款，则没有折扣。

### 3.1.2　应收账款的账户设置

为了反映和监督应收账款的增减变动及其结存情况，企业应设置“应收账款”科目，按照往来单位设置科目。“应收账款”科目的借方登记应收账款的增加，贷方登记应收账款的收回及确认的坏账损失，期末余额一般在借方，反映尚未收回的应收账款；如果期末余额在贷方，则反映企业预收的账款。

不单独设置“预收账款”科目的企业，预收的账款也在“应收账款”科目核算。在编制资产负债表时，应收账款明细账的借方余额与预收账款明细账的借方余额合并，填列在“应收账款”项目中；应收账款明细账的贷方余额与预收账款明细账的贷方余额合并，填列在“预收账款”项目中。

### 3.1.3　应收账款的账务处理

企业发生应收账款时，根据银行托收第一联受理回单和增值税专用发票第一联记账联，按应收的金额，借记“应收账款”科目，按实现的营业收入，贷记“主营业务收入”等科目，按专用发票上注明的增值税税额，贷记“应交税费——应交增值税（销项税额）”科目。企业代购货单位垫付的包装费、运杂费，借记“应收账款”科目，贷记“银行存款”等科目。

收回应收账款时，根据银行托收第四联收账通知和增值税专用发票第一联记账联，借记“银行存款”等科目，贷记“应收账款”科目。收回代垫费用时，借记“银行存款”等科目，贷记“应收账款”科目。

（1）在没有商业折扣的情况下，应收账款按应收的全部金额入账。

【例3-1】2019年6月13日，甲公司采用托收承付结算方式向乙公司销售商品一批，价款为280 000元，增值税税额为36 400元，以银行存款代垫运杂费5 000元，已办理托收手续。甲公司应进行如下操作：

①发生赊销时：

借：应收账款——乙公司　　　　321 400

　贷：主营业务收入　　　　280 000

　　应交税费——应交增值税（销项税额）　　　　36 400

　　银行存款　　　　5 000

企业代购货单位垫付的包装费、运杂费也应计入应收账款，通过“应收账款”科目核算。

②收到货款时：

借：银行存款　　321 400

　贷：应收账款——乙公司　　321 400

企业应收账款改用应收票据结算，在收到承兑的商业汇票时，借记“应收票据”科目，贷记“应收账款”科目。

（2）在有商业折扣的情况下，应收账款和销售收入按扣除商业折扣后的金额入账。

【例 3-2】2019 年 6 月 20 日，甲公司赊销商品一批，按价目表的价格计算，货款金额总计 160 000 元，给买方的商业折扣为 10%，适用的增值税税率为 13%，代垫运杂费 4 700 元。甲公司应进行如下操作：

①发生赊销时：

借：应收账款　　167 420

　贷：主营业务收入　　144 000

　　　应交税费——应交增值税（销项税额）　　18 720

　　　银行存款　　4 700

②收到货款时：

借：银行存款　　167 420

　贷：应收账款　　167 420

（3）在有现金折扣的情况下，采用总价法核算。

【例 3-3】2019 年 7 月 3 日，甲公司赊销商品一批，货款为 250 000 元，合同规定对货款部分的现金折扣条件为“2/10，1/20，N/30”，适用的增值税税率为 13%。假定计算现金折扣时不考虑增值税，甲公司对应收账款采用总价法核算。甲公司应进行如下操作：

①销售业务发生时：

借：应收账款　　282 500

　贷：主营业务收入　　250 000

　　　应交税费——应交增值税（销项税额）　　32 500

②假如客户 10 天内付款：

借：银行存款　　277 500

　　财务费用　　5 000

　贷：应收账款　　282 500

③假如客户超过 20 天付款：

借：银行存款　　282 500

　贷：应收账款　　282 500

**经典考题回顾**

1.【多选题】下列各项中，引起应收账款账面价值发生增减变化的有（　　）。

A. 收回应收账款

B. 计提应收账款坏账准备

C. 收回已作为坏账核销的应收账款

D. 结转已到期未兑现的应收票据

2.【判断题】资产负债表日，应收账款的账面价值低于预计未来现金流量现值的，应计提坏账准备。（　　）

扫码关注，获取答案及更多考题资料

# 任务 3.2　应收票据核算

## 3.2.1　认识应收票据

应收票据是指企业因销售商品、提供服务等而收到的商业汇票。

1. 应收票据的期限

应收票据的期限是指票据的签发日至到期日的时间间隔，按月表示或按日表示。为方便计算，通常把 1 个月定为 30 天，1 年定为 360 天。

票据期限按月表示的，以票据到期月份中与出票日相同的那一天为到期日。月末签发的票据，不论月份大小，以到期月份的月末那天为到期日。

票据期限按日表示的，应从出票日起按实际经历天数计算。出票日和到期日只能计算其中的一天，即“算头不算尾”或“算尾不算头”。

商业汇票的付款期限，最长不得超过 6 个月。定日付款的汇票付款期限自出票日起计算，并在汇票上记载具体到期日；出票后定期付款的汇票付款期限自出票日起按月计算，并在汇票上记载；见票后定期付款的汇票付款期限自承兑或拒绝承兑日起按月计算，并在汇票上记载。商业汇票的提示付款期限，为自汇票到期日起 10 日。符合条件的商业汇票的持票人，可以持未到期的商业汇票连同贴现凭证向银行申请贴现。

2. 应收票据的计价

应收票据一般按其面值计量，即企业收到应收票据时，应按照票据的票面价值入账。

对于带息票据，应于期末按照应收票据的票面价值和确定的利率计提利息，计提的利息计入应收票据的账面价值。

### 3.2.2 应收票据的账户设置

为了反映和监督应收票据取得、票款收回等情况，企业应当设置“应收票据”科目，借方登记取得的应收票据的面值，贷方登记到期收回票款或到期前向银行贴现的应收票据的票面金额，期末余额在借方，反映企业持有的商业汇票的票面金额。“应收票据”科目可按照开出、承兑商业汇票的单位进行明细核算，并设置“应收票据备查簿”，逐笔登记商业汇票的种类、号数和出票日、票面金额、交易合同号和付款人、承兑人、背书人的姓名或单位名称、到期日、背书转让日、贴现日、贴现率和贴现净额以及收款日和收回金额、退票情况等资料。商业汇票到期结清票款或退票后，在备查簿中应予注销。

### 3.2.3　应收票据的账务处理

1. 取得应收票据和收回到期票款

应收票据取得的原因不同，其账户处理也有所区别。企业取得商业汇票时，应按票据面值入账。

（1）因债务人抵偿前欠货款而取得的应收票据，借记“应收票据”科目，贷记“应收账款”科目。

（2）因企业销售商品、提供劳务等而收到开出、承兑的商业汇票，根据收到的商业承兑汇票第二联和增值税专用发票第一联记账联，借记“应收票据”科目，贷记“主营业务收入”“应交税费——应交增值税（销项税额）”等科目。

（3）对于持有的带息应收票据，应当计提票据利息。企业应于中期期末和年度终了时，按规定计提票据利息，并增加应收票据的账面价值；同时，冲减财务费用，借记“应收票据”科目，贷记“财务费用”科目。

（4）商业汇票到期收回款项时，对于不带息应收票据，应按实际收到的票面金额，根据银行托收凭证第一联受理回单和第四联收账通知，借记“银行存款”科目，贷记“应收票据”科目。带息应收票据到期收回时，应按收到的本息，借记“银行存款”科目，贷记“应收票据”“财务费用”科目。若到期承兑人违约拒付或无力偿还票款，收款企业应将到期票据的账面价值转入应收账款，尚未计提的利息在实际收到时计入当期损益，借记“应收账款”科目，贷记“应收票据”科目。

【例 3-4】2019 年 6 月 1 日，甲公司向乙公司销售产品一批。发票上注明的销售款为 200 000 元，增值税为 26 000 元。收到乙公司交来的商业承兑汇票一张，期限为 6 个月，票面利率为 10%。甲公司应进行如下操作：

借：应收票据——乙公司　　226 000

　贷：主营业务收入　　200 000

　　　应交税费——应交增值税（销项税额）　　26 000

2019 年 9 月 30 日，甲公司计提票据利息时应进行如下操作：

应计提的票据利息 = 226 000×10%÷12×4≈7 533. 33（元）

借：应收票据　　7 533. 33

　贷：财务费用　　7 533. 33

甲公司上述应收票据到期，应进行如下操作：

收款金额 = 226 000×（1+10%÷12×6） = 237 300（元）

尚未计提的票据利息 = 226 000×10%÷12×2≈3 766. 67（元）

借：银行存款　　237 300

　贷：应收票据——乙公司　　233 533. 33

财务费用　　3 766.67

若到期乙公司无力付款，甲公司应进行如下操作：

借：应收账款——乙公司　　233 533.33

　贷：应收票据——乙公司　　233 533.33

2. 应收票据转让

在实务中，企业可以将自己持有的商业汇票背书转让。背书是指在票据背面或者黏单上记载有关事项并签章的票据行为。背书转让的，背书人应当承担票据责任。通常情况下，企业将持有的商业汇票背书转让以取得所需物资时，按应计入取得物资成本的金额，借记“材料采购”或“原材料”“库存商品”等科目，按照增值税专用发票上注明的可抵扣的增值税税额，借记“应交税费——应交增值税（进项税额）”科目，按商业汇票的票面金额，贷记“应收票据”科目，如有差额，借记或贷记“银行存款”等科目。

【例 3-5】承【例 3-4】，甲公司于 2019 年 7 月 15 日将上述应收票据背书转让，以取得生产经营所需的某种材料，该材料价款为 200 000 元，适用的增值税税率为 13%。甲公司应进行如下操作：

借：原材料　　200 000

　　应交税费——应交增值税（进项税额）　　26 000

　贷：应收票据　　226 000

3. 应收票据贴现

应收票据贴现，是指企业以未到期应收票据向银行融通资金，银行按票据的应收金额扣除一定期间的贴现利息后，将余额付给企业的筹资行为。按照《支付结算办法》的规定，实付贴现金额按票面金额扣除贴现日至到期前一日的利息计算。承兑人在异地的，贴现利息的计算应另加 3 天的划款日期。

**小贴士：票据贴现的计算公式**

票据到期值=票据面值×（1+票据的年利率×票据到期天数÷360）=票据面值×（1+票据的年利率×票据到期月数÷12）

贴现息=票据到期值×贴现率×贴现天数÷360

贴现天数=贴现日至票据到期日实际天数-1

贴现所得金额=票据到期值-贴现息

商业承兑汇票贴现后可能使企业被追索而发生或有负债。按照我国《企业会计准则》，企业持有未到期的商业汇票向银行贴现，符合金融资产终止确认条件的，应终止确认该金融资产（如银行承兑汇票贴现）；根据贴现凭证第四联收账通知，借记“银行存款”科目，贷记“应收票据”科目，其差额借记或贷记“财务费用”科目。不符合金融资产终止确认条件的（如商业承兑汇票贴现），作为取得短期借款处理，借记“银行存款”“财务费用”科目，贷记“短期借款”科目。因贴现而产生的或有负债，通过报表附注披露予以反映。

【例 3-6】2019 年 5 月 2 日，甲公司将其所收取的一张乙公司出票日为 3 月 23 日、期限为 6 个月、面值为 150 000 元的不带息银行承兑汇票向银行办理贴现（不附追索权）。假设在同一票据交换区域内，银行年贴现率为 12%。

该票据到期日为 9 月 23 日，共 144 天。甲公司应进行如下操作：

| | | |
|---|---|---|
| 借：银行存款 | 142 800 | |
| 　　财务费用 | 7 200 | |
| 　贷：应收票据——乙公司 | | 150 000 |

**经典考题回顾**

【多选题】下列各项中，应通过“应收票据”科目核算的有（　　）。

A. 销售产品收到的银行承兑汇票

B. 提供劳务收到的商业承兑汇票

C. 以持有的商业承兑汇票背书抵付前欠货款

D. 收到购货方背书转让的银行承兑汇票

扫码关注，获取答案及更多考题资料

# 任务 3.3　预付账款核算

## 3.3.1　认识预付账款

预付账款是指企业按照合同规定，预先支付给供货方的款项，如预付的材料货款、商品采购货款等。预付账款应当按照实际预付的款项金额入账。

预付账款和应收账款一样，都是企业的短期债权，但两者又有区别。应收账款是企业因销售商品或提供劳务而产生的债权；而预付账款是企业因购货或接受劳务而产生的债权，是预先付给供货方或劳务提供方的款项。两者应分别进行核算。

### 3.3.2 预付账款的账户设置

为了反映和监督预付账款的增减变动及其结存情况，企业应当设置“预付账款”科目。“预付账款”科目的借方登记预付的款项及补付的款项，贷方登记收到所购物资时根据有关发票账单记入“原材料”等科目的金额及收回多付款项的金额，期末余额在借方，反映企业实际预付的款项；如果期末余额在贷方，则反映企业应付或应补付的款项。预付款项情况不多的企业，可以不设置“预付账款”科目，而将预付的款项通过“应付账款”科目核算。

**小贴士：编制资产负债表时预付账款的填列**

在编制资产负债表时，预付账款明细账的借方余额与应付账款明细账的借方余额合并，填列在“预付账款”项目中；预付账款明细账的贷方余额与应付账款明细账的贷方余额合并，填列在“应付账款”项目中。

### 3.3.3 预付账款的账务处理

企业根据购货合同的规定向供应单位预付款项时，借记“预付账款”科目，贷记“银行存款”科目；企业收到所购物资，应计入所购物资成本的金额，借记“材料采购”或“原材料”“库存商品”科目，按可抵扣的增值税进项税额，借记“应交税费——应交增值税（进项税额）”等科目，贷记“预付账款”科目；当预付账款小于采购货物所需支付的款项时，应将不足部分补付，借记“预付账款”科目，贷记“银行存款”等科目；当预付款项大于采购货物所需支付的款项时，对于收回的多余款项，应借记“银行存款”等科目，贷记“预付账款”科目。

企业应当定期或者至少于每年年度终了时，对预付账款进行检查，预计其可能发生的坏账损失，并计提坏账准备。

【例3-7】2019年4月13日，甲公司向乙公司采购材料，所需支付的价款总额为68 000元。按照合同规定，甲公司向乙公司预付价款的50%，验收货物后补付其余款项。甲公司应进行如下操作：

①预付50%的价款时：

借：预付账款——乙公司　　34 000

　　贷：银行存款　　34 000

②收到乙公司发来的材料，验收无误，增值税专用发票上记载的价款为68 000元，增值税税额为8 840元，以银行存款补付所欠款项42 840元。甲公司应进行如下操作：

借：原材料　　68 000

　　应交税费——应交增值税（进项税额）　　8 840
　贷：预付账款——乙公司　　76 840
借：预付账款——乙公司　　42 840
　贷：银行存款　　42 840

**经典考题回顾**

1.【单选题】已知预付账款账户本期借方发生额为 5 800 元，贷方发生额为 3 000 元，期末借方余额为 8 000 元，则期初余额为（　　）元。

A. 10 800

B. 800

C. 5 200

D. 4 200

2.【单选题】企业未设置“预付账款”科目，发生预付账款业务时应借记的会计科目是（　　）。

A. 预收账款

B. 其他应付款

C. 应收账款

D. 应付账款

**扫码关注，获取答案及更多考题资料**

# 任务 3.4　应收股利和应收利息

## 3.4.1　应收股利的账务处理

应收股利是指企业应收取的现金股利或应收取其他单位分配的利润。为了反映和监督应收股利的增减变动及其结存情况，企业应设置“应收股利”科目。“应收股利”科目的借方登记应收现金股利或利润的增加，贷方登记收到的现金股利或利润，期末余额一般在借方，反映企业尚未收到的现金股利或利润。“应收股利”科目应当按照被投资单位设置明细科目进行核算。

企业在持有以公允价值计量且其变动计入当期损益的金融资产（交易性金融资产）期

间，被投资单位宣告发放现金股利，按应享有的份额，确认为当期投资收益，借记“应收股利”科目，贷记“投资收益”科目。企业在持有长期股权投资期间，被投资单位宣告发放现金股利或利润，按应享有的份额，借记“应收股利”科目，贷记科目应区分两种情况，对于采用成本法核算的长期股权投资，贷记“投资收益”科目；对于采用权益法核算的长期股权投资，贷记“长期股权投资——损益调整”科目。

【例 3-8】甲公司持有乙上市公司股票，且作为以公允价值计量、其变动计入当期损益的金融资产（交易性金融资产）进行管理和核算。2019 年 5 月 10 日，乙上市公司发放 2018 年现金股利，甲公司按其持有该上市公司股份计算确定的应分得的现金股利为 270 000元。假定不考虑相关税费。甲公司应进行如下操作：

借：应收股利——乙上市公司　　270 000

　贷：投资收益——乙上市公司　　270 000

2019 年 5 月 30 日，甲公司收到乙上市公司发放的现金股利 270 000 元，款项已存入银行，假定不考虑相关税费。甲公司应进行如下操作：

借：其他货币资金——存出投资款　　270 000

　贷：应收股利——乙上市公司　　270 000

**小贴士：现金股利或利润应借记的会计科目**

企业收到被投资单位分配的现金股利或利润，应贷记“应收股利”科目，但对于应借记的会计科目，应区别两种情况分别进行处理：对于企业通过证券公司购入上市公司股票所形成的股权投资取得的现金股利，应借记“其他货币资金——存出投资款”科目；对于企业持有的其他股权投资取得的现金股利或利润，应借记“银行存款”科目。

### 3.4.2　应收利息的账务处理

应收利息是指企业根据合同或协议规定应向债务人收取的利息。为了反映和监督应收利息的增减变动及其结存情况，企业应设置“应收利息”科目。“应收利息”科目的借方登记应收利息的增加，贷方登记收到的利息，期末余额一般在借方，反映企业尚未收到的利息。“应收利息”科目应当按照借款人或被投资单位设置明细科目进行核算。

【例 3-9】甲公司持有乙公司债券投资，2019 年 8 月 8 日，甲公司收到乙公司通知，拟向其支付 2018 年利息 1 150 000 元，款项尚未支付。假定不考虑相关税费，甲公司应进行如下操作：

借：应收利息——乙公司　　1 150 000

　贷：投资收益——乙公司　　1 150 000

# 任务 3.5　其他应收款核算

## 3.5.1　认识其他应收款

其他应收款是指企业除应收票据、应收账款、预付账款、应收股利和应收利息以外的其他各种应收及暂付款项。其他应收款的主要内容包括：应收的各种赔款、罚款，如因企业财产等遭受意外损失而应向有关保险公司收取的赔款等；应收的出租包装物租金；应向职工收取的各种垫付款项，如为职工垫付的水电费，应由职工负担的医药费、房租等；存出保证金，如租入包装物支付的押金；其他各种应收、暂付款项。

## 3.5.2　其他应收款的账户设置

为了反映和监督其他应收账款的增减变动及其结存情况，企业应当设置“其他应收款”科目进行核算。“其他应收款”科目的借方登记其他应收款的增加，贷方登记其他应收款的收回，期末余额一般在借方，反映企业尚未收回的其他应收款项。“其他应收款”科目应当按照对方单位（或个人）设置明细科目进行核算。

## 3.5.3　其他应收款的账务处理

企业发生各种其他应收款项时，应借记“其他应收款”科目，贷记“库存现金”“银行存款”“固定资产清理”等科目。收回其他各种应收款项时，借记“库存现金”“银行存款”“应付职工薪酬”等科目，贷记“其他应收款”科目。

【例 3-10】2019 年 5 月 12 日，甲公司在采购过程中发生材料毁损，按保险合同规定，应由 A 保险公司赔偿损失 45 000 元，赔款尚未收到。假定甲公司对原材料采用计划成本进行日常核算。甲公司应进行如下操作：

借：其他应收款——A 保险公司　　　　45 000

　贷：材料采购　　　　45 000

2019 年 5 月 20 日，甲公司如数收到 A 保险公司的赔款。甲公司应进行如下操作：

借：银行存款　　　　45 000

　贷：其他应收款——A 保险公司　　　　45 000

【例 3-11】2019 年 5 月 8 日，甲公司以银行存款替职工李某垫付应由其个人负担的医疗费 5 700 元，拟从其工资中扣回。甲公司应进行如下操作：

①垫付时：

借：其他应收款——李某　　　　5 700

贷：银行存款　　5 700

②扣款时：

借：应付职工薪酬　　5 700

贷：其他应收款——李某　　5 700

【例 3-12】2019 年 5 月 20 日，甲公司向乙公司租入包装物一批，以银行存款向乙公司支付押金 8 000 元。甲公司应进行如下操作：

借：其他应收款——乙公司　　8 000

贷：银行存款　　8 000

2019 年 5 月 30 日，甲公司按期如数向乙公司退回所租包装物，并收到乙公司退还的押金 8 000 元，已存入银行。甲公司应进行如下操作：

借：银行存款　　8 000

贷：其他应收款——乙公司　　8 000

**经典考题回顾**

1.【单选题】企业出租固定资产，应收而未收到的租金应记入（　　）科目的借方。

A. 其他业务收入

B. 固定资产清理

C. 应收账款

D. 其他应收款

2.【单选题】下列各项中，属于“其他应收款”科目核算内容的是（　　）。

A. 应收的劳务款

B. 为职工垫付的房租

C. 应收的销售商品款

D. 为购货单位垫付的运杂费

3.【多选题】下列各项中，企业应通过“其他应收款”科目核算的有（　　）。

A. 应收代职工垫付的房租和水电费

B. 财产遭受意外损失应由保险公司支付的赔偿款项

C. 销售商品代客户垫付的运输费

D. 租入包装物支付的押金

# 任务 3.6　应收款项减值核算

## 3.6.1　应收款项减值损失的确认

企业的各项应收款项，可能会因购货人拒付、破产、死亡等原因而无法收回。这类无法收回的应收款项就是坏账。企业因坏账而遭受的损失为坏账损失或减值损失。企业应当在资产负债表日对应收款项的账面价值进行评估，应收款项发生减值的，应当将减记的金额确认为减值损失，计提坏账准备。

**小贴士：应收款项发生减值的客观证据**

应收款项发生减值的客观证据主要包括：

①债务人发生严重财务困难；

②债务人违反了合同条款，如偿付利息或本金发生违约或逾期等；

③债权人出于经济或法律等方面因素的考虑，对发生财务困难的债务人做出让步；

④债务人很可能倒闭或进行其他财务重组。

应收款项减值的核算有直接转销法和备抵法两种核算方法。我国《企业会计准则》规定，应收账款的减值核算只能采用备抵法，不得采用直接转销法。

1. 直接转销法

直接转销法是指在实际发生坏账时，将坏账损失直接计入当期损益，同时冲销应收款项，即借记“信用减值损失”科目，贷记“应收账款”等科目。

2. 备抵法

备抵法是采用一定的方法按期估计坏账损失，计入当期损益，同时建立坏账准备；待坏账实际发生时，冲销已提取的坏账准备和相应的应收款项。采用这种方法，坏账损失计入同一期间的损益，体现了配比原则的要求，避免了企业虚盈实亏；在报表上列示应收款项净额，使报表使用者能了解企业应收款项的可变现金额。

在备抵法下，企业应根据实际情况合理估计当期坏账损失金额。由于企业发生坏账损失带有很大的不确定性，所以只能以过去的经验为基础，参照当前的信用政策、市场环境和行业惯例，估计每期应收款项未来现金流量现值，从而确定当期减值损失金额，计入当期损益。

**小贴士：应收账款减值损失的三种估计方法**

企业可以选用的应收账款减值损失的估计方法有三种：应收账款余额百分比法、账龄百分比法和个别认定法。应收款项减值损失的估计方法一经确定，不得随意变更。

（1）应收账款余额百分比法

应收账款余额百分比法是根据期末应收账款余额和估计的坏账率，估计应收款项减值损失，计提坏账准备的方法。坏账损失率可以参照以往的数据资料确定。

（2）账龄百分比法

账龄百分比法是根据应收款项账龄的长短以及以前的具体情况，估计应收账款减值损失的方法。

通常情况下，账龄越长，发生减值的可能性就越大。账龄百分比法将应收账款按拖欠时间的长短划分为若干区间，计列各区间上应收账款余额，并为每一个区间估计一个坏账准备的百分比，然后据以计算期末坏账准备金额。

（3）个别认定法

个别认定法是根据每一项应收款项的情况来估计坏账损失的方法。

在采用应收账款余额百分比和账龄分析法估计坏账损失时，如果某项应收款项的可收回性与其他各项应收款项存在明显的差别，导致该项应收款项如果按照与其他应收款项采用相同的方法或比率估计减值损失，也无法真实反映其可收回金额的，可对该项应收款项采用个别认定法估计坏账损失。在同一会计期间运用个别认定法的应收款项，应从用其他方法估计坏账损失的应收款项中剔除。

### 3.6.2 应收款项减值的账户设置

企业应当设置“坏账准备”科目，该科目核算应收款项的坏账准备计提、转销等情况。企业当期计提的坏账准备应当计入信用减值损失。

**小贴士："信用减值损失"账户解释**

信用减值损失是损益类科目，损失增加记借方，减少记贷方。它与资产减值损失反映的情况一致，只是对应的事项不同。应收款项减值对应信用减值损失，存货和固定资产等减值对应资产减值损失。

"信用减值损失"是损益类账户中的"费用、损失"类，损失增加记借方，冲减或结转时记贷方，期末结转后无余额。计提坏账准备，就是预先将可能发生的坏账损失计入当期损失中，信用减值损失增加，记借方。

企业应当在资产负债表日计算金融工具预期信用损失。如果该预期信用损失大于该工具当前减值准备的账面金额，企业应当将其差额确认为减值损失，借记"信用减值损失"科目，根据金融工具的种类，贷记"坏账准备"等科目。

"坏账准备"科目的贷方登记当期计提的坏账准备金额，借方登记实际发生的坏账损失金额和冲减的坏账准备金额，期末余额一般在贷方，反映企业已经计提但尚未转销的坏账准备。该科目属于资产类，是"应收票据""应收账款""预付账款""其他应收款""长期应收款"等科目的备抵科目。

### 3.6.3 应收款项减值的账务处理

1. 计提坏账准备

当期应计提的坏账准备=当期按应收款项计算的坏账准备余额-（+）"坏账准备"科目的贷方（借方）余额

企业计提坏账准备时，按照应收款项应减记的金额，借记"信用减值损失——计提的坏账准备"科目，贷记"坏账准备"科目。冲减多计提的坏账准备时，借记"坏账准备"科目，贷记"信用减值损失——计提的坏账准备"科目。

2. 转销坏账

企业确实无法收回的应收款项，按管理权限报经批准后作为坏账转销时，应当冲减已计提的坏账准备。企业实际发生坏账损失时，借记"坏账准备"科目，贷记"应收账款""预付账款""应收利息""其他应收款""长期应收款"等科目。

3. 收回已确认坏账并转销应收款项

已确认并转销应收款项以后又收回的，应当按照实际收到的金额增加坏账准备的账面余额。已确认并转销应收款项以后又收回时，借记"应收账款""其他应收款"等科目，贷记"坏账准备"科目；同时，借记"银行存款"科目，贷记"应收账款""其他应收款"等科目。

【例3-13】2017年12月31日，甲公司对乙公司的应收账款进行减值测试。应收账款余额合计为1 100 000元，甲公司根据乙公司的资信情况确定计提10%的减值准备。甲公司应进行如下操作：

借：信用减值损失——计提坏账准备　　110 000

　贷：坏账准备　　110 000

2018 年甲公司对乙公司的应收账款中有 25 000 元存在争议，发生坏账损失。甲公司应进行如下操作：

借：坏账准备　　25 000

　贷：应收账款——乙公司　　25 000

2018 年 12 月 31 日，甲公司对乙公司的应收账款进行减值测试。应收账款的余额合计为 1 400 000 元，甲公司根据乙公司的资信情况确定计提 10% 的减值准备。甲公司应进行如下操作：

2018 年年末甲公司“坏账准备”应保持的余额为 1 400 000×10%＝140 000 元，“坏账准备”贷方余额为 110 000－25 000＝85 000 元，应补提 55 000（140 000－85 000）元。

借：信用减值损失——计提坏账准备　　55 000

　贷：坏账准备　　55 000

甲公司 2019 年 7 月 13 日收到 2018 年已转销的乙公司坏账 18 000 元，存入银行。甲公司应进行如下操作：

借：应收账款——乙公司　　18 000

　贷：坏账准备　　18 000

借：银行存款　　18 000

　贷：应收账款——乙公司　　18 000

**经典考题回顾**

【单选题】某企业年初“坏账准备”科目的贷方余额为 20 万元，本年收回上年已确认为坏账的应收账款 5 万元，经减值测试并确定“坏账准备”科目年末贷方余额应为 30 万元。不考虑其他因素，该企业年末应计提的坏账准备为（　　）万元。

A. 5

B. 30

C. 15

D. 10

扫码关注，获取答案及更多考题资料

# 能力训练

## 一、单项选择题

1. 我国企业会计制度规定，企业只能采用（　　）核算坏账损失。

A. 备抵法

B. 直接转销法

C. 成本与可变现净值孰低法

D. 成本法

2. 2019 年年初，甲公司“坏账准备——应收账款”科目贷方余额为 3 万元，3 月 20 日收回已核销的坏账 12 万元并入账，12 月 31 日“应收账款”科目余额为 220 万元（所属明细科目为借方余额），预计未来现金流量现值为 200 万元，不考虑其他因素。2019 年年末该公司计提的坏账准备金额为（　　）万元。

A. 17

B. 29

C. 20

D. 5

3. 企业在连续提取坏账准备的情况下，“坏账准备”科目在期末结账前如为贷方余额，其反映的内容是（　　）。

A. 企业已提取但尚未转销的坏账准备数额

B. 上年年末坏账准备的余额小于本年确认的坏账损失部分

C. 已经发生的坏账损失

D. 本年提取的坏账准备

4. 下列各项中，不构成应收账款入账价值的是（　　）。

A. 赊销商品的价款

B. 代购货方垫付的保险费

C. 代购货方垫付的运杂费

D. 销售货物发生的商业折扣

5. 甲公司于 2019 年 11 月 1 日销售商品一批，并于当日收到一张面值 5 000 元、期限 3 个月的银行承兑汇票。12 月 31 日，该应收票据的账面价值为（　　）元。

A. 5 000

B. 5 025

C. 5 050

D. 5 075

6. 下列各项中，不可归入“其他应收款”科目进行核算的是（　　）。

A. 应收的罚款收入

B. 应收的出租包装物租金

C. 企业代购货单位垫付的包装费、运杂费

D. 企业为职工垫付的房租费

7. “应收票据”核算的票据是（　　）。

A. 转账支票

B. 银行汇票

C. 银行本票

D. 商业汇票

## 二、多项选择题

1. 下列各项中，应记入“坏账准备”科目贷方的有（　　）。

A. 当期确认的坏账损失

B. 冲回多提的坏账准备

C. 当期应补提的坏账准备

D. 已转销的坏账当期又收回

2. 下列各项中，构成应收账款入账价值的有（　　）。

A. 确认商品销售收入时尚未收到的价款

B. 代购货方垫付的包装费

C. 代购货方垫付的运杂费

D. 销售货物发生的商业折扣

3. 下列各项中，关于被投资单位宣告发放现金股利或分配利润时，正确的会计处理有（　　）。

A. 交易性金融资产持有期间，被投资单位宣告发放现金股利或利润时确认投资收益

B. 长期股权投资采用成本法核算时，被投资单位宣告发放现金股利或利润时确认投资收益

C. 长期股权投资采用权益法核算时，被投资单位宣告发放现金股利或利润时确认投资收益

D. 长期股权投资采用权益法核算时，被投资单位宣告发放现金股利或利润时冲减其账面价值

4. 下列各项中，应通过“其他应收款”科目核算的内容有（　　）。

A. 应收保险公司的赔款

B. 代购货单位垫付的运杂费

C. 应收出租包装物租金

D. 应向职工收取的各种垫付款

5. 按现行制度规定，需要在“应收票据”科目下核算的票据包括（　　）。

A. 商业承兑汇票

B. 银行承兑汇票

C. 银行汇票

D. 银行本票

6. 下列各项中，应计提坏账准备的有（　　）。

A. 应收股利

B. 应收票据

C. 预付账款

D. 其他应收款

7. 下列各项中，有关股利的账务处理，正确的有（　　）。

A. 企业根据股东大会或类似机构审议批准的利润分配方案，确认应付给投资者的现金股利，借记“利润分配——应付现金股利”科目，贷记“应付股利”科目

B. 收到的股票股利，不进行账务处理，但应在备查簿中进行登记

C. 收到现金股利时，借记“其他货币资金”等科目，贷记“应收股利”科目

D. 权益法下的长期股权投资，持有期间被投资单位宣告分派现金股利时，投资企业按应分得的部分，借记“应收股利”科目，贷记“投资收益”科目

**三、判断题**

1. 企业租入包装物支付的押金应计入其他业务成本。（　　）

2. 企业在确定应收款项减值的核算方法时，应根据本企业实际情况，按照成本效益原则，在备抵法和直接转销法之间合理选择。（　　）

3. 企业对长期股权投资计提的减值准备，不能在持有期间转回。（　　）

4. 企业应当定期或者至少于每年年度终了，对其他应收款进行检查，预计其可能发生的坏账损失，并计提坏账准备。（　　）

5. 在采用权益法核算的情况下，投资企业应于被投资单位宣告分派利润或现金股利时，按持有表决权的比例计算应分得的利润或现金股利，可能确认投资收益，也可能调整长期股权投资账面价值。（　　）

# 项目 4　存货核算

**学习目标：**

1. 掌握存货成本的确定、发出存货的计价方法、存货清查；
2. 掌握原材料、库存商品、委托加工物资、周转材料的核算；
3. 了解存货跌价准备的会计处理。

存货核算思维导图如图 4-1 所示。

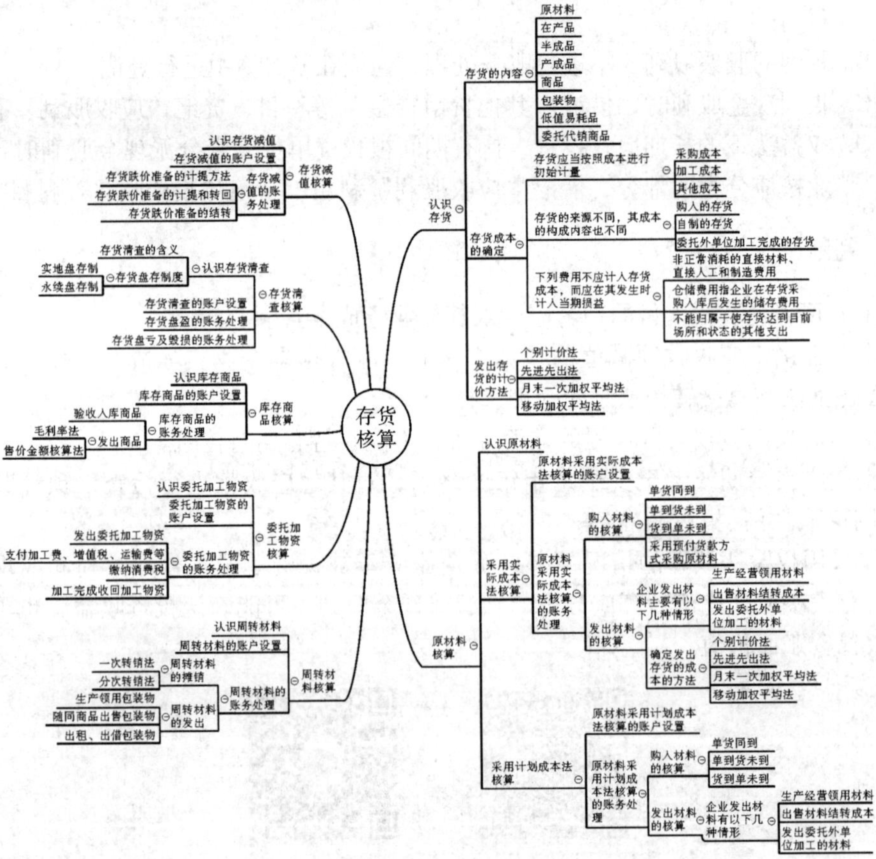


图 4-1　存货核算思维导图

# 任务4.1　认识存货

## 4.1.1　存货的内容

存货是指企业在日常活动中持有以备出售的产品或商品、处在生产过程中的在产品、在生产过程或提供劳务过程中储备的材料或物料等，包括各类材料、在产品、半成品、产成品、商品以及包装物、低值易耗品、委托代销商品等。

（1）原材料。原材料是指企业在生产过程中经加工改变其形态或性质并构成产品主要实体的各种原料及主要材料、辅助材料、外购半成品（外购件）、修理用备件（备品备件）、包装材料、燃料等。

（2）在产品。在产品是指企业正在制造尚未完工的生产物，包括正在各个生产工序加工的产品和已加工完毕但尚未检验或已检验但尚未办理入库手续的产品。

（3）半成品。半成品是指经过一定生产过程并已检验合格交付半成品仓库保管，但尚未制造完工，仍需进一步加工的中间产品。

（4）产成品。产成品是指企业已经完成全部生产过程并已验收入库，可以按照合同规定的条件送交订货单位，或者可以作为商品对外销售的产品。企业接受来料加工制造的代制品和为外单位加工修理的代修品，制造和修理完成验收入库后，应视同企业的产成品。

（5）商品。商品是指商品流通企业外购或委托加工完成验收入库用于销售的各种商品。

（6）包装物。包装物是指为了包装本企业的商品而储备的各种包装容器，如桶、箱、瓶、坛、袋等。其主要作用是盛装、装潢产品或商品。

（7）低值易耗品。低值易耗品是指不能作为固定资产核算的各种用具物品，如工具、管理用具、玻璃器皿、劳动保护用品以及在经营过程中周转使用的容器等。其特点是单位价值较低，或使用期限相对于固定资产较短，在使用过程中保持其原有实物形态基本不变。

（8）委托代销商品。委托代销商品是指企业委托其他单位代销的商品。

### 4.1.2　存货成本的确定

1. 存货应当按照成本进行初始计量

（1）存货的采购成本

存货的采购成本，包括购买价款、相关税费、运输费、装卸费、保险费以及其他可归属于存货采购成本的费用。

其中，存货的购买价款是指企业购入的材料或商品的发票账单上列明的价款，但不包括按照规定可以抵扣的增值税进项税额。存货的相关税费是指企业购买存货发生的进口关税、消费税、资源税和不能抵扣的增值税进项税额以及相应的教育费附加等应计入存货采购成本的税费。其他可归属于存货采购成本的费用是指采购成本中除上述各项以外的可归属于存货采购的费用，如在存货采购过程中发生的仓储费、包装费、运输途中的合理损耗、入库前的挑选整理费用等。运输途中的合理损耗，是指商品在运输过程中，因商品性质、自然条件及技术设备等因素，所发生的自然的或不可避免的损耗。

商品流通企业在采购商品过程中发生的运输费、装卸费、保险费以及其他可归属于存货采购成本的费用等进货费用，应当计入存货采购成本，也可以先进行归集，期末根据所购商品的存销情况进行分摊。对于已售商品的进货费用，计入当期损益；对于未售商品的进货费用，计入期末存货成本。企业采购商品的进货费用金额较小的，可以在发生时直接计入当期损益。

（2）存货的加工成本

存货的加工成本是指在存货的加工过程中发生的追加费用，包括直接人工以及按照一定方法分配的制造费用。直接人工是指企业在生产产品过程中发生的直接从事产品生产人员的职工薪酬。制造费用是指企业为生产产品而发生的各项间接费用。

（3）存货的其他成本

存货的其他成本是指除采购成本、加工成本以外的，使存货达到目前场所和状态所发生的其他支出。为特定客户设计产品所发生的、可直接确定的设计费用应计入存货的成本。但是企业设计产品发生的设计费用通常应计入当期损益。

2. 存货成本的构成

存货的来源不同，其成本的构成内容也不同。原材料、商品、低值易耗品等通过购买而取得的存货的成本主要由采购成本构成；产成品、在产品、半成品等自制或需委托外单位加工完成的存货的成本由采购成本、加工成本以及使存货达到目前场所和状态所发生的其他支出构成。实务中，具体按以下原则确定：

（1）购入的存货，其成本包括买价、运杂费（包括运输费、装卸费、保险费、包装费、仓储费等）、运输途中的合理损耗、入库前的挑选整理费用（包括挑选整理中发生的工、费支出和挑选整理过程中所发生的数量损耗，并扣除回收的下脚废料价值）以及按规定应计入存货成本的税费和其他费用。

（2）自制的存货，包括自制原材料、自制包装物、自制低值易耗品、自制半成品及库存商品等，其成本包括直接材料、直接人工和制造费用等的各项实际支出。

（3）委托外单位加工完成的存货，包括加工后的原材料、包装物、低值易耗品、半成品、产成品等，其成本包括实际耗用的原材料或者半成品、加工费、装卸费、保险费、委托加工的往返运输费等费用以及按规定应计入存货成本的税费。

**小贴士：不应计入存货成本的费用**

下列费用不应计入存货成本，而应在其发生时计入当期损益：

（1）非正常消耗的直接材料、直接人工和制造费用，应在发生时计入当期损益，不应计入存货成本。例如，由于自然灾害而发生的直接材料、直接人工和制造费用，由于这些费用的发生无助于使该存货达到目前场所和状态，不应计入存货成本，而应确认为当期损益。

（2）仓储费用是指企业在存货采购入库后发生的储存费用，应在发生时计入当期损益。但是，在生产过程中为达到下一个生产阶段所必需的仓储费用应计入存货成本。例如，某种酒类产品生产企业为使生产的酒达到规定的产品质量标准而必须发生的仓储费用，应计入酒的成本，而不应计入当期损益。

（3）不能归属于使存货达到目前场所和状态的其他支出，应在发生时计入当期损益，不得计入存货成本。

### 4.1.3 发出存货的计价方法

企业应当根据各类存货的实物流转方式、企业管理的要求、存货的性质等实际情况，合理地确定发出存货成本的计算方法，以及当期发出存货的成本。对于性质和用途相同的存货，应当采用相同的成本计算方法确定发出存货的成本。

实务中，企业发出的存货可以按实际成本核算，也可以按计划成本核算，如采用计划成本核算，会计期末应调整为实际成本。在实际成本核算方式下，企业可以采用的发出存货成本的计价方法包括个别计价法、先进先出法、月末一次加权平均法和移动加权平均法等。

1. 个别计价法

个别计价法是假设存货具体项目的实物流转与成本流转相一致，按照各种存货逐一辨认各批发出存货和期末存货所属的购进批别或生产批别，分别按其购入或生产时所确定的单位成本计算各批发出存货和期末存货成本的方法。在这种方法下，把每一种存货的实际成本作为计算发出存货成本和期末存货成本的基础。

个别计价法的成本计算准确，符合实际情况，但在存货收发频繁的情况下，其发出成本分辨的工作量较大。因此，该方法通常适用于一般不能替代使用的存货、为特定项目专门购入或制造的存货以及提供的劳务，如珠宝、名画等贵重物品。

2. 先进先出法

先进先出法是以先购入的存货应先发出（用于销售或耗用）这样一种存货实物流动假设为前提，对发出存货进行计价的一种方法。采用这种方法，先购入的存货成本在后购入存货成本之前转出，据此确定发出存货和期末存货的成本。

先进先出法可以随时结转存货发出成本，但较烦琐。如果存货收发业务较多，且存货单价不稳定时，其工作量较大。在物价持续上涨时，期末存货成本接近于市价，而发出成本偏低，会高估企业当期利润和库存存货价值；反之，会低估企业存货价值和当期利润。

3. 月末一次加权平均法

月末一次加权平均法是以本月全部进货数量加上月初存货数量作为权数，去除本月全部进货成本加上月初存货成本，计算出存货的加权平均单位成本，以此为基础计算本月发出存货的成本和期末结存存货的成本的一种方法。

月末一次加权平均法只在月末一次计算加权平均单价，有利于简化成本计算工作。但由于平时无法从账上提供发出和结存存货的单价及金额，不利于存货成本的日常管理与控制。

**小贴士：月末一次加权平均法的计算公式**

存货单位成本=［月初结存存货成本+∑（本月各批进货的实际单位成本×本月各批进货的数量）］÷（月初结存存货的数量+本月各批进货数量之和）

本月发出存货的成本=本月发出存货的数量×存货单位成本

本月月末结存存货成本=月末结存存货的数量×存货单位成本

或：

本月月末结存存货成本=月初结存存货成本+本月收入存货成本-本月发出存货成本

4. 移动加权平均法

移动加权平均法是以每次进货的成本加上原有结存存货的成本的合计额，除以每次进货数量加上原有结存存货的数量的合计数，据以计算加权平均单位成本，作为在下次进货前计算各次发出存货成本依据的一种方法。

**小贴士：移动加权平均法的计算公式**

存货单位成本=（原有结存存货成本+本次进货的成本）÷（原有结存存货数量+本次进货数量）

本次发出存货成本=本次发出存货数量×本次发货前存货的单位成本

本月月末结存存货成本=月末结存存货的数量×本月月末存货单位成本

或：

本月月末结存存货成本=月初结存存货成本+本月收入存货成本-本月发出存货成本

采用移动加权平均法能够使企业管理层及时了解存货的结存情况，计算的平均单位成本以及发出和结存的存货成本比较客观。但由于每次收货都要计算一次平均单位成本，计算工作量较大，对收发货较频繁的企业不太适用。

**经典考题回顾**

1.【单选题】某企业本期购进5批存货、发出2批。在物价持续上涨的情况下，与加权平均法相比，该企业采用先进先出法的计价结果是（　　）。

A. 期末存货成本较接近于市价

B. 库存存货价值较低

C. 发出成本较高

D. 当期利润较低

2.【单选题】下列各项中，不计入存货采购成本的是（　　）。

A. 应负担的运输费用

B. 支付的进口关税

C. 入库后的仓储费

D. 入库前的整理挑选费

3.【多选题】下列各项中，企业应计入外购存货采购成本的有（　　）。

A. 入库前的挑选整理费

B. 材料购买价款（不含增值税）

C. 享受的商业折扣

D. 采购过程中发生的仓储费

扫码关注，获取答案及更多考题资料

# 任务 4.2　原材料核算

## 4.2.1　认识原材料

原材料是指企业在生产过程中经过加工改变其形态或性质并构成产品主要实体的各种原料、主要材料和外购半成品，以及不构成产品实体但有助于产品形成的辅助材料。原材料具体包括原料及主要材料、辅助材料、外购半成品（外购件）、修理用备件（备品备件）、包装材料、燃料等。

原材料在企业的资产中占有很大的比重，具有较强的流动性。原材料的日常收发及结存，可以采用实际成本法核算，也可以采用计划成本法核算。

### 4.2.2 采用实际成本法核算

1. 原材料采用实际成本法核算的账户设置

材料采用实际成本法核算时，材料的收入、发出及结存，无论是采用总分类核算还是明细分类核算，均按照实际成本计价。使用的会计科目有“原材料”“在途物资”等，“原材料”科目的借方、贷方及余额均以实际成本计价，不存在成本差异的计算与结转问题。采用实际成本核算，日常反映不出材料成本是节约还是超支，从而不便于反映和考查物资采购业务对经营成果的影响。因此，这种方法通常适用于材料收发业务较少的企业。在实务工作中，对于材料收发业务较多并且计划成本资料较为健全、准确的企业，一般可以采用计划成本进行材料收入、发出的核算。

“原材料”科目用于核算企业库存各种材料的收入、发出与结存情况。在原材料按实际成本核算时，“原材料”科目的借方登记入库材料的实际成本，贷方登记发出材料的实际成本，期末余额在借方，反映企业库存材料的实际成本。“原材料”科目应按照材料的保管地点（仓库）、材料的类别、品种和规格等设置明细账进行明细核算。

“在途物资”科目用于核算企业采用实际成本（进价）进行材料、商品等物资的日常核算、价款已付尚未验收入库的各种物资（在途物资）的采购成本，本科目应当按照供应单位和物资品种进行明细核算。“在途物资”科目的借方登记企业购入的在途物资的实际成本，贷方登记验收入库的在途物资的实际成本，期末余额在借方，反映企业在途物资的采购成本。“在途物资”科目应按照供应单位和物资品种设置明细账进行明细核算。

“应付账款”科目用于核算企业因购买材料、商品和接受劳务等经营活动应支付的款项。“应付账款”科目的贷方登记企业因购入材料、商品和接受劳务等尚未支付的款项，借方登记支付的应付账款，期末余额一般在贷方，反映企业尚未支付的应付账款。“应付账款”科目应按照债权人设置明细科目进行明细核算。

2. 原材料采用实际成本法核算的账务处理

（1）购入材料的核算

①单货同到，即结算凭证等单据与材料同时到达的采购业务。企业应根据结算凭证、发票账单和收料单等单据，借记“原材料”“应交税费”等科目，贷记“银行存款”“应付账款”“应付票据”等科目。如果取得的原材料等存货用于非应纳增值税项目或免征增值税项目的，以及未按规定取得增值税专用发票的一般纳税人和小规模纳税人取得的原材料等存货，应将支付的增值税税额计入取得原材料等存货的成本。

【例 4-1】甲公司购入材料一批，增值税专用发票上注明的价款为 320 000 元，增值税税额为 41 600 元，另支付对方代垫的包装费 6 000 元，全部货款用转账支票付清，材料已验收入库。甲公司应进行如下操作：

借：原材料　　326 000
　　应交税费——应交增值税（进项税额）　　41 600
　贷：银行存款　　367 600

②单到货未到，即结算凭证等单据已到、材料未到达的采购业务。企业应根据结算凭证、发票账单等单据，借记“在途物资”“应交税费”等科目，贷记“银行存款”“应付账款”“应付票据”等科目。待收到材料验收入库后，根据收料单，借记“原材料”科目，贷记“在途物资”科目。

【例 4-2】甲公司采用汇兑结算方式购入材料一批，发票及账单已收到，增值税专用发票上注明的价款为 160 000 元，增值税税额为 20 800 元，支付保险费 400 元，材料尚未运达。甲公司应进行如下操作：

借：在途物资　　160 400
　　应交税费——应交增值税（进项税额）　　20 800
　贷：银行存款　　181 200

③货到单未到，即材料已验收入库，但发票账单未到无法确认其实际成本的采购业务。为简化核算手续，月内发生的，可暂不进行账务处理，而只将收到的材料登记明细分类账，待收到发票账单再进行有关账务处理。如果至月末发票账单等仍未收到，则应先按同类材料的价格或合同价格暂估入账，借记“原材料”科目，贷记“应付账款——暂估应付账款”科目；下月初用红字做同样的记录，予以冲回；待收到发票账单后，按正常购入材料的程序进行账务处理。

【例 4-3】甲公司采用委托收款方式购入材料一批，材料已验收入库，月末发票账单尚未收到，无法确定其成本，暂估价为 28 000 元（为了使会计报表不至于太失真，需要从会计技术处理角度基本保证账实相符）。甲公司应进行如下操作：

借：原材料　　28 000
　贷：应付账款——暂估应付账款　　28 000

下月初，做相反的会计分录予以冲回，待收到发票账单时按实际金额入账。

借：应付账款——暂估应付账款　　28 000

贷：原材料 28 000

④采用预付货款方式采购原材料，应在预付材料物资价款时，按照实际预付金额，借记“预付账款”科目，贷记“银行存款”科目；已经预付货款的材料验收入库，根据发票账单等所列的价款、税额等，借记“原材料”“应交税费——应交增值税（进项税额）”科目，贷记“预付账款”科目；预付款项不足，按补付金额借记“预付账款”科目，贷记“银行存款”科目；退回多付的款项，借记“银行存款”科目，贷记“预付账款”科目。

【例4-4】甲公司与乙公司签订购销合同，订购150 000元货物，合同规定预付60%货款，已通过银行汇出。甲公司应进行如下操作：

借：预付账款——乙公司 90 000

贷：银行存款 90 000

收到货物，增值税发票上注明的价款为150 000元，增值税税额为19 500元，以银行存款补付。甲公司应进行如下操作：

借：原材料 150 000

应交税费——应交增值税（进项税额） 19 500

贷：预付账款——乙公司 169 500

借：预付账款——乙公司 79 500

贷：银行存款 79 500

（2）发出材料的核算

企业发出材料主要有以下几种情形：生产经营领用材料，企业按照领用材料的用途，借记“生产成本”“制造费用”“销售费用”“管理费用”等科目，贷记“原材料”科目；出售材料结转成本，借记“其他业务成本”科目，贷记“原材料”科目；发出委托外单位加工的材料，借记“委托加工物资”科目，贷记“原材料”科目。

涉及增值税及消费税等相关税费的，还要进行相应的账务处理。

企业各单位、部门领用的材料具有种类多、业务频繁等特点。为了简化核算，可以在月末根据“领料单”或“限额领料单”中有关领料的单位、部门等加以归类，编制“发料凭证汇总表”，据以编制记账凭证、登记入账。根据我国《企业会计准则第1号——存货》的规定，企业在确定发出存货的成本时，可以采用个别计价法、先进先出法、月末一次加权平均法、移动加权平均法四种方法。一般来说，实务中经常用到的是先进先出法、月末一次加权平均法以及移动加权平均法，个别计价法只是用在特殊的领域。

计价方法一经确定，不得随意变更。如需变更，应在财务报表附注中予以说明。

### 4.2.3 采用计划成本法核算

1. 原材料采用计划成本法核算的账户设置

材料采用计划成本法核算时，材料的收入、发出及结存，无论是采用总分类核算还是明细分类核算，均按照计划成本计价。使用的会计科目有“原材料”“材料采购”“材料成本差异”等。材料实际成本与计划成本的差异，通过“材料成本差异”科目核算。月末，计算本月发出材料应负担的成本差异并进行分摊，根据领用材料的用途计入相关资产的成本或者当期损益，从而将发出材料的计划成本调整为实际成本。

“原材料”科目用于核算库存各种材料的收入、发出与结存情况。在采用计划成本核算材料时，“原材料”科目的借方登记入库材料的计划成本，贷方登记发出材料的计划成本，期末余额在借方，反映企业库存材料的计划成本。

“材料采购”科目借方登记采购材料的实际成本，贷方登记入库材料的计划成本。借方金额大于贷方金额表示超支，从“材料采购”科目的贷方转入“材料成本差异”科目的借方；贷方金额大于借方金额表示节约，从“材料采购”科目的借方转入“材料成本差异”科目的贷方；期末为借方余额，反映企业在途材料的实际采购成本。

“材料成本差异”科目反映企业已入库各种材料的实际成本与计划成本的差异，借方登记超支差异及发出材料应负担的节约差异，贷方登记节约差异及发出材料应负担的超支差异。期末如为借方余额，反映企业库存材料的实际成本大于计划成本的差异（超支差异）；如为贷方余额，反映企业库存材料实际成本小于计划成本的差异（节约差异）。

**小贴士：原材料按计划成本核算各会计科目的关系**

原材料按计划成本核算，设置的主要会计科目及其对应关系如图4-2所示。

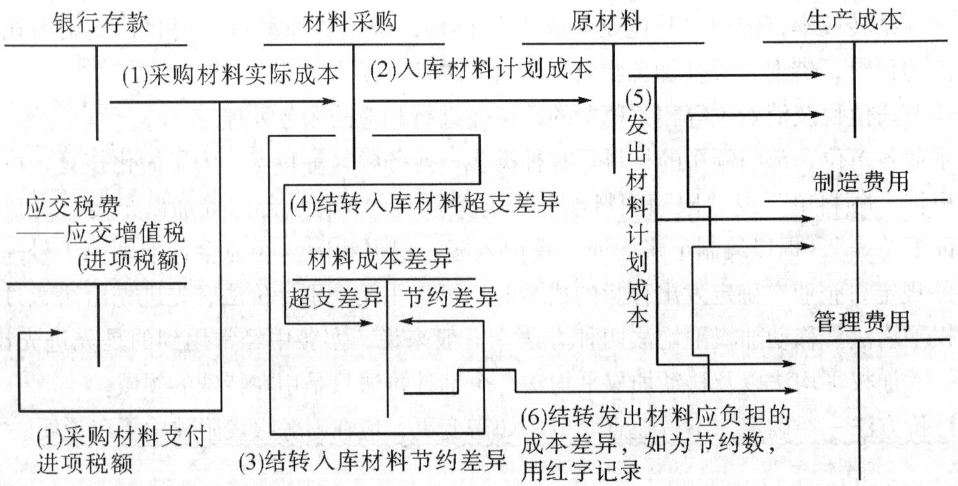


**图4-2 原材料按计划成本核算会计科目的对应关系**

2. 原材料采用计划成本法核算的账务处理

（1）购入材料的核算

①单货同到，即结算凭证等单据与材料同时到达的采购业务。企业在办理款项结算并同时办理材料验收入库手续后，应根据结算凭证、发票账单等，按实际结算的款项借记“材料采购”“应交税费——应交增值税（进项税额）”科目，贷记“银行存款”“其他货币资金”“应付账款”“应付票据”等科目；同时，根据收料单按计划成本借记“原材料”科目，贷记“材料采购”科目，并结转入库材料的材料成本差异额。超支差异借记“材料成本差异”科目，贷记“材料采购”科目；节约差异做相反的账务处理。

【例 4-5】2019 年 8 月 19 日，甲公司购入材料一批，增值税专用发票上注明的价款为 500 000 元，增值税税额为 65 000 元，发票账单已收到，并已验收入库，计划成本为 530 000元，全部货款以银行存款支付。甲公司应进行如下操作：

| | | |
|---|---|---|
| 借：材料采购 | 500 000 | |
| 　　应交税费——应交增值税（进项税额） | 65 000 | |
| 　贷：银行存款 | | 565 000 |
| 借：原材料 | 530 000 | |
| 　贷：材料采购 | | 530 000 |
| 借：材料采购 | 30 000 | |
| 　贷：材料成本差异 | | 30 000 |

或者

| | | |
|---|---|---|
| 借：原材料 | 530 000 | |
| 　贷：材料采购 | | 500 000 |
| 　　　材料成本差异 | | 30 000 |

②单到货未到，即结算凭证等单据已到、材料未到的采购业务。企业应根据结算凭

证、发票账单等，按实际结算的款项借记“材料采购”“应交税费——应交增值税（进项税额）”科目，贷记“银行存款”“其他货币资金”“应付账款”“应付票据”等科目；待材料到达验收入库时，根据收料单按计划成本借记“原材料”科目，贷记“材料采购”科目，并结转入库材料的材料成本差异额。

【例 4-6】2019 年 9 月 1 日，甲公司采用汇兑结算方式购入材料一批，增值税专用发票上注明的价款为 220 000 元，增值税税额为 28 600 元，发票账单已到，计划成本为 200 000元，材料尚未入库，货款已付。甲公司应进行如下操作：

借：材料采购　　220 000
　　应交税费——应交增值税（进项税额）　　28 600
　贷：银行存款　　248 600

③货到单未到，即材料已验收入库，但发票账单未到，无法确定其实际成本的采购业务，这种情况的处理与原材料按实际成本计价核算类似。月份内发生的，可暂不进行账务处理，月末按材料的计划成本暂估入账，下月初用红字冲回。

【例 4-7】2019 年 5 月 31 日，甲公司购入材料一批，月末发票账单未到，估计计划成本为 720 000 元，材料已入库。甲公司应进行如下操作：

借：原材料　　720 000
　贷：应付账款　　720 000

下月初，做相反的会计分录予以冲回：

借：应付账款　　720 000
　贷：原材料　　720 000

（2）发出材料的核算

在企业采用计划成本对材料进行日常核算的情况下，企业发出材料同样也主要有以下几种情形：生产经营领用材料，企业按照领用材料的用途和计划成本，借记“生产成本”“制造费用”“销售费用”“管理费用”等科目，贷记“原材料”科目；出售材料结转成本，按出售材料计划成本，借记“其他业务成本”科目，贷记“原材料”科目；发出委托外单位加工的材料，按发出委托加工材料计划成本，借记“委托加工物资”科目，贷记“原材料”科目。

在实务中，为了简化计算，企业平时发出原材料不编制会计分录，通常在月末，根据领料单等编制“发料凭证汇总表”结转发出材料的计划成本，按计划成本分别记入“生产成本”“制造费用”“销售费用”“管理费用”“其他业务成本”“委托加工物资”等科目，贷记“原材料”科目，同时结转材料成本差异。

根据《企业会计准则第 1 号——存货》的规定，企业日常采用计划成本核算的，发出的材料成本应由计划成本调整为实际成本，通过“材料成本差异”科目进行结转，按照所发出材料的用途，分别记入“生产成本”“制造费用”“销售费用”“管理费用”“其他业务成本”“委托加工物资”等科目。发出材料应负担的成本差异应当按期（月）分摊，不得在季末或年末一次计算。

**小贴士：材料成本差异相关计算公式**

本期材料成本差异率=（期初结存材料的成本差异+本期验收入库材料的成本差异）÷（期初结存材料的计划成本+本期验收入库材料的计划成本）×100%

发出材料应负担的成本差异=发出材料的计划成本×本期材料成本差异率

期初企业的材料成本差异各期之间是比较均衡的，也可以采用期初材料成本差异率分摊本期的材料成本差异。年度终了，应对材料成本差异率进行核实调整。

期初材料成本差异率=期初结存材料的成本差异÷期初结存材料的计划成本×100%

发出材料应负担的成本差异=发出材料的计划成本×期初材料成本差异率

【例4-8】甲公司原材料日常收发及结存采用计划成本法核算。月初结存原材料的计划成本为600 000元，实际成本为605 000元；本月入库材料计划成本为1 400 000元，实际成本为1 355 000元。当月发出材料（计划成本）情况：基本生产车间领用800 000元，在建工程领用200 000元，车间管理部门领用5 000元，企业行政管理部门领用15 000元。

①计算当月材料成本差异率：

当月材料成本差异率=［（605 000−600 000）+（1 355 000−1 400 000）］÷（600 000+1 400 000）×100%=−2%

②编制发出材料的会计分录：

| | | |
|---|---|---|
| 借：生产成本 | 800 000 | |
| 　　在建工程 | 200 000 | |
| 　　制造费用 | 5 000 | |
| 　　管理费用 | 15 000 | |
| 　贷：原材料 | | 1 020 000 |

③编制月末结转发出材料成本差异的会计分录：

| | | |
|---|---|---|
| 借：材料成本差异 | 20 400 | |
| 　贷：生产成本 | | 16 000 |
| 　　　在建工程 | | 4 000 |
| 　　　制造费用 | | 100 |
| 　　　管理费用 | | 300 |

④计算发出存货的实际成本和结存存货的实际成本：

发出存货的实际成本=1 020 000×（1−2%）=999 600（元）

结存存货的实际成本=605 000+1 355 000−999 600=960 400（元）

**经典考题回顾**

1.【单选题】某企业为增值税一般纳税人，增值税税率为13%，价税合计为5 876元。该批材料计划成本为4 200元，材料成本差异为2%。不考虑其他因素，销售材料应确认的损益为（　　）元。

A. 1 884

B. 1 084

C. 1 968

D. 916

2.【单选题】某企业采用月末一次加权平均法核算发出材料成本。2017年6月1日结存乙材料200件、单位成本35元，6月10日购入乙材料400件、单位成本40元，6月20日购入乙材料400件、单位成本45元。当月发出乙材料600件。不考虑其他因素，该企业6月份发出乙材料的成本为（　　）元。

A. 24 600

B. 25 000

C. 26 000

D. 23 000

3.【判断题】企业原材料日常核算采用计划成本法，发出材料应负担的成本差异应当在季末或年末一次计算分摊。（　　）

扫码关注，获取答案及更多考题资料

## 任务4.3　周转材料核算

### 4.3.1　认识周转材料

周转材料是指企业能够多次使用，不符合固定资产定义，逐渐转移其价值但仍保持原有形态的材料物品。

周转材料主要包括包装物、低值易耗品以及企业（建造承包商）的钢模板、脚手架等。企业一般应设置“周转材料”账户核算各种周转材料的实际成本或计划成本，对于包装物和低值易耗品，也可以单独设置“包装物”“低值易耗品”账户进行核算。周转材料种类繁多，分布于生产经营的各个环节，具体用途不相同，会计处理也不尽相同。

包装物是指为了包装本企业商品而储备的各种包装容器，如桶、箱、瓶、坛、袋等。其核算内容包括：生产过程中用于包装产品作为产品组成部分的包装物；随同商品出售而不单独计价的包装物；随同商品出售单独计价的包装物；出租或出借给购买单位使用的包装物。

**小贴士：会计上不作为“包装物”核算的包装物**

各种包装材料，如纸、绳、铁丝、铁皮等，应作为“原材料”核算；企业生产经营过程中用于储存和保管货物，不对外出售、出租或出借的包装物，如企业经营过程中周转使用的包装容器，应按使用年限长短，分别作为“固定资产”或“周转材料——低值易耗品”核算。

低值易耗品是指不能作为固定资产的各种用具物品以及在经营过程中周转使用的包装容器等。低值易耗品一般划分为一般工具、专用工具、替换设备、管理用具、劳动保护用品和其他用具等。低值易耗品与固定资产同属企业的劳动资料，可多次使用而不改变原有的实物形态，但低值易耗品属于价值较低或使用期限较短，易损易耗的工具、设备，因此，低值易耗品被视同存货管理。

### 4.3.2　周转材料的账户设置

为了核算企业周转材料的收入、发出和结存情况，应设置“周转材料”科目。该科目属于资产类，借方登记企业取得周转材料的实际成本或计划成本，贷方登记发出周转材料的实际成本或计划成本及摊销价值，期末借方余额反映企业在库周转材料的计划成本或实际成本以及在用周转材料的摊余价值。

本科目可按周转材料的种类，分别设置“在库”“在用”“摊销”进行明细核算。

### 4.3.3　周转材料的账务处理

1. 周转材料的摊销

企业应根据周转材料的消耗方式、价值大小、耐用程度等，选择适当的摊销方法，将其账面价值一次或分次计入有关成本费用。当周转材料报废时，将剩余残料收入冲减原记录的成本或费用。

（1）一次转销法

一次转销法，是在领用周转材料时，将其账面价值一次计入有关成本费用的一种方法。金额较小或极易损坏的周转材料，可在领用时一次计入成本费用，以简化核算。领用时按其耗用部门及领用的周转材料账面价值，借记“制造费用”“管理费用”“其他业务成本”等账户，贷记“周转材料”账户。但为加强实物管理，应当在备查簿上进行登记。

【例 4-9】2019 年 11 月 18 日，甲公司的管理部门领用一批低值易耗品，账面价值为 2 300 元，采用一次转销法。同时，报废一批低值易耗品，残料作价 110 元，作为原材料入库。甲公司应进行如下操作：

借：管理费用　　2 300
　贷：周转材料——低值易耗品　　2 300

借：原材料　　110
　贷：管理费用　　110

（2）分次转销法

分次摊销法，是按照估计领用次数平均摊销周转材料账面价值的一种方法。分次摊销法适用于可供多次反复使用的低值易耗品。在采用分次摊销法的情况下，需要单独设置“在用”“在库”和“摊销”明细科目。

【例 4-10】2019 年 9 月 2 日，甲公司的基本生产车间领用专用工具一批，实际成本为 13 000 元，不符合固定资产定义，采用分次摊销法进行摊销。该专用工具的估计使用次数为两次。甲公司应进行如下操作：

①领用专用工具时：

借：周转材料——低值易耗品——在用　　13 000
　贷：周转材料——低值易耗品——在库　　13 000

②第一次领用时摊销其价值的一半：

借：制造费用　　6 500
　贷：周转材料——低值易耗品——摊销　　6 500

③第二次领用时摊销其价值的一半：

借：制造费用　　6 500
　贷：周转材料——低值易耗品——摊销　　6 500

同时：

借：周转材料——低值易耗品——摊销　　13 000
　贷：周转材料——低值易耗品——在用　　13 000

2. 周转材料的发出

企业在生产经营过程中领用低值易耗品，可直接根据一次转销法或分次转销法将其摊销价值记入“制造费用”或“管理费用”等账户进行核算。而对于生产经营过程中领用的包装物，则应按其不同用途分别处理。

（1）生产领用包装物

生产领用包装物，应按照领用包装物的实际成本，借记“生产成本”账户，按照领用包装物的计划成本，贷记“周转材料——包装物”账户，按照其差额，借记或贷记“材料成本差异”账户。

【例 4-11】甲公司对包装物采用计划成本核算。2019 年 8 月 21 日，生产产品领用包装物的计划成本为 1 200 000 元，材料成本差异率为-3%。甲公司应进行如下操作：

借：生产成本　　1 164 000

　　材料成本差异　　36 000

　贷：周转材料——包装物　　1 200 000

（2）随同商品出售包装物

①随同商品出售且不单独计价的包装物，应于包装物发出时，计入销售费用，借记“销售费用”账户，贷记“周转材料——包装物”账户。

【例 4-12】2019 年 8 月 22 日，甲公司销售商品领用不单独计价包装物的计划成本为 630 000 元，材料成本差异率为-1%。甲公司应进行如下操作：

借：销售费用　　623 700

　　材料成本差异　　6 300

　贷：周转材料——包装物　　630 000

②随同商品出售且单独计价的包装物，一方面应反映其销售收入，计入其他业务收入；另一方面应反映其实际销售成本，计入其他业务成本。

【例 4-13】2019 年 9 月 3 日，甲公司销售商品领用单独计价包装物的计划成本为 900 000元，销售收入为 1 400 000 元，增值税税额为 182 000 元，款项已存入银行。该包装物的材料成本差异率为 3%。甲公司应进行如下操作：

借：银行存款　　1 582 000

　贷：其他业务收入　　1 400 000

　　　应交税费——应交增值税（销项税额）　　182 000

结转所售单独计价包装物的成本：

借：其他业务成本　　927 000

　贷：周转材料——包装物　　900 000

　　　材料成本差异　　27 000

（3）出租、出借包装物

出租包装物，是指企业将包装物以租赁形式借给购货方暂时使用；出借包装物，是指企业将包装物无偿提供给购货方暂时使用。出租或出借包装物在周转过程中因磨损而减少的价值可根据实际情况采用一次摊销法或分次摊销法进行摊销。采用分次摊销法，应在“周转材料——包装物”账户下设置“库存未用包装物”“库存已用包装物”和“包装物摊销”等明细科目。

企业出租包装物时，为督促使用单位安全使用并及时归还，应收取一定数额的押金，于使用单位退回包装物时退还对方。同时，为补偿包装物租用过程中的价值损耗及修理费用等，企业向使用单位收取一定数额的租金。在包装物出租期间，企业将双方约定收到的租金作为“其他业务收入”核算。企业出租、出借包装物收到的押金，借记“库存现金”“银行存款”等账户，贷记“其他应付款”账户。退回押金时编制相反的会计分录。对于逾期未退包装物，按没收的押金，借记“其他应付款”账户，按应交增值税，贷记“应交税费——应交增值税（销项税额）”账户，按其差额，贷记“其他业务收入”账户。按这部分没收的押金收入应交的消费税等税费，借记“其他业务支出”账户，贷记“应交税费——应交消费税”等账户。

【例 4-14】2019 年 10 月 5 日，甲公司随同产品销售出租新包装箱 10 个，单位成本为 45 元，押金按每个 50 元收取，款项存入银行。11 月 5 日，收回包装物租金 169.5 元（其中增值税 19.5 元），从押金中扣除，余款以现金退回。包装物成本在领用时一次转销。甲公司应进行如下操作：

借：其他业务成本　450
　贷：周转材料——包装物　450

借：银行存款　500
　贷：其他应付款——存入保证金　500

借：其他应付款——存入保证金　500
　贷：其他业务收入　150
　　应交税费——应交增值税（销项税额）　19.5
　　库存现金　330.5

**经典考题回顾**

1.【单选题】2016 年 7 月 1 日，某企业销售商品时随同商品出售的不单独计价包装物的计划成本为 60 000 元，材料成本差异率为-5%，下列各项中，关于该包装物的会计处理正确的是（　　）。

A. 借：销售费用　63 000
　贷：周转材料——包装物　60 000
　　材料成本差异　3 000

B. 借：销售费用　57 000
　材料成本差异　3 000
　贷：周转材料——包装物　60 000

C. 借：其他业务成本　63 000
　贷：周转材料——包装物　50 000
　　材料成本差异　3 000

D. 借：其他业务成本　57 000
　材料成本差异　3 000
　贷：周转材料——包装物　60 000

2.【多选题】下列各项中，关于发出包装物的会计处理表述正确的有（　　）。
A. 随同商品销售单独计价包装物成本记入“其他业务成本”科目
B. 生产领用作为产品组成部分的包装物成本直接记入“生产成本”科目
C. 随同商品销售不单独计价包装物成本记入“销售费用”科目
D. 生产车间一般耗用包装物摊销额记入“制造费用”科目



# 任务 4.4　委托加工物资核算

## 4.4.1　认识委托加工物资

委托加工物资是指企业委托外单位加工的各种材料、商品等物资。与材料或商品销售不同，委托加工材料发出后，虽然其保管地点发生位移，但材料或商品仍属于企业存货范畴。经过加工，材料或商品不仅实物形态、性能和使用价值可能发生变化，加工过程中也要消耗其他材料，发生加工费、税费，导致被加工材料或商品的成本增加。

企业委托外单位加工物资的成本包括加工中实际耗用物资的成本、支付的加工费用及应负担的运杂费、支付的税费等。委托加工物资的核算内容主要包括拨付加工物资、支付加工费用和税金、收回加工物资和剩余物资等。

## 4.4.2　委托加工物资的账户设置

为了反映和监督委托加工物资的增减变动及其结存情况，企业应当设置“委托加工物资”科目。该科目属资产类，借方登记委托加工物资的实际成本，包括发出加工物资的实际成本、支付的加工费、应负担的运杂费和应计入委托加工物资成本的税金，贷方登记加工完成验收入库物资的实际成本和剩余物资的实际成本，期末余额在借方，反映企业尚未完工的委托加工物资的实际成本和发出加工物资的运杂费等。

该科目可按加工合同、受托加工单位以及加工物资的品种等进行明细核算。

### 4.4.3 委托加工物资的账务处理

1. 发出委托加工物资

企业根据加工合同的规定，拨付给加工单位加工用的原材料，由供应部门根据加工合同，填制“委托加工物资发料单”，经审核后，由仓库据以发料。发出物资时，根据发出物资的实际成本，借记“委托加工物资”科目，贷记“原材料”科目。如果采用计划成本法核算，还应结转材料成本差异，借记或贷记“材料成本差异”科目。

【例 4-15】甲公司委托乙公司加工一批量具，发出材料一批，计划成本 3 800 元，材料成本差异率为 1%，另以现金支付运杂费 30 元。甲公司应进行如下操作：

借：委托加工物资——乙公司　　3 868
　贷：原材料　　3 800
　　材料成本差异——原材料　　38
　　库存现金　　30

2. 支付加工费、增值税、运输费等

企业应按支付的加工费、应负担的增值税、运输费等，借记“委托加工物资”“应交税费——应交增值税（进项税额）”等科目，贷记“银行存款”等科目。凡属于加工物资用于非应纳税增值税项目或免征增值税项目的，以及未取得增值税专用发票的一般纳税人和小规模纳税人的加工物资，应将支付的增值税计入加工物资的成本。

【例 4-16】承【例 4-15】，甲公司委托乙公司加工的量具加工完毕，开出转账支票支付加工费 800 元，支付增值税 104 元，以现金支付量具运杂费 40 元。甲公司应进行如下操作：

借：委托加工物资——乙公司　　840
　　应交税费——应交增值税（进项税额）　　104
　贷：银行存款　　904

库存现金　　40

3. 缴纳消费税

企业委托加工的应税消费品由受托方在向委托方交货时代收代缴税款，受托方通过“应交税费——应交消费税”科目核算。

需要缴纳消费税的委托加工物资，其由委托方代收代缴的消费税，应按以下情况处理：

（1）委托加工物资收回后直接用于出售，或用于非消费税应税项目，或虽用于连续生产消费税应税产品，但按照《中华人民共和国消费税暂行条例》规定不准予抵扣受托方代收缴的消费税额的，委托方应将受托代收代缴的消费税计入委托加工物资的成本，借记“委托加工物资”科目，贷记“应付账款”“银行存款”等科目。

（2）委托加工物资收回后用于连续生产应税消费品的，委托方应按准予抵扣的受托方代收代缴的消费税额，借记“应交税费——应交消费税”科目，贷记“应付账款”“银行存款”等科目。

**小贴士：委托加工物资税金核算归纳**

委托加工物资税金核算归纳如图 4-3 所示。

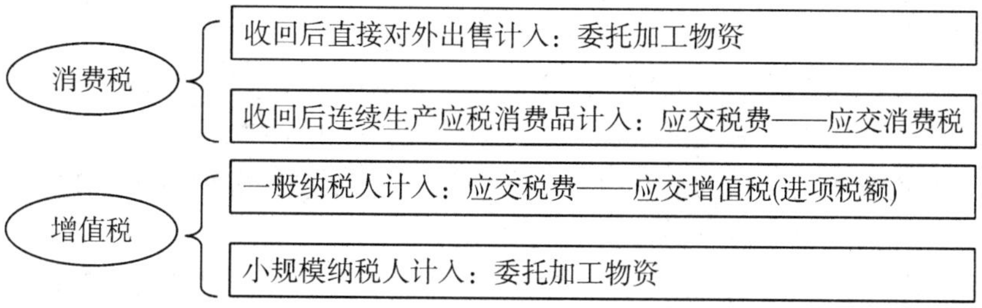


**图 4-3　委托加工物资税金核算**

4. 加工完成收回加工物资

委托加工物资收回时，应由供应部门填制“委托加工物资收料单”，通知仓库据以收料。

加工完成验收入库的物资和剩余的物资，按加工收回物资的实际成本和剩余物资的实际成本，借记“原材料”“库存商品”等科目，贷记“委托加工物资”科目。

如果采用计划成本核算，按计划成本，借记“原材料”“库存商品”等科目；按实际成本，贷记“委托加工物资”科目；按实际成本与计划成本之间的差额，借记或贷记“材料成本差异”。

【例 4-17】承【例 4-15】和【例 4-16】，甲公司委托乙公司加工的量具验收入库，实际总成本为 5 400 元。甲公司应进行如下操作：

借：周转材料——低值易耗品　　5 400

　贷：委托加工物资——乙公司　　5 400

**经典考题回顾**

1.【单选题】甲企业为增值税一般纳税人，委托乙企业加工一批应交消费税的原材料，发出原材料的成本为 50 000 元。加工费为 10 000 元，取得的增值税专用发票上注明的增值税税额为 1 300 元，发票已通过税务机关认证。由乙企业代收代缴的消费税为 4 000 元。甲企业收回材料直接用于销售。不考虑其他因素，甲企业收回委托加工材料的成本为（　　）元。

A. 60 000

B. 61 700

C. 65 700

D. 64 000

2.【多选题】甲企业委托乙企业加工一批物资，支出原材料的实际成本为 100 万元，支付运杂费 3 万元，加工费 2 万元（均不考虑增值税）。乙企业代收代缴消费税 8 万元，该物资收回后用于连续发生应税消费品。不考虑其他税费，下列各项中，关于甲企业委托加工物资会计处理结果表述正确的有（　　）。

A. 支付的运杂费 3 万元应计入委托加工物资成本

B. 乙企业代收代缴的消费税 8 万元应计入委托加工物资成本

C. 乙企业代收代缴的消费税 8 万元应借记“应交税费——应交消费税”科目

D. 委托加工物资成本总额为 105 万元

3.【判断题】企业委托加工物资收回后直接用于销售的，应将受托方代收代缴的消费税计入委托加工物资的成本。（　　）

4.【判断题】企业的委托加工物资收回后用于继续加工的，由受托方代收代缴的消费税全部计入委托加工物资成本。（　　）

扫码关注，获取答案及更多考题资料

# 任务4.5　库存商品核算

## 4.5.1　认识库存商品

库存商品是企业已完成全部生产过程并已验收入库、合乎标准规格和技术条件，可以按照合同规定的条件送交订货单位，或可以作为商品对外销售的产品以及外购或委托加工完成验收入库用于销售的各种商品。

库存商品具体包括库存产成品、外购商品、存放在门市部准备出售的商品、发出展览的商品、寄存在外的商品、接受来料加工制造的代制品和为外单位加工修理的代修品等。已完成销售手续但购买单位在月末未提取的产品，不应作为企业的库存商品，而应作为代管商品处理，单独设置“代管商品”备查簿进行登记。

接受来料加工制造的代制品和为外单位加工修理的代修品，在制造和修理完成验收入库后，视同企业的产成品。

## 4.5.2　库存商品的账户设置

为了反映和监督库存商品的增减变动及其结存情况，企业应当设置“库存商品”科目，借方登记验收入库的库存商品成本，贷方登记发出的库存商品成本，期末余额在借方，反映各种库存商品的实际成本或计划成本。

库存商品可以采用实际成本核算，也可以采用计划成本核算，其方法与原材料核算相似。采用计划成本核算时，库存商品的实际成本与计划成本的差异，可单独设置“产品成本差异”科目核算。

## 4.5.3　库存商品的账务处理

1. 验收入库商品

对于库存商品采用实际成本核算的企业，当库存商品生产完成并验收入库时，应按实际成本，借记“库存商品”科目，贷记“生产成本——基本生产成本”科目。

【例4-18】甲公司“商品入库汇总表”记录，2019年3月已验收入库A产品1 000台，实际单位成本为4 700元，共计4 700 000元；B产品1 200件，实际单位成本为1 500元，共计1 800 000元。甲公司应进行如下操作：

借：库存商品——A产品　　4 700 000

　　　　　　——B产品　　1 800 000

　贷：生产成本——基本生产成本——A产品　　4 700 000

——基本生产成本——B 产品　　　　1 800 000

2. 发出商品

企业销售产成品按规定确认收入的同时，应计算、结转与收入相关的产成品成本。产成品销售成本的计算与结转，通常是在期（月）末进行。采用实际成本进行产成品日常核算的，应根据本期（月）销售产品数量及其相应的单位生产成本计算确定本期产品销售成本总额，借记“主营业务成本”科目，贷记“库存商品”科目。

【例 4-19】承【例 4-18】，甲公司 2019 年 3 月末汇总的“发出商品汇总表”中，当月已实现销售 A 产品 500 台，实际单位成本为 4 700 元；B 产品 1 000 件，实际单位成本为 1 500 元。甲公司应进行如下操作：

借：主营业务成本　　　　3 850 000

　贷：库存商品——A 产品　　　　2 350 000

　　　　　　——B 产品　　　　1 500 000

商品流通企业购入的商品，可以采用进价或售价核算。采购过程中发生的运杂费、运输途中的合理损耗、入库前的挑选整理费用等，如数额较小，在发生时直接计入当期损益；如数额较大，需先进行汇集，并于期末在已售和未售商品间分摊。

采用售价核算的，商品售价和进价的差额，可通过“商品进销差价”科目核算。月末，应分摊已销售商品的进销差价，将已销商品的销售成本调整为实际成本，借记“商品进销差价”科目，贷记“主营业务成本”科目。

（1）毛利率法

毛利率法是根据本期销售净额乘以上期实际（或本期计划）毛利率计算本期销售毛利，并据以计算发出存货和期末存货成本的一种方法。

**小贴士：毛利率法相关计算公式**

毛利率=销售毛利÷销售净额×100%

销售净额=商品销售收入-销售退回与折让

销售毛利=销售净额×毛利率

销售成本=销售净额-销售毛利

期末存货成本=期初存货成本+本期购货成本-本期销售成本

毛利率法是商品流通企业，尤其是商品批发企业常用的计算本期商品销售成本和期末库存商品成本的方法。商品流通企业由于经营商品的品种繁多，如果分品种计算商品成本，工作量将大大增加，而且一般来讲，商品流通企业同类商品的毛利率大致相同，采用这种存货计价方法既能减轻工作量，也能满足对存货管理的需要。

采用毛利率法估计本期销售成本和期末存货成本时，关键在于所使用的估计毛利率是否可靠。通常可以根据上一年度销货毛利率，参考企业目前的实际经营环境和条件来估计。

采用这种方法，商品销售成本按商品大类销售额计算，在大类商品账上结转成本。商品明细账平时只记数量，不记金额，每季度末的最后一个月再根据月末结存数量，按照最后进价法等计价方法，先计算月末存货成本，然后再计算该季度的商品销售成本，用该季度的商品销售成本减去前两个月已结转的成本，计算第三个月应结转的销售成本，从而对前两个月毛利率计算的成本进行调整。

（2）售价金额核算法

售价金额核算法是平时商品的购入、加工收回、销售均按售价记账，售价与进价的差额通过“商品进销差价”科目核算，期末计算进销差价率和本期已销售商品应分摊的进销差价，并据以调整本期销售成本的一种方法。

**小贴士：售价金额核算法相关计算公式**

商品进销差价率=（期初库存商品进销差价+本期购入商品进销差价）÷（期初库存商品售价+本期购入商品售价）×100%

本期销售商品应分摊的商品进销差价=本期商品销售收入×商品进销差价率

本期销售商品的成本=本期商品销售收入−本期销售商品应分摊的商品进销差价

期末结存商品的成本=期初库存商品的进价成本+本期购进商品的进价成本−本期销售商品的成本

如果企业的商品进销差价率各期之间比较均衡，也可以采用上期商品进销差价率分摊本期的商品进销差价。年度终了，应对商品进销差价进行核实调整。

企业购入商品采用售价金额核算，按验收入库商品的售价，借记“库存商品”科目，按商品进价，贷记“银行存款”“在途物资”“委托加工物资”等科目，按商品售价与进价之间的差额，贷记“商品进销差价”科目。

对外销售发出商品时，按售价结转销售成本，借记“主营业务成本”科目，贷记“库存商品”科目。期（月）末分摊已销商品的进销差价，借记“商品进销差价”科目，贷记“主营业务成本”科目。

对于从事商业零售业务的企业（百货公司、超市等），由于经营的商品种类、品种、规格等繁多，而且要求按商品零售价格标价，采用其他成本计算结转方法均较困难，因此广泛采用这一方法。

【例4-20】甲公司库存商品采用售价金额核算法进行核算。2019年6月初，库存商品的进价成本为340 000元，售价总额为450 000元。当月购进商品的进价成本为1 260 000元，售价总额为1 550 000元。当月销售收入为1 300 000元，购销款项已通过转账支票办理结算。月末结存商品的实际成本计算如下：

商品进销差价率=［（450 000-340 000）+（1 550 000-1 260 000）］÷（450 000+1 550 000）×100%=20%

本月销售商品的成本=1 300 000-1 300 000×20%=1 040 000（元）

月末结存商品的实际成本=340 000+1 260 000-1 040 000=560 000（元）

①当月购入存货时：

借：库存商品　　1 550 000

　　应交税费——应交增值税（进项税额）　　163 800

　贷：银行存款　　1 423 800

　　　商品进销差价　　290 000

②当月销售收入实现：

借：银行存款　　1 469 000

　贷：主营业务收入　　1 300 000

　　　应交税费——应交增值税（销项税额）　　169 000

③结转商品销售成本：

借：主营业务成本　　1 300 000

　贷：库存商品　　1 300 000

④根据已销商品应分摊的进销差价结转调整商品销售成本：

借：商品进销差价　　260 000

　贷：主营业务成本　　260 000

## 任务 4.6　存货清查核算

### 4.6.1　认识存货清查

存货清查是通过对存货的实地盘点，确定存货的实有数量，并与账面结存数核对，从而确定存货实存数与账面结存数是否相符的一种专门方法。

由于存货种类繁多、收发频繁，在日常收发过程中可能发生计量错误、计算错误、自然损耗，还可能发生损坏变质以及贪污、盗窃等情况，造成账实不符，形成存货的盘盈、盘亏。对于存货的盘盈、盘亏，应填写“存货盘点报告”（如实存账存对比表），及时查明原因，按照规定程序报批处理。

（1）实地盘存制

实地盘存制又称定期盘存制，是指企业平时只在账簿中登记存货的增加数，不记减少数，期末根据清点所得的实存数，计算本期存货的减少数。使用这种方法时的核算工作比较简便，但不能随时反映各种物资的收发结存情况，不能随时结转成本，并把物资的自然和人为短缺隐含在发出数量之内；同时由于缺乏经常性资料，不便于对存货进行计划和控制，所以实地盘存制的实用性较差，通常仅适用于单位价值较低、自然损耗大、数量不稳定、进出频繁的特定货物。

（2）永续盘存制

永续盘存制又称账面盘存制，是指企业设置各种数量金额的存货明细账，根据有关凭证，逐日逐笔登记材料、产品、商品等的收发领退数量和金额，随时结出账面结存数量和金额。采用永续盘存制，可随时掌握各种存货的收发、结存情况，有利于存货管理。

为了核对存货账面记录，永续盘存制亦要求进行存货的实物盘点。盘点可定期或不定期进行，通常在生产经营活动的间隙盘点部分或全部存货；会计年度终了，应进行一次全面的盘点清查，并编制盘点表，保证账物相符，如有不符应查明原因并及时处理。

我国企业会计实务中，存货的数量核算一般采用永续盘存制。但不论采用何种方法，前后各期都应保持一致。

### 4.6.2　存货清查的账户设置

为了反映企业在财产清查中查明的各种存货的盘盈、盘亏和毁损情况，企业应当设置“待处理财产损溢”科目，借方登记存货的盘亏、毁损金额及盘盈的转销金额，贷方登记存货的盘盈金额及盘亏的转销金额。企业清查的各种存货损溢，应在期末结账前处理完毕，期末处理后，“待处理财产损溢”科目应无余额。

“待处理财产损溢”科目下设“待处理流动资产损溢”“待处理固定资产损溢”明细科目。存货的盘盈、盘亏和毁损，通过“待处理流动资产损溢”明细科目进行明细分类核算。

**小贴士：存货清查结果的处理程序**

存货清查结果的处理程序分以下两步：

第一步，报经有关部门批准前，根据“存货盘点报告表”将盘盈、盘亏和毁损的存货先计入“待处理财产损溢——待处理流动资产损溢”科目，从而调整账面记录，达到账实相符；

第二步，报经有关部门批准后，根据存货盘盈、盘亏和毁损的不同原因和处理结果，将待处理的财产损溢分别进行转销，以落实经济责任。

### 4.6.3 存货盘盈的账务处理

企业发生存货盘盈时，借记“原材料”“库存商品”等科目，贷记“待处理财产损溢”科目；按管理权限报经批准后，借记“待处理财产损溢”科目，贷记“管理费用”科目。

【例 4-21】甲公司在财产清查中盘盈某材料 1 000 千克，实际单位成本为 53 元，经查属于材料收发计量方面的错误。甲公司应进行如下操作：

①批准处理前：

| | | |
|---|---|---|
| 借：原材料 | 53 000 | |
| 　贷：待处理财产损溢 | | 53 000 |

②批准处理后：

| | | |
|---|---|---|
| 借：待处理财产损溢 | 53 000 | |
| 　贷：管理费用 | | 53 000 |

### 4.6.4 存货盘亏及毁损的账务处理

企业发生存货盘亏及毁损时，借记“待处理财产损溢”科目，贷记“原材料”“库存商品”等科目。在按管理权限报经批准后应做如下账务处理：对于入库的残料价值，记入“原材料”等科目；对于保险公司和过失人的赔款，记入“其他应收款”科目；扣除残料价值和应由保险公司、过失人赔款后的净损失，属于一般经营损失的部分，记入“管理费用”科目，属于非常损失的部分，记入“营业外支出”科目。

【例 4-22】甲公司在财产清查中发现毁损材料总价共计 50 000 元，相关增值税专用发票上注明的增值税税额为 6 500 元。经查该材料是由于材料保管员的过失造成的，按规定由其个人赔偿 37 000 元。甲公司应进行如下操作：

①批准处理前：

| | | |
|---|---|---|
| 借：待处理财产损溢 | 56 500 | |
| 　贷：原材料 | | 50 000 |
| 　　　应交税费——应交增值税（进项税额转出） | | 6 500 |

②批准处理后：

由过失人赔款部分：

借：其他应收款　　37 000

　贷：待处理财产损溢　　37 000

材料毁损净损失：

借：管理费用　　19 500

　贷：待处理财产损溢　　19 500

【例 4-23】甲公司为增值税一般纳税人，因地震造成一批库存材料毁损，实际成本为 82 000 元，相关增值税专用发票上注明的增值税税额为 10 660 元。根据保险合同约定，应由保险公司赔偿 60 000 元。甲公司应进行如下操作：

①批准处理前：

借：待处理财产损溢　　82 000

　贷：原材料　　82 000

②批准处理后：

借：其他应收款　　60 000

　　营业外支出——非常损失　　22 000

　贷：待处理财产损溢　　82 000

**经典考题回顾**

1.【单选题】某企业核算批准后的存货毁损净损失，下列各项中，计入管理费用的是（　　）。

A. 由自然灾害造成的损失

B. 应由保险机构赔偿的损失

C. 应由责任人赔偿的损失

D. 管理不善造成的损失

2.【多选题】下列各项中，企业盘亏的库存商品按管理规定报经批准后，正确的会计处理有（　　）。

A. 应由保险公司和过失人承担的赔偿，记入“其他应收款”科目

B. 入库的残料价值，记入“原材料”科目

C. 盘亏库存商品净损失中，属于一般经营损失的部分，记入“管理费用”科目

D. 盘亏库存商品净损失中，属于非常损失的部分，记入“营业外支出”科目

扫码关注，获取答案及更多考题资料

# 任务 4.7　存货减值核算

## 4.7.1　认识存货减值

存货的初始计量虽然以成本入账，但存货进入企业后可能发生毁损、过时、价格下跌等情况，会使企业持有存货的可变现净值下跌到成本以下，如果期末存货仍以历史成本计价，就会出现虚增资产的现象。因此，为了在资产负债表中更合理地反映期末存货的价值，企业应当选择适当的计价方法对期末存货进行再计价。我国《企业会计准则》规定，期末存货应按成本与可变现净值孰低法计量。

成本与可变现净值孰低法是指期末存货按照成本与可变现净值之中的较低者计价的方法。采用这种方法，当期末存货的成本低于可变现净值时，存货仍按成本计量；当期末存货的可变现净值低于成本时，存货则按可变现净值计量，同时按照可变现净值与成本的差额计提存货跌价准备，计入当期损益。

成本是指期末存货的实际成本，如果企业在存货成本的日常核算采用计划成本法、售价金额核算等简化核算方法，则成本为经调整后的实际成本。

可变现净值是指存货预计未来净现金流量，即存货估计售价减去至完工时估计将要发生的成本、销售费用以及相关税费后的金额。其中，该存货估计售价的计算确定与是否签订销售合同有关。签有不可撤销合同的，应以合同价格为估计售价；未签销售合同的，应以市场销售价格为估计售价。

**小贴士：存货可变现净值的确定方法**

（1）直接用于销售的商品存货

可变现净值=存货合同售价-估计销售费用及相关税费

可变现净值=存货市场售价-估计销售费用及相关税费

（2）需经加工的材料存货

可变现净值=产成品合同售价-至产品完工估计将要发生的加工成本-估计销售费用及相关税费

可变现净值=产成品市场售价-至产品完工估计将要发生的加工成本-估计销售费用及相关税费

【例 4-24】2019 年 6 月 30 日，甲公司有一批库存商品，数量为 300 件，实际成本为 130 元/件，市场不含税售价为 160 元/件。如果销售该库存商品，估计将要发生的销售费用和相关税费为 10 元/件。假设甲公司曾于当年 5 月 6 日与乙公司签订一笔不可撤销合同，双方约定，甲公司向乙公司销售库存商品 260 件，合同不含税售价为 150 元/件。

2019 年 6 月 30 日，该批库存商品可变现净值计算如下：

签订合同的 260 件可变现净值=（150−10）×260=36 400（元）

未签合同的 40 件可变现净值=（160−10）×40=6 000（元）

【例 4-25】2019 年 7 月 2 日，甲公司“原材料——钢材”账户余额为 670 000 元，该原材料的市场销售价格为 650 000 元。该批钢材可用于生产 B 型机器设备 1 台。由于钢材的市场销售价格下降，以该批钢材为原材料生产的 B 型机器设备的市场销售价格由 1 700 000元下降为 1 560 000 元，但其生产成本仍为 1 620 000 元。估计将该批钢材加工成 B 型机器设备尚需投入 700 000 元，估计销售费用及税金为 55 000 元。

2019 年 7 月 2 日，该批钢材的可变现净值计算如下：

可变现净值=1 560 000−700 000−55 000=805 000（元）

### 4.7.2 存货减值的账户设置

为了核算存货减值的情况，企业应当设置“存货跌价准备”账户。该账户属于资产类账户，是存货各项目的备抵账户，借方为存货跌价准备的转回和结转金额，贷方为存货跌价准备的提取金额和企业已计提尚未转销的存货跌价准备。

**小贴士：“资产减值损失”账户解释**

资产减值损失属于损益类科目。资产减值损失是指企业在资产负债表日，经过对资产的测试，判断资产的可收回金额低于其账面价值而计提资产减值损失准备所确认的相应损失。

资产减值损失的确定：

企业在对资产进行减值测试并计算确定资产的可收回金额后，如果资产的可收回金额低于账面价值，应当将资产的账面价值减记至可收回金额，减记的金额确认为资产减值损失，计入当期损益，同时计提相应的资产减值准备。资产的账面价值是指资产成本扣减累计折旧（或累计摊销）和累计减值准备后的金额。

资产减值损失确认后，减值资产的折旧或者摊销费用应当在未来期间做相应调整，以使该资产在剩余使用寿命内，系统地分摊调整后的资产账面价值（扣除预计净残值）。比如，固定资产计提了减值准备后，固定资产账面价值为抵减了计提的固定资产减值准备后的金额，因此，在以后会计期间对该固定资产计提折旧时，应当以固定资产的账面价值（扣除预计净残值）为基础计提每期的折旧额。

资产减值准则规定，资产减值损失一经确认，在以后会计期间不得转回。资产报废、出售、对外投资、以非货币性资产交换方式换出、通过债务重组抵偿债务等符合资产终止确认条件的，企业应当将相关资产减值准备予以转销。

### 4.7.3 存货减值的账务处理

1. 存货跌价准备的计提方法

期末存货成本与可变现净值的比较方法有单项比较法、分类比较法、总额比较法三种。单项比较法，是指将每种存货的成本与可变现净值逐项进行比较；分类比较法，是指将每一类存货的成本与可变现净值进行比较；总额比较法，是指将全部存货的总成本与可变现净值总额进行比较。

《企业会计准则》规定，企业通常应按单项比较法计提存货跌价准备。与在同一地区生产和销售的产品系列相关、具有相同或类似最终用途或目的，且难以与其他项目分开计量的存货，可以合并计提存货跌价准备；对于数量繁多、单价较低的存货，可以按存货类别计提存货跌价准备。

2. 存货跌价准备的计提和转回

资产负债表日，企业应当首先确定存货的可变现净值，既不能提前确定，也不能延后确定，并且在每一个资产负债表日都应当重新确定存货的可变现净值。在确定存货可变现净值的基础上，将存货可变现净值与存货成本进行比较，确定本期存货的减值金额，即本期存货可变现净值低于成本的差额，然后再将本期存货的减值金额与"存货跌价准备"账户原有的余额进行比较，按下列公式计算确定本期应计提的存货跌价准备金额：

本期应计提的存货跌价准备=当期存货可变现净值低于其成本的差额-"存货跌价准备"账户余额

账户已有的余额=本期存货的减值金额-"存货跌价准备"账户余额

【例 4-26】甲公司 A 存货的资料如下：2017—2019 年年末 A 存货的实际成本均为 60 000元，2017 年、2018 年和 2019 年年末可变现净值分别为 56 000 元、54 000 元和 58 000元。甲公司各年应计提的存货跌价准备金额及账务处理如下：

2017 年年末应计提的存货跌价准备=60 000-56 000=4 000（元）

借：资产减值损失　　4 000
　贷：存货跌价准备——A 存货　　4 000

2018 年年末应计提的存货跌价准备=60 000-54 000-4 000=2 000（元）

借：资产减值损失　　2 000
　贷：存货跌价准备——A 存货　　2 000

2019 年年末应计提存货跌价准备=60 000-58 000-6 000=-4 000（元）（负号表示转回）

借：存货跌价准备——A 存货　　4 000
　贷：资产减值损失　　4 000

存货可变现净值低于存货实际成本的金额并不一定就是本期应计提的存货跌价准备，而是截至目前，企业账面应当存在的存货跌价准备金额（“存货跌价准备”账户的账面余额）。如果应提金额大于已提金额，则应予以补提；反之，则应予以转回。

存货跌价准备转回时，转回的存货跌价准备与计提该准备的存货项目或类别应当存在直接对应关系，即导致存货跌价准备转回的是以前减记存货价值的影响因素的消失，而不是在当期造成存货可变现净值高于其成本的其他影响因素。

3. 存货跌价准备的结转

企业计提了存货跌价准备，如果其中有部分存货已经销售，则企业在结转销售成本时，应同时结转对其已计提的存货跌价准备。对于因债务重组、非货币性资产交换转出的存货，也应同时结转已计提的存货跌价准备。

【例 4-27】2018 年年末，甲公司库存 B 机器 6 台，每台成本为 5 000 元，已经计量的存货跌价准备合计为 5 000 元。2019 年，甲公司将库存的 6 台机器以每台 5 800 元的价格全部售出，适用的增值税税率为 13%，货款已收到。甲公司应进行如下操作：

①收到销货款确认收入时：

| | | |
|---|---|---|
| 借：银行存款 | 39 324 | |
| 　贷：主营业务收入 | | 34 800 |
| 　　　应交税费——应交增值税（销项税额） | | 4 524 |

②结转销售成本和存货跌价准备时：

| | | |
|---|---|---|
| 借：主营业务成本 | 25 000 | |
| 　　存货跌价准备——B 机器 | 5 000 | |
| 　贷：库存商品——B 机器 | | 30 000 |

**经典考题回顾**

【多选题】下列各项中，影响企业资产负债表日存货可变现净值的有（　　）。

A. 存货的账面价值

B. 销售存货过程中估计的销售费用及相关税费

C. 存货的估计售价

D. 存货至完工估计将要发生的成本

扫码关注，获取答案及更多考题资料

# 能力训练

## 一、单项选择题

1. 资产负债表日，存货应当按照（　　）计量。

A. 账面价值

B. 公允价值

C. 成本与可变现净值孰低

D. 账面余额

2. 企业对随同商品出售而单独计价的包装物进行会计处理时，该包装物的实际成本应结转到（　　）。

A. 制造费用

B. 销售费用

C. 管理费用

D. 其他业务成本

3. 2019 年 8 月初，甲公司“原材料”借方余额为 24 000 元，本月收入原材料的计划成本为 176 000 元，本月发出原材料的计划成本为 150 000 元，“材料成本差异”月初贷方余额为 300 元，本月收入材料超支差为 4 300 元。本月发出材料应负担的材料成本差异为（　　）元。

A. −3 000

B. 3 000

C. −3 450

D. 3 450

4. 某增值税一般纳税人委托外单位加工一批消费税应税消费品，材料成本为 150 万元，加工费为 15 万元（不含税），受托方增值税税率为 13%，代扣代缴消费税 18 万元。该批材料加工后委托方直接出售，则该批材料加工完毕入库时的成本为（　　）万元。

A. 163. 5

B. 183

C. 158. 5

D. 155

5. 2019 年 6 月 30 日，甲公司生产用 A 材料账面余额为 350 万元，已提存货跌价准备 50 万元。由于市场价格变化，2019 年 6 月 30 日，以 A 材料生产的 B 产品市价为 380 万元，由A材料加工为B产品尚需发生加工成本40万元，预计销售费用和税金为5万元。2019年6月30日，应计提的存货跌价准备金额为（ ）万元。

A. 10

B. −10

C. 35

D. −35

6. 下列各项中，不会引起企业期末存货账面价值变动的是（ ）。

A. 已发出商品但尚未确认销售收入

B. 已确认销售收入但尚未发出商品

C. 月末已收到材料但尚未收到发票账单

D. 已收到发票账单并付款但尚未收到材料

7. 下列各项税金中，不应计入存货成本的是（ ）。

A. 材料委托加工收回后用于连续加工应税消费品已缴的消费税

B. 材料委托加工收回后直接出售的已缴的消费税

C. 小规模纳税人购入低值易耗品的增值税

D. 小规模纳税人购入原材料的增值税

8. 在物价持续下跌的情况下，下列各种存货计价方法中，能使企业计算出来的当期利润最小的计价方法是（ ）。

A. 先进先出法

B. 移动平均法

C. 加权平均法

D. 以上三种方法均可

9. 对于价值较低或极易损坏的低值易耗品，应采用（ ）进行摊销。

A. 五五摊销法

B. 分次摊销法

C. 一次转销法

D. 计划成本法

10. 企业对于已记入“待处理财产损溢”科目的存货盘亏及毁损事项进行会计处理时，应计入管理费用的是（ ）。

A. 收发计量差错造成的存货净损失

B. 自然灾害造成的存货净损失

C. 应由保险公司赔偿的存货损失

D. 应由过失人赔偿的存货损失

## 二、多项选择题

1. 下列各项中，构成存货采购成本的有（　　）。

A. 采购价格

B. 运输途中的合理损耗

C. 入库前的挑选整理费用

D. 入库后的挑选整理费用

2. 下列各项中，构成存货加工成本的有（　　）。

A. 直接从事产品生产的工人工资

B. 设计产品发生的设计费用

C. 按一定方法分配给产品的制造费用

D. 外购材料的采购价格

3. 根据企业会计准则，下列各种计价方法，可用于确定发出存货成本的有（　　）。

A. 个别计价法

B. 先进先出法

C. 加权平均法

D. 后进先出法

4. 下列各项中，有关包装物的会计处理表述正确的有（　　）。

A. 随商品出售不单独计价的包装物成本，计入销售费用

B. 生产领用的包装物成本，计入生产成本

C. 随商品出售单独计价的包装物成本，计入其他业务成本

D. 多次反复使用的包装物成本，根据使用次数分次摊销计入相应成本费用

5. 下列各项中，通过“周转材料”核算的有（　　）。

A. 原材料

B. 包装物

C. 低值易耗品

D. 委托加工物资

## 三、判断题

1. 采用先进先出法时，当市场上的物价持续上涨时，期末的成本最接近于市价，而发出成本偏低，会高估企业当期利润和库存商品的价值，反之，会低估企业的当期利润和库存商品的价值。（　　）

2. 属于非常损失造成的存货毁损，应按该存货的实际成本计入营业外支出。（　　）

3. 企业对存货计提的跌价准备，在该存货价值回升期间应当转回，但转回的金额不

应超过已计提的跌价准备。　　　　　　　　　　　　　　　　　　　　　　　　　　　　(　　)

4. 自然灾害或意外事故以外的原因造成的存货毁损所发生的净损失均应计入管理费用。

(　　)

# 项目5　固定资产核算

## 学习目标：

1. 明确固定资产的概念、特征、分类等基本知识；
2. 熟练进行不同固定资产折旧方法的折旧成本计量；
3. 掌握固定资产取得业务的会计核算；
4. 掌握固定资产折旧业务的会计核算；
5. 掌握固定资产后续支出业务的会计核算；
6. 掌握固定资产处置业务的会计核算；
7. 掌握固定资产清查业务的会计核算；
8. 掌握固定资产减值业务的会计核算。

固定资产核算思维导图如图5-1所示。

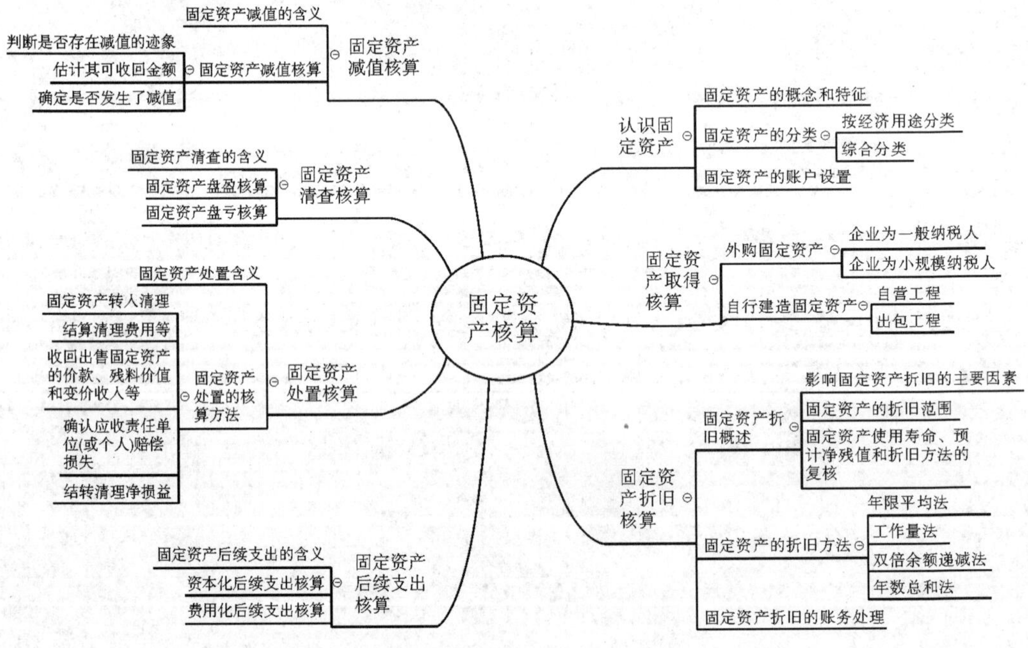


图5-1　固定资产核算思维导图

# 任务5.1 认识固定资产

## 5.1.1 固定资产的概念和特征

固定资产是指同时具有以下特征的有形资产：

①为生产商品、提供劳务、出租或经营管理而持有；

②使用寿命超过一个会计年度。

从这一定义可以看出，作为企业的固定资产应具备以下两个特征：

①企业持有固定资产的目的，是为了生产商品、提供劳务、出租或经营管理的需要，而不像存货是为了对外出售。这一特征是固定资产区别于存货等流动资产的重要标志。

②企业使用固定资产的期限较长，使用寿命一般超过一个会计年度。这一特征表明企业固定资产属于非流动资产，其给企业带来的收益期超过一年，能在一年以上的时间里为企业创造经济利益。

**小贴士：固定资产的确认标准是否一致**

由于企业的经营内容、经营规模等各不相同，固定资产的确认标准不可能强求一致，各企业应根据会计制度中规定的固定资产的标准，结合自身的具体情况，制定适合本企业实际情况的固定资产目录、分类方法、每类或每项固定资产的折旧年限、折旧方法，作为固定资产核算的依据。

## 5.1.2 固定资产的分类

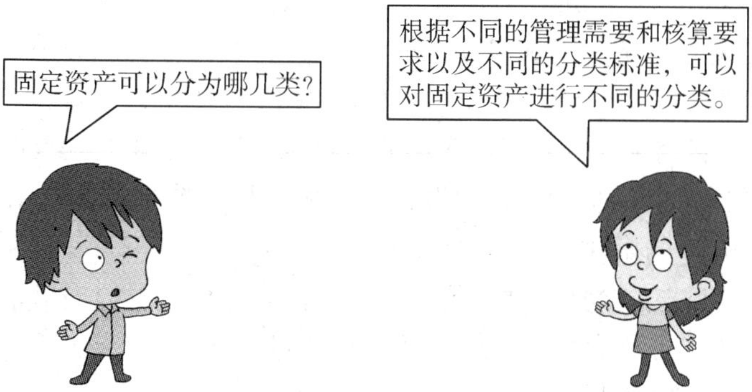


1. 按经济用途分类

按经济用途分类，固定资产可分为生产经营用固定资产和非生产经营用固定资产。

生产经营用固定资产，是指直接服务于企业生产、经营过程的各种固定资产，如生产经营用的房屋、建筑物、机器、设备、器具、工具等。

非生产经营用固定资产，是指不直接服务于生产、经营过程的各种固定资产，如职工宿舍等使用的房屋、设备和其他固定资产等。

按照固定资产的经济用途分类，可以归类反映和监督企业生产经营用固定资产和非生产经营用固定资产之间，以及生产经营用各类固定资产之间的组成和变化情况，借以考核和分析企业固定资产的利用情况，促使企业合理地配置固定资产，充分发挥其效用。

2. 综合分类

按固定资产的经济用途和使用情况等综合分类，可把企业的固定资产划分为七大类：①生产经营用固定资产；②非生产经营用固定资产；③租出固定资产（企业在经营租赁方式下出租给外单位使用的固定资产）；④不需用固定资产；⑤未使用固定资产；⑥土地（过去已经估价单独入账的土地。因征地而支付的补偿费，应计入与土地有关的房屋、建筑物的价值内，不单独作为土地价值入账。企业取得的土地使用权，应作为无形资产管理和核算，不作为固定资产管理和核算）；⑦租入固定资产（企业除短期租赁和低价值资产租赁租入的固定资产，在租赁期内，应视同自有固定资产进行管理）。

由于企业的经营性质不同，经营规模各异，对固定资产的分类不可能完全一致。但实际工作中，企业大多采用综合分类的方法作为编制固定资产目录、进行固定资产核算的依据。

### 5.1.3 固定资产的账户设置

为了反映和监督固定资产的取得、计提折旧和处置等情况，企业一般需要设置“固定资产”“累计折旧”“在建工程”“工程物资”“固定资产清理”等科目。

“固定资产”科目核算企业固定资产的原价，借方登记企业增加的固定资产原价，贷方登记企业减少的固定资产原价，期末借方余额，反映企业期末固定资产的账面原价。企业应当设置“固定资产登记簿”和“固定资产卡片”，按固定资产类别、使用部门和每项固定资产进行明细核算。

“累计折旧”科目属于“固定资产”的调整科目，核算企业固定资产的累计折旧，贷方登记企业计提的固定资产折旧，借方登记处置固定资产转出的累计折旧，期末贷方余额，反映企业固定资产的累计折旧额。

“在建工程”科目核算企业基建、更新改造等在建工程发生的支出，借方登记企业各项在建工程的实际支出，贷方登记完工工程转出的成本，期末借方余额，反映企业尚未达到预定可使用状态的在建工程的成本。

“工程物资”科目核算企业为在建工程而准备的各种物资的实际成本，借方登记企业购入工程物资的成本，贷方登记领用工程物资的成本，期末借方余额，反映企业为在建工程准备的各种物资的成本。

“固定资产清理”科目核算企业因出售、报废、毁损、对外投资、非货币性资产交换、债务重组等原因转入清理的固定资产价值以及在清理过程中发生的清理费用和清理收益。该科目借方登记转出的固定资产账面价值、清理过程中应支付的相关税费及其他费用，贷方登记出售固定资产取得的价款、残料价值和变价收入。期末借方余额，反映企业尚未清理完毕的固定资产清理净损失，期末如为贷方余额，则反映企业尚未清理完毕的固定资产清理净收益。固定资产清理完成，其借方登记转出的清理净收益，贷方登记转出的清理净损失，清理净损益结转后，“固定资产清理”科目无余额。企业应当按照被清理的固定资产项目设置明细账，进行明细核算。

此外，企业固定资产、在建工程、工程物资发生减值的，还应当设置“固定资产减值准备”“在建工程减值准备”“工程物资减值准备”等科目进行核算。

**经典考题回顾**

1.【多选题】下列有关固定资产初始计量的表述中，正确的有（　　）。

A. 盘盈的固定资产，应按重置成本确定其入账价值

B. 以一笔款项购入多项没有单独标价的固定资产，应该按照各项固定资产的账面余额比例对总成本进行分配，确认各项固定资产成本

C. 分期付款购买固定资产，实质上具有融资性质的，其成本以购买价款的现值为基础确定

D. 投资者投入的固定资产的成本按照投资合同或协议约定的价值确定，但合同或协议约定价值不公允的除外

2.【判断题】对于固定资产的各组成部分，如果各自具有不同的使用寿命或者以不同的方式为企业提供经济利益，从而适用不同的折旧率或折旧方法的，应当单独确认为固定资产。（　　）

**扫码关注，获取答案及更多考题资料**

## 任务 5.2　固定资产取得核算

### 5.2.1　外购固定资产

企业外购的固定资产，应按实际支付的购买价款、相关税费、使用固定资产达到预定可使用状态前所发生的可归属于该项资产的运输费、装卸费、安装费和专业人员服务费等，作为固定资产的取得成本。其中，相关税费包括企业为取得固定资产而缴纳的关税、契税、耕地占有税、车辆购置税以及按照现行增值税制度规定不得抵扣的增值税等相关税费。

根据规定，增值税一般纳税人购进（包括接受捐赠、实物投资）或者自制（包括改扩建、安装）固定资产发生的进项税额，可凭增值税扣税凭证（增值税专用发票、海关进口增值税专用缴款书和运输费用结算单据）从销项税额中抵扣，其进项税额应当记入“应交税费——应交增值税（进项税额）”科目。

**小贴士：固定资产进项税额抵扣的具体规定**

自2016年5月1日起，根据《财政部　税务总局关于全面推开营业税改征增值税试点的通知》等的规定，增值税一般纳税人2016年5月1日后取得并在会计制度上按固定资产核算的不动产，以及2016年5月1日后发生的不动产或不动产在建工程，其进项税额应按照《不动产进项税额分期抵扣暂行办法》有关规定分2年从销项税额中抵扣，第一年抵扣比例为60%（自取得之日起），第二年抵扣比例为40%。增值税一般纳税人2016年5月1日后购进货物和设计服务、建筑服务，用于新建不动产，或者用于改建、扩建、修缮、装饰不动产并增加不动产原值超过50%的，其进项税额依照本办法有关规定分2年从销项税额中抵扣，其进项税额分别记入“应交税费——应交增值税（进项税额）”“应交税费——待抵扣进项税额”账户。

但购入用于集体福利、个人消费或用于免税项目的固定资产，其进项税额不得抵扣而应计入固定资产成本。

1. 企业为一般纳税人

（1）企业作为一般纳税人，购入不需要安装的固定资产时，应按支付的购买价款、使固定资产达到预定可使用状态前所发生的可归属于该项资产的运输费、装卸费和专业人员服务费等，作为固定资产成本，借记“固定资产”科目，取得增值税专用发票、海关完税证明或公路发票等增值税扣税凭证，并经税务机关认证可以抵扣的，应按专用发票上注明的增值税进项税额，借记“应交税费——应交增值税（进项税额）”科目，贷记“银行存款”“应付账款”等科目。

【例 5-1】2019 年 4 月 17 日，甲公司购入一台不需要安装的设备，取得的增值税专用发票上注明的设备价款为 720 000 元，增值税税额为 93 600 元，发生的装卸费为 850 元，另支付运输费并取得增值税专用发票，注明运输费 600 元，税率为 9%，增值税税额为 54 元。甲公司属于增值税一般纳税人，所有款项以银行存款转账支付，假定不考虑其他相关税费。甲公司应进行如下操作：

固定资产成本＝720 000+850+600−54＝721 396（元）

借：固定资产　　721 396

　　应交税费——应交增值税（进项税额）　　93 654

　贷：银行存款　　815 050

（2）企业作为一般纳税人，购入需要安装的固定资产时，应在购入的固定资产取得成本的基础上加上安装调试成本作为入账成本。按照购入需安装的固定资产的取得成本时，借记“在建工程”科目，按购入固定资产时可抵扣的增值税进项税额，借记“应交税费——应交增值税（进项税额）”科目，贷记“银行存款”“应付账款”等科目；按照发生的安装调试成本，借记“在建工程”科目，按取得的外部单位提供的增值税专用发票上注明的增值税进项税额，借记“应交税费——应交增值税（进项税额）”科目，贷记“银行存款”等科目；耗用本单位的材料或人工时，按应承担的成本金额，借记“在建工程”科目，贷记“原材料”“应付职工薪酬”等科目。安装完成达到预定可使用状态时，由“在建工程”科目转入“固定资产”科目，借记“固定资产”科目，贷记“在建工程”科目。

【例 5-2】2019 年 6 月 23 日，甲公司购入一台需要安装的生产用设备，取得的增值税专用发票上注明的设备价款为 400 000 元，增值税税额为 52 000 元，发生的装卸费为1 700 元，款项已通过银行存款转账支付；支付安装费用并取得增值税专用发票，注明安装费为 45 000 元，税率为 13%，增值税税额为 5 850 元；安装设备时，领用原材料一批，其账面成本为 36 000 元，未计提存货跌价准备，购进该批原材料时支付的增值税进项税额为 4 680元；应支付安装工人薪酬 6 500 元。甲公司属于增值税一般纳税人，假定不考虑其他相关税费。甲公司应进行如下操作：

①购入设备进行安装时：

借：在建工程　　401 700

　　应交税费———应交增值税（进项税额）　　52 000

　贷：银行存款　　453 700

②支付安装费用时：

借：在建工程　　45 000

　　应交税费——应交增值税（进项税额）　　5 850

贷：银行存款 50 850

③领用原材料、支付安装工人薪酬等费用时：

借：在建工程 42 500

贷：原材料 36 000

应付职工薪酬 6 500

④设备安装完毕达到预计可使用状态时：

确定的固定资产成本＝401 700+45 000+42 500＝489 200（元）

借：固定资产 489 200

贷：在建工程 489 200

（3）企业基于产品价格等因素的考虑，可能以一笔款项购入多项没有单独标价的固定资产。如果这些资产符合固定资产的定义，并满足固定资产的确认条件，则应将各项资产单独确认为固定资产，并按各项固定资产公允价值的比例对总成本进行分配，分别确定各项固定资产的成本。

【例 5-3】甲公司向乙公司一次购进了 3 台不同型号且具有不同生产能力的设备 A、B、C，共支付款项 100 000 000 元，增值税税额为 13 000 000 元，包装费 900 000 元，款项已通过银行存款转账支付。假定设备 A、B、C 均满足固定资产的定义及确认条件，公允价值分别为 46 000 000 元、43 500 000 元、10 500 000 元。甲公司属于增值税一般纳税人，假定不考虑其他相关税费。甲公司应进行如下操作：

①确定固定资产成本：

100 000 000+900 000＝100 900 000（元）

②确定设备 A、B、C 的价值分配比例：

A 设备应分配的固定资产价值比例＝46 000 000÷100 000 000×100%＝46%

B 设备应分配的固定资产价值比例＝43 500 000÷100 000 000×100%＝43.5%

C 设备应分配的固定资产价值比例＝10 500 000÷100 000 000×100%＝10.5%

③确定设备 A、B、C 各自的成本：

A 设备的成本＝100 900 000×46%＝46 414 000（元）

B 设备的成本＝100 900 000×43.5%＝43 891 500（元）

C 设备的成本＝100 900 000×10.5%＝10 594 500（元）

④编制会计分录：

借：固定资产——A 设备 46 414 000

——B 设备 43 891 500

——C 设备 10 594 500

应交税费——应交增值税（进项税额） 13 000 000

贷：银行存款 113 900 000

2. 企业为小规模纳税人

企业作为小规模纳税人，购入固定资产发生的增值税进项税额应计入固定资产成本，借记“固定资产”或“在建工程”科目，不通过“应交税费——应交增值税”科目核算。

【例 5-4】2019 年 10 月 3 日，甲公司用银行存款购入需要安装的设备一台，增值税专用发票上注明的价款为 380 000 元，增值税税额为 49 400 元，支付安装费 50 000 元，增值税税额为 6 500 元。假定甲公司为小规模纳税人，进项税额不得从销项税额中抵扣，应计入固定资产成本核算。甲公司应进行如下操作：

①购入设备进行安装时：

借：在建工程　　429 400

　贷：银行存款　　429 400

②支付安装费时：

借：在建工程　　56 500

　贷：银行存款　　56 500

③设备安装完毕达到预计可使用状态时：

借：固定资产　　485 900

　贷：在建工程　　485 900

### 5.2.2　自行建造固定资产

企业自行建造固定资产，应先通过“在建工程”科目核算，工程达到预定可使用状态时，再从“在建工程”科目转入“固定资产”科目。企业自建固定资产，按照实施的方式可分为自营工程和出包工程。由于采用的建设方式不同，其会计处理也不同。

1. 自营工程

自营工程是指企业自行组织工程物资采购、自行组织施工人员施工的建筑工程和安装工程。

企业通过自营方式建造固定资产，其入账价值应当按照建造该项固定资产达到预定可使用状态前发生的必要支出确定，包括直接材料费、直接人工费、直接机械施工费等。企业为在建工程准备的各种物资，应当按照实际支付的买价、运输费、保险费以及不能抵扣的增值税税额等相关税费作为实际成本，并按照各种专项物资的种类进行明细核算。工程完工后，剩余的工程物资转为本企业存货的，按期实际成本或计划成本进行结转。建设期间发生的工程物资盘亏、报废及毁损，减去残料价值以及保险公司、过失人等赔偿后的净损失，计入所建工程项目的成本；盘盈的工程物资或处置净收益，冲减所建工程项目的成本。工程完工后发生的工程物资盘盈、盘亏报废、毁损，计入当期营业外收支。

建造固定资产领用工程物资、原材料或库存商品，应按其实际成本转入所建工程成本。自营方式建造固定资产应负担的职工薪酬、辅助生产部门为其提供的水、电、修理、运输等劳务，以及其他必要支出等，也应计入所建工程项目的成本。

符合资本化条件，计入所建造固定资产成本的借款费用，按照《企业会计准则第 17 号——借款费用》的有关规定处理。

购入工程物资时，按已认证的增值税专用发票上注明的价款，借记“工程物资”科目；按增值税专用发票上注明的增值税进项税额，借记“应交税费——应交增值税（进项税额）”科目，按应实际支付或应付的金额，贷记“银行存款”“应付账款”等科目。

领用工程物资时，借记“在建工程”科目，贷记“工程物资”科目。在建工程领用本企业原材料时，借记“在建工程”科目，贷记“原材料”等科目。在建工程领用本企业生产的商品时，借记“在建工程”科目，贷记“库存商品”科目。自营工程发生的其他费用（如分配工程人员工资等），借记“在建工程”科目，贷记“银行存款”“应付职工薪酬”等科目。

自营工程达到预定可使用状态时，按其成本，借记“固定资产”科目，贷记“在建工程”科目。

【例 5-5】甲公司为增值税一般纳税人，2019 年 8 月开始自行建造生产线一条，购入为工程准备的各种物资 100 000 元，支付的增值税税额为 13 000 元，全部用于工程建设。另还领用了企业外购生产用的原材料一批，实际成本为 12 000 元；工程人员应计工资为 45 000元，企业辅助生产车间为工程提供有关劳务支出 28 000 元；工程于 2019 年 10 月 15 日完工并达到预定可使用状态。甲公司应进行如下操作：

①购入工程物资时：

| | | |
|---|---|---|
| 借：工程物资 | 100 000 | |
| 　　应交税费——应交增值税（进项税额） | 13 000 | |
| 　贷：银行存款 | | 113 000 |

②工程领用工程物资时：

| | | |
|---|---|---|
| 借：在建工程 | 100 000 | |
| 　贷：工程物资 | | 100 000 |

③工程领用生产用原材料时：

借：在建工程　　12 000

　贷：原材料　　12 000

④分配工程人员工资时：

借：在建工程　　45 000

　贷：应付职工薪酬　　45 000

⑤辅助生产车间为工程提供劳务支出时：

借：在建工程　　28 000

　贷：生产成本——辅助生产成本　　28 000

工程完工转入固定资产的成本＝100 000+12 000+45 000+28 000＝185 000（元）

借：固定资产　　185 000

　贷：在建工程　　185 000

2. 出包工程

出包工程是指企业通过招标的方式将工程项目发包给建筑承包商，由建筑承包商组织施工的建筑工程和安装工程。

采用出包方式建造固定资产，企业要与建造承包商签订建造合同，企业是建造合同的甲方，负责筹集资金和组织管理工程建设，通常称为建设单位；建造承包商是建造合同的乙方，负责建筑安装工程施工任务。企业以出包方式建造固定资产，其成本由建造该固定资产达到预定可使用状态前所发生的必要支出构成。

企业采用出包方式进行的固定资产工程，其工程的具体支出主要由建造承包商核算，在这种方式下，“在建工程”科目主要反映企业与建造承包商办理工程价款结算的情况，企业支付给建造承包商的工程价款作为工程成本，通过“在建工程”科目核算。

企业按合理估计的发包工程进度和合同规定向建造承包商结算进度款，并由对方开具增值税专用发票，按增值税专用发票上注明的价款，借记“在建工程”科目，按增值税专用发票上注明的增值税进项税额，借记“应交税费——应交增值税（进项税额）”科目，按应实际支付的金额，贷记“银行存款”科目。工程达到预定可使用状态时，按其成本，借记“固定资产”科目，贷记“在建工程”科目。

【例5-6】甲公司为增值税一般纳税人，2019年4月8日将一幢厂房的建造工程出包给乙公司承建，按合理估计的发包工程进度和合同规定向乙公司结算进度款600 000元，并取得增值税专用发票，发票注明工程价款为600 000元，税率9%，增值税税额为54 000元。2020年4月8日，工程完工后，收到乙公司有关工程结算单据及增值税专用发票，补付工程款并取得乙公司开具的增值税专用发票，注明工程价款为400 000元，税率9%，增值税税额为36 000元。工程完工并达到预定可使用状态。甲公司应进行如下操作：

①按合理估计的发包工程进度和合同规定向达明公司结算进度款时：

借：在建工程　　600 000
　　应交税费——应交增值税（进项税额）　　32 400
　　　　　　——待抵扣进项税额　　21 600
　贷：银行存款　　654 000

②补付工程款时：

借：在建工程　　400 000
　　应交税费——应交增值税（进项税额）　　21 600
　　　　　　——待抵扣进项税额　　14 400
　贷：银行存款　　436 000

③工程完工并达到预定可使用状态时：

借：固定资产　　1 000 000
　贷：在建工程　　1 000 000

**经典考题回顾**

1.【单选题】某企业自行建造厂房购入工程物资一批，增值税专用发票上注明价款为100万元，增值税税额为13万元，发票已通过税务机关认证。不考虑其他因素，该企业购买工程物资相关科目会计处理结果表述正确的是（　　）。

A. 借记“应交税费——待抵扣进项税额”科目7.8万元

B. 借记“原材料”科目100万元

C. 借记“原材料”科目113万元

D. 借记“应交税费——应交增值税（进项税额）”科目13万元

2.【单选题】某企业为增值税一般纳税人，购入一台不需要安装的设备，增值税专用发票上注明的价款为50 000元，增值税税额为6 500元，另发生运输费1 000元，包装费500元（均不考虑增值税）。不考虑其他因素，该设备的入账价值为（　　）元。

A. 50 000

B. 60 000

C. 58 000

D. 51 500

扫码关注，获取答案及更多考题资料

# 任务5.3 固定资产折旧核算

## 5.3.1 固定资产折旧概述

企业应当在固定资产的使用寿命内，按照确定的方法对应计折旧额进行系统分摊。所谓应计折旧额，是指应当计提折旧的固定资产原价扣除其预计净残值后的金额，已计提减值准备的固定资产，还应当扣除已计提的固定资产减值准备累计金额。企业应当根据固定资产的性质和使用情况，合理确定固定资产的使用寿命和预计净残值。固定资产的使用寿命、预计净残值一经确定，不得随意变更，但是符合《企业会计准则第4号——固定资产》第十九条规定的除外。上述事项在报经股东大会或董事会、经理（厂长）会议或类似机构批准后，作为计提折旧的依据，并按照法律、行政法规等的规定报送有关各方备案。

1. 影响固定资产折旧的主要因素

（1）固定资产原价，是指固定资产的成本。

（2）预计净残值，是指假定固定资产预计使用寿命已满并处于使用寿命终了时的预期状态，企业目前从该项资产处置中获得的扣除预计处置费用后的金额。

（3）固定资产减值准备，是指固定资产已计提的固定资产减值准备累计金额。

（4）固定资产的使用寿命，是指企业使用固定资产的预计期间，或者该固定资产所能生产产品或提供劳务的数量。

**小贴士：确定固定资产使用寿命时应考虑的因素**

企业确定固定资产使用寿命时，应当考虑下列因素：该项资产预计生产能力或实物产量；该项资产预计有形损耗，如设备使用中发生磨损、房屋建筑物受到自然侵蚀等；该项资产预计无形损耗，如因新技术的出现而使现有的资产技术水平相对陈旧、市场需求变化使产品过时等；法律或者类似规定对该项资产使用的限制。

2. 固定资产的折旧范围

除以下情况外，企业应当对所有固定资产计提折旧：已提足折旧仍继续使用的固定资产；单独计价入账的土地。

在确定计提折旧的范围时，还应注意以下几点：

（1）固定资产应当按月计提折旧，当月增加的固定资产，当月不计提折旧，从下月起计提折旧；当月减少的固定资产，当月仍计提折旧，从下月起不计提折旧。

（2）固定资产提足折旧后，不论能否继续使用，均不再计提折旧；提前报废的固定资产，也不再补提折旧。所谓提足折旧，是指已经提足该项固定资产的应计折旧额。

（3）已达到预定可使用状态但尚未办理竣工决算的固定资产，应当按照估计价值确定其成本，并计提折旧；待办理竣工决算后，再按实际成本调整原来的暂估价值，但不需要调整原已计提的折旧额。

3. 固定资产使用寿命、预计净残值和折旧方法的复核

企业至少应当于每年年度终了，对固定资产的使用寿命、预计净残值和折旧方法进行复核。使用寿命预计数与原先估计数有差异的，应当调整固定资产使用寿命。预计净残值预计数与原先估计数有差异的，应当调整预计净残值。与固定资产有关的经济利益预期实现方式有重大改变的，应当改变固定资产折旧方法。

固定资产使用寿命、预计净残值和折旧方法的改变应作为会计估计变更进行会计处理。

### 5.3.2 固定资产的折旧方法

企业应根据与固定资产有关的经济利益的预期实现方式，合理选择固定资产折旧方法。

1. 年限平均法

采用年限平均法计提固定资产折旧，是将固定资产的应计折旧额均衡地分摊到固定资产预计使用寿命内，采用这种方法计算的每期折旧额是相等的。年限平均法的计算公式如下：

年折旧率=（1−预计净残值率）÷预计使用寿命（年）

月折旧率=年折旧率÷12

月折旧额=固定资产原价×月折旧率

【例 5-7】甲公司有一幢厂房，原价为 7 000 000 元，预计可使用 16 年，预计报废时

的净残值率为 2%。该厂房折旧率和折旧额的计算如下：

年折旧率=（1-2%）÷16=6.125%

月折旧率=6.125%÷12≈0.51%

月折旧额=7 000 000×0.51%=35 700（元）

2. 工作量法

工作量法是指根据实际工作量计算固定资产每期应计提折旧额的一种方法。工作量法的基本计算公式如下：

单位工作量折旧额=［固定资产原价×（1-预计净残值率）］÷预计总工作量

某项固定资产月折旧额=该项固定资产当月工作量×单位工作量折旧额

【例 5-8】甲公司一辆运输卡车的原价为 550 000 元，预计总行驶里程为 450 000 千米，预计报废时的净残值率为 5%，本月行驶 8 000 千米。该辆卡车的月折旧额计算如下：

单位里程折旧额=550 000×（1-5%）÷450 000≈1.16（元/千米）

本月折旧额=8 000×1.16=9 280（元）

3. 双倍余额递减法

双倍余额递减法是指在不考虑固定资产预计净残值的情况下，根据每期期初固定资产原价减去累计折旧后的余额和双倍的直线法折旧率计算固定资产折旧的一种方法。采用双倍余额递减法计提固定资产折旧，一般应在固定资产使用寿命到期前两年内，将固定资产账面净值扣除预计净残值后的余额平均摊销。双倍余额递减法的计算公式如下：

年折旧率=2÷预计使用寿命（年）×100%

年折旧额=每个折旧年度年初固定资产账面净值×年折旧率

月折旧额=年折旧额÷12

**小贴士：折旧年度**

折旧年度，是指以固定资产开始计提折旧的月份为始计算的 1 个年度期间。例如，某公司 3 月取得某项固定资产，其折旧年度为“从 4 月至第二年 3 月的期间”。

【例 5-9】甲公司某项固定资产的原价为 1 000 000 元，预计使用年限为 5 年，预计净残值为 4 000 元。按双倍余额递减法计提折旧，每年的折旧额计算如下：

年折旧率=2÷5×100%=40%

第 1 年应计提的折旧额=1 000 000×40%=400 000（元）

第 2 年应计提的折旧额=（1 000 000-400 000）×40%=240 000（元）

第 3 年应计提的折旧额=（1 000 000-400 000-240 000）×40%=144 000（元）

从第 4 年起改用年限平均法（直线法）计提折旧：

第 4 年、第 5 年的年折旧额=［（1 000 000-400 000-240 000-144 000）-4 000］÷2

=106 000（元）

计算的各年折旧额见表5-1。

**表5-1 固定资产折旧计算表**

（双倍余额递减法） 金额单位：元

| 年份 | 账面净值（=原价-上期期末累计折旧额） | 账面净值-预计净残值 | 年折旧率 | 年摊销率 | 年折旧额=年初账面净值×年折旧率 | 累计折旧=年均累计折旧额+本年折旧额 |
|---|---|---|---|---|---|---|
| 1 | 1 000 000 | — | 40% | | 400 000 | 400 000 |
| 2 | 1 000 000-400 000 =600 000 | — | 40% | | 240 000 | 640 000 |
| 3 | 1 000 000-640 000 =360 000 | — | 40% | | 144 000 | 784 000 |
| 4 | 1 000 000-784 000 =216 000 | 216 000-4 000 =212 000 | — | 50% | 106 000 | 890 000 |
| 5 | 1 000 000-784 000 =216 000 | 216 000-4 000 =212 000 | — | 50% | 106 000 | 996 000 |

各月折旧额应根据年折旧额除以12计算。

本例中，在固定资产使用寿命到期前两年内，将固定资产账面净值216 000元扣除预计净残值4 000元后的余额212 000元在两年内进行平均摊销，每年106 000元。从表中可以看出，采用这种方法，在固定资产使用到期前的最后两年之前，固定资产的年折旧率保持不变，但随着时间的延长，固定资产的账面净值由于累计折旧不断增加，而呈现下降趋势。

4. 年数总和法

年数总和法是指将固定资产的原价减去预计净残值后的余额，乘以一个逐年递减的分数计算每年的折旧额，这个分数的分子代表固定资产尚可使用寿命，分母代表固定资产预计使用寿命逐年数字总和。年数总和法的计算公式如下：

年折旧率=（预计使用寿命-已使用年限）÷［预计使用寿命×（预计使用寿命+1）÷2］×100%

或：

年折旧率=尚可使用年限÷预计使用寿命的年数总和×100%

年折旧额=（固定资产原价-预计净残值）×年折旧率

【例5-10】承【例5-9】，如果采用年数总和法，计算的各年折旧额见表5-2。

表5-2 固定资产折旧计算表

（年数总和法） 金额单位：元

| 年份 | 尚可使用年限 | 原价-预计净残值 | 变动折旧率 | 年折旧额 | 累计折旧 |
|---|---|---|---|---|---|
| 1 | 5 | 996 000 | 5/15 | 332 000 | 332 000 |
| 2 | 4 | 996 000 | 4/15 | 265 600 | 597 600 |
| 3 | 3 | 996 000 | 3/15 | 199 200 | 796 800 |
| 4 | 2 | 996 000 | 2/15 | 132 800 | 929 600 |
| 5 | 1 | 996 000 | 1/15 | 66 400 | 996 000 |

本例采用了年数总和法计提固定资产折旧，从表中可以看出，在这种方法下，各年中固定资产的原价减去预计净残值的余额始终保持不变，一直在改变的是年折旧率，并且随着时间的延长，年折旧率呈现出下降的趋势。

### 5.3.3 固定资产折旧的账务处理

固定资产应当按月计提折旧，计提的折旧应当记入“累计折旧”科目，并根据固定资产的用途计入相关资产的成本或者当期损益。

企业自行建造固定资产过程中使用的固定资产，其计提的折旧应计入在建工程成本；基本生产车间所使用的固定资产，其计提的折旧应计入制造费用；管理部门所使用的固定资产，其计提的折旧应计入管理费用；销售部门所使用的固定资产，其计提的折旧应计入销售费用；经营租出的固定资产，其计提的折旧应计入其他业务成本。

企业计提固定资产折旧时，借记“在建工程”“制造费用”“管理费用”“销售费用”“其他业务成本”等科目，贷记“累计折旧”科目。

【例5-11】甲公司共有3个生产车间，2019年6月份各生产车间应分配的固定资产折旧额为：一车间1 600 000元，二车间2 350 000元，三车间3 400 000元。甲公司应进行如下操作：

借：制造费用——一车间 1 600 000

——二车间 2 350 000

——三车间 3 400 000

贷：累计折旧 7 350 000

【例5-12】甲公司为增值税一般纳税人，2019年7月份，管理部门、销售部门应分配的固定资产折旧额分别为：管理部门房屋建筑物计提折旧15 200 000元，运输工具计提折旧2 100 000元；销售部门房屋建筑物计提折旧3 870 000元，运输工具计提折旧2 260 000元。当月新购置管理用机器设备一台，成本为6 100 000元，预计使用寿命为10年，预计净残值为4 000元，该企业同类设备计提折旧采用年限平均法。甲公司应进行如下操作：

借：管理费用　　17 300 000

　　销售费用　　6 130 000

　贷：累计折旧　　23 430 000

本例中，新购置的机器设备本月不计提折旧，下月开始计提折旧。本月计提的折旧费用中，对管理部门使用的固定资产计提的折旧额，记入“管理费用”科目的借方，对销售部门使用的固定资产计提的折旧额，记入“销售费用”科目的借方。

**经典考题回顾**

1.【单选题】某制造业企业对外出租设备一台，租期为两年，每月设备的折旧额为100 000元，不考虑其他因素，该设备计提折旧的会计处理正确的是（　　）。

A. 借：管理费用　　100 000
　　贷：累计折旧　　100 000

B. 借：其他业务成本　　100 000
　　贷：累计折旧　　100 000

C. 借：其他业务成本　　100 000
　　贷：累计摊销　　100 000

D. 借：制造费用　　100 000
　　贷：累计折旧　　100 000

2.【单选题】2015年12月，某企业购入一台设备，初始入账价值为400万元，设备于当月交付使用，预计使用寿命为5年，预计净残值为4万元，采用年数总和法计提折旧。不考虑其他因素，2017年该设备应计提的折旧额为（　　）万元。

A. 132

B. 160

C. 105.6

D. 96

3.【多选题】2016年12月20日，某企业购入一台设备，其原价为2 000万元，预计使用年限为5年，预计净残值为5万元，采用双倍余额递减法计提折旧。下列各项中，该企业采用双倍余额递减法计提折旧的结果表述正确的有（　　）。

A. 应计折旧总额为1 995万元

B. 2017年折旧额为665万元

C. 年折旧率为33%

D. 2017年折旧额为800万元

扫码关注，获取答案及更多考题资料

# 任务 5.4 固定资产后续支出核算

## 5.4.1 固定资产后续支出的含义

固定资产的后续支出，是指固定资产在使用过程中发生的更新改造支出、修理费用等。企业的固定资产投入使用后，由于各个组成部分耐用程度不同或者使用条件不同，往往发生固定资产的局部损坏。为了保持固定资产的正常运转和使用，充分发挥其使用效能，就必须对其进行必要的后续支出。

**小贴士：后续支出的处理原则**

与固定资产有关的更新改造等后续支出，满足固定资产确认条件的，应当计入固定资产成本，如有被替换的部分，应同时将被替换部分的账面价值从该固定资产原账面价值中扣除；不满足固定资产确认条件的固定资产修理费用等，应当在发生时计入当期损益。

## 5.4.2 资本化后续支出核算

固定资产发生可资本化后续支出时，应当通过“在建工程”科目核算。固定资产发生可资本化的后续支出时，企业应将该固定资产的原价、已计提的累计折旧和减值准备转销，将固定资产的账面价值转入在建工程，借记“在建工程”“累计折旧”“固定资产减值准备”等科目，贷记“固定资产”科目。发生可资本化后续支出时，借记“在建工程”科目，发生后续支出取得增值税专用发票的，按增值税专用发票上注明的增值税进项税额，借记“应交税费——应交增值税（进项税额）”科目，按实际支付的金额，贷记“银行存款”等科目。发生后续支出的固定资产达到预定可使用状态时，借记“固定资产”科目，贷记“在建工程”科目。

【例 5-13】甲航空公司为增值税一般纳税人，2011 年 12 月 1 日，购入一架飞机总计 90 000 000元（含发动机），发动机当时购价为 5 000 000 元。该航空公司未将发动机单独作为一项固定资产进行核算。2020 年年初，甲航空公司开辟新航线，航程增加。为延长飞机的空中飞行时间，公司决定更换一台性能更先进的发动机。新发动机成本为 7 000 000 元，增值税专用发票上注明的增值税税额为 910 000 元；另支付安装费并取得增值税专用发票，注明安装费 100 000 元，税率 9%，增值税税额 9 000 元。假定飞机的年折旧率为 3%，不考虑预计净残值额影响，替换下的发动机报废且无残值收入。甲航空公司应进行如下操作：

①2020 年年初，将固定资产转入在建工程：

累计折旧金额 = 90 000 000×3%×8 = 21 600 000（元）

借：在建工程　　68 400 000
　　累计折旧　　21 600 000
　贷：固定资产　　90 000 000

②安装新发动机：

借：在建工程　　7 000 000
　　应交税费——应交增值税（进项税额）　　910 000
　贷：工程物资　　7 910 000

③支付安装费用：

借：在建工程　　100 000
　　应交税费——应交增值税（进项税额）　　9 000
　贷：银行存款　　109 000

④2020 年年初，终止确认老发动机的账面价值：

老发动机的账面价值=5 000 000-5 000 000×3%×8=3 800 000（元）

借：营业外支出——非流动资产毁损报废损失　　3 800 000
　贷：在建工程　　3 800 000

⑤安装新发动机，达到预定可使用状态：

新发动机的入账价值=68 400 000+7 000 000+100 000-3 800 000=71 700 000（元）

借：固定资产　　71 700 000
　贷：在建工程　　71 700 000

### 5.4.3 费用化后续支出核算

企业生产车间（部门）和行政管理部门的固定资产发生不可资本化后续支出，例如，固定资产日常修理费用及其可抵扣的增值税进项税额，应借记“管理费用”“应交税费——应交增值税（进项税额）”科目，贷记“银行存款”等科目；企业专设销售机构的固定资产发生不可资本化的后续支出，例如，固定资产日常修理费用及其可抵扣的增值税进项税额，应借记“销售费用”“应交税费——应交增值税（进项税额）”科目，贷记“银行存款”等科目。

【例 5-14】2019 年 8 月 5 日，甲公司对其生产部门使用的设备进行日常修理。修理过程中领用原材料一批，价值为 20 000 元；发生修理费并取得增值税专用发票，注明修理费 8 000 元，税率 13%，增值税税额为 1 040 元。甲公司应进行如下操作：

借：管理费用　　28 000
　　应交税费——应交增值税（进项税额）　　1 040
　贷：原材料　　20 000
　　　银行存款　　9 040

**经典考题回顾**

1.【单选题】下列各项中，企业支付生产车间机器设备日常修理费应借记的会计科目是（　　）。

A. 制造费用

B. 管理费用

C. 生产成本

D. 在建工程

2.【单选题】某企业对生产设备进行改良，发生资本化支出共计 45 万元（不考虑增值税），被替换旧部件的账面价值为 10 万元，该设备原价为 500 万元，已计提折旧 300 万元。不考虑其他因素，该设备改良后的入账价值为（　　）万元。

A. 245

B. 235

C. 200

D. 190

3.【单选题】某企业对其拥有的一台大型设备进行更新改造。该设备原价为 1 000 万元，已计提折旧 500 万元，更新改造过程中发生满足固定资产确认条件的支出为 700 万元，取得的增值税专用发票上注明的增值税进项税额为 91 万元，被替换部件账面价值为 100 万元。不考虑其他因素，该设备更新改造后的入账价值为（　　）万元。

A. 1 100

B. 1 200

C. 1 600

D. 1 700

**扫码关注，获取答案及更多考题资料**

# 任务 5.5　固定资产处置核算

## 5.5.1　固定资产处置含义

企业在生产经营过程中，可能将不适用或不需用的固定资产对外出售转让，或因磨损、技术进步等原因对固定资产进行报废，或因遭受自然灾害而对毁损的固定资产进行处理。对于上述事项，在进行会计核算时，应按规定程序办理有关手续，结转固定资产的账面价值，计算有关的清理收入、清理费用及残料价值等，清理完毕，结转固定资产清理损益。

固定资产处置包括固定资产的出售、报废、毁损、对外投资、非货币性资产交换、债务重组等。

**小贴士：固定资产终止确认的条件**

根据《企业会计准则第4号——固定资产》规定，固定资产满足下列条件之一的，应当予以终止确认：

（1）该固定资产处于处置状态。固定资产处于处置状态是指该固定资产不再用于生产商品、提供劳务、出租或经营管理，已不再符合固定资产的定义，应予终止确认。

（2）该固定资产预期通过使用或处置不能产生经济利益。如果一项固定资产预期通过使用或处置不能再产生经济利益，就不能符合固定资产的定义和确认条件，应予终止确认。

### 5.5.2 固定资产处置的核算方法

企业出售、转让、报废固定资产或发生固定资产毁损，应当将处置收入扣除账面价值和相关税费后的金额计入当期损益。固定资产的账面价值是固定资产成本扣减累计折旧和累计减值准备后的金额。

处置固定资产应通过“固定资产清理”科目核算。该科目借方反映被清理固定资产账面价值、清理过程中发生的费用及其相关税费；贷方反映取得出售固定资产的价款、残料价值和变价收入、保险公司或过失人赔偿的损失以及结转预计弃置费用等；期末余额若是贷方，表示固定资产处置净收益，转入“营业外收入”科目；期末余额若是借方，表示固定资产处置净损失，转入“营业外支出”科目。

处置固定资产的会计处理一般包括以下几个环节：

（1）固定资产转入清理

企业因出售、报废、毁损、对外投资、非货币性资产交换、债务重组等转出的固定资产，按该项固定资产的账面价值，借记“固定资产清理”科目；按已计提的累计折旧，借记“累计折旧”科目；按已计提的减值准备，借记“固定资产减值准备”；按其账面原价，贷记“固定资产”科目。

（2）结算清理费用等

固定资产清理过程中，应支付的清理费用及其可抵扣的增值税进项税额，借记“固定资产清理”“应交税费——应交增值税（进项税额）”科目，贷记“银行存款”等科目。

（3）收回出售固定资产的价款、残料价值和变价收入等

收回出售固定资产的价款和税款，借记“银行存款”科目；按增值税专用发票上注明的价款，贷记“固定资产清理”科目；按增值税专用发票上注明的增值税销项税额，贷记“应交税费——应交增值税（销项税额）”科目。残料入库，按残料价值，借记“原材料”等科目，贷记“固定资产清理”科目。

（4）确认应收责任单位（或个人）赔偿损失

应由保险公司或过失人赔偿的损失，借记“其他应收款”等科目，贷记“固定资产清理”科目。

（5）结转清理净损益

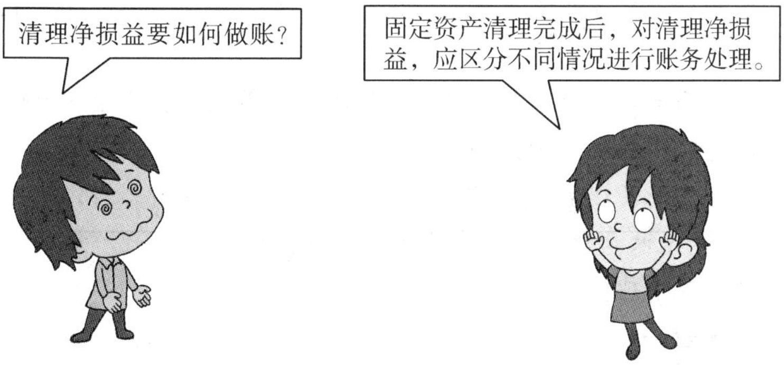


①因固定资产已丧失使用功能或因自然灾害发生毁损等原因而报废清理产生的利得或损失应计入营业外收支。属于生产经营期间报废清理产生的处理净损失，借记“营业外支出——非流动资产毁损报废损失”（正常原因）或“营业外支出——非常损失”（非正常原因）科目，贷记“固定资产清理”科目；如为净收益，借记“固定资产清理”科目，贷记“营业外收入——非流动资产处置利得”科目。

②因出售、转让等原因产生的固定资产处置利得或损失应计入资产处置收益。确认处置净损失，借记“资产处置损益”科目，贷记“固定资产清理”科目；如为净收益，借记“固定资产清理”科目，贷记“资产处置损益”科目。

【例5-15】甲公司为增值税一般纳税人。现有一台设备，因使用期满经批准报废。该设备原价为235 000元，累计已计提折旧187 000元，已计提减值准备3 000元。在清理过程中，以银行存款支付清理费用5 500元；残料变卖收入为7 900元，增值税税额为1 027元。甲公司应进行如下操作：

①固定资产转入清理：

| | |
|---|---|
| 借：固定资产清理 | 45 000 |
| 　　累计折旧 | 187 000 |

固定资产减值准备　　3 000
　贷：固定资产　　235 000

②发生清理费用：

借：固定资产清理　　5 500
　贷：银行存款　　5 500

③收到残料变价收入：

借：银行存款　　8 927
　贷：固定资产清理　　7 900
　　应交税费——应交增值税（销项税额）　　1 027

④结转固定资产净损益：

借：营业外支出——处置非流动资产损失　　42 600
　贷：固定资产清理　　42 600

【例 5-16】甲公司为增值税一般纳税人。2019 年 7 月因水灾毁损一座仓库。该仓库原价为 3 800 000 元，已计提折旧 900 000 元，未计提减值准备。其残料估价为 20 000 元，残料已办理入库。发生的清理费用为 17 000 元，以银行存款支付。经保险公司核定应赔偿损失 1 200 000 元，尚未收到赔款。甲公司应进行如下操作：

①毁损的仓库转入清理：

借：固定资产清理　　2 900 000
　累计折旧　　900 000
　贷：固定资产　　3 800 000

②材料入库：

借：原材料　　20 000
　贷：固定资产清理　　20 000

③支付清理费用：

借：固定资产清理　　17 000
　贷：银行存款　　17 000

④确认保险公司赔偿损失：

借：其他应收款——保险公司　　1 200 000
　贷：固定资产清理　　1 200 000

⑤结转固定资产净损益：

借：营业外支出——非常损失　　1 697 000
　贷：固定资产清理　　1 697 000

**经典考题回顾**

1.【单选题】某公司出售专用设备一台，取得价款 30 万元（不考虑增值税），发生清理费用 5 万元（不考虑增值税），该设备的账面价值为 22 万元。不考虑其他因素，下列各项中，关于此项交易净损益会计处理结果表述正确的是（　　）。

A. 资产处置损益增加 3 万元

B. 资产处置损益增加 25 万元

C. 资产处置损益增加 8 万元

D. 资产处置损益增加 27 万元

2.【多选题】下列各项中，应通过“固定资产清理”科目核算的有（　　）。

A. 固定资产盘亏的账面价值

B. 固定资产出售的账面价值

C. 固定资产更新改造支出

D. 固定资产毁损净损失

扫码关注，获取答案及更多考题资料

# 任务 5.6　固定资产清查核算

## 5.6.1　固定资产清查的含义

固定资产清查是指从实物管理的角度对单位实际拥有的固定资产进行实物清查，并与固定资产进行账务核对，确定盘盈、毁损、报废及盘亏资产。

企业应定期或者至少于每年年末对固定资产进行清查盘点，以保证固定资产核算的真实性，充分挖掘企业现有固定资产的潜力。

在固定资产清查过程中，如果发现盘盈、盘亏的固定资产，应填制“固定资产盘盈盘亏报告表”。清查固定资产的损溢，应及时查明原因，并按照规定程序报批处理。

### 5.6.2 固定资产盘盈核算

企业在财产清查中盘盈的固定资产，根据《企业会计准则第 28 号——会计政策、会计估计变更和差错更正》的规定，应当作为重要的前期差错进行会计处理。企业在财产清查中盘盈的固定资产，在按管理权限报经批准处理前，应先通过“以前年度损益调整”科目核算。

**小贴士：“以前年度损益调整”账户解释**

“以前年度损益调整”不属于损益类科目，也不属于权益类科目。而是属于过渡性质的科目，一般是本年发现以前年度有涉及损益类调整的事项时，比如以前年度多进了费用，用这个科目做调整后，进入未分配利润。该科目期末无余额。

盘盈的固定资产，应按重置成本确定其入账价值，借记“固定资产”科目，贷记“以前年度损益调整”科目；由于以前年度损益调整而增加的所得税费用，借记“以前年度损益调整”科目，贷记“应交税费——应交所得税”科目；将以前年度损益调整科目余额转入留存收益时，借记“以前年度损益调整”科目，贷记“盈余公积”“利润分配——未分配利润”科目。

【例 5-17】甲公司为增值税一般纳税人，2020 年 1 月 3 日在财产清查过程中发现，2018 年 12 月购入的一台设备尚未入账，重置成本为 60 000 元。假定甲公司按净利润的 10%提取法定盈余公积，不考虑相关税费及其他因素的影响。甲公司应进行如下操作：

①盘盈固定资产时：

借：固定资产　　60 000

　贷：以前年度损益调整　　60 000

②结转为留存收益时：

借：以前年度损益调整　　60 000

　贷：盈余公积——法定盈余公积　　6 000

　　　利润分配——未分配利润　　54 000

### 5.6.3　固定资产盘亏核算

企业在财产清查中盘亏的固定资产，按照盘亏固定资产的账面价值，借记“待处理财产损溢”科目，按照已计提的累计折旧，借记“累计折旧”科目，按照已计提的减值准备，借记“固定资产减值准备”科目，按照固定资产的原价，贷记“固定资产”科目。

企业按照管理权限报经批准后处理时，按照可收回的保险赔偿或过失人赔偿，借记“其他应收款”科目，按照应计入营业外支出的金额，借记“营业外支出——盘亏损失”科目，贷记“待处理财产损溢”科目。

【例 5-18】甲公司为增值税一般纳税人，2019 年 12 月 31 日进行财产清查时，发现短缺笔记本电脑一台，原价为 18 000 元，已计提折旧 8 000 元，购入时增值税税额为 2 340 元。甲公司应进行如下操作：

①盘亏固定资产时：

借：待处理财产损溢　　10 000

　　累计折旧　　8 000

　贷：固定资产　　18 000

②转出不可抵扣的进项税额时：

借：待处理财产损溢　　1 300

　贷：应交税费——应交增值税（进项税额转出）　　1 300

③报经批准转销时：

借：营业外支出——盘亏损失　　11 300

　贷：待处理财产损溢　　11 300

根据现行增值税制度规定，购进货物及不动产发生非正常损失，其负担的进项税额不得抵扣，其中购进货物包括被确认为固定资产的货物。但是，如果盘亏的是固定资产，应按其账面净值（固定资产原价-已计提折旧）乘以适用税率计算不可以抵扣的进项税额。据此，在本例中，该笔记本电脑因盘亏，其购入时的增值税进项税额中不可从销项税额中抵扣的金额为：（18 000-8 000）×13%＝1 300（元），应借记“待处理财产损溢”科目，贷记“应交税费——应交增值税（进项税额转出）”科目。

**经典考题回顾**

【单选题】某公司在财产清查中发现盘盈设备一台，已知同类设备的历史成本为20 000元，重置成本为15 000元。不考虑其他因素，下列各项中，该公司盘盈设备时的会计处理正确的是（　　）。

A. 借：固定资产　　15 000
　　贷：以前年度损益调整　　15 000

B. 借：固定资产　　20 000
　　贷：以前年度损益调整　　15 000
　　　　累计折旧　　5 000

C. 借：固定资产　　20 000
　　贷：营业外收入　　15 000
　　　　累计折旧　　5 000

D. 借：固定资产　　15 000
　　贷：营业外收入　　15 000

**扫码关注，获取答案及更多考题资料**

# 任务 5.7　固定资产减值核算

### 5.7.1　固定资产减值的含义

固定资产的初始入账价值是历史成本，由于固定资产使用年限较长，市场条件和经营环境的变化、科学技术的进步以及企业经营管理不善等原因，都可能导致固定资产创造未来经济利益的能力大大降低。因此，固定资产的真实价值有可能低于账面价值，在期末必须对固定资产减值损失进行确认。

### 5.7.2 固定资产减值核算

1. 判断是否存在减值的迹象

（1）固定资产的市价当期大幅度下跌，其跌幅明显高于因时间的推移或者正常使用而预计的下跌。

（2）企业经营所处的经济、技术或法律等环境以及固定资产所处的市场在当期或将在近期发生重大变化，从而对企业产生不利影响。

（3）市场利率或者其他市场投资报酬率在当期已经提高，从而影响企业计算固定资产预计未来现金流量现值的折现率，导致固定资产可收回金额大幅度降低。

（4）有证据表明固定资产已经陈旧过时或其实体已经损坏。

（5）固定资产已经或者将被闲置、终止使用或者计划提前处置。

（6）企业内部报告的证据表明固定资产的经济绩效已经低于或将低于预期，如固定资产所创造的净现金流量或者实现的营业利润（或者亏损）远远低于（或者高于）预计金额等。

（7）其他表明固定资产可能已经发生减值的迹象。

2. 估计其可收回金额

可回收金额应当根据固定资产的公允价值减去处置费用后的净额以及固定资产预计未来现金流量的现值两者之间较高者确定。

（1）资产的公允价值减去处置费用后的净额，应当根据公平交易中有法律约束力的销售协议价格减去直接归属于该资产处置费用的金额确定，资产的市场价格通常应当根据资产的买方出价确定。在既没有法律约束力的销售协议又不存在活跃市场的情况下，应当以可获取的最佳信息为基础，估计资产的公允价值减去处置费用后的净额，同行业类似资产的最近交易价格或者结果可以作为估计资产公允价值减去处置费用后的净额的参考。

处置费用可以直接归属于资产处置的增量成本，包括与资产处置相关的法律费用、相关税费、搬运费以及为使资产达到可销售状态所发生的直接费用等，间接费用不包含在内，财务费用和所得税费用也不包括在内。

（2）资产未来现金流量的现值，应当根据资产在持续使用过程中和最终处置时所产生的预计未来现金流量，选择恰当的折现率对其进行折现后的金额加以确定。预计资产未来现金流量的现值，应当综合考虑资产的预计未来现金流量、使用寿命和折现率等因素。

3. 确定是否发生了减值

比较固定资产的可收回金额和其账面价值，如果前者高于后者，则表明资产没有发生减值；反之，则表明资产发生了减值，应当将该固定资产的账面价值减记至可收回金额。

减记的金额确定为减值损失，计入当期损益，同时计提相应的资产减值准备，借记“资产减值损失——计提的固定资产减值准备”科目，贷记“固定资产减值准备”科目。

固定资产减值损失一经确认，在以后会计期间不得转回。

【例 5-19】甲公司于 2019 年 12 月 31 日发现，有迹象表明其拥有的一台设备可能会发生减值。该设备于 2018 年 8 月购入，原价 126 000 元，预计净残值为 1 000 元，预计可使用年限为 10 年，采用年限平均法计提折旧。甲公司确定该设备当前的公允价值为 105 000元，处置费用为 6 000 元，预计设备的未来现金流量的现值为 98 000 元。假定以前年度未对该设备计提过减值准备。甲公司应进行如下操作：

①确定该设备的账面价值：

该设备从 2018 年 9 月至 2019 年 12 月计提折旧，累计折旧为

（126 000−6 000）÷10÷12×16＝16 000（元）

2019 年 12 月 31 日，该设备的账面价值为 126 000−16 000＝110 000（元）

②确定可收回金额：

资产的公允价值减去处置费用后的净额为 105 000−6 000＝99 000（元）

资产预计未来现金流量的现值为 98 000 元，因此，资产的公允价值减去处置费用后的净额大于资产预计未来现金流量的现值，可收回金额为 99 000 元。

③确定是否发生减值：

因为设备的账面价值 110 000 元大于可收回金额 99 000 元，说明它发生了减值，应将设备的账面价值减记至固定资产的可收回金额，并计提相应的减值准备。期初固定资产减值准备的余额为 0，所以本期应计提的减值准备为 110 000−99 000＝11 000（元）

借：资产减值损失——计提的固定资产减值准备　　11 000

　贷：固定资产减值准备　　11 000

# 能力训练

## 一、单项选择题

1. 下列各项中，不会导致固定资产账面价值发生增减的是（　　）。
   A. 盘盈固定资产
   B. 经营性租入设备
   C. 以固定资产对外投资
   D. 计提减值准备

2. 下列关于企业计提固定资产折旧会计处理的表述中，不正确的是（　　）。
   A. 对管理部门使用的固定资产计提的折旧应计入管理费用
   B. 对财务部门使用的固定资产计提的折旧应计入财务费用
   C. 对生产车间使用的固定资产计提的折旧应计入制造费用
   D. 对专设销售机构使用的固定资产计提的折旧应计入销售费用

3. 下列固定资产中，应计提折旧的是（　　）。
   A. 季节性停用的设备
   B. 当月交付使用的设备
   C. 未提足折旧提前报废的设备
   D. 已提足折旧继续使用的设备

4. 下列关于固定资产的表述中，正确的是（　　）。
   A. 经营出租的生产设备计提的折旧计入其他业务成本
   B. 当月新增固定资产，当月开始计提折旧
   C. 生产线的日常修理费计入在建工程
   D. 设备报废清理费计入管理费用

5. 某企业转让一台旧设备，取得价款 60 万元，发生清理费用 2 万元。该设备原值为 65 万元，已提折旧 10 万元。假定不考虑其他因素，出售该设备影响当期损益的金额为（　　）万元。
   A. 3
   B. 5
   C. 55
   D. 60

6. 下列各项中，不应通过“固定资产清理”科目核算的是（　　）。

A. 盘盈的固定资产

B. 出售的固定资产

C. 报废的固定资产

D. 对外投资的固定资产

7. 甲公司对一项原值为 100 万元、已提折旧 50 万元的固定资产进行改建，发生改建支出 65 万元，取得变价收入 15 万元。改建后该项固定资产的入账价值是（　　）万元。

A. 100

B. 145

C. 110

D. 150

## 二、多项选择题

1. 下列各项中，关于企业固定资产折旧方法的表述正确的有（　　）。

A. 年限平均法需要考虑固定资产的预计净残值

B. 年数总和法计算的固定资产折旧额逐年递减

C. 双倍余额递减法不需要考虑固定资产的预计净残值

D. 年数总和法不需要考虑固定资产的预计净残值

2. 采用自营方式建造房屋建筑物时，下列项目中应计入固定资产取得成本的有（　　）。

A. 工程项目耗用的工程物资

B. 工程领用本企业商品涉及的消费税

C. 生产车间为工程提供的水、电等费用

D. 企业行政管理部门为组织和管理生产经营活动而发生的费用

3. 下列各项固定资产，不应当计提折旧的有（　　）。

A. 未使用的厂房

B. 已单独计价入账的土地

C. 经营租入的机器设备

D. 已提足折旧仍继续使用的固定资产

4. 固定资产费用化的后续支出可以记入的科目有（　　）。

A. 管理费用

B. 制造费用

C. 销售费用

D. 财务费用

5. 下列各项中，影响固定资产折旧的因素有（　　）。

A. 预计净残值
B. 原价
C. 已计提的减值准备
D. 使用寿命

**三、判断题**

1. 已达到预定可使用状态但尚未办理竣工决算的固定资产不应计提折旧。 ( )
2. 企业发生固定资产改扩建支出且符合资本化条件的，应计入相应在建工程成本。 ( )
3. 企业生产车间发生的小额固定资产修理费用应计入管理费用。 ( )
4. 在建工程达到预定可使用状态前试运转所发生的净支出，应当计入营业外支出。 ( )

# 项目 6　无形资产和长期待摊费用核算

**学习目标：**

1. 明确无形资产的概念、特征、内容等基本知识；
2. 掌握无形资产取得、摊销、出售和报废、减值核算的账户设置及主要业务处理；
3. 掌握长期待摊费用的账户设置及账务处理。

无形资产和长期待摊费用核算思维导图如图 6-1 所示。

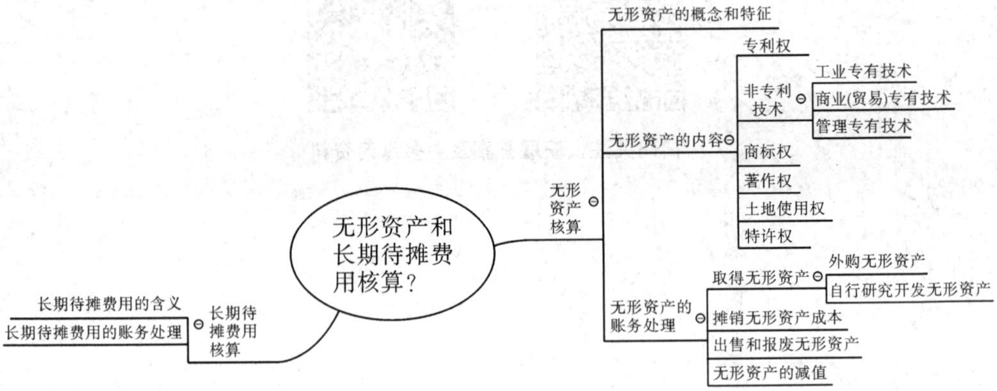


图 6-1　无形资产和长期待摊费用核算思维导图

## 任务 6.1　无形资产核算

### 6.1.1　无形资产的概念和特征

无形资产是指企业拥有或者控制的没有实物形态的可辨认非货币性资产，主要包括专利权、非专利技术、商标权、著作权、土地使用权、特许权等。

无形资产具有三个主要特征：

（1）不具有实物形态。无形资产是不具有实物形态的非货币性资产，它不像固定资产、存货等资产，具有实物形态。

**小贴士：如何理解无形资产的不具有实物形态特征？**

某些无形资产的存在有赖于实物载体。确定一项包含无形和有形要素的资产是属于固定资产还是属于无形资产时，需要通过判断来加以确定，通常以哪个要素更为重要作为判断的依据。

（2）具有可辨认性。资产满足下列条件之一的，符合无形资产定义中的可辨认性标准：

①能够从企业中分离或者划分出来，并能单独或者与相关合同、资产或负债一起，用于出售、转让、授予许可、租赁或者交换。

②源自合同性权利或其他法定权利，无论这些权利是否可以从企业或其他权利和义务中转移或者分离。

（3）属于非货币性长期资产。无形资产属于非货币性资产，且能够在多个会计期间为企业带来经济利益。无形资产的使用年限在一年以上，其价值将在各个受益期间逐渐摊销。

### 6.1.2 无形资产的内容

1. 专利权

专利权是指国家专利主管机关依法授予发明创造专利申请人对其发明创造在法定期限内所享有的专有权利，包括发明专利权、实用新型专利权和外观设计专利权。企业持有专利可以降低成本，或者提高产品质量，或者将其转让出去能获得转让收入。

企业从外单位购入的专利权，应按实际支付的价款作为专利权的成本。企业自行开发并按法律程序申请取得的专利权，应按照《企业会计准则第6号——无形资产》确定的金额作为成本。

2. 非专利技术

非专利技术即专有技术，是指先进的、未公开的、未申请专利、可以带来经济效益的技术及诀窍。非专利技术主要内容包括：

（1）工业专有技术，即在生产上已经采用，仅限于少数人知道，不享有专利权或发明权的生产、装配、修理、工艺或加工方法的技术知识。

（2）商业（贸易）专有技术，即具有保密性质的市场情报、原材料价格情报以及用户、竞争对象的情况和有关知识。

（3）管理专有技术，即生产组织的经营方式、管理方式、培训职工方法等保密知识。

非专利技术并不是专利法的保护对象，专有技术所有人依靠自我保密的方式来维持其独占权，可以用于转让和投资。

企业的非专利技术，有些是自己开发研究的，有些是根据合同规定从外部购入的。如果是企业自己开发研究的，应将符合《企业会计准则第6号——无形资产》规定的开发支出资本化条件的，确认为无形资产；对于从外部购入的非专利技术，应将实际发生的支出予以资本化，作为无形资产入账。

3. 商标权

商标是用来辨认特定的商品或劳务的标记。商标权是指专门在某类指定的商品或产品上使用特定的名称或图案的权利。《中华人民共和国商标法》明确规定，经商标局核准注册的商标为注册商标，商标注册人享有商标专用权，受法律的保护。

企业为宣传自创并已注册登记的商标而发生的相关费用，应在发生时直接计入当期损益。企业如果购买他人的商标，一次性支出费用较大，可以将购入商标的价款、支付的手续费及有关费用确认为商标权的成本。

4. 著作权

著作权又称版权，指作者对其创作的文学、科学和艺术作品依法享有的某些特殊权利。著作权包括精神权利（人身权利）和经济权利（财产权利）两方面。前者指作品署名、发表作品、确认作者身份、保护作品的完整性、修改已经发表的作品等各项权利，包括作品署名权、发表权、修改权和保护作品完整权；后者指以出版、表演、广播、展览、录制唱片、摄制影片等方式使用作品以及因授权他人使用作品而获得经济利益的权利。

5. 土地使用权

土地使用权是指国家准许某一企业或单位在一定期间内对国有土地享有开发、利用、经营的权利。根据《中华人民共和国土地管理法》的规定，我国实行土地的社会主义公有制，即全民所有制和劳动群众集体所有制。任何单位和个人不得侵占、买卖或者以其他形式非法转让土地。土地使用权可以依法转让。企业取得土地使用权，应将取得时发生的支出资本化，作为土地使用权的成本，计入无形资产成本。

**小贴士：土地使用权的说明**

(1) 企业单独估价入账的土地应当作为固定资产核算；

(2) 一般情况下，企业通过出让方式或购买方式取得土地使用权，作为无形资产核算；如果在该土地使用权上建造房屋，则该土地使用权应当单独作为无形资产核算；

(3) 企业购入的土地使用权改变用途为出租或用于资本增值，则应当作为投资性房地产核算。

但是，房地产开发企业取得的土地使用权用于建造对外出售的房屋建筑物，相关的土地使用权应当计入所建造的房屋建筑物成本（开发成本）；如果是自用，并不是用于开发写字楼或商品房，则也单独作为无形资产核算。

6. 特许权

特许权又称经营特许权、专营权，指企业在某一地区经营或销售某种特定商品的权利或是一家企业接受另一家企业使用其商标、商号、技术秘密等的权利。前者一般是由政府机构授权，准许企业使用或在一定地区享有经营某种业务的特权，如水、电、邮电通信等专营权、烟草专卖权等；后者指企业间依照签订的合同，有限期或无限期使用另一家企业的某些权利，如连锁店分店使用总店的名称等。

### 6.1.3　无形资产的账务处理

为了反映和监督无形资产的取得、摊销和处置等情况，企业应当设置“无形资产”“累计摊销”等科目进行核算。

“无形资产”科目核算企业持有的无形资产成本，借方登记取得无形资产的成本，贷方登记处置无形资产转出无形资产的账面余额，期末借方余额，反映企业无形资产的成本，“无形资产”科目应当按照无形资产的项目设置明细科目进行核算。

“累计摊销”科目核算企业对使用寿命有限的无形资产计提的累计摊销，该科目属于“无形资产”的调整科目。“累计摊销”科目的贷方登记企业计提的无形资产摊销，借方登记处置无形资产转出无形资产的累计摊销，期末贷方余额，反映企业无形资产的累计摊销额。

此外，企业无形资产发生减值的，还应当设置“无形资产减值准备”科目进行核算。

1. 取得无形资产

取得的无形资产应当按照成本进行初始计量。企业取得无形资产的主要方式有外购、自行研究开发等。取得的方式不同，其会计处理也有所差别。

(1) 外购无形资产

外购无形资产的成本包括购买价款、相关税费以及直接归属于使该项资产达到预定用途所发生的其他支出。其中，相关税费不包括按照现行增值税制度规定，可以从销项税额中抵扣的增值税进项税额。外购无形资产，取得增值税专用发票的，按注明的增值税进项税额，借记“应交税费——应交增值税（进项税额）”科目；取得增值税普通发票的，按照注明的价税合计金额作为无形资产的成本，其进项税额不可抵扣。

【例 6-1】甲公司为增值税一般纳税人，购入一项非专利技术，取得的增值税专用发票上注明的价款为 850 000 元，税率 6%，增值税税额 51 000 元，以银行存款支付。甲公司应进行如下操作：

借：无形资产——非专利技术　　850 000
　　应交税费——应交增值税（进项税额）　　51 000
　贷：银行存款　　901 000

（2）自行研究开发无形资产

企业内部研究开发项目所发生的支出应区分研究阶段支出和开发阶段支出。

企业自行开发无形资产发生的研发支出，不满足资本化条件的，借记“研发支出——费用化支出”科目，满足资本化条件的，借记“研发支出——资本化支出”科目，贷记“原材料”“银行存款”“应付职工薪酬”等科目。自行研究开发无形资产发生的支出取得增值税专用发票可抵扣的进项税额，借记“应交税费——应交增值税（进项税额）”科目。

研究开发项目达到预定用途形成无形资产的，应当按照“研发支出——资本化支出”科目的余额，借记“无形资产”科目，贷记“研发支出——资本化支出”科目。期（月）末，应将“研发支出——费用化支出”科目归集的金额转入“管理费用”科目，借记“管理费用”科目，贷记“研发支出——费用化支出”科目。

企业如果无法可靠区分研究阶段的支出和开发阶段的支出，应将发生的研发支出全部费用化，计入当期损益，记入“管理费用”科目的借方。

【例 6-2】甲公司自行研究、开发一项技术，截至 2018 年 12 月 31 日，发生研发支出 2 100 000 元，经测试，该项研发活动结束了研究阶段，从 2019 年 1 月 1 日起进入开发阶段。2019 年 4 月至 9 月共发生开发支出 420 000 元，假定符合《企业会计准则第 6 号——无形资产》规定的开发支出资本化的条件，取得的增值税专用发票上注明的增值税税额为 54 600元。2019 年 9 月 30 日该研发活动结束，并开发出一项非专利技术。甲公司应进行如下操作：

①2018 年发生的研发支出：

借：研发支出——费用化支出　　2 100 000
　贷：银行存款等　　2 100 000

②2018 年 12 月 31 日，结转研究阶段的支出：

借：管理费用　　2 100 000
　贷：研发支出——费用化支出　　2 100 000

③2019 年，确认符合资本化条件的开发支出：

借：研发支出——资本化支出　　420 000

　　应交税费——应交增值税（进项税额）　　54 600

　贷：银行存款等　　474 600

④2019 年 9 月 30 日，该技术研发完成并形成无形资产：

借：无形资产　　420 000

　贷：研发支出——资本化支出　　420 000

2. 摊销无形资产成本

企业应当于取得无形资产时分析判断其使用寿命。使用寿命有限的无形资产应进行摊销；使用寿命不确定的无形资产不应摊销。

使用寿命有限的无形资产，其残值通常视为零。对于使用寿命有限的无形资产，企业应当按月进行摊销。自可供使用（其达到预定用途）当月起开始摊销，处置当月不再摊销。无形资产摊销方法有年限平均法（直线法）、生产总量法等。企业选择的无形资产摊销方法，应当反映与该项无形资产有关的经济利益的预期实现方式。无法可靠确定预期实现方式的，应当采用年限平均法（直线法）摊销。

无形资产的摊销额一般应当计入当期损益。企业管理用的无形资产，其摊销金额计入管理费用；出租的无形资产，其摊销金额计入其他业务成本；某项无形资产包含的经济利益通过所生产的产品或其他资产实现的，其摊销金额应当计入相关资产成本。

企业对无形资产进行摊销时，借记“管理费用”“其他业务成本”“生产成本”“制造费用”等科目，贷记“累计摊销”科目。

【例 6-3】甲公司购买一项管理用特许权，成本为 6 000 000 元，合同规定受益年限为 10 年，甲公司采用年限平均法按月进行摊销。每月摊销时，甲公司应进行如下操作：

每月应摊销的金额 = 6 000 000÷10÷12 = 50 000（元）

借：管理费用　　50 000

　贷：累计摊销　　50 000

【例 6-4】2019 年 8 月 1 日，甲公司将其自行开发完成的非专利技术出租给乙公司，该非专利技术成本为 2 400 000 元，双方约定的租赁期限为 10 年，甲公司采用年限平均法按月进行摊销。每月摊销时，甲公司应进行如下操作：

每月应摊销的金额 = 2 400 000÷10÷12 = 20 000（元）

借：其他业务成本　　20 000

　贷：累计摊销　　20 000

3. 出售和报废无形资产

企业出售无形资产，应当将取得的价款扣除该无形资产账面价值以及出售相关税费后的差额作为资产处置损益进行会计处理。

企业出售无形资产，应当按照实际收到或应收的金额等，借记“银行存款”“其他应收款”等科目，按照已计提的累计摊销，借记“累计摊销”科目，按照实际支付相关费用的可抵扣进项税额，借记“应交税费——应交增值税（进项税额）”科目，按照实际支付的相关费用，贷记“银行存款”等科目，按无形资产账面余额，贷记“无形资产”科目，按照开具的增值税专用发票上注明的增值税销项税额，贷记“应交税费——应交增值税（销项税额）”科目，按照其差额，贷记或借记“资产处置损益”科目。已计提减值准备的，还应同时结转减值准备，借记“无形资产减值准备”科目。

【例 6-5】甲公司为增值税一般纳税人，将其购买的一项专利权转让给乙公司，开具增值税专用发票上注明的价款为 550 000 元，税率为 6%，增值税税额为 33 000 元，全部款项 583 000 元已存入银行。该专利权的成本为 600 000 元，已摊销 250 000 元。甲公司应进行如下操作：

| | | |
|---|---|---|
| 借：银行存款 | 583 000 | |
| 　　累计摊销 | 250 000 | |
| 　贷：无形资产 | | 600 000 |
| 　　　应交税费——应交增值税（销项税额） | | 33 000 |
| 　　　资产处置损益 | | 200 000 |

如果无形资产预期不能为企业带来未来经济利益，如某项无形资产已被其他新技术所替代或超过法律保护期，该资产不再符合无形资产的定义，那么企业应将其报废并予以转销，其账面价值转入当期损益。

企业报废并转销无形资产时，应按已计提的累计摊销，借记“累计摊销”科目，按其账面余额，贷记“无形资产”科目，如果已计提减值准备的，还应同时结转减值准备，借记“无形资产减值准备”科目，按其差额，借记“营业外支出——处置非流动资产损失”科目。

【例 6-6】2019 年 10 月初，甲公司经批准将内部研发成功的 A 非专利技术替代现有的 B 专利技术，并将其予以转销。转销时，B 专利技术的成本为 3 200 000 元，已累计摊销 2 600 000 元，未计提减值准备，该专利技术的残值为 0。假定不考虑其他相关因素，甲公司应进行如下操作：

| | | |
|---|---|---|
| 借：累计摊销 | 2 600 000 | |
| 　　营业外支出——非流动资产毁损报废损失 | 600 000 | |
| 　贷：无形资产——B 专利技术 | | 3 200 000 |

4. 无形资产的减值

如果无形资产将来为企业创造的经济利益还不足以补偿无形资产成本（摊余成本），则说明无形资产发生了减值，具体表现为无形资产的账面价值超过了其可收回金额。

在资产负债表日，无形资产存在可能发生减值迹象，且其可收回金额低于账面价值的企业应当将该无形资产的账面价值减记至可收回金额，减记的金额确认为减值损失，并计提相应的资产减值准备。企业按照应减记的金额，借记“资产减值损失——无形资产减值损失”科目，贷记“无形资产减值准备”科目。

需要强调的是，根据《企业会计准则第 8 号——资产减值》的规定，企业无形资产减值损失一经确认，在以后会计期间不得转回。

**小贴士：无形资产的减值说明**

无形资产减值准备应按单项资产计提。无形资产减值损失确认后，减值资产的摊销费用应当在未来期间做相应调整，以使该资产在剩余使用寿命内，系统地分摊调整后的资产账面价值。无形资产减值损失一经确认，在以后会计期间不得转回。但遇到出售、对外投资、抵偿债务等处置时，“无形资产减值准备”可以转销。

【例 6-7】2019 年 6 月 5 日，甲公司拥有某专利技术的账面价值为 1 200 000 元，剩余摊销年限为 4 年，经减值测试，该专利技术的可收回金额为 880 000 元。由于该专利技术可收回金额低于其账面价值，应按其差额 320 000 元（1 200 000−880 000）计提减值准备。甲公司应进行如下操作：

借：资产减值损失——无形资产减值损失　　320 000

　贷：无形资产减值准备　　320 000

**经典考题回顾**

1.【单选题】某企业研发一项非专利技术。在研究阶段共发生支出 75 万元，其中，支付合作单位研究费 50 万元（不含增值税），确认本企业研究人员薪酬 25 万元。在开发阶段企业确认开发人员薪酬 40 万元，耗用原材料的成本 45 万元（不考虑增值税），此阶段支出均符合资本化条件，并确认为无形资产。不考虑其他因素，该项非专利技术的入账价值应为（　　）万元。

A. 75

B. 65

C. 95

D. 85

2.【单选题】2017 年 7 月，某制造业企业转让一项专利权，开具增值税专用发票上注明的价款为 100 万元、增值税税额为 6 万元、全部款项已存入银行。该专利权成本为 200 万元，已摊销 150 万元。不考虑其他因素，该企业转让专利权对利润总额的影响金额为（　　）万元。

A. −100

B. 50

C. 56

D. −94

3.【多选题】下列各项中，关于无形资产摊销的表述正确的有（　　）。

A. 使用寿命有限的无形资产自可供使用的次月起开始摊销

B. 无形资产的摊销方法应反映其经济利益的预期实现方式

C. 无形资产的摊销额均应计入当期损益

D. 使用寿命不确定的无形资产不应进行摊销

4.【多选题】某公司为增值税一般纳税人，2017 年 1 月 4 日购入一项无形资产，取得的增值税专用发票注明价款为 880 万元，增值税税额为 52.8 万元。该无形资产使用年限为 5 年，按年进行摊销，预计残值为零。下列关于该项无形资产的会计处理中，正确的有（　　）。

A. 2017 年 1 月 4 日取得该项无形资产的成本为 880 万元

B. 该项无形资产自 2017 年 2 月起开始摊销

C. 该无形资产的应计摊销额为 932.8 万元

D. 2017 年 12 月 31 日该项无形资产的累计摊销额为 176 万元

5.【判断题】企业无法可靠区分研究阶段和开发阶段支出的，所发生的研发支出全部费用化，计入当期损益。（　　）

扫码关注，获取答案及更多考题资料

# 任务 6.2　长期待摊费用核算

## 6.2.1　长期待摊费用的含义

长期待摊费用是指企业已经支出，但应由本期和以后各期负担的分摊期限在一年以上的各项费用，如以租赁方式租入的使用权资产发生的改良支出等。

## 6.2.2　长期待摊费用的账务处理

为了反映长期待摊费用的发生、摊销情况，企业应设置“长期待摊费用”科目，该科目借方登记发生的长期待摊费用，贷方登记摊销的长期待摊费用，期末借方余额，反映企业尚未摊销完毕的长期待摊费用。“长期待摊费用”科目可按待摊费用项目进行明细核算。

企业发生的长期待摊费用，借记“长期待摊费用”科目，确认当期可抵扣的增值税进项税额，借记“应交税费——应交增值税（进项税额）”科目，贷记“原材料”“银行存款”等科目。摊销长期待摊费用，借记“管理费用”“销售费用”等科目，贷记“长期待摊费用”科目。

【例 6-8】2019 年 6 月 1 日，甲公司对以租赁方式新租入的办公楼进行装修，领用生产用材料 1 800 000 元，有关人员工资等职工薪酬为 600 000 元。2019 年 11 月 30 日，该办公楼装修完毕，达到预定可使用状态并交付使用，按租赁期 10 年进行摊销。假定不考虑其他因素。甲公司应进行如下操作：

①装修办公楼领用原材料时：

借：长期待摊费用　　1 800 000

　贷：原材料　　1 800 000

②确认工程人员职工薪酬时：

借：长期待摊费用　　600 000

　贷：应付职工薪酬　　600 000

③2019 年 12 月摊销装修支出时：

借：管理费用　　20 000

　贷：长期待摊费用　　20 000

甲公司发生的办公楼装修支出合计为 2 400 000 元（1 800 000+600 000），2019 年 12 月份应分摊的装修支出为 20 000 元（2 400 000÷10÷12）。

**经典考题回顾**

【单选题】下列各项中，应计入长期待摊费用的是（　　）。

A. 生产车间固定资产日常修理

B. 融资租赁方式租入固定资产改良支出

C. 经营租赁方式租入固定资产改良支出

D. 生产车间固定资产更新改造支出

扫码关注，获取答案及更多考题资料

## 能力训练

### 一、单项选择题

1. 下列各项中，企业以经营租赁方式（租期 3 年）租入办公大楼发生的改良支出应记入的会计科目是（　　）。

A. 长期待摊费用

B. 无形资产

C. 固定资产

D. 在建工程

2. 下列各项中，不能够确认为无形资产的是（　　）。

A. 通过购买方式取得的土地使用权

B. 商誉

C. 通过吸收投资方式取得的土地使用权

D. 通过购买方式取得的非专利技术

3. 下列关于无形资产的表述中，不正确的是（　　）。

A. 使用寿命不确定的无形资产不应进行摊销

B. 无形资产的摊销方法应反映其经济利益的预期实现方式

C. 各种无形资产的摊销额应全部计入当期损益

D. 使用寿命有限的无形资产自可供使用当月起开始摊销

4. 甲公司出售一项无形资产，取得收入 500 万元，产生各项费用 25 万元。该无形资产取得时实际成本为 350 万元，已摊销 70 万元，计提减值准备 20 万元。甲公司出售该项无形资产应计入当期损益的金额为（　　）万元。

A. -100

B. 215

C. 160

D. 155

5. 下列各项中，不会引起无形资产账面价值发生增减变动的是（　　）。

A. 对无形资产计提减值准备

B. 发生无形资产后续支出

C. 摊销无形资产

D. 转让无形资产所有权

6. 下列各项中，与无形资产相关的会计处理表述不正确的是（　　）。

A. 无法可靠区分研发阶段和开发阶段支付的应当全部费用化

B. 使用寿命有限的无形资产应自可供使用的当月开始摊销

C. 不满足资本化条件的研发支出应该费用化

D. 出租的无形资产摊销应计入营业外支出

7. 关于无形资产摊销，下列说法正确的是（　　）。

A. 无形资产摊销的方法只有直线法

B. 无形资产净残值为 0

C. 当月取得的无形资产，当月不摊销，下月开始摊销

D. 当月取得的无形资产，当月开始摊销

## 二、多项选择题

1. 下列各项中，关于企业内部研究开发无形资产相关支出的会计处理，表述正确的有（　　）。

A. 无法区分研究阶段和开发阶段的支出，计入管理费用

B. 研究阶段发生的相关支出，结转计入无形资产成本

C. 开发阶段发生的符合资本化的支出，于研发成功时结转计入无形资产成本

D. 无形资产确认前资本化的研发支出，期末在资产负债表“开发支出”项目列报

2. 下列各项中，关于无形资产会计处理的表述正确的有（　　）。

A. 预期不能给企业带来经济利益的专利权应终止确认无形资产

B. 无形资产减值损失确认后不能转回

C. 处置无形资产形成的净损失应计入营业外支出

D. 使用寿命不确定无形资产不应摊销

3. 下列关于无形资产的表述正确的有（　　）。

A. 寿命不确定的无形资产不计提减值准备

B. 寿命有限的无形资产应进行摊销

C. 寿命有限的无形资产应按生产总量法摊销

D. 已计提减值的无形资产在以后期间不得转回

4. 根据会计准则的规定，下列专利技术研发支出中，可能计入无形资产入账价值的有（　　）。

A. 研究过程中的调查支出

B. 开发过程中的开发支出

C. 开发过程中领用的材料

D. 开发过程中发生的人工费

5. 下列关于长期待摊费用的表述中，正确的有（　　）。

A. 长期待摊费用是指企业已经发生但应由本期和以后各期负担的分摊期限在一年以上的各项费用

B. 企业发生的长期待摊费用，借记“长期待摊费用”科目，取得可在当期抵扣的增值税进项税额，借记“应交税费——应交增值税（进项税额）”科目，贷记“原材料”“银行存款”等科目

C. 摊销长期待摊费用，借记“管理费用”“销售费用”等科目，贷记“长期待摊费用”科目

D.“长期待摊费用”科目期末借方余额，反映企业尚未摊销完毕的长期待摊费用

## 三、判断题

1. 无形资产是企业拥有或者控制的没有实物形态的非货币性资产，分为可辨认和不可辨认的无形资产。（　　）

2. 企业开发阶段的支出全部资本化，计入研发支出——资本化支出。（　　）

3. 对于企业取得的所有无形资产，均应当按期摊销。（　　）

4. 企业使用寿命确定的无形资产应自可供使用（其达到预定用途）下月起开始摊销，处置当月照常摊销。（　　）

5. 企业出售无形资产取得的款项扣除其成本及相关费用后的净额，应当计入营业外收入或营业外支出。（　　）

6. 专门用于生产某产品的无形资产，其所包含的经济利益通过所生产产品实现的，该无形资产的摊销额应计入产品成本。（　　）

7. 不再能够为企业带来经济利益的无形资产，其账面价值应当全部转入当期损益。（　　）

# 项目 7　金融资产核算

## 学习目标：

1. 明确金融资产的内容、分类等基本知识；

2. 理解交易性金融资产、持有至到期投资和可供出售金融资产管理的有关要求；

3. 掌握交易性金融资产、持有至到期投资和可供出售金融资产核算的账户设置及主要业务处理。

金融资产核算思维导图如图 7-1 所示。

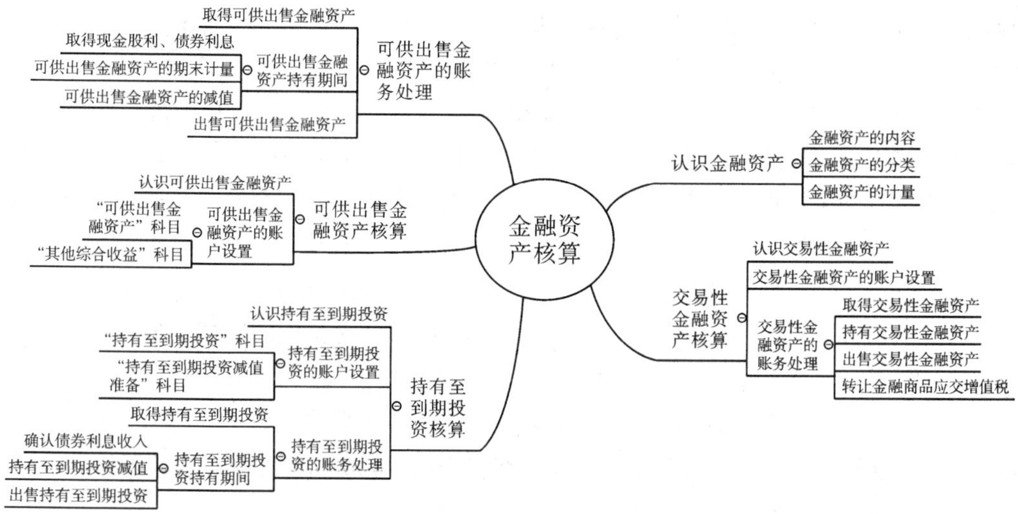


图 7-1　金融资产核算思维导图

# 任务 7.1　认识金融资产

## 7.1.1　金融资产的内容

广义的金融资产，是指资产负债表中除了实物资产和无形资产之外的资产，主要包括库存现金、银行存款、应收账款、应收票据、应收利息、应收股利、其他应收款、贷款、垫款、债权投资、股权投资、基金投资、衍生金融资产等。

狭义的金融资产，是指《企业会计准则第 22 号——金融工具确认和计量》中所规范的金融资产，指企业持有的现金、其他方的权益工具以及符合下列条件之一的资产：①从其他方收取现金或其他金融资产的合同权利；②在潜在有利条件下，与其他方交换金融资产或金融负债的合同权利；③将来须用或可用企业自身权益工具进行结算的非衍生工具合同，且企业根据该合同将收到可变数量的自身权益工具；④将来须用或可用企业自身权益工具进行结算的衍生工具合同，但以固定数量的自身权益工具交换固定金额的现金或其他金融资产的衍生工具合同除外。其中，企业自身权益工具不包括应当按照《企业会计准则第 37 号——金融工具列报》分类为权益工具的可回售工具或发行方仅在清算时才有义务向另一方按比例交付其净资产的金融工具，也不包括本身就要求在未来收取或交付企业自身权益工具的合同。

**小贴士：《企业会计准则第 22 号——金融工具确认和计量》的新规定**

2017 年，我国对《企业会计准则第 22 号——金融工具确认和计量》进行了修订。要求在境内外同时上市的企业以及在境外上市并采用国际财务报告准则或企业会计准则编制财务报告的企业，自 2018 年 1 月 1 日起施行；其他境内上市企业自 2019 年 1 月 1 日起施行；执行企业会计准则的非上市企业自 2021 年 1 月 1 日起施行。

虽然 2017 年我国财政部发布了《企业会计准则第 22 号——金融工具确认和计量》等金融工具系列准则，但考虑到这些准则自 2019 年 1 月 1 日在境内上市企业执行，非上市企业自 2021 年 1 月 1 日起执行，本项目仍以现行准则为依据。

### 7.1.2　金融资产的分类

企业应当结合自身业务特点、投资策略和风险管理要求，将取得的金融资产在初始确认时划分为以下几类：

（1）以公允价值计量且其变动计入当期损益的金融资产，除了交易性金融资产（持有准备近期出售赚取差价的）和直接指定为以公允价值计量且其变动计入当期损益的金融资产外，还包括金融资产中的衍生工具。

（2）持有至到期投资。

（3）贷款和应收款项（在活跃市场中没有报价、回收金额固定或可确定的非衍生金融资产）。

（4）可供出售金融资产。

金融资产分类是金融资产确认和计量的基础。不同类别的金融资产，其初始计量和后续计量采用的基础也不完全相同。因此，上述分类一经确定，不应随意变更，但在符合规定和相关限制的情况下，可以重新分类。其中，划分为第一类的金融资产不可重分类为其他三类，其他三类也不可重分类为第一类，只有第二类和第四类在特定条件下可重分类。除遇到一些特殊无法控制的情况，如果企业将持有至到期投资在到期前处置或重分类的，则应将剩余持有至到期投资全部重分类为可供出售金融资产，并在 2 年内不得再将金融资产分类为持有至到期投资。

**小贴士：《企业会计准则第 22 号——金融工具确认和计量》关于金融资产的分类**

根据《企业会计准则第 22 号——金融工具确认和计量》第十六条规定，企业应当根据其管理金融资产的业务模式和金融资产的合同现金流量特征，将金融资产划分为以下三类：①以摊余成本计量的金融资产；②以公允价值计量且其变动计入其他综合收益的金融资产；③以公允价值计量且其变动计入当期损益的金融资产。

### 7.1.3　金融资产的计量

企业初始确认金融资产时，应当按照公允价值计量。对于以公允价值计量且其变动计入当期损益的金融资产，相关交易费用应当直接计入当期损益；对于其他类别的金融资产，相关交易费用应当计入初始确认费用。

金融资产的后续计量与金融资产的分类密切相关，企业应当按照以下原则对金融资产进行后续计量：

（1）以公允价值计量且其变动计入当期损益的金融资产，应当按照公允价值计量，且不扣除将来处置该金融资产时发生的交易费用。

（2）持有至到期投资，应当采用实际利率法，按摊余成本计量。

（3）贷款和应收款项，应当采用实际利率法，按摊余成本计量。

（4）可供出售金融资产，应当按照公允价值计量，且不扣除将来处置该金融资产时可能发生的交易费用。

## 任务 7.2　交易性金融资产核算

### 7.2.1　认识交易性金融资产

交易性金融资产是指以公允价值计量且其变动计入当期损益的金融资产。它是企业为了近期内出售而持有的金融资产，如企业以赚取差价为目的从二级市场购入的股票、债券、基金等；或者是在初始确认时属于集中管理的可辨认金融工具组合的一部分，且有客观证据表明近期实际存在短期获利模式的金融资产等，如企业管理的以公允价值进行业绩考核的某项投资组合。

从企业管理金融资产的业务模式（企业如何管理其金融资产以产生现金流量）看，企业关键管理人员决定对交易性金融资产进行管理的业务目标是以“交易”为目的，而非为收取合同现金流量（与基本借贷安排相一致，如本金加利息）而持有，也不是为既以收取合同现金流量为目标又以出售该金融资产为目标而持有，仅仅是通过“交易性”活动，即频繁地购买和出售，从市场价格的短期波动中，赚取买卖差价，使企业闲置的资金能获得较高的投资回报。

交易性金融资产预期能在短期内变现以满足日常经营的需要，因此，在资产负债表中作为流动资产列示。

### 7.2.2 交易性金融资产的账户设置

为了反映和监督交易性金融资产的取得、收取现金股利或利息、出售等情况，企业应当设置“交易性金融资产”“公允价值变动损益”“投资收益”等科目进行核算。

“交易性金融资产”科目核算企业分类为以公允价值计量且其变动计入当期损益的金融资产。“交易性金融资产”科目的借方登记交易性金融资产的取得成本、资产负债表日其公允价值高于账面余额的差额，以及出售交易性金融资产时结转公允价值低于账面余额的变动金额；贷方登记资产负债表日其公允价值低于账面余额的差额，以及企业出售交易性金融资产时结转的成本和公允价值高于账面余额的变动金额。企业应当按照交易性金融资产的类别和品种，分别设置“成本”“公允价值变动”等明细科目进行核算。

“公允价值变动损益”科目核算企业交易性金融资产等的公允价值变动而形成的应计入当期损益的利得或损失。“公允价值变动损益”科目的借方登记资产负债表日企业持有的交易性金融资产等的公允价值低于账面余额的差额；贷方登记资产负债表日企业持有的交易性金融资产等的公允价值高于账面余额的差额。

“投资收益”科目核算企业持有交易性金融资产等的期间内取得的投资收益以及出售交易性金融资产等实现的投资收益或投资损失，借方登记企业取得交易性金融资产时支付的交易费用、出售交易性金融资产等发生的投资损失，贷方登记企业持有交易性金融资产等的期间内取得的投资收益以及出售交易性金融资产等实现的投资收益。“投资收益”科目应当按照投资项目设置明细科目进行核算。

### 7.2.3 交易性金融资产的账务处理

1. 取得交易性金融资产

企业取得交易性金融资产时，应当按照该金融资产取得时的公允价值作为其初始入账金额。金融资产的公允价值，应当以市场交易价格为基础确定。

企业取得交易性金融资产所支付价款中包含的已宣告但尚未发放的现金股利或已到付息期但尚未领取的债券利息，应当单独确认为应收项目。

企业取得交易性金融资产所发生的相关交易费用应当在发生时计入当期损益，冲减投资收益，发生交易费用取得增值税专用发票的，进项税额经认证后可从当月销项税额中扣除。交易费用是指可直接归属于购买、发行或处置金融工具的增量费用。增量费用是指企业没有发生购买、发行或处置相关金融工具的情形就不会发生的费用，包括支付给代理机构、咨询公司、券商、证券交易所、政府有关部门等的手续费、佣金、相关税费以及其他必要支出，不包括债券溢价、折价、融资费用、内部管理成本和持有成本等与交易不直接相关的费用。

企业取得交易性金融资产，应当按照该金融资产取得时的公允价值，借记“交易性金融资产——成本”科目，按照发生的交易费用，借记“投资收益”科目，发生交易费用取得增值税专用发票的，按其注明的增值税进项税额，借记“应交税费——应交增值税（进项税额）”科目，按照实际支付的金额，贷记“其他货币资金”等科目。

【例 7-1】2019 年 6 月 12 日，甲公司从上海证券交易所购入乙上市公司股票1 000 000 股，该笔股票投资在购买日的公允价值为 8 000 000 元，另支付相关交易费用17 000元，取得的增值税专用发票上注明的增值税税额为 1 020 元。甲公司将其划分为交易性金融资产进行管理和核算。甲公司应进行如下操作：

①2019 年 6 月 12 日，购买乙上市公司股票时：

借：交易性金融资产——乙上市公司股票——成本　　8 000 000

　贷：其他货币资金——存出投资款　　8 000 000

②2019 年 6 月 12 日，支付相关交易费用时：

借：投资收益——乙上市公司股票　　17 000

　　应交税费——应交增值税（进项税额）　　1 020

　贷：其他货币资金——存出投资款　　18 020

【例 7-2】2019 年 6 月 15 日，甲公司从上海证券交易所购入乙上市公司股票1 000 000 股，支付价款 10 000 000 元（其中包含已宣告但尚未发放的现金股利 800 000 元），另支付相关交易费用 28 000 元，取得的增值税专用发票上注明的增值税税额为 1 680 元。甲公司将其划分为交易性金融资产进行管理和核算。甲公司应进行如下操作：

①2019 年 6 月 15 日，购买乙上市公司股票时：

借：交易性金融资产——乙上市公司股票——成本　　9 200 000

　　应收股利——乙上市公司股票　　800 000

　贷：其他货币资金——存出投资款　　10 000 000

②2019 年 6 月 15 日，支付相关交易费用时：

借：投资收益——乙上市公司股票　　28 000

　　应交税费——应交增值税（进项税额）　　1 680

　贷：其他货币资金——存出投资款　　29 680

2. 持有交易性金融资产

（1）企业持有交易性金融资产期间对于被投资单位宣告发放的现金股利或已到付息期但尚未领取的债券利息，应当确认为应收项目，并计入投资收益，即借记“应收股利”或“应收利息”科目，贷记“投资收益”科目；实际收到款项时作为冲减应收项目处理，即借记“其他货币资金”等科目，贷记“应收股利”或“应收利息”科目。

**小贴士：交易性金融资产所取得的股利或利息收入如何确认**

企业只有在同时满足下列三个条件时，才能确认交易性金融资产所取得的股利或利息收入并计入当期损益：一是企业收取股利或利息的权利已经确立（如被投资单位已宣告）；二是与股利或利息相关的经济利益很可能流入企业；三是股利或利息的金额能够可靠计量。

【例 7-3】承【例 7-2】，2019 年 6 月 30 日，甲公司收到乙上市公司向其发放的现金股利 800 000 元，并存入银行。假定不考虑相关税费。甲公司应进行如下操作：

借：其他货币资金——存出投资款　　800 000

　贷：应收股利——乙上市公司股票　　800 000

【例 7-4】2019 年 7 月 1 日，甲公司购入乙公司发行的公司债券，支付价款28 000 000元（其中包含已到付息期但尚未领取的债券利息 530 000 元），另支付交易费用 350 000元，取得的增值税专用发票上注明的增值税税额为 21 000 元。该笔乙公司债券面值为25 000 000元。甲公司将其划分为交易性金融资产进行管理和核算。2019 年 7 月 10 日，甲公司收到该笔债券利息 530 000 元。假定不考虑其他相关税费和因素。甲公司应进行如下操作：

①2019 年 7 月 1 日，购入乙公司的公司债券时：

借：交易性金融资产——乙公司债券——成本　　27 470 000

　　应收利息——乙公司债券　　530 000

　　投资收益——乙公司债券　　350 000

　　应交税费——应交增值税（进项税额）　　21 000

　贷：其他货币资金——存出投资款　　28 371 000

②2019 年 7 月 10 日，收到购买价款中包含的已到付息期但尚未领取的债券利息时：

借：其他货币资金——存出投资款　　530 000

　贷：应收利息——乙公司债券　　530 000

（2）资产负债表日，交易性金融资产应当按照公允价值计量，公允价值与账面余额之间的差额计入当期损益。

企业应当在资产负债表日按照交易性金融资产公允价值高于其账面余额的差额，借记“交易性金融资产——公允价值变动”科目，贷记“公允价值变动损益”科目；公允价值低于其账面余额的差额作相反的会计分录，借记“公允价值变动损益”科目，贷记“交易性金融资产——公允价值变动”科目。

【例 7-5】承【例 7-4】，2019 年 7 月 31 日，甲公司购买的乙公司债券的公允价值为28 300 000 元；2019 年 12 月 31 日，甲公司购买的乙公司债券的公允价值为 26 500 000元。不考虑相关税费和其他因素。甲公司应进行如下操作：

①2019 年 7 月 31 日，确认乙公司债券的公允价值变动损益时：

借：交易性金融资产——乙公司债券——公允价值变动　　830 000

　贷：公允价值变动损益——乙公司债券　　830 000

②2019 年 12 月 31 日，确认乙公司债券的公允价值变动损益时：

借：公允价值变动损益——乙公司债券　　1 800 000

贷：交易性金融资产——乙公司债券——公允价值变动　　1 800 000

在本例中，2019 年 7 月 31 日，乙公司债券的公允价值为 28 300 000 元，账面余额为 27 470 000 元，公允价值大于账面余额 830 000 元，应记入“公允价值变动损益”科目的贷方；2019 年 12 月 31 日，乙公司债券公允价值为 26 500 000 元，账面余额为 28 300 000 元，公允价值小于账面余额 1 800 000 元，应记入“公允价值变动损益”科目的借方。

3. 出售交易性金融资产

企业出售交易性金融资产时，应当将该金融资产出售时的公允价值与其账面余额之间的差额作为投资损益进行会计处理。

企业出售交易性金融资产，应当按照实际收到的金额，借记“其他货币资金”等科目，按照该金融资产的账面余额的成本部分，贷记“交易性金融资产——成本”科目，按照该金融资产的账面余额的公允价值变动部分，贷记或借记“交易性金融资产——公允价值变动”科目，按照其差额，贷记或借记“投资收益”科目。

【例 7-6】承【例 7-4】和【例 7-5】，2020 年 3 月 15 日，甲公司出售所持有的全部乙公司债券，售价为 36 580 000 元。不考虑相关税费和其他因素。甲公司应进行如下操作：

借：其他货币资金——存出投资款　　36 580 000
　　交易性金融资产——公允价值变动　　970 000
　贷：交易性金融资产——乙公司债券——成本　　27 470 000
　　　投资收益——乙公司债券　　10 080 000

在本例中，甲公司出售交易性金融资产的售价 36 580 000 元与其账面余额 26 500 000 元（2019 年 12 月 31 日乙公司债券的公允价值 26 500 000 元）之间的差额 10 080 000 元应当作为投资收益，记入“投资收益”科目的贷方。

4. 转让金融商品应交增值税

金融商品转让按照卖出价扣除买入价（不需要扣除已宣告未发放现金股利和已到付息期未领取的利息）后的余额作为销售额计算增值税，即转让金融商品按盈亏相抵后的余额为销售额。若相抵后出现负差，可结转下一纳税期与下期转让金融商品销售额互抵，但年末时仍出现负差的，不得转入下一会计年度。

转让金融资产当月月末，如产生转让收益，则按应纳税额，借记“投资收益”等科目，贷记“应交税费——转让金融商品应交增值税”科目；如产生转让损失，则按可结转下月抵扣税额，借记“应交税费——转让金融商品应交增值税”科目，贷记“投资收益”等科目。

年末，如果“应交税费——转让金融商品应交增值税”科目有借方余额，说明本年度的金融商品转让损失无法弥补，且本年度的金融资产转让损失不可转入下年度继续抵减转让金融资产的收益，应将“应交税费——转让金融商品应交增值税”科目的借方余额转出。因此，应借记“投资收益”等科目，贷记“应交税费——转让金融商品应交增值税”科目。

【例 7-7】承【例 7-6】，计算甲公司转让该项金融商品应交增值税。

转让金融商品应交增值税=（36 580 000−28 000 000）÷（1+6%）×6%≈485 660. 38（元）

借：投资收益　　485 660. 38

　贷：应交税费——转让金融商品应交增值税　　485 660. 38

**经典考题回顾**

1. 【单选题】下列各项中，资产负债表日企业计算确认所持有交易性金融资产的公允价值低于账面余额的金额，应借记的会计科目是（　　）。

A. 营业外支出

B. 投资收益

C. 公允价值变动损益

D. 其他业务成本

2. 【单选题】2018 年 1 月 1 日，A 公司购入 B 上市公司（以下简称 B 公司）发行的公司债券，支付价款 110 万元（其中包含已到付息期但尚未领取的债券利息 10 万元）。另支付交易费用 3 万元，取得的增值税专用发票上注明的增值税税额为 0. 18 万元。A 公司将其划分为交易性金融资产进行管理和核算。该债券面值为 100 万元，票面利率为 10%，每年年初支付利息一次。不考虑其他因素，A 公司取得该交易性金融资产的初始入账价值为（　　）万元。

A. 110

B. 100

C. 103

D. 113

3. 【判断题】出售交易性金融资产发生的净损失应计入营业外支出。（　　）

扫码关注，获取答案及更多考题资料

# 任务 7.3 持有至到期投资核算

## 7.3.1 认识持有至到期投资

持有至到期投资是指到期日固定、回收金额固定或可确定，且企业有明确意图和能力持有至到期的非衍生金融资产。一般情况下，持有至到期投资包括企业持有的、在活跃市场上有公开报价的国债、企业债券、金融债券等。持有至到期投资通常具有长期性质，但期限较短（1年以内）的债券投资，符合持有至到期投资条件的，也可将其划分为持有至到期投资。

持有至到期投资的资产必须是同时满足下列三个条件的非衍生金融资产：

（1）到期日固定、回收金额固定或可确定，是指相关合同明确了投资者在确定的期间内获得或应收取现金流量（如投资利息和本金等）的金额和时间。因此，权益工具投资不能划分为持有至到期投资。

（2）企业有明确意图持有至到期，是指投资者在取得投资时意图是明确的，除非遇到一些企业所不能控制、预期不会重复发生且难以合理预计的独立事件，否则将持有至到期。

（3）企业有能力持有至到期，是指企业有足够的财力资源，并不受外部因素影响将投资持有至到期。

企业应当于每个资产负债表日对持有至到期投资的意图和能力进行评价。发生变化的，如企业将持有至到期投资在到期前处置或重分类，通常表明其违背了将投资持有至到期的最初意图。影响金额较大的则应当将其重分类为可供出售金融资产进行处理。

## 7.3.2 持有至到期投资的账户设置

为了核算和监督持有至到期投资的取得、收取利息、减值以及处置等业务，企业应设置“持有至到期投资”“投资收益”“持有至到期投资减值准备”等科目。

“持有至到期投资”科目，属于资产类，用于核算企业持有至到期投资的摊余成本。该科目借方登记持有至到期投资的取得成本、应计利息与相关的利息调整；贷方登记出售持有至到期投资时结转的成本及转让可供出售金融资产的投资等；期末借方余额，反映企业持有至到期投资的摊余成本。该科目可按持有至到期投资的类别和品种，分别设置“成本”“利息调整”“应计利息”等明细科目进行明细核算。

“持有至到期投资减值准备”科目，是“持有至到期投资”的备抵账户，用于核算企业持有至到期投资的减值准备。该科目借方登记已计提减值准备的持有至到期投资价值以后又得以恢复，在原已计提的减值准备金额内恢复增加的金额；贷方登记资产负债表日计提的持有至到期投资减值准备；期末贷方余额，反映企业已计提但尚未转销的持有至到期投资减值准备。该科目可按持有至到期投资的类别和品种设置明细科目进行明细核算。

### 7.3.3 持有至到期投资的账务处理

1. 取得持有至到期投资

企业为购入债券而付出的买价可能等于债券的面值，也可能高于或低于债券的面值。债券购入价格等于债券的面值，称为按面值购入；债券购入价格高于债券的面值，称为按溢价购入；债券购入价格低于债券的面值，称为按折价购入。

**小贴士：债券购入价格**

债券购入价格很大程度上取决于债券的票面利率和市场利率。若债券面值利率与市场利率相同，债券通常按面值购入；若债券的票面利率高于市场利率，债券通常按溢价购入，溢价既是对债券发行企业以后多付利息的事先补偿，也是债券购入企业为以后多得利息而预先付出的代价；当债券的票面利率低于市场利率时，债券可折价购入，折价既是发行债券企业以后少付利息而预先付出的代价，也是债券购入企业以后少得利息预先得到的补偿。

企业取得持有至到期投资时，应当按照取得时的公允价值和相关交易费用之和作为初始入账金额。实际支付的价款中包含的已到付息期但尚未领取的债券利息，应单独确认为应收项目，不构成持有至到期投资的初始入账金额。

企业取得持有至到期投资时，应当按照该债券的面值，借记“持有至到期投资——成本”科目；按支付的价款中包含的已到付息期但尚未领取的债券利息，借记“应收利息”科目；按实际支付金额，贷记“银行存款”等科目；按其差额，借记或贷记“持有至到期投资——利息调整”科目。

【例7-8】2016年1月5日，甲公司购买乙公司债券3 000张，债券期限为5年，债券面值为每张100元，票面利率为5%，被划分为持有至到期投资。债券买价（公允价值）为每张120元，其中15元为已到付息期但尚未收取的利息，交易费用为4 800元，全部款项以银行存款支付。该债券每年年初付息一次，在第5年年末兑付本金（不能提前兑付）。不考虑所得税、减值损失等因素。甲公司应进行如下操作：

①取得持有至到期投资时：

借：持有至到期投资——成本　　300 000

　　　　　　　　——利息调整　　19 800

　　应收利息　　45 000

贷：银行存款　　364 800

②收到债券利息时：

借：银行存款　　45 000

贷：应收利息　　45 000

2. 持有至到期投资持有期间

（1）确认债券利息收入

持有至到期投资为分期付息、一次还本债券投资的，企业应当在资产负债表日按照持有至到期投资的面值和票面利率计算确定的应收未收利息，借记"应收利息"科目；按照持有至到期投资的摊余成本和实际利率计算确定的利息收入，贷记"投资收益"科目；按其差额，借记或贷记"持有至到期投资——利息调整"科目。

持有至到期投资为一次还本付息债券投资的，企业应当在资产负债表日按照持有至到期投资的面值和票面利率计算确定的应收未收利息，借记"持有至到期投资——应计利息"科目；按照持有至到期投资的摊余成本和实际利率计算确定的利息收入，贷记"投资收益"科目；按其差额，借记或贷记"持有至到期投资——利息调整"科目。

（2）持有至到期投资减值

根据《企业会计准则第22号——金融工具确认和计量》的规定，企业应当在资产负债表日对以公允价值计量且其变动计入当期损益的金融资产以外的金融资产（含单项金融资产或一组金融资产，下同）的账面价值进行检查，有客观证据表明该金融资产发生减值的，应当计提减值准备。因此，企业对于持有至到期投资应于资产负债表日进行减值测试。

企业对单项金额重大的金融资产应当单独进行减值测试，如有客观证据表明该金融资产已发生减值，应当确认减值损失，计入当期损益。对单项金额不重大的金融资产，可以单独进行减值测试，或包括在具有类似信用风险调整的金融资产组合中进行减值测试。

持有至到期投资以摊余成本后续计量，其发生减值时，应当将该金融资产的账面价值减记至预计未来现金流量（不包括尚未发生的未来信用损失）价值，减记的金额确认为资产减值损失，计入当期损益。持有至到期投资确认减值损失后，如有客观证据表明该金融资产价值已恢复，且客观上与确认该损失后发生的事项有关（如债务人的信用评级已提高等），原确认的减值损失应当予以转回，转回的金额计入当期损益。但是，该转回后的账面价值不应当超过假定不计提减值准备情况下该金融资产在转回日的摊余成本。

为了核算和监督企业计提的持有至到期投资减值准备，企业应当设置"持有至到期投资减值准备"科目；其借方登记实际发生的持有至到期投资减值损失金额和转回的持有至到期投资减值准备金额；贷方登记计提的持有至到期投资减值准备金额；期末余额一般在贷方，表示企业已计提但尚未转销的持有至到期投资减值准备。

资产负债表日，当持有至到期投资的账面价值高于预计未来现金流量现值时，企业应当按照持有至到期投资账面价值高于预计未来现金流量现值的差额，借记“信用减值损失——计提的持有至到期投资减值准备”科目，贷记“持有至到期投资减值准备”科目。已计提减值准备的持有至到期投资价值以后又得以恢复的，应当在原已计提的减值准备金额范围内，按照已恢复的金额，借记“持有至到期投资减值准备”等科目，贷记“信用减值损失——计提的持有至到期投资减值准备”科目。

【例7-9】承【例7-8】，2017年12月31日，有证据表明乙公司发生了严重财务困难，假定甲公司对债券投资确定的减值损失为33 000元；2019年12月31日，有证据表明乙公司债券价值已恢复，且客观上与确认该损失后发生的事项有关，假定甲公司确定的应恢复的金额为20 000元。甲公司应进行如下操作：

①2017年12月31日，确认乙公司债券投资的减值损失：

借：信用减值损失——计提的持有至到期投资减值准备　　33 000

　贷：持有至到期投资减值准备　　33 000

②2019年12月31日，确认乙公司债券投资减值损失转回：

借：持有至到期投资减值准备　　20 000

　贷：信用减值损失——计提的持有至到期投资减值准备　　20 000

3. 出售持有至到期投资

企业出售持有至到期投资时，应当将取得的价款与账面价值之间的差额作为投资损益进行会计处理。如果对持有至到期投资计提了减值准备，还应当同时结转减值准备。

企业出售持有至到期投资，应按实际收到的金额，借记“银行存款”等科目；按持有至到期投资的账面余额，贷记“持有至到期投资——成本”“持有至到期投资——利息调整”“持有至到期投资——应计利息”科目；按其差额，贷记或借记“投资收益”科目。如已计提减值准备的，还应同时结转减值准备，借记“持有至到期投资减值准备”科目。

## 任务7.4　可供出售金融资产核算

### 7.4.1　认识可供出售金融资产

可供出售金融资产，是指初始确认时即被指定为可供出售的非衍生金融资产，以及没有划分为贷款和应收款项、持有至到期投资、以公允价值计量且其变动计入当期损益的金融资产。通常情况下，可供出售金融资产包括企业从二级市场购入的债券投资、股票投资、基金投资等，但这些金融资产没有被划分为交易性金融资产、持有至到期投资等金融资产。

### 7.4.2 可供出售金融资产的账户设置

为了核算和监督可供出售金融资产的取得、现金股利或利息的收取、处置等业务，企业应设置“可供出售金融资产”“其他综合收益”“投资收益”等科目。

“可供出售金融资产”科目，属于资产类，用于核算企业持有的可供出售金融资产的公允价值，包括划分为可供出售的股票投资、债券投资等金融资产。该科目借方登记可供出售金融资产的取得成本、资产负债表日其公允价值高于账面余额的差额、可供出售金融资产转回的减值损失等；贷方登记资产负债表日其公允价值低于账面余额的差额、可供出售金融资产发生的减值损失、出售可供出售金融资产时结转的成本和公允价值变动；期末余额在借方，表示企业可供出售金融资产的公允价值。该科目可按可供出售金融资产的类别和品种，分别设置“成本”“利息调整”“应计利息”“公允价值变动”等明细科目进行明细核算。

“其他综合收益”科目，属于所有者权益类，用于核算企业可供出售金融资产公允价值变动而形成的应计入所有者权益的利得或损失等。该科目借方登记资产负债表日企业持有的可供出售金融资产的公允价值低于账面余额的差额等；贷方登记资产负债表日企业持有的可供出售金融资产的公允价值高于账面余额的差额等。

可供出售金融资产发生减值的，也可以单独设置“可供出售金融资产减值准备”科目。

### 7.4.3 可供出售金融资产的账务处理

1. 取得可供出售金融资产

企业取得的可供出售金融资产应当按照公允价值计量，取得可供出售金融资产所发生的相关交易费用应当计入可供出售金融资产的初始入账金额。

企业取得可供出售金融资产支付的价款中包含的已宣告但尚未发放的现金股利或已到付息期但尚未领取的债券利息，应当单独确认为应收项目，不构成可供出售金融资产的初始入账金额。

（1）企业取得的可供出售金融资产为股票投资的，应当按照该金融资产取得时的公允价值（不含已宣告但尚未发放的现金股利）和支付的相关交易费用的金额之和，借记“可供出售金融资产——成本”科目；按已宣告但尚未发放的现金股利金额，借记“应收股利”科目；按企业实际支付的金额，贷记“银行存款”等科目。

（2）企业取得的可供出售金融资产为债券投资的，应当按照该债券的面值，借记“可供出售金融资产——成本”科目；按支付的价款中包含的已到付息期但尚未领取的利息，借记“应收利息”科目；按照实际支付的金额，贷记“银行存款”等科目；按照其差额，借记或贷记“可供出售金融资产利息调整”科目。

【例 7-10】2018 年 1 月 1 日，甲公司购入乙公司当日发行的 5 年期、分期付息、一次还本的公司债券，面值为 800 000 元，票面年利率为 6%，实际利率为 5%。甲公司将其划分为可供出售金融资产，支付价款为 840 000 元，另支付交易费用 10 000 元。甲公司应进行如下操作：

借：可供出售金融资产——成本　　800 000

　　　　　　　　　——利息调整　　50 000

　贷：银行存款　　850 000

【例 7-11】2018 年 1 月 10 日，甲公司从二级市场购入丙公司股票 500 000 股，每股价格 15 元，另支付相关交易费用金额 75 000 元，甲公司将其划分为可供出售金融资产。甲公司应进行如下操作：

借：可供出售金融资产——成本　　7 575 000

　贷：其他货币资金——存出投资款　　7 575 000

2. 可供出售金融资产持有期间

（1）取得现金股利、债券利息

可供出售金融资产持有期间取得的现金股利和利息，应当计入投资收益。

①可供出售金融资产为股票投资的，被投资单位宣告发放现金股利时，按照相应金额，借记“应收股利”科目，贷记“投资收益”科目。

②可供出售金融资产为债券投资的，企业应当在可供出售金融资产持有期间，采用实际利率法，按照摊余成本和实际利率计算确认利息收入，计入投资收益。实际利率应当在取得持有至到期投资时确定，实际利率与票面利率差别较小的，也可以按票面利率计算利息收入。

企业在资产负债表日，如可供出售金融资产为分期付息、一次还本债券投资的，应按可供出售金融资产的面值和票面利率计算确定的应收未收利息，借记“应收利息”科目；按可供出售金融资产的摊余成本和实际利率计算确定的利息收入，贷记“投资收益”科目；按其差额，借记或贷记“可供出售金融资产——利息调整”科目。可供出售金融资产为一次还本付息债券投资的，应按照可供出售金融资产的面值和票面利率计算确定的应收未收利息，借记“可供出售金融资产——应计利息”科目；按照可供出售金融资产摊余成本和实际利率计算确定的利息收入，贷记“投资收益”科目；按照其差额，借记或贷记“可供出售金融资产——利息调整”科目。

【例 7-12】承【例 7-10】，2018 年 12 月 31 日，甲公司确认债券利息收入。甲公司应进行如下操作：

应收利息 = 800 000×6% = 48 000（元）；利息收入 = 850 000×5% = 42 500（元）

借：应收利息　　48 000

　贷：投资收益　　42 500

可供出售金融资产——利息调整　　5 500

【例 7-13】承【例 7-11】，2018 年 8 月 20 日，丙公司宣告发放半年度现金股利，0.3 元/股。甲公司应进行如下操作：

借：应收股利　　150 000

　贷：投资收益　　150 000

（2）可供出售金融资产的期末计量

在资产负债表日，可供出售金融资产应当按照公允价值计量，且公允价值变动应当作为其他综合收益，计入所有者权益，不构成当期利润。

资产负债表日，当可供出售金融资产公允价值高于账面余额，企业应当按其差额，借记“可供出售金融资产——公允价值变动”科目，贷记“其他综合收益”科目；当可供出售金融资产公允价值低于账面余额，企业应当按其差额，做相反的会计处理。

【例 7-14】承【例 7-10】，2018 年 12 月 31 日，该债券公允价值为 860 000 元。甲公司应进行如下操作：

期末摊余成本＝850 000－5 500＝844 500（元）

公允价值变动＝860 000－844 500＝15 500（元）

借：可供出售金融资产——公允价值变动　　15 500

　贷：其他综合收益　　15 500

【例 7-15】承【例 7-11】，2018 年 12 月 31 日，丙公司股票的市场价格为每股 13 元。甲公司预计该股票的价格下跌是暂时的。甲公司应进行如下操作：

借：其他综合收益　　1 075 000

　贷：可供出售金融资产——公允价值变动　　1 075 000

（3）可供出售金融资产的减值

资产负债表日，企业应当对可供出售金融资产的账面价值进行检查，有客观证据表明该金融资产发生减值的，应当确认减值损失，同时直接冲减可供出售金融资产或计提相应的资产减值准备。企业确定可供出售金融资产发生减值的，按应减记的金额，借记“信用减值损失”科目；按应从原计入其他综合收益的累计损失金额，贷记“其他综合收益”科目；按其差额，贷记“可供出售金融资产——公允价值变动”科目或“可供出售金融资产减值准备”科目。

**小贴士：资产减值损失的内容**

资产减值损失包括两方面内容：一是前期确认的累计损失，即记入“其他综合收益”科目的金额；二是本期的公允价值下跌，即记入“可出售金融资产——公允价值变动”科目或“可出售金融资产减值准备”科目的金额。

对于已确认减值损失的可供出售金融资产，在随后的会计期间内公允价值已上升且客观上与确认原减值损失事项有关的，应当在原已确认的减值损失范围内转回，同时调整资产减值损失或所有者权益。按已恢复的金额，借记“可供出售金融资产——公允价值变动”科目或“可供出售金融资产减值准备”科目；贷记“信用减值损失”科目。但可供出售金融资产为股票等权益工具投资的（不含在活跃市场上没有报价、公允价值不能可靠计量的权益工具投资），借记“可供出售金融资产——公允价值变动”科目或“可供出售金融资产减值准备”科目，贷记“其他综合收益”科目。

【例 7-16】承【例 7-15】，2019 年 12 月 31 日，丙公司股票价格继续下跌，每股为 12 元，且下跌趋势为非暂时性的。甲公司应进行如下操作：

借：资产减值损失　　1 575 000

　贷：其他综合收益　　1 075 000

　　可供出售金融资产——公允价值变动　　500 000

3. 出售可供出售金融资产

企业出售可供出售金融资产时，应将取得的价款与账面余额之间的差额，计入投资损益；同时，将原有直接计入所有者权益的公允价值变动累计额对应处置部分的金额转出，由其他综合收益转为投资损益。如果对可供出售金融资产计提了减值准备，还应同时结转减值准备。

企业出售可供出售金融资产，应当按照实际收到的金额，借记“银行存款”等科目；按该可供出售金融资产的账面余额，贷记“可供出售金融资产——成本、公允价值变动、利息调整、应计利息”科目；按其差额，贷记或借记“投资收益”科目。同时，按应从所有者权益中转出的公允价值累计变动额，借记或贷记“其他综合收益”科目，贷记或借记“投资收益”科目。

【例 7-17】甲公司将所持有乙公司股票划分为可供出售金融资产，该股票初始入账金额为 270 000 元，累计公允价值变动为 60 000 元（借方）。2019 年 7 月 25 日，甲公司将该股票全部售出，取得价款 280 000 元。甲公司应进行如下操作：

借：银行存款　　280 000

　　投资收益　　50 000

　贷：可供出售金融资产——成本　　270 000

　　　　——公允价值变动　　60 000

借：其他综合收益　　60 000

　贷：投资收益　　60 000

# 能力训练

## 一、单项选择题

1. 交易性金融资产持有期间获得的现金股利或利息应（　　）。

A. 冲减交易性金融资产

B. 冲减财务费用

C. 冲减应收股利

D. 计入投资收益

2. 下列各项中，不符合以公允价值计量且其变动计入其他综合收益的金融资产确认条件的是（　　）。

A. 企业管理该金融资产的业务模式以收取合同现金流量为目标

B. 企业管理该金融资产的业务模式既以收取合同现金流量为目标又以出售该金融资产为目标

C. 该金融资产的合同条款规定，在特定日期产生的现金流量仅为对本金的支付

D. 该金融资产的合同条款规定，在特定日期产生的现金流量仅为对以未偿付本金金额为基础的利息的支付

3. 下列关于企业管理金融资产业务模式的说法中，正确的是（　　）。

A. 企业管理金融资产的业务模式是指企业如何管理其金融资产以产生货币流量

B. 业务模式决定企业所管理的金融资产现金流量的来源只取决于收取合同现金流量

C. 企业管理金融资产的业务模式，应当以企业关键管理人员决定的对金融资产进行管理的特定业务目标为基础确定

D. 企业确定管理金融资产的业务模式，应当以按合理预期不会发生的情形为基础确定

4. 在初始确认时，如果能够消除或显著减少会计错配，企业可以将金融资产指定为（　　）。

A. 以公允价值计量且其变动计入其他综合收益的金融资产

B. 以公允价值计量且其变动计入当期损益的金融资产

C. 以摊余成本计量的金融资产

D. 以公允价值计量的金融资产

5. 企业发生的下列事项中，影响企业投资收益的是（　　）。

A. 期末交易性金融资产的公允价值大于账面余额

B. 期末交易性金融资产的公允价值小于账面余额

C. 交易性金融资产持有期间收到包含在买价中的现金股利

D. 交易性金融资产持有期间收到不属于包含在买价中的现金股利

6. 下列各项中，关于交易性金融资产的表述中，不正确的是（　　）。

A. 取得交易性金融资产所发生的相关交易费用应当在发生时计入投资收益

B. 资产负债表日交易性金融资产公允价值与账面余额的差额计入当期损益

C. 收到交易性金融资产购买价款中已到付息期尚未领取的债券利息计入当期损益

D. 出售交易性金融资产时应将其公允价值与账面余额之间的差额确认为投资收益

7. 企业购入股票并作为交易性金融资产核算，购买时发生的交易费用应确认为（　　）。

A. 财务费用

B. 营业外收入

C. 投资收益

D. 交易性金融资产的成本

8. 企业购入交易性金融资产，支付的价款为 103 万元，其中包含已到期尚未领取的利息 3 万元，另支付交易费用 2 万元。该项交易性金融资产的入账价值为（　　）万元。

A. 103

B. 100

C. 102

D. 105

9. 2019 年 3 月 31 日，甲公司购入乙公司股票 4 000 股，作为交易性金融资产。乙公司已于 3 月 20 日宣告分派股利（至 3 月 31 日尚未支付），每股 0.2 元。甲公司以银行存款支付股票价款 48 000 元，另付手续费 400 元，增值税进项税额为 24 元。该交易性金融资产的入账价值为（　　）元。

A. 48 400

B. 48 000

C. 47 200

D. 40 000

## 二、多项选择题

1. 2019 年 6 月 1 日，甲公司购入股票，每股 14 元，共 10 万股，作为交易性金融资产核算。2019 年 6 月 30 日，每股公允价值为 15 元，则下列说法中正确的有（　　）。

A.“资产减值损失”增加 10 万元

B.“投资收益”增加 10 万元

C.“交易性金融资产”增加 10 万元

D.“公允价值变动损益”增加 10 万元

2. 下列各项中，应反映在交易性金融资产的初始计量金额中的有（ ）。

A. 债券的买入价

B. 支付的手续费

C. 支付的印花税

D. 已到付息期但尚未领取的利息

3. 交易性金融资产科目借方登记的内容有（ ）。

A. 交易性金融资产的取得成本

B. 资产负债表日其公允价值高于账面余额的差额

C. 取得交易性金融资产所发生的相关交易费用

D. 资产负债表日其公允价值低于账面余额的差额

4. 企业分类为以摊余成本计量的金融资产和以公允价值计量且其变动计入其他综合收益的金融资产，其合同现金流量特征，应当与基本借贷安排相一致。即相关金融资产在特定日期产生的合同现金流量仅为对本金和以未偿付本金金额为基础的利息支付。其中，利息包括（ ）。

A. 货币时间价值

B. 与特定时期未偿付本金金额相关的信用风险

C. 其他基本借贷风险

D. 金融资产账面价值和公允价值之间的差额

5. 下列各项中，关于金融资产的合同现金流量特征的说法正确的是（ ）。

A. 金融资产的合同现金流量特征是指金融工具合同约定的、反映相关金融资产经济特征的现金流量属性

B. 企业分类为金融资产的，其合同现金流量特征应当与基本借贷安排相一致

C. 企业分类为以摊余成本计量的金融资产和以公允价值计量且其变动计入其他综合收益的金融资产，其合同现金流量特征，应当与基本借贷安排相一致。即相关金融资产在特定日期产生的合同现金流量仅为对以未偿付本金金额为基础的利息的支付

D. 金融资产包含可能导致其合同现金流量的时间分布或金额发生变更的合同条款的，企业应当对相关条款进行评估，以确定其是否满足合同现金流量特征的要求

6. 下列各项中，不应计入交易性金融资产入账价值的有（ ）。

A. 购买股票支付的买价

B. 支付的税金、手续费等

C. 支付的已到付息期但尚未领取的利息

D. 支付的已宣告但尚未发放的现金股利

7. 在交易性金融资产持有期间被投资方宣告分派现金股利或利息时，可能涉及的会计科目有（　　）。

A.“投资收益”

B.“应收股利”

C.“交易性金融资产”

D.“应收利息”

8. 下列各项中，关于可供出售金融资产的会计处理的表述中，不正确的有（　　）。

A. 取得投资时支付的交易费用计入初始确认金额

B. 期末公允价值变动计入当期损益

C. 处置净损益计入营业外收支

D. 对于可供出售债务工具，按摊余成本和实际利率计算确定的利息收入，应计入投资收益

## 三、判断题

1. 企业取得交易性金融资产时，支付给证券交易所的手续费和佣金应计入其初始确认金额。（　　）

2. 资产公允价值形成的利得和损失计入其他综合收益。（　　）

3. 资产负债表日，企业应将交易性金融资产的公允价值变动计入资本公积——其他资本公积。（　　）

4. 出售交易性金融资产时，应将出售时的公允价值与其账面余额之间的差额确认为当期投资损益。（　　）

5. 交易性金融资产仅包括股票投资形成的投资，但不包括债券形成的投资。（　　）

# 项目 8　长期股权投资核算

**学习目标：**

1. 掌握长期股权投资的核算；
2. 熟悉长期股权投资的核算范围；
3. 了解长期股权投资减值的会计处理。

长期股权投资核算思维导图如图 8-1 所示。

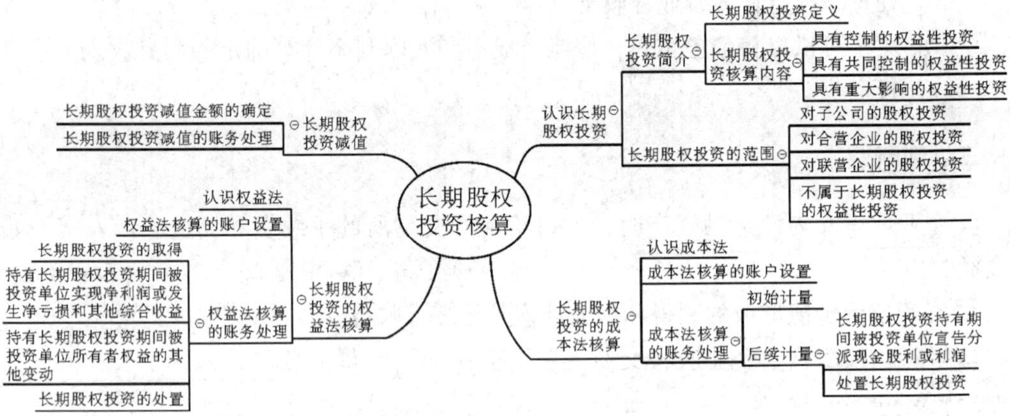


图 8-1　长期股权投资核算思维导图

## 任务 8.1　认识长期股权投资

### 8.1.1　长期股权投资简介

长期股权投资是指投资方对被投资单位实施控制、具有重大影响的权益性投资，以及对其合营企业的权益性投资。

长期股权投资核算内容如下：

（1）具有控制的权益性投资。投资企业能够对被投资单位实施控制的，被投资单位为其子公司。投资企业对于公司的权益性投资，应当划分为长期股权投资，并纳入合并财务报表的合并范围。

（2）具有共同控制的权益性投资。投资企业能够与其他合营方一同对被投资单位实施共同控制的，被投资单位为其合营企业。投资企业对合营企业的权益性投资，应当划分为长期股权投资。

（3）具有重大影响的权益性投资。投资企业能够对被投资单位施加重大影响的，被投资单位为其联营企业。投资企业对联营企业的权益性投资，应当划分为长期股权投资。

除上述情况以外，企业持有的其他权益性投资，应当按照《企业会计准则第22号——金融工具确认和计量》的规定，在初始确认时划分为以公允价值计量且其变动计入当期损益的金融资产或以公允价值计量且其变动计入其他综合收益的金融资产。

**小贴士：长期股权投资的相关知识**

《企业会计准则第2号——长期股权投资》主要修订了长期股权投资的范围。《企业会计准则讲解》中的第四类长期股权投资“投资企业持有的对被投资单位不具有控制、共同控制或重大影响，并在活跃市场中没有报价、公允价值不能可靠计量的权益性投资”按《企业会计准则第22号——金融工具确认和计量》处理，有助于进一步规范有关会计处理，且按该准则规定采用成本法计量，不会对实务产生过大的实质性影响。

### 8.1.2 长期股权投资的范围

1. 对子公司的股权投资

投资方能够对被投资单位实施控制的权益性投资，即对子公司投资。其中，控制是指投资方拥有对被投资方的权利，通过参与被投资方的相关活动而享有可变回报，并且有能力运用对被投资方的权利影响其回报金额。

**小贴士：存在“控制”的情况**

控制一般存在于以下情况：投资企业持有被投资单位50%以上的表决权资本；投资企业持有被投资单位50%或以下的表决权资本，但具有实质控制权。

投资企业能够对被投资单位实施控制的，被投资单位为其子公司，投资企业应当将子公司纳入合并报表的合并范围。

2. 对合营企业的股权投资

投资方与其他合营方一同对被投资单位实施共同控制且对被投资单位净资产享有权利的权益性投资，即对合营企业的投资。其中，共同控制是指按照相关约定对某项安排所共有的控制，并且该安排的相关活动必须经过分享控制权的参与方一致同意后才能决策。

**小贴士："共同控制"的确定基础**

在实务中，一般可以考虑以下情况作为确定基础：①任何一个合营方均不能单独控制合营企业的生产经营活动；②涉及合营企业基本经营活动的决策需要各合营方一致同意；③各合营方可能通过合同或协议的形式任命其中一个合营方对合营企业的日常活动进行管理，但其必须在各合营方已经一致同意的财务和经营政策范围内行使管理权。

3. 对联营企业的股权投资

投资方对被投资单位具有重大影响的权益性投资，即对联营企业的投资。其中，重大影响是指投资方对被投资单位的财务和经营政策有参与决策的权利，但并不能够控制或者与其他方一起共同控制这些政策的制定。

投资方直接或通过子公司间接持有被投资单位20%以上但低于50%的表决权时，一般认为对被投资单位具有重大影响，除非有明确的证据表明该种情况下不能参与被投资单位的生产经营决策，不形成重大影响。

4. 不属于长期股权投资的权益性投资

《企业会计准则第2号——长期股权投资》规范的权益性投资不包括风险投资机构、共同基金以及类似主体持有的、在初始确认时按照金融工具确认和计量准则的规定以公允价值计量且其变动计入当期损益的金融资产和其他权益投资。

投资性主体对不纳入合并财务报表的子公司的权益性投资，应按照《企业会计准则第22号——金融工具确认和计量》的规定核算。

# 任务8.2　长期股权投资的成本法核算

## 8.2.1　认识成本法

成本法是指投资按成本计价的方法。在成本法下，长期股权投资应当按照初始投资成本计价，追加或收回投资应当调整长期股权投资的初始投资成本（除企业合并形成的外）。企业对子公司的长期股权投资，应当采用成本法核算。这主要是为了避免在子公司实际发放现金股利或利润之前，母公司垫付资金发放现金股利和利润等情况，解决了权益法下投资收益不能足额收回导致超分配的问题。如果投资企业为投资性主体且子公司不纳入其合并财务报告，应对子公司按照公允价值计量且其变动计入当期损益。

## 8.2.2　成本法核算的账户设置

企业采用成本法核算长期股权投资的，为了反映和监督企业长期股权投资的取得、持有和处置等情况，企业应当设置"长期股权投资""投资收益""应收股利"等科目。"长期股权投资"账户属于资产类账户，借方登记长期股权投资取得时的初始投资成本以及采用权益法核算时按被投资单位实现的净损益、其他综合收益和其他权益变动等计算的应享有的份额；贷方登记处置长期股权投资的账面余额以及采用权益法核算时被投资单位宣告分派现金股利或利润时，企业按持股比例计算应享有的份额，即按被投资单位发生的净亏损、其他综合收益和其他权益变动等计算的应分担的份额。期末借方余额，反映企业持有的长期股权投资的价值。

企业应当按照被投资单位进行明细核算。采用权益法核算的，应当分别"投资成本""损益调整""其他综合收益""其他权益变动"进行明细核算。

## 8.2.3　成本法核算的账务处理

1. 初始计量

除企业合并形成的长期股权投资以外，以支付现金取得的长期股权投资，应当按照实际支付的购买价款作为初始投资成本，投资企业所发生的与取得长期股权投资直接相关的费用、税金及其他必要支出也应计入长期股权投资的初始投资成本，借记"长期股权投资"科目，贷记"银行存款"等科目。

此外，投资企业取得长期股权投资实际支付的价款或对价中包含的已宣告但尚未发放的现金股利或利润，应作为应收项目处理，不构成长期股权投资的成本，借记"应收股利"科目，贷记"银行存款"科目。投资入账后，除追加或减少投资以及发生减值应调整长期股权投资的账面价值外，长期股权投资的账面价值一般保持不变。

【例8-1】2019年4月13日，甲公司从上海证券交易所购买乙公司发行的股票53 000 000股准备长期持有，从而拥有乙公司53%的股份。每股买入价为8元，另外购买该股票时发生有关税费2 120 000元，价款已支付。甲公司应进行如下操作：

初始投资成本=53 000 000×8+2 120 000=426 120 000（元）

借：长期股权投资——乙公司　　426 120 000

　贷：其他货币资金——存出投资款　　426 120 000

2. 后续计量

（1）长期股权投资持有期间被投资单位宣告分派现金股利或利润

在成本法下，长期股权投资持有期间被投资单位宣告分派现金股利或利润时，投资企业按应享有的份额确认为当期投资收益，借记“应收股利”科目，贷记“投资收益”科目。

【例8-2】2018年5月15日，甲公司在上海证券交易所购买乙公司的股票100 000股作为长期股权投资，每股买入价为8元，每股价格中含有0.2元的已宣告分派的现金股利，另支付相关税费5 000元。甲公司应进行如下操作：

初始投资成本=100 000×8+5 000-（100 000×0.2）=785 000（元）

借：长期股权投资——乙公司　　785 000

　　应收股利——乙公司　　20 000

　贷：其他货币资金——存出投资款　　805 000

假定甲公司于2018年6月20日收到乙公司分来的购买该股票时已宣告分派的现金股利20 000元。甲公司应进行如下操作：

借：其他货币资金——存出投资款　　20 000

　贷：应收股利——乙公司　　20 000

假定甲公司于2019年6月20日收到乙公司宣告分派2018年现金股利的通知，应分得现金股利3 000元。甲公司应进行如下操作：

借：应收股利——乙公司　　3 000

　贷：投资收益　　3 000

（2）处置长期股权投资

处置长期股权投资时，按照实际取得的价款与长期股权投资账面价值的差额确认投资损益，并应同时结转已计提的长期股权投资减值准备。

投资企业处置长期股权投资时，应当按照实际收到的金额，借记“银行存款”等科目，按照原已计提的减值准备，借记“长期股权投资减值准备”科目，按照该项长期股权投资的账面余额，贷记“长期股权投资”科目，按照尚未领取的现金股利或利润，贷记“应收股利”科目，按照其差额，贷记或借记“投资收益”科目。

【例 8-3】2019 年 7 月 26 日，甲公司在上海证券交易所将其作为长期股权投资持有的乙公司 20 000 股股票以每股 11 元的价格卖出，支付相关税费 1 300 元，取得价款 218 700 元，价款已由银行收妥。该长期股权投资的账面价值为 205 000 元，假定没有计提减值准备。甲公司应进行如下操作：

投资收益=218 700-205 000=13 700（元）

借：其他货币资金——存出投资款　　218 700

　贷：长期股权投资——乙公司　　205 000

　　　投资收益　　13 700

## 任务 8.3　长期股权投资的权益法核算

### 8.3.1　认识权益法

权益法是投资以初始投资成本计量后，在投资持有期间根据投资企业享有被投资单位所有者权益份额的变动对投资的账面价值进行调整的方法。权益法适用于以下两种情形：

（1）企业对被投资单位具有共同控制的长期股权投资，即企业对合营企业的长期股权投资。

（2）企业对被投资单位具有重大影响的长期股权投资，即企业对联营企业的长期股权投资。

投资企业对联营企业的权益性投资，其中一部分是通过风险投资机构、共同基金、信托公司或包括投连险基金在内的类似主体间接持有的，无论以上主体是否对这部分投资具有重大影响，投资企业都可以按照《企业会计准则第 22 号——金融工具确认和计量》的有关规定，对间接持有的该部分投资选择以公允价值计量且其变动计入当期损益，并对其余部分采用权益法核算。

### 8.3.2　权益法核算的账户设置

采用权益法核算的长期股权投资，为了核算和监督其增减变动及结存情况，企业应设置“长期股权投资”“应收股利”“投资收益”“长期股权投资减值准备”等科目。长期股权投资核算采用权益法的应当分别“投资成本”“损益调整”“其他综合收益”“其他权益变动”进行明细核算。“投资成本”明细科目用来核算长期股权投资成本的增减变动；“损益调整”明细科目用来核算因被投资单位实现净损益或分派现金股利而调整长期股权投资账面价值的金额；“其他综合收益”明细科目用来核算因被投资单位其他综合收益变动而调整的长期股权投资账面价值的金额；“其他权益变动”明细科目用来核算因被投资单位除净损益、其他综合收益变动和利润分配以外的所有者权益变动而调整的长期股权投资账面价值的金额。

### 8.3.3 权益法核算的账务处理

1. 长期股权投资的取得

投资企业取得长期股权投资采用权益法核算，长期股权投资的初始投资成本大于投资时应享有被投资单位可辨认净资产公允价值份额的，该部分差额是投资企业在取得投资过程中通过作价体现的与所取得股权份额相对应的商誉价值，在这种情况下，不要求调整长期股权投资的初始投资成本，借记“长期股权投资——投资成本”科目，贷记“银行存款”等科目。

长期股权投资的初始投资成本小于投资时应享有被投资单位可辨认净资产公允价值份额的，该部分差额体现为双方在交易作价过程中转让方的让步，该部分经济利益流入应计入取得长期股权投资当期的营业外收入，同时调整增加长期股权投资的成本，借记“长期股权投资——投资成本”科目，贷记“银行存款”等科目，按其差额，贷记“营业外收入”科目。

【例 8-4】2019 年 1 月 20 日，甲公司在上海证券交易所购买乙公司发行的股票 60 000 000 股准备长期持有，占乙公司股份的 30%。每股买入价为 7 元。另外，购买该股票时发生相关税费 500 000 元，款项已用银行存款支付。2018 年 12 月 31 日，乙公司所有者权益的账面价值（与其公允价值不存在差异）为 1 000 000 000 元。甲公司应进行如下操作：

初始投资成本 =（60 000 000×7）+500 000 = 420 500 000（元）

| | |
|---|---|
| 借：长期股权投资——乙公司——投资成本 | 420 500 000 |
| 　贷：其他货币资金——存出投资款 | 420 500 000 |

长期股权投资的初始投资成本 420 500 000 元大于投资时应享有被投资单位可辨认净资产公允价值的份额 300 000 000 元（1 000 000 000×30%），其差额 120 500 000 元不调整长期股权投资的初始投资成本。但是，如果长期股权投资的初始投资成本小于投资时应享有被投资单位可辨认净资产公允价值的份额，应借记“长期股权投资——投资成本”科目，贷记“银行存款”等科目，按照其差额，贷记“营业外收入”科目。

2. 持有长期股权投资期间被投资单位实现净利润或发生净亏损和其他综合收益

投资企业在持有长期股权投资期间，应按照被投资单位实现的净利润（以取得投资时被投资单位可辨认净资产的公允价值为基础计算）中应享有的份额，借记“长期股权投资——损益调整”科目，贷记“投资收益”科目。被投资单位发生净亏损时作相反的会计分录，借记“投资收益”科目，贷记“长期股权投资——损益调整”科目，但以“长期股权投资”科目的账面价值减记至零为限，还需承担的投资损失，应将其他实质上构成对被投资单位净投资的“长期应收款”等的账面价值减记至零为限；除按照以上步骤已确认的损失外，按照投资合同或协议约定将承担的损失，确认为预计负债。除上述情况外，仍未确认的应分担被投资单位的损失，应在备查簿中登记。发生亏损的被投资单位以后实现净利润的，应按与上述相反的顺序进行处理。

上述“以‘长期股权投资’科目的账面价值减记至零为限”中所说的“长期股权投资”科目是指“长期股权投资——对××单位投资”这个明细科目，该明细科目通常又由“投资成本”“损益调整”“其他综合收益”“其他权益变动”4 个明细科目组成，账面价值减至零即意味着“对××单位投资”的 4 个明细科目余额合计为零。上述“其他实质上构成对被投资单位净投资的‘长期应收款’等”通常是指投资企业对被投资单位的长期债权，该债权没有明确的清收计划，且在可预见的未来期间不准备收回，实质上构成对被投资单位的净投资。但是，该类长期权益不包括投资企业与被投资单位之间因销售商品、提供劳务等日常活动所产生的长期债权。

发生亏损的被投资单位以后实现净利润的，投资企业计算应享有的份额，如有未确认投资损失的，应先弥补未确认的投资损失，弥补损失后仍有余额的，依次借记“长期应收款”科目和“长期股权投资——损益调整”科目，贷记“投资收益”科目。

**小贴士：确认投资收益和其他综合收益的注意事项**

投资企业采用权益法核算长期股权投资，在确认投资收益和其他综合收益时还需要注意以下两个方面：

（1）被投资单位采用会计政策及会计期间与投资企业不一致的，应当按照投资企业的会计政策及会计期间对被投资单位的财务报表进行调整，并据以确认投资收益和其他综合收益等。

（2）投资企业计算确认应享有或应分担被投资单位的净损益时，与联营企业、合营企业之间发生的未实现内部交易损益按照应享有的比例计算归属于投资企业的部分，应予以抵销，在此基础上确认投资收益。投资企业与被投资单位发生的未实现内部交易损失，按照《企业会计准则第 8 号——资产减值》等的有关规定属于资产减值损失的应当全额确认。

被投资单位以后宣告分派现金股利或利润时，投资企业计算应分得的部分，借记“应收股利”科目，贷记“长期股权投资——损益调整”科目。

【例 8-5】承【例 8-4】，2019 年乙公司实现净利润 10 000 000 元。甲公司按照持股比例确认投资收益 3 000 000 元。2020 年 3 月 15 日，乙公司宣告分派现金股利，每 10 股派 0.3 元，甲公司可分派到 1 800 000 元。2020 年 4 月 15 日，甲公司收到乙公司分派的现金股利。假定不考虑其他因素，甲公司应进行如下操作：

①确定从乙公司实现的投资收益时：

借：长期股权投资——乙公司——损益调整　　　　3 000 000

贷：投资收益　3 000 000

②乙公司宣告分派现金股利时：

借：应收股利——乙公司　1 800 000

贷：长期股权投资——乙公司——损益调整　1 800 000

③收到乙公司发放的现金股利时：

借：其他货币资金——存出投资款　1 800 000

贷：应收股利——乙公司　1 800 000

收到被投资单位发放的股票股利，不进行账务处理，但应在备查账中进行登记，在除权日注明增加的股数，以反映股份的变化情况。

投资企业在持有长期股权投资期间，应当按照应享有或应分担被投资单位实现其他综合收益的份额，借记“长期股权投资——其他综合收益”科目，贷记“其他综合收益”科目。其他综合收益包括被投资单位因可供出售金融资产公允价值变动形成的得利与损失、外币报表折算差额等。

【例 8-6】承【例 8-4】，2019 年乙公司可供出售金融资产的公允价值增加了 4 700 000 元。甲公司按照持股比例确定相应的其他综合收益为 1 410 000 元。甲公司应进行如下操作：

借：长期股权投资——乙公司——其他综合收益　1 410 000

贷：其他综合收益——乙公司　1 410 000

3. 持有长期股权投资期间被投资单位所有者权益的其他变动

投资企业对于被投资单位除净损益、其他综合收益外所有者权益的其他变动，应当按照持股比例计算应享有的份额，借记或贷记“长期股权投资——其他权益变动”科目，贷记或借记“资本公积——其他资本公积”科目。

【例 8-7】承【例 8-4】，2019 年年末，乙公司提供的有关资料显示，其在 2019 年除净损益以外的其他权益变动为 1 500 000 元。甲公司应进行如下操作：

借：长期股权投资——乙公司——其他权益变动　450 000

贷：资本公积——其他资本公积　450 000

4. 长期股权投资的处置

投资企业处置长期股权投资时，按照实际取得的价款与长期股权投资账面价值的差额确认为投资损益，采用与被投资单位直接处置相关资产或负债相同的基础，按相应比例对原计入其他综合收益的部分进行会计处理，同时按照结账的长期股权投资的投资成本比例结转“资本公积——其他资本公积”科目中的相关金额。如果对长期股权投资计提了减值准备，还应当同时结转已计提的长期股权投资减值准备。

投资企业处置长期股权投资时，应按照实际收到的金额，借记“银行存款”等科目，按照原已计提的减值准备，借记“长期股权投资减值准备”科目，按照该长期股权投资的账面余额，贷记“长期股权投资”科目，按照尚未领取的现金股利或利润，贷记“应收股利”科目，按照其差额，贷记或借记“投资收益”科目。

同时，应当采用与被投资单位直接处置相关资产或负债相同的基础，对相关的其他综合收益进行会计处理。按照上述原则可以转入当期损益的其他综合收益，应按结转的长期股权投资的投资成本比例结转原记入“其他综合收益”科目的金额，借记或贷记“其他综合收益”科目，贷记或借记“投资收益”科目。

同时，还应按照结转的长期股权投资的投资成本比例结转原记入“资本公积——其他资本公积”科目的金额，借记或贷记“资本公积——其他资本公积”科目，贷记或借记“投资收益”科目。

【例 8-8】承【例 8-4】、【例 8-5】、【例 8-6】和【例 8-7】，2020 年 7 月 20 日，甲公司在上海证券交易所出售所有乙公司的股票 60 000 000 股，每股售价为 10 元，价款已收到。甲公司应进行如下操作：

| | | |
|---|---|---|
| 借：其他货币资金——存出投资款 | 600 000 000 | |
| 　贷：长期股权投资——乙公司——投资成本 | | 420 500 000 |
| 　　　　　　　　——乙公司——损益调整 | | 1 200 000 |
| 　　　　　　　　——乙公司——其他综合收益 | | 1 410 000 |
| 　　　　　　　　——乙公司——其他权益变动 | | 450 000 |
| 　　　投资收益 | | 176 440 000 |

同时：

| | | |
|---|---|---|
| 借：其他综合收益——乙公司 | 1 410 000 | |
| 　贷：投资收益 | | 1 410 000 |
| 借：资本公积——其他资本公积 | 450 000 | |
| 　贷：投资收益 | | 450 000 |

## 任务 8.4　长期股权投资减值

### 8.4.1　长期股权投资减值金额的确定

投资企业应当关注长期股权投资的账面价值是否大于享有被投资单位所有者权益账面价值的份额等类似情况。出现类似情况时，投资企业应当按照《企业会计准则第 8 号——资产减值》对长期股权投资进行减值测试，其可收回金额低于账面价值的，应当将该长期股权投资的账面价值减记至可回收金额，减记的金额确认为减值损失，计入当期损益，同时计提相应的资产减值准备。

### 8.4.2 长期股权投资减值的账务处理

投资企业计提长期股权投资减值准备，应设置“长期股权投资减值准备”科目进行核算。

投资企业按照应减记的金额，借记“信用减值损失——计提的长期股权投资减值准备”科目，贷记“长期股权投资减值准备”科目。

长期股权投资减值损失一经确认，在以后会计期间不得转回。

## 能力训练

### 一、单项选择题

1. 下列各项中，应确认为投资收益的是（　　）。

A. 以公允价值模式计量的投资性房地产的公允价值变动

B. 支付与取得长期股权投资直接相关的费用

C. 处置长期股权投资净损益

D. 计提长期股权投资减值准备

2. 企业采用权益法核算长期股权投资，长期股权投资持有期间被投资单位宣告分配现金股利时，该企业正确的会计处理是（　　）。

A. 借记“长期股权投资”科目，贷记“投资收益”科目

B. 借记“应收股利”科目，贷记“长期股权投资”科目

C. 借记“应收股利”科目，贷记“投资收益”科目

D. 借记“长期股权投资”科目，贷记“其他综合收益”科目

3. 成本法核算长期股权投资，持有期间被投资单位宣告发放现金股利时，投资企业应按所持股份额进行的会计处理正确的是（　　）。

A. 冲减投资收益

B. 增加投资收益

C. 冲减长期股权投资

D. 增加长期股权投资

4. 处置长期股权投资，其账面价值与实际取得价款的差额应计入（　　）。

A. 资本公积

B. 盈余公积

C. 投资收益

D. 营业外收入

5. 甲公司对投资于乙公司的长期股权投资采用成本法核算，投资企业于投资当年从乙公司分得的利润或现金股利，应作为（　　）。

A. 投资收益

B. 冲减财务费用

C. 投资成本的收回

D. 资本公积

6. 甲公司与乙公司共同出资设立丙公司，经甲、乙双方协商，丙公司的董事长由乙公司委派，甲方的出资比例为 55%，股东按出资比例行使表决权。在这种情况下，（　　）。

A. 甲公司采用权益法核算该长期股权投资，乙公司采用成本法核算该长期股权投资

B. 甲公司采用成本法核算该长期股权投资，乙公司采用权益法核算该长期股权投资

C. 甲公司和乙公司均采用成本法核算该长期股权投资

D. 甲公司和乙公司均采用权益法核算该长期股权投资

7. 采用成本法核算长期股权投资的企业，股票持有期内被投资单位发放的现金股利，应于（　　）确认投资收益。

A. 被投资单位宣告发放现金股利的除息日

B. 被投资单位宣告发放现金股利的股权登记日

C. 被投资单位宣告发放现金股利时

D. 实际收到现金股利时

8. 下列各项中，不会引起权益法核算的长期股权投资账面价值发生变动的有（　　）。

A. 被投资单位实现净利润

B. 被投资单位宣告发放股票股利

C. 被投资单位宣告发放现金股利

D. 被投资单位除净损益外的其他所有者权益变动

## 二、多项选择题

1. 下列各项中，引起企业长期股权投资账面价值发生变动的有（　　）。

A. 计提长期股权投资减值准备

B. 权益法下确认在被投资单位实现净利润中享有的份额

C. 权益法下确认在被投资单位所有者权益增加额中享有的份额

D. 转让持有至到期投资

2. 企业购入的采用权益法核算的长期股权投资，其初始投资成本包括（　　）。

A. 购入时实际支付的价款

B. 支付的价款中包含的被投资方已宣告但尚未发放的现金股利

C. 支付的印花税

D. 为取得长期股权投资发生的相关手续费

3. 下列各项中，不会导致成本法核算的长期股权投资账面价值发生增减变动的有（　　）。

A. 确认长期股权投资减值损失

B. 投资持有期间被投资企业实现净利润

C. 投资持有期间被投资企业宣告发放现金股利

D. 投资持有期间被投资企业除净损益外的其他所有者权益变动

4. 下列关于长期股权投资会计处理的表述中，正确的有（　　）。

A. 对联营和合营企业的长期股权投资，应当采用权益法核算

B. 成本法下，处置长期股权投资时应结转其已计提的减值准备

C. 权益法下，按被投资方宣告发放现金股利应享有的份额确认投资收益

D. 成本法下，按被投资方宣告发放现金股利应享有的份额确认投资收益

5. 长期股权投资采用成本法核算时，下列各项中，不确认投资损益的有（　　）。

A. 被投资企业实现利润

B. 被投资企业发生亏损

C. 确认包含在价款中的股利

D. 处置长期股权投资

6. 下列长期股权投资中，应该采用权益法核算的有（　　）。

A. 企业能够对被投资单位实施控制的长期股权投资

B. 企业对被投资单位具有共同控制的长期股权投资

C. 企业对被投资单位不具有控制、共同控制或重大影响，且在活跃市场中没有报价、公允价值不能可靠计量的长期股权投资

D. 企业对被投资单位具有重大影响的长期股权投资

**三、判断题**

1. 采用权益法核算的长期股权投资，在持有期间被投资单位宣告发放的现金股利，应按照享有的份额全部计入投资收益。（　　）

2. 企业对其他单位的长期股权投资，即使其持股比例不超过20%，只要能对被投资单位的财务和经营政策施加重大影响，仍应采用权益法进行核算。（　　）

3. 权益法核算下，长期股权投资的初始投资成本大于投资时应享有被投资单位可辨认净资产公允价值份额的，不调整长期股权投资的初始投资成本。（　）

4. 长期股权投资采用权益法核算的，在持股比例不变的情况下，被投资单位除净损益、其他综合收益和利润分配以外所有者权益的其他变动，企业按持股比例计算应享有的份额借记或贷记“长期股权投资——其他权益变动”科目，贷记或借记“资本公积——资本溢价或股本溢价”科目。（　）

5. 投资企业采用权益法核算，因被投资单位盈亏影响其所有者权益变动，投资企业应通过“长期股权投资——损益调整”核算。（　）

6. 长期股权投资如果发生减值，则应将其减值损失确认为当期的投资损失。（　）

扫码关注，获取答案及更多练习资料

# 项目 9 流动负债核算

## 学习目标:

1. 掌握短期借款、应付票据、应付账款和预收账款的核算;
2. 掌握职工薪酬的内容及短期薪酬和设定提存计划的核算;
3. 掌握应交增值税、应交消费税的核算;
4. 熟悉应付股利和其他应付款的核算;
5. 熟悉应交税费的内容、其他应交税费的核算。

流动负债核算思维导图如图 9-1 所示。

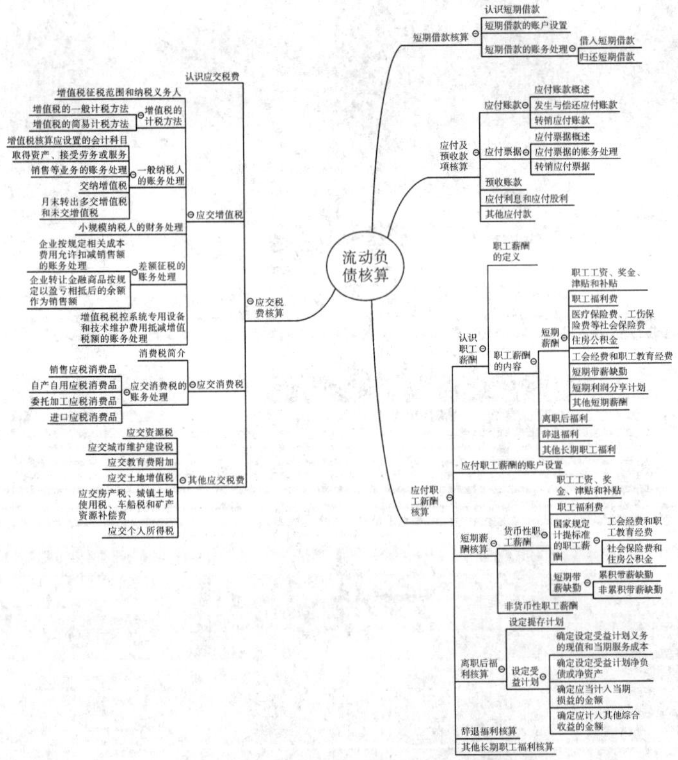


图 9-1 流动负债核算思维导图

# 任务9.1 短期借款核算

## 9.1.1 认识短期借款

短期借款是指企业向银行或其他金融机构等借入的期限在1年以下（含1年）的各种款项。短期借款一般是企业为了满足正常生产经营所需的资金或者是为了抵偿某项债务而借入的。短期借款的债权人不仅是银行，还包括其他非银行金融机构或其他单位和个人。

## 9.1.2 短期借款的账户设置

企业应设置“短期借款”科目核算短期借款的取得、偿还等情况。该科目的贷方登记取得短期借款本金的金额；借方登记偿还短期借款本金的金额；期末余额在贷方，反映企业尚未偿还的短期借款。本科目可按借款种类、贷款人和币种设置明细科目进行明细核算。

## 9.1.3 短期借款的账务处理

1. 借入短期借款

企业取得短期借款时，借记“银行存款”科目，贷记“短期借款”科目。

企业借入短期借款应支付利息。在实际工作中，如果短期借款利息是按期支付的，如按季度支付利息，或者利息是在借款到期时连同本金一起归还，并且其数额较大的，企业于月末应采用预提方式进行短期借款利息的核算。短期借款利息属于企业的筹资费用，应当在发生时作为财务费用直接计入当期损益。在资产负债表日，企业应当按照计算确定的短期借款利息费用，借记“财务费用”科目，贷记“应付利息”科目；实际支付利息时，借记“应付利息”科目，贷记“银行存款”或“库存现金”科目。

如果企业的短期借款利息按月支付，或者在借款到期时连同本金一起归还，数额不大的可以不采用预提的方法，而在实际支付或收到银行的计息通知时，直接计入当期损益，借记“财务费用”科目，贷记“银行存款”科目。

2. 归还短期借款

短期借款到期时，应及时归还。短期借款到期偿还本金时，企业应借记“短期借款”科目，贷记“银行存款”科目。如果在借款到期时连同本金一起归还利息的，企业应将归还的利息通过“应付利息”或“财务费用”科目核算。

【例9-1】2019年1月1日，甲公司向银行借入一笔生产经营用短期借款共计1 500 000元，期限为9个月，年利率为4%。根据与银行签署的借款协议，该项借款的本金到期后一次归还，利息按季支付。甲公司应进行如下操作：

①1 月 1 日借入短期借款：

借：银行存款　　1 500 000

　贷：短期借款　　1 500 000

②1 月末，计提 1 月份应付利息：

借：财务费用　　5 000

　贷：应付利息　　5 000

本月应计提的利息金额＝1 500 000×4%÷12＝5 000（元）

2 月末计提 2 月份利息费用的处理与 1 月份相同。

③3 月末，支付第一季度银行借款利息：

借：财务费用　　5 000

　　应付利息　　10 000

　贷：银行存款　　15 000

第二、第三季度的会计处理同上。

④10 月 1 日偿还银行借款本金：

借：短期借款　　1 500 000

　贷：银行存款　　1 500 000

**经典考题回顾**

1.【单选题】某企业月初的短期借款账户的贷方余额为 60 万元，本月向银行借入 6 个月的借款 20 万元，归还以前的短期借款 30 万元，则本月末短期借款账户的余额为（　　）。

A. 贷方 80 万元

B. 贷方 50 万元

C. 借方 50 万元

D. 贷方 30 万元

2.【单选题】下列各项中，企业计提短期借款利息费用应贷记的会计科目是（　　）。

A. 其他应付款

B. 短期借款

C. 银行存款

D. 应付利息

# 任务9.2 应付及预收款项核算

## 9.2.1 应付账款

1. 应付账款概述

应付账款是指企业因购买材料、商品或接受劳务供应等经营活动而应付给供应单位的款项。实务中，为了使所购入材料、商品的金额、品种、数量和质量等与合同规定的条款相符，避免因验收时发现所购材料、商品的数量或质量存在问题而对入账的材料、商品或应付账款金额进行改动，在材料、商品和发票账单同时到达的情况下，一般在所购材料、商品验收入库后，根据发票账单登记入账，确认应付账款。在所购材料、商品已经验收入库，但是发票账单未能同时到达的情况下，企业应付材料、商品供应单位的债务已经成立，在会计期末，为了反映企业的负债情况，需要将所购材料、商品和相关的应付账款暂估入账，待下月初用红字将上月末暂估入账的应付账款予以冲销。

企业应设置“应付账款”科目核算应付账款的发生、偿还、转销等情况。该科目的贷方登记应付未付款项的增加，借方登记应付未付款项的减少，期末贷方余额反映企业尚未支付的应付账款余额。本科目可按债权人设置明细科目进行明细核算。

2. 发生与偿还应付账款

企业购入材料、商品或接受劳务等所产生的应付账款，应按应付金额入账。购入材料、商品等验收入库，但货款尚未支付，根据有关凭证（发票账单、随货同行发票上记载的实际价款或暂估价值），借记“材料采购”“在途物资”“原材料”“库存商品”等科目，按照可抵扣的增值税进项税额，借记“应交税费——应交增值税（进项税额）”科目，按应付的款项，贷记“应付账款”科目。企业接受供应单位提供劳务而发生的应付未付款项，根据供应单位的发票账单所列金额，借记“生产成本”“管理费用”等科目，按照增值税专用发票上注明的可抵扣的增值税进项税额，借记“应交税费——应交增值税（进项税额）”科目，贷记“应付账款”科目。

企业偿还应付账款或开出商业汇票抵付应付账款时，借记“应付账款”科目，贷记“银行存款”“应付票据”等科目。

【例9-2】甲公司为增值税一般纳税人。2019年6月7日，从乙公司购入材料一批，增值税专用发票上注明的价款为140 000元，增值税税额为18 200元；同时，对方代垫运费1 600元、增值税税额为144元，已收到对方开具的增值税专用发票。材料验收入库（该企业材料按实际成本进行日常核算），款项尚未支付。2019年7月12日，甲公司以银行存款支付购入材料相关款项 159 944 元。甲公司应进行如下操作：

①确认应付账款：

借：原材料　　141 600

　　应交税费——应交增值税（进项税额）　　18 344

　贷：应付账款——乙公司　　159 944

②偿还应付账款：

借：应付账款——乙公司　　159 944

　贷：银行存款　　159 944

应付账款附有现金折扣条款的，企业应按照扣除现金折扣前的应付款总额入账。因在折扣期限内付款而获得的现金折扣，应在偿付应付账款时冲减财务费用。

【例 9-3】2019 年 9 月 2 日，甲公司从乙公司购入一批数码产品并验收入库。增值税专用发票上注明的该批数码产品的价款为 1 600 000 元，增值税税额为 208 000 元。按照购货协议的规定，甲公司如在 10 天内付清货款，将获得 1%的现金折扣（假定计算现金折扣时需考虑增值税）。2019 年 9 月 10 日，甲公司按照扣除现金折扣后的金额，用银行存款付清了所欠乙公司货款。甲公司采用实际成本核算库存商品，应进行如下操作：

①9 月 2 日确认应付账款：

借：库存商品　　1 600 000

　　应交税费——应交增值税（进项税额）　　208 000

　贷：应付账款——乙公司　　1 808 000

②9 月 10 日付清货款：

借：应付账款——乙公司　　1 808 000

　贷：银行存款　　1 789 920

　　　财务费用　　18 080

本例中，甲公司在 9 月 10 日（购货后的第 8 天）付清所欠乙公司的货款，按照购货协议可以获得现金折扣。甲公司获得的现金折扣 = 1 808 000×1% = 18 080（元），实际支付的货款 = 1 808 000−1 808 000×1% = 1 789 920（元）。

实务中，企业外购电力、燃气等动力一般通过“应付账款”科目核算，即在每月付款时先作暂付款处理，按照增值税专用发票上注明的价款，借记“应付账款”科目，按照增值税专用发票上注明的可抵扣的增值税进项税额，借记“应交税费——应交增值税（进项税额）”科目，贷记“银行存款”等科目；月末按照外购动力的用途分配动力费时，借记“生产成本”“制造费用”“管理费用”等科目，贷记“应付账款”科目。

【例 9-4】2019 年 8 月 20 日，甲公司收到银行转来乙电力公司供电部门开具的增值税专用发票，发票上注明的电费为 48 000 元、增值税税额为 6 240 元，企业以银行存款付讫。月末，该企业经计算，本月应付电费 48 000 元，其中生产车间电费 28 600 元，企业行政管理部门电费19 400元。甲公司应进行如下操作：

①支付外购动力费：

| | | |
|---|---|---|
| 借：应付账款——乙电力公司 | 48 000 | |
| 　　应交税费——应交增值税（进项税额） | 6 240 | |
| 　贷：银行存款 | | 54 240 |

②月末分配外购动力费：

| | | |
|---|---|---|
| 借：制造费用 | 28 600 | |
| 　　管理费用 | 19 400 | |
| 　贷：应付账款——乙电力公司 | | 48 000 |

3. 转销应付账款

应付账款一般在较短期限内支付，但有时由于债权单位撤销或其他原因而使应付账款无法清偿。企业对于确实无法支付的应付账款应予以转销，按其账面余额计入营业外收入，借记“应付账款”科目，贷记“营业外收入”科目。

【例9-5】2019年12月31日，甲公司确认一笔应付某公司货款60 300元为无法支付的款项，对此予以转销。甲公司应进行如下操作：

| | | |
|---|---|---|
| 借：应付账款 | 60 300 | |
| 　贷：营业外收入 | | 60 300 |

### 9.2.2　应付票据

1. 应付票据概述

应付票据是指企业购买材料、商品和接受劳务供应等而开出、承兑的商业汇票，包括商业承兑汇票和银行承兑汇票。

企业应设置“应付票据”科目核算应付票据的开出、偿付等情况。该科目贷方登记开出、承兑汇票的面值，借方登记支付票据的金额，期末余额在贷方，反映企业尚未到期的商业汇票的票面金额。

我国商业汇票的付款期限不超过6个月，因此，企业应将应付票据作为流动负债管理和核算。同时，由于应付票据的偿付时间较短，在会计实务中，一般均按照开出、承兑的应付票据的面值入账。

**小贴士：应付票据备查簿**

企业应当设置“应付票据备查簿”，详细登记商业汇票的种类、号数和出票日期、到期日、票面余额、交易合同号和收款人姓名或单位名称以及付款日期和金额等资料。应付票据到期结清时，上述内容应当在备查簿内予以注销。

2. 应付票据的账务处理

企业因购买材料、商品和接受劳务供应等而开出、承兑的商业汇票，应当按其票面金额作为应付票据的入账金额，借记“材料采购”“在途物资”“原材料”“库存商品”“应付账款”“应交税费——应交增值税（进项税额）”等科目，贷记“应付票据”科目。

企业因开出银行承兑汇票而支付的银行承兑汇票手续费，应当计入当期财务费用，支付手续费时，按照确认的手续费，借记“财务费用”科目，取得增值税专用发票的，按注明的增值税进项税额，借记“应交税费——应交增值税（进项税额）”科目，按照实际支付的金额，贷记“银行存款”科目。

企业开具的商业汇票到期支付票据款时，根据开户银行的付款通知，借记“应付票据”科目，贷记“银行存款”科目。

【例 9-6】甲公司为增值税一般纳税人，原材料按计划成本核算。2019 年 5 月 6 日购入原材料一批，增值税专用发票上注明的价款为 90 000 元，增值税税额为 11 700 元，原材料验收入库。该企业开出并经开户银行承兑的商业汇票一张，面值为 101 700 元、期限 5 个月。交纳银行承兑手续费 31.8 元，其中增值税 1.8 元。10 月 6 日商业汇票到期，甲公司通知其开户银行以银行存款支付票款。甲公司应进行如下操作：

①开出并承兑商业汇票购入材料：

| | | |
|---|---|---|
| 借：材料采购 | 90 000 | |
| 　　应交税费——应交增值税（进项税额） | 11 700 | |
| 　贷：应付票据 | | 101 700 |

②支付商业汇票承兑手续费：

| | | |
|---|---|---|
| 借：财务费用 | 30 | |
| 　　应交税费——应交增值税（进项税额） | 1.8 | |
| 　贷：银行存款 | | 31.8 |

③支付商业汇票款：

| | | |
|---|---|---|
| 借：应付票据 | 101 700 | |
| 　贷：银行存款 | | 101 700 |

3. 转销应付票据

应付商业承兑汇票到期，如企业无力支付票款，由于商业汇票已经失效，企业应将应付票据按账面余额转作应付账款，借记“应付票据”科目，贷记“应付账款”科目。应付银行承兑汇票到期，如企业无力支付票款，则由承兑银行代为支付并作为付款企业的贷款处理，企业应将应付票据账面余额转作短期借款，借记“应付票据”科目，贷记“短期借款”科目。

【例 9-7】承【例 9-6】，若上述银行承兑汇票到期时甲公司无力支付票款，甲公司应进行如下操作：

借：应付票据　　101 700

　贷：短期借款　　101 700

### 9.2.3　预收账款

预收账款是指企业按照合同规定向购货单位预收的款项。企业应设置“预收账款”科目，核算预收账款的取得、偿付等情况。该科目贷方登记发生的预收账款金额和购货单位补付账款的金额，借方登记企业向购货方发货后冲销的预收账款金额和退回购货方多付账款的金额；期末贷方余额，反映企业预收的款项，如为借方余额，反映企业尚未转销的款项。本科目一般应按照购货单位设置明细科目进行明细核算。

企业预收款项时，按实际收到的全部预收款，借记“库存现金”“银行存款”科目，涉及增值税的，按照预收款计算的应交增值税，贷记“应交税费——应交增值税（销项税额）”科目，全部预收款扣除应交增值税的差额，贷记“预收账款”科目。

企业分期确认有关收入时，按照实现的收入，借记“预收账款”科目，贷记“主营业务收入”“其他业务收入”科目。

企业收到客户补付款项时，借记“库存现金”“银行存款”科目，贷记“预收账款”“应交税费——应交增值税（销项税额）”科目；退回客户多预付的款项时，借记“预收账款”科目，贷记“库存现金”“银行存款”科目。涉及增值税的，还应进行相应的会计处理。

预收货款业务不多的企业，可以不单独设置“预收账款”科目，其所发生的预收货款，可通过“应收账款”科目核算。

【例 9-8】甲公司为增值税一般纳税人。2019 年 7 月 1 日，甲公司与乙公司签订经营租赁（非主营业务）合同，向乙公司出租机械设备 3 台，期限为 6 个月，3 台机械设备租金（含税）共计 101 700 元。合同约定，合同签订日预付租金（含税）33 900 元，合同到期结清全部租金余款；合同签订日，甲公司收到租金并存入银行，开具的增值税专用发票注明租金 30 000 元、增值税 3 900 元。租赁期满日，甲公司收到租金余款及相应的增值税。甲公司应进行如下操作：

①收到乙公司预付租金：

借：银行存款　　33 900

　贷：预收账款——乙公司　　30 000

　　　应交税费——应交增值税（销项税额）　　3 900

②每月末确认租金收入：

借：预收账款——乙公司　　15 000

　贷：其他业务收入　　15 000

③租赁期满收到租金余款及增值税：

借：银行存款　　67 800
　贷：预收账款——乙公司　　60 000
　　　应交税费——应交增值税（销项税额）　　7 800

假定甲公司不设置“预收账款”科目，其预收的款项通过“应收账款”科目核算。甲公司应进行如下操作：

①收到乙公司预付租金：

借：银行存款　　33 900
　贷：应收账款——乙公司　　30 000
　　　应交税费——应交增值税（销项税额）　　3 900

②每月末确认租金收入：

借：应收账款——乙公司　　15 000
　贷：其他业务收入　　15 000

③租赁期满收到租金余款及增值税：

借：银行存款　　67 800
　贷：应收账款——乙公司　　60 000
　　　应交税费——应交增值税（销项税额）　　7 800

### 9.2.4　应付利息和应付股利

1. 应付利息

应付利息是指企业按照合同约定应支付的利息，包括预提短期借款利息、分期付息到期还本的长期借款、企业债券等应支付的利息。

企业应设置“应付利息”科目核算应付利息的发生、支付情况。该科目贷方登记按照合同约定计算的应付利息，借方登记实际支付的利息，期末贷方余额反映企业应付未付的利息。本科目一般应按照债权人设置明细科目进行明细核算。

企业采用合同约定的利率计算确定利息费用时，按应付合同利息金额，借记“财务费用”等科目，贷记“应付利息”科目；实际支付利息时，借记“应付利息”科目，贷记“银行存款”等科目。

【例9-9】甲公司借入5年期到期还本、每年付息的长期借款2 800 000元，合同约定年利率为6%。甲公司应进行如下操作：

①每年计算确认利息费用：

借：财务费用　　168 000
　贷：应付利息　　168 000

企业每年应支付的利息 = 2 800 000×6% = 168 000（元）

②每年实际支付利息：

借：应付利息　　　　168 000

　贷：银行存款　　　　168 000

2. 应付股利

应付股利是指企业根据股东大会或类似机构审议批准的利润分配方案确定分配给投资者的现金股利或利润。

企业应设置“应付股利”科目核算企业确定或宣告发放但尚未实际支付的现金股利或利润。该科目贷方登记应支付的现金股利或利润；借方登记实际支付的现金股利或利润；期末贷方余额反映企业应付未付的现金股利或利润。本科目应按照投资者设置明细科目进行明细核算。

企业根据股东大会或类似机构审议批准的利润分配方案，确认应付给投资者的现金股利或利润时，借记“利润分配——应付现金股利或利润”科目，贷记“应付股利”科目；向投资者实际支付现金股利或利润时，借记“应付股利”科目，贷记“银行存款”等科目。

【例 9-10】甲有限责任公司有 A、B 两个股东，其出资分别占注册资本的 30%和 70%。2018 年度该公司实现净利润 6 300 000 元，经过股东会批准，决定 2019 年分配股利 4 500 000 元。股利已用银行存款支付，甲有限责任公司应进行如下操作：

①确认应付投资者利润：

借：利润分配——应付股利或利润　　　　4 500 000

　贷：应付股利——A 股东　　　　1 350 000

　　　　　　　——B 股东　　　　3 150 000

②支付投资者利润：

借：应付股利——A 股东　　　　1 350 000

　　　　　　——B 股东　　　　3 150 000

　贷：银行存款　　　　4 500 000

A 股东应分配的股利 = 4 500 000×30% = 1 350 000（元）

B 股东应分配的股利 = 4 500 000×70% = 3 150 000（元）

### 9.2.5 其他应付款

其他应付款是指企业除应付票据、应付账款、预收账款、应付职工薪酬、应交税费、应付利息、应付股利等经营活动以外的其他各项应付、暂收的款项，如应付短期租赁固定资产租金、租入包装物租金、存入保证金等。

企业应设置"其他应付款"科目核算其他应付款的增减变动及其结存情况。该科目贷方登记发生的各种应付、暂收款项；借方登记偿还或转销的各种应付、暂收款项；该科目期末贷方余额，反映企业应付未付的其他应付款项。本科目按照其他应付款的项目和对方单位（或个人）设置明细科目进行明细核算。

企业发生其他各种应付、暂收款项时，借记"管理费用"等科目，贷记"其他应付款"科目；支付或退回其他各种应付、暂收款项时，借记"其他应付款"科目，贷记"银行存款"等科目。

【例9-11】甲公司从2019年7月1日起，以短期租赁方式租入管理用办公设备一批，每月租金7 500元，按季支付。9月30日，甲公司以银行存款支付应付租金22 500元，增值税进项税额为2 925元。甲公司应进行如下操作：

①7月31日计提应付短期租入固定资产租金：

借：管理费用　　7 500
　贷：其他应付款　　7 500

8月底计提应付短期租入固定资产租金的会计处理同上。

②9月30日支付租金和税金：

借：其他应付款　　15 000
　　管理费用　　7 500

应交税费——应交增值税（进项税额）　　2 925

贷：银行存款　　25 425

**经典考题回顾**

1.【单选题】下列各项中，企业转销无力支付的到期银行承兑汇票款，应贷记的会计科目是（　　）。

A. 短期借款

B. 财务费用

C. 应付账款

D. 其他应收款

2.【单选题】下列各项中，应通过“其他应付款”科目核算的是（　　）。

A. 应付投资者的现金股利

B. 预售客户的货款

C. 应付租入包装物的租金

D. 应付供应商的材料采购款

3.【单选题】某企业向客户收取了一笔服务费后承诺在后续两年内为其提供相应的技术咨询服务。不考虑其他因素，下列各项中，该企业收取服务费时应记入的会计科目是（　　）。

A. 主营业务收入

B. 预收账款

C. 其他业务收入

D. 其他应收款

4.【判断题】应付账款附有现金折扣的，企业应按照扣除现金折扣后的应付款净额入账。（　　）

扫码关注，获取答案及更多考题资料

# 任务 9.3　应付职工薪酬核算

## 9.3.1　认识职工薪酬

1. 职工薪酬的定义

《企业会计准则第 9 号——职工薪酬》明确规定：职工薪酬是指企业为获得职工提供的服务或解除劳动关系而给予的各种形式的报酬或补偿。从广义上讲，职工薪酬是企业必须付出的人力成本，是吸引和激励职工的重要手段，即职工薪酬既是职工对企业投入劳动获得的报酬，也是企业的成本费用。

这里所称的“职工”，主要包括三类人员：一是与企业订立劳动合同的所有人员，含全职、兼职和临时职工；二是未与企业订立劳动合同，但由企业正式任命的企业治理层和管理层人员，如董事会成员、监事会成员等；三是在企业的计划和控制下，虽未与企业订立劳动合同或未由其正式任命，但向企业所提供服务与职工所提供服务类似的人员，也属于职工的范畴，包括通过企业与劳务中介公司签订用工合同而向企业提供服务的人员。

**小贴士：薪酬定义的延展**

从薪酬的涵盖时间和支付形式来看，职工薪酬包括职工在职期间和离职期间提供给职工的全部货币性薪酬和非货币性薪酬；从薪酬的支付对象来看，职工薪酬既包括提供给职工本人的薪酬，也包括提供给职工配偶、子女、受赡养人、已故员工遗属及其他受益人等的福利。职工薪酬由企业根据职工的劳动及相关规定定期结算并支付，实务中一般职工薪酬的结算在前，实际支付在后，两者存在一定的时间差，由此产生的应付未付职工薪酬，构成企业的一项流动负债。

2. 职工薪酬的内容

（1）短期薪酬

短期薪酬是指企业在职工提供相关服务的年度报告期间结束后 12 个月内需要全部予以支付的职工薪酬，因解除与职工的劳动关系给予的补偿除外。短期薪酬具体包括：

①职工工资、奖金、津贴和补贴，是指按照构成工资总额的计时工资、计件工资、支付给职工的超额劳动报酬和增收节支的劳动报酬、为补偿职工特殊或额外的劳动消耗和因其他特殊原因支付给职工的津贴，以及为保证职工工资水平不受物价影响支付给职工的物价补贴等。其中，企业按照短期奖金计划向职工发放的奖金属于短期薪酬，按照长期奖金计划向职工发放的奖金属于其他长期职工福利。

②职工福利费，是指企业向职工提供的生活困难补助、丧葬补助费、抚恤费、职工异

地安家费、防暑降温费等职工福利支出。

③医疗保险费、工伤保险费等社会保险费，是指企业按照国家规定的基准和比例计算，向社会保险经办机构缴纳的医疗保险费、工伤保险费。

④住房公积金，是指企业按照国家规定的基准和比例计算，向住房公积金管理机构缴存的住房公积金。

⑤工会经费和职工教育经费，是指企业为了改善职工文化生活、为职工学习先进技术及提高文化水平和业务素质，用于开展工会活动和职工教育及职业技能培训等相关支出。

⑥短期带薪缺勤，是指职工虽然缺勤但企业仍向其支付报酬的安排，包括年休假、病假、婚假、产假、丧假、探亲假等。

⑦短期利润分享计划，是指因职工提供服务而与职工达成的基于利润或其他经营成果而提供薪酬的协议。长期利润分享计划属于其他长期职工福利。

⑧其他短期薪酬，指除上述薪酬以外的其他为获得职工提供的服务而给予的短期薪酬。

（2）离职后福利

离职后福利是指企业为获得职工提供的服务而在职工退休或与企业解除劳动关系后，提供的各种形式的报酬和福利，短期薪酬和辞退福利除外。

**小贴士：离职后福利计划**

离职后福利计划，是指企业与职工就离职后福利达成的协议，或者企业为向职工提供离职后福利制定的规章或办法等。企业应当将离职后福利计划分类为设定提存计划和设定受益计划。其中，设定提存计划是指向独立的基金缴存固定费用后，企业不再承担进一步支付义务的离职后福利计划；设定受益计划是指除设定提存计划以外的离职后福利计划。

（3）辞退福利

辞退福利是指企业在职工劳动合同到期之前解除与职工的劳动关系，或者为鼓励职工自愿接受裁减而给予职工的补偿。

（4）其他长期职工福利

其他长期职工福利是指除短期薪酬、离职后福利、辞退福利之外所有的职工薪酬，包括长期带薪缺勤、长期残疾福利、长期利润分享计划等。

### 9.3.2　应付职工薪酬的账户设置

企业应设置“应付职工薪酬”科目，核算应付职工薪酬的计提、结算、使用等情况。该科目的贷方登记已分配计入有关成本费用项目的职工薪酬，借方登记实际发放的职工薪酬，包括扣还的款项等；期末贷方余额，反映企业应付未付的职工薪酬。

“应付职工薪酬”科目应按照“工资、奖金、津贴和补贴”“职工福利费”“非货币性福利”“社会保险费”“住房公积金”“工会经费和职工教育经费”“带薪缺勤”“利润分享计划”“设定提存计划”“设定受益计划”“辞退福利”等职工薪酬项目设置明细账进行明细核算。

### 9.3.3 短期薪酬核算

企业应当在职工为其提供服务的会计期间，将实际发生的短期薪酬确认为负债，并计入当期损益，其他会计准则要求或允许计入资产成本的除外。

1. 货币性职工薪酬

（1）职工工资、奖金、津贴和补贴

对于职工工资、奖金、津贴和补贴等货币性职工薪酬，企业应当在职工为其提供服务的会计期间，将实际发生的职工工资、奖金、津贴和补贴等，根据职工提供服务的受益对象，将应确认的职工薪酬，借记“生产成本”“制造费用”“合同履约成本”“管理费用”“销售费用”等科目，贷记“应付职工薪酬——工资、奖金、津贴和补贴”科目。

【例 9-12】甲公司 2019 年 10 月份应付职工工资总额为 700 000 元，“工资费用分配汇总表”中列示的产品生产人员工资为 490 000 元，车间管理人员工资为 103 000 元，企业行政管理人员工资为 94 000 元，专设销售机构人员工资为 13 000 元。甲公司应进行如下操作：

借：生产成本——基本生产成本　　490 000
　　制造费用　　103 000
　　管理费用　　94 000
　　销售费用　　13 000
　贷：应付职工薪酬——工资、奖金、津贴和补贴　　700 000

企业按照有关规定向职工支付工资、奖金、津贴、补贴等，借记“应付职工薪酬——工资、奖金、津贴和补贴”科目，贷记“银行存款”“库存现金”等科目；企业从应付职工薪酬中扣还的各种款项（代垫的家属药费、个人所得税等），借记“应付职工薪酬”科目，贷记“银行存款”“库存现金”“其他应收款”“应交税费——应交个人所得税”等科目。

【例9-13】承【例9-12】，甲公司根据“工资费用分配汇总表”结算本月应付职工工资总额700 000元，其中企业代垫职工房租35 000元、代垫职工家属医药费9 000元，实发工资656 000元。甲公司应进行如下操作：

①向银行提取现金：

| | | |
|---|---|---|
| 借：库存现金 | 656 000 | |
| 　贷：银行存款 | | 656 000 |

②用现金发放工资：

| | | |
|---|---|---|
| 借：应付职工薪酬——工资、奖金、津贴和补贴 | 656 000 | |
| 　贷：库存现金 | | 656 000 |

如果通过银行发放工资，甲公司应进行如下操作：

| | | |
|---|---|---|
| 借：应付职工薪酬——工资、奖金、津贴和补贴 | 656 000 | |
| 　贷：银行存款 | | 656 000 |

③结转代垫款项：

| | | |
|---|---|---|
| 借：应付职工薪酬——工资、奖金、津贴和补贴 | 44 000 | |
| 　贷：其他应收款——职工房租 | | 35 000 |
| 　　　　　　　——代垫医药费 | | 9 000 |

（2）职工福利费

对于职工福利费，企业应当在实际发生时根据实际发生额计入当期损益或相关资产成本，借记“生产成本”“制造费用”“管理费用”“销售费用”等科目，贷记“应付职工薪酬——职工福利费”科目。

【例9-14】甲公司设有一所职工食堂，每月根据在岗职工数量及岗位分布情况、相关历史经验数据等计算需要补贴食堂的金额，从而确定企业每期因补贴职工食堂需要承担的福利费金额。2019年6月，企业在岗职工共计260人，其中管理部门60人，生产车间生产人员200人，企业的历史经验数据表明，每个职工每月需补贴食堂150元。甲公司应进行如下操作：

| | | |
|---|---|---|
| 借：生产成本 | 30 000 | |
| 　　管理费用 | 9 000 | |
| 　贷：应付职工薪酬——职工福利费 | | 39 000 |

甲公司应确认的职工福利费 = 150×260 = 39 000（元）

2019 年 7 月，甲公司支付 39 000 元补贴给食堂。甲公司应进行如下操作：

借：应付职工薪酬——职工福利费　　39 000

　贷：银行存款　　39 000

（3）国家规定计提标准的职工薪酬

①工会经费和职工教育经费。根据《工会法》的规定，企业按每月全部职工工资总额的 2%向工会拨缴经费，并在成本费用中列支，主要用于为职工服务和工会活动。职工教育经费一般由企业按照每月工资总额的 8%计提，主要用于职工接受岗位培训、继续教育等方面。

期末，企业根据规定的计提基础和比例计算确定应付工会经费、职工教育经费，借记"生产成本""制造费用""管理费用""销售费用""在建工程""研发支出"等科目，贷记"应付职工薪酬——工会经费、职工教育经费"科目；实际上缴或发生实际开支时，借记"应付职工薪酬——工会经费、职工教育经费"，贷记"银行存款"等科目。

【例 9-15】承【例 9-12】，2019 年 10 月份，甲公司根据相关规定，分别按照职工工资总额的 2%和 8%的计提标准，确认应付工会经费和职工教育经费。甲公司应进行如下操作：

借：生产成本——基本生产成本　　49 000

　　制造费用　　10 300

　　管理费用　　9 400

　　销售费用　　1 300

　贷：应付职工薪酬——工会经费、职工教育经费——工会经费　　14 000

　　　　　　　　　　　　　　　　　　　　　　——职工教育经费　　56 000

应确认的应付职工薪酬 =（490 000+103 000+94 000+13 000）×（2%+8%）= 70 000（元），其中，工会经费为 14 000 元、职工教育经费为 56 000 元。

本例中，应记入"生产成本"科目的金额 = 490 000×（2%+8%）= 49 000（元）；应记入"制造费用"科目的金额 = 103 000×（2%+8%）= 10 300（元）；应记入"管理费用"科目的金额 = 94 000×（2%+8%）= 9 400（元）；应记入"销售费用"科目的金额 = 13 000×（2%+8%）= 1 300（元）。

②社会保险费和住房公积金。社会保险费包括医疗保险费、养老保险费、失业保险费、工伤保险费。企业承担的社会保险费，除养老保险费和失业保险费按规定确认为离职后福利，其他的社会保险作为企业的短期薪酬。住房公积金分为职工所在单位为职工缴存和职工个人缴存两部分，但其全部属于职工个人所有。

期末，对于企业应缴纳的社会保险费（不含基本养老费和失业保险费）和住房公积金，应按照国家规定的计提基础和比例，在职工提供服务期间根据受益对象计入当期损益或相关资产成本，并确认相应的应付职工薪酬金额，借记"生产成本""制造费用""管理费用”“销售费用”“在建工程”“研发支出”等科目，贷记“应付职工薪酬——社会保险费、住房公积金”科目；职工个人承担的社会保险费和住房公积金，由职工所在企业每月从其工资中代扣代缴，借记“应付职工薪酬——社会保险费、住房公积金”科目，贷记“其他应付款——社会保险费（医疗保险、工伤保险）、住房公积金”科目。

（4）短期带薪缺勤

对于职工带薪缺勤，企业应当根据其性质及职工享有的权利，分为累积带薪缺勤和非累积带薪缺勤两类。企业应当对累积带薪缺勤和非累积带薪缺勤分别进行会计处理。如果带薪缺勤属于长期带薪缺勤的，企业应当作为其他长期职工福利处理。

①累积带薪缺勤，是指带薪权利可以结转下期的带薪缺勤，本期尚未用完的带薪缺勤权利可以在未来期间使用。企业应当在职工提供了服务从而增加了其未来享有的带薪缺勤权利时，确认与累积带薪缺勤相关的职工薪酬，并以累积未行使权利而增加的预期支付金额计量。确认累积带薪缺勤时，借记“管理费用”等科目，贷记“应付职工薪酬——带薪缺勤——短期带薪缺勤——累积带薪缺勤”科目。

【例9-16】甲公司从2019年1月1日起实行累积带薪缺勤制度。该制度规定，每个职工每年可享受5个工作日带薪年休假，未使用的年休假只能向后结转一个公历年度，超过1年未使用的权利作废，在职工离开企业时也无权获得现金支付；职工休年假时，首先使用当年可享受的权利，不足部分再从上年结转的带薪年休假中扣除。

至2019年12月31日，甲公司有2 000名职工未享受当年的带薪年休假，甲公司预计2020年有1 800名职工将享受不超过5天的带薪年休假，剩余200名职工每人将平均享受6天半年休假，假定这200名职工全部为总部各部门经理，该企业平均每名职工每个工作日工资为320元。不考虑其他相关因素。2019年12月31日，甲公司应进行如下操作：

借：管理费用　　96 000

　贷：应付职工薪酬——带薪缺勤——短期带薪缺勤——累积带薪缺勤　　96 000

甲公司在2019年12月31日应当预计由于职工累积未使用的带薪年休假权利而导致的预期支付的金额，即相当于300天［200×（6.5−5）］的年休假工资金额96 000元（300×320）。

②非累积带薪缺勤，是指带薪权利不能结转下期的带薪缺勤，本期尚未用完的带薪缺勤权利将予以取消，并且职工离开企业时也无权获得现金支付。我国企业职工休婚假、产假、丧假、探亲假、病假期间的工资通常属于非累积带薪缺勤。由于职工提供服务本身不能增加其能够享受的福利金额，企业在职工未缺勤时不应当计提相关费用和负债。为此，企业应当在职工实际发生缺勤的会计期间确认与非累积带薪缺勤相关的职工薪酬。

企业确认职工享有的与非累积带薪缺勤权利相关的薪酬，视同职工出勤确认的当期损益或相关资产成本。一般情况下，与非累积带薪缺勤相关的职工薪酬已经包括在企业每期向职工发放的工资等薪酬中，因此，不必额外作相应的账务处理。

2. 非货币性职工薪酬

企业以其自产产品作为非货币性福利发放给职工的，应当根据受益对象，按照该产品的含税公允价值计入相关资产成本或当期损益，同时确认应付职工薪酬，借记“生产成本”“制造费用”“管理费用”等科目，贷记“应付职工薪酬——非货币性福利”科目。将企业拥有的房屋等资产无偿提供给职工使用的，应当根据受益对象，将该住房每期应计提的折旧计入相关资产成本或当期损益，同时确认应付职工薪酬，借记“生产成本”“制造费用”“管理费用”等科目，贷记“应付职工薪酬——非货币性福利”科目，并且同时借记“应付职工薪酬——非货币性福利”科目，贷记“累计折旧”科目。租赁住房等资产供职工无偿使用的，应当根据受益对象，将每期应付的租金计入相关资产成本或当期损益，并确认应付职工薪酬，借记“生产成本”“制造费用”“管理费用”等科目，贷记“应付职工薪酬——非货币性福利”科目。难以认定受益对象的非货币性福利，直接计入当期损益和应付职工薪酬。

【例 9-17】甲公司为家电生产企业，共有职工 260 名，其中 210 名为直接参加生产的职工，50 名为总部管理人员。2019 年 12 月，甲公司以其生产的每台成本为 900 元的电暖器作为春节福利发放给公司每名职工。该型号的电暖器不含增值税的市场售价为每台 1 000元，甲公司销售商品适用的增值税税率为 13%。甲公司应进行如下操作：

| | | |
|---|---|---|
| 借：生产成本 | 237 300 | |
| 　　管理费用 | 56 500 | |
| 　贷：应付职工薪酬——非货币性福利 | | 293 800 |

本例中，应确认的应付职工薪酬 = 260×1 000×（1+13%）= 293 800（元）。其中，应记入“生产成本”科目的金额 = 210×1 000×（1+13%）= 237 300（元）；应记入“管理费用”科目的金额 = 50×1 000×（1+13%）= 56 500（元）。

企业以自产产品作为职工薪酬发放给职工时，应确认主营业务收入，借记“应付职工薪酬——非货币性福利”科目，贷记“主营业务收入”科目，同时结转相关成本，涉及增值税销项税额的，还应进行相应的处理，借记“应付职工薪酬——非货币性福利”科目，贷记“应交税费——应交增值税（销项税额）”科目。企业支付租赁住房等资产供职工无偿使用所发生的租金，借记“应付职工薪酬——非货币性福利”科目，贷记“银行存款”等科目。

### 9.3.4 离职后福利核算

1. 设定提存计划

企业应当在职工为其提供服务的会计期间，将根据设定提存计划计算的应缴存金额确认为负债，并计入当期损益或相关资产成本。

对于设定提存计划，企业应当根据在资产负债表日为换取职工在会计期间提供的服务而应向单独主体缴存的提存金，确认应付职工薪酬，并计入当期损益或相关资产成本，借记“生产成本”“制造费用”“管理费用”“销售费用”等科目，贷记“应付职工薪酬——设定提存计划”科目。

2. 设定受益计划

设定提存计划和设定受益计划的区别，在于离职后福利计划的主要条款和条件所包含的经济实质。在设定受益计划下，企业的义务是为现在及以前的职工提供约定的福利，并且计算风险和投资风险实质上由企业来承担。

企业对设定受益计划的会计处理一般包括以下四个步骤：

（1）确定设定受益计划义务的现值和当期服务成本。企业在确定设定受益计划义务的现值、当期服务成本以及过去服务成本时，应当根据计划的福利公式将设定受益计划产生的福利义务归属于职工提供服务的期间，并计入当期损益或相关资产成本。

（2）确定设定受益计划净负债或净资产。企业应当将设定受益计划义务的现值减去设定受益计划资产公允价值所形成的赤字或盈余确认为一项设定受益计划净负债或净资产。

（3）确定应当计入当期损益的金额。报告期末，企业应当在损益中确认的受益计划产生的职工薪酬成本包括服务和设定受益净负债或净资产的利息净额。

（4）确定应计入其他综合收益的金额。企业应当将重新计量设定受益计划净负债或净资产所产生的变动计入其他综合收益，并且在后续会计期间不允许转回至损益，但企业可以在原设定受益终止时在权益范围内转移这些在其他综合收益中确认的金额，部分或全部结转至未分配利润。

【例9-18】2019年8月，甲公司当月应发工资为18 900 000元，其中生产部门生产工人工资为11 000 000元，生产部门管理人员工资为2 300 000元，管理部门管理人员工资为5 600 000元。甲公司根据规定，按照职工工资总额的12%计提基本养老保险费，缴存当地社会保险经办机构。甲公司应进行如下操作：

| | | |
|---|---|---|
| 借：生产成本 | 1 320 000 | |
| 　　制造费用 | 276 000 | |
| 　　管理费用 | 672 000 | |
| 　贷：应付职工薪酬——设定提存计划 | | 2 268 000 |

### 9.3.5 辞退福利核算

（1）对于职工没有选择权的辞退计划，应当根据辞退计划条款规定的拟解除劳动关系的职工数量、每一职位的辞退补偿标准等，计提应付职工薪酬。

（2）对于自愿接受裁减建议的，应当预计将会接受裁减建议的职工数量，根据预计的职工数量和每一位职位的辞退补偿标准等，计提应付职工薪酬，借记“管理费用”科目，贷记“应付职工薪酬——辞退福利”科目。

（3）对于辞退福利预期在其确认的年度报告期间期末后12个月内完全支付的，企业应当按短期薪酬的相关规定处理。

（4）对于辞退福利预期在年度报告期间期末后 12 个月内不能完全支付的辞退福利，企业应当选择恰当的折现率，以折现后的金额作为计入当期管理费用的辞退福利金额。在确认辞退福利时，借记“管理费用”“未确认融资费用”科目，贷记“应付职工薪酬——辞退福利”科目。在分期支付时，借记“应付职工薪酬——辞退福利”科目，贷记“银行存款”科目；同时，借记“财务费用”科目，贷记“未确认融资费用”科目。

（5）对于职工虽然没有与企业解除劳动合同，但未来不再为企业提供服务，不能为企业带来经济利益，企业承诺提供实质上具有辞退福利性质的经济补偿的，如发生“内退”的情况，在其正式退休日期之前应当比照辞退福利处理，在其正式退休日期后，应当按照离职后福利处理。

### 9.3.6 其他长期职工福利核算

其他长期职工福利是对员工长期福利的一个补充，囊括实务中可能存在的其他职工薪酬，使职工薪酬的结构更加完整合理。

**经典考题回顾**

1.【单选题】某纺织企业为增值税一般纳税人，适用的增值税税率为 13%。该企业以其生产的服装作为福利发放给 100 名生产车间管理人员，每人一套。每套服装不含税售价为 350 元，成本为 280 元。不考虑其他因素，下列各项中，该企业关于非货币性福利的会计处理结果正确的是（　　）。

A. 确认管理费用 39 550 元

B. 确认增值税销项税额 3 640 元

C. 确认主营业务收入 39 550 元

D. 确认应付职工薪酬 39 550 元

2.【多选题】下列各项中，属于“应付职工薪酬”科目核算内容的有（　　）。

A. 已订立劳动合同的全职职工的奖金

B. 正式任命并聘请的独立董事津贴

C. 已订立劳动合同的临时职工的工资

D. 向住房公积金管理机构缴存的住房公积金

3.【判断题】企业应当在职工发生实际缺勤的会计期间确认与非累积带薪缺勤相关的应付职工薪酬。（　　）

# 任务 9.4　应交税费核算

## 9.4.1　认识应交税费

企业根据税法规定应交纳的各种税费包括：增值税、消费税、企业所得税、城市维护建设税、资源税、环境保护税、土地增值税、房产税、车船税、城镇土地使用税、教育费附加、矿产资源补偿费、印花税、耕地占用税、契税、车辆购置税等。

企业应通过“应交税费”科目，核算各种税费的应交、交纳等情况。该科目贷方登记应交纳的各种税费等，借方登记实际交纳的税费；期末余额一般在贷方，反映企业尚未交纳的税费，期末余额如在借方，反映企业多交或尚未抵扣的税费。本科目按应交税费项目设置明细科目进行明细核算。

企业代扣代缴的个人所得税，也通过“应交税费”科目核算，而企业交纳的印花税、耕地占用税等不需要预计应交税的税金，不通过“应交税费”科目核算。

## 9.4.2　应交增值税

1. 增值税征税范围和纳税义务人

增值税是以商品（应税劳务、应税行为）在流转过程中实现的增值额作为计税依据而征收的一种流转税。按照我国现行增值税制度的规定，在我国境内销售货物、加工修理修配劳务、服务、无形资产和不动产以及进口货物的企业、单位和个人为增值税的纳税人。其中，服务是指提供交通运输服务、建筑服务、邮政服务、电信服务、金融服务、现代服务、生活服务。

根据经营规模大小及会计核算水平的健全程度，增值税纳税人分为一般纳税人和小规模纳税人。一般纳税人是指年应税销售额超过财政部、国家税务总局规定标准的增值税纳税人；小规模纳税人是指年应税销售额未超过规定标准，并且会计核算不健全，不能够提供准确税务资料的增值税纳税人。

2. 增值税的计税方法

(1) 增值税的一般计税方法

增值税的一般计税方法，是先按当期销售额和适用的税率计算出销项税额，然后以该销项税额对当期购进项目支付的税款（进项税额）进行抵扣，间接算出当期的应纳税额。

应纳税额的计算公式为：应纳税额=当期销项税额-当期进项税额

①当期销项税额是指纳税人当期销售货物加工修理修配劳务、服务、无形资产和不动产时按照销售额和增值税税率计算并收取的增值税税额。其中，销售额是指纳税人销售货物、加工修理修配劳务、服务、无形资产和不动产向购买方收取的全部价款和价外费用，但是不包括收取的销项税额。当期销项税额的计算公式为：销项税额=销售额×增值税税率。

**小贴士：一般纳税人的增值税税率**

一般纳税人采用的税率分为13%、9%、6%和零税率。

一般纳税人销售货物、劳务、有形动产租赁服务或者进口货物，税率为13%。

一般纳税人销售或者进口粮食等农产品、食用植物油、食用盐、自来水、暖气、冷气、热水、煤气、石油液化气、天然气、二甲醚、沼气、居民用煤炭制品、图书、报纸、杂志、音像制品、电子出版物、饲料、化肥、农药、农机、农膜以及国务院及其有关部门规定的其他货物，税率为9%；提供交通运输、邮政、基础电信、建筑、不动产租赁服务，销售不动产，转让土地使用权，税率为9%；其他应税行为，税率为6%。

一般纳税人出口货物，税率为零；但是，国务院另有规定的除外。境内单位和个人发生的跨境应税行为税率为零，具体范围由财政部和国家税务总局另行规定。

②当期进项税额是指纳税人当期购进货物、加工修理修配劳务、服务、无形资产或者不动产，支付或者负担的增值税税额。

下列进项税额准予从销项税额中抵扣：从销售方取得的增值税专用发票（含税控机动

车销售统一发票，下同）上注明的增值税税额；从海关进口增值税专用缴款书上注明的增值税税额；购进农产品，除取得增值税专用发票或者海关进口增值税专用缴款书外，按照农产品收购发票或者销售发票上注明的农产品买价和9%的扣除率计算的进项税额；如用于生产销售或委托加工13%税率货物的农产品，按照农产品收购发票或者销售发票上注明的农产品买价和10%的扣除率计算的进项税额；从境外单位或者个人购进服务、无形资产或者不动产，从税务机关或者扣缴义务人取得的解缴税款的完税凭证上注明的增值税税额；一般纳税人支付的道路、桥、闸通行费，凭取得的通行费发票上注明的收费金额和规定的方法计算的可抵扣的增值税进项税额。

当期销项税额小于当期进项税额不足抵扣时，其不足部分可以结转下期继续抵扣。

（2）增值税的简易计税方法

增值税的简易计税方法是按照销售额与征收率的乘积计算应纳税额，不得抵扣进项税额。应纳税额的计算公式为：应纳税额=销售额×征收率

其中，销售额不包括其应纳税额，如果纳税人采用销售额和应纳税额合并定价方法的，应按照公式“销售额=含税销售额÷（1+征收率）”还原为不含税销售额计算。

采用简易计税方式的增值税征收率为3%，国家另有规定的除外。

3. 一般纳税人的账务处理

（1）增值税核算应设置的会计科目

为了核算企业应交增值税的发生、抵扣、交纳、退税及转出等情况，增值税一般纳税人应当在“应交税费”科目下设置“应交增值税”“未交增值税”“预交增值税”“待抵扣进项税额”“待认证进项税额”“待转销项税额”“增值税留抵税额”“简易计税”“转让金融商品应交增值税”“代扣代缴增值税”等明细科目。

①“应交增值税”明细科目，核算一般纳税人进项税额、销项税额抵减、已交税金、转出未交增值税、减免税款、出口抵减内销产品应纳税额、销项税额、出口退税、进项税额转出、转出多交增值税等。

**小贴士：“应交增值税”明细科目设置的专栏**

“进项税额”专栏，记录一般纳税人购进货物、加工修理修配劳务、服务、无形资产或不动产而支付或负担的、准予从当期销项税额中抵扣的增值税税额；

“销项税额抵减”专栏，记录一般纳税人按照现行增值税制度规定因扣减销售额而减少的销项税额；

“已交税金”专栏，记录一般纳税人当月已交纳的应交增值税税额；

“转出未交增值税”和“转出多交增值税”专栏，分别记录一般纳税人月度终了转出当月应交未交或多交的增值税税额；

“减免税款”专栏，记录一般纳税人按现行增值税制度规定准予减免的增值税税额；

“出口抵减内销产品应纳税额”专栏，记录实行“免、抵、退”办法的一般纳税人按规定计算的出口货物的进项税抵减内销产品的应纳税额；

“销项税额”专栏，记录一般纳税人销售货物、加工修理修配劳务、服务、无形资产或不动产应收取的增值税税额；

“出口退税”专栏，记录一般纳税人出口货物、加工修理修配劳务、服务、无形资产按规定退回的增值税税额；

“进项税额转出”专栏，记录一般纳税人购进货物、加工修理修配劳务、服务、无形资产或不动产等发生非正常损失以及因其他原因而不应从销项税额中抵扣、按规定转出的进项税额。

②“未交增值税”明细科目，核算一般纳税人月度终了从“应交增值税”或“预交增值税”明细科目转入当月应交未交、多交或预交的增值税税额，以及当月交纳以前期间未交的增值税税额。

③“预交增值税”明细科目，核算一般纳税人转让不动产、提供不动产经营租赁服务、提供建筑服务、采用预收款方式销售自行开发的房地产项目等，以及其他按现行增值税制度规定应预交的增值税税额。

④“待抵扣进项税额”明细科目，核算一般纳税人已取得增值税扣税凭证并经税务机关认证，按照现行增值税制度规定准予以后期间从销项税额中抵扣的进项税额。

⑤“待认证进项税额”明细科目，核算一般纳税人由于未经税务机关认证而不得从当期销项税额中抵扣的进项税额。包括：一般纳税人已取得增值税扣税凭证、按照现行增值税制度规定准予从销项税额中抵扣，但尚未经税务机关认证的进项税额；一般纳税人已申请稽核但尚未取得稽核相符结果的海关缴款书进项税额。

⑥“待转销项税额”明细科目，核算一般纳税人销售货物、加工修理修配劳务、服务、无形资产或不动产，已确认相关收入（或利得）但尚未发生增值税纳税义务而需于以后期间确认为销项税额的增值税税额。

⑦“简易计税”明细科目，核算一般纳税人采用简易计税方法发生的增值税计提、扣减、预缴、缴纳等业务。

⑧“转让金融商品应交增值税”明细科目，核算增值税纳税人转让金融商品发生的增值税税额。

⑨“代扣代缴增值税”明细科目，核算纳税人购进在境内未设经营机构的境外单位或个人在境内的应税行为代扣代缴的增值税。

（2）取得资产、接受劳务或服务

①一般纳税人购进货物、加工修理修配劳务、服务、无形资产或者不动产，按应计入相关成本费用或资产的金额，借记“材料采购”“在途物资”“原材料”“库存商品”“生产成本”“无形资产”“固定资产”“管理费用”等科目，按当月已认证的可抵扣增值税税额，借记“应交税费——应交增值税（进项税额）”科目，按当月未认证的可抵扣增值税额，借记“应交税费——待认证进项税额”科目，按应付或实际支付的金额，贷记“应付账款”“应付票据”“银行存款”等科目。购进货物等发生的退货，应根据税务机关开具的红字增值税专用发票编制相反的会计分录，如原增值税专用发票未做认证，应将发票退回并作相反的会计分录。

企业购进农产品，除取得增值税专用发票或者海关进口增值税专用缴款书外，按照农产品收购发票或者销售发票上注明的农产品买价和9%的扣除率计算的进项税额；购进用于生产销售或委托加工13%税率货物的农产品，按照农产品收购发票或者销售发票上注明的农产品买价和10%的扣除率计算的进项税额，借记“应交税费——应交增值税（进项税额）”科目，按农产品买价扣除进项税额后的差额，借记“材料采购”“在途物资”“原材料”“库存商品”等科目，按照应付或实际支付的价款，贷记“应付账款”“应付票据”“银行存款”等科目。

【例 9-19】甲公司为增值税一般纳税人，销售商品适用的增值税税率为13%，原材料按实际成本核算，销售商品价格为不含增值税的公允价格。2019 年 6 月份发生交易或事项以及相关操作如下：

①5 日，购入原材料一批，增值税专用发票上注明的价款为 120 000 元，增值税税额为 15 600 元，材料尚未到达，全部款项已用银行存款支付。

| | | |
|---|---|---|
| 借：在途物资 | 120 000 | |
| 　　应交税费——应交增值税（进项税额） | 15 600 | |
| 　贷：银行存款 | | 135 600 |

②10 日，收到 5 日购入的原材料并验收入库，实际成本总额为 120 000 元。同日，与

运输公司结清运输费用，增值税专用发票上注明的运输费用为5 000元，增值税税额为450元，运输费用和增值税税额已用转账支票付讫。

借：原材料　　125 000
　　应交税费——应交增值税（进项税额）　　450
　贷：银行存款　　5 450
　　　在途物资　　120 000

③15日，购入不需要安装的生产设备一台，增值税专用发票上注明的价款为30 000元，增值税税额为3 900元，款项尚未支付。

借：固定资产　　30 000
　　应交税费——应交增值税（进项税额）　　3 900
　贷：应付账款　　33 900

④20日，购入农产品一批，农产品收购发票上注明的买价为200 000元，规定的扣除率为9%，货物尚未到达，价款已用银行存款支付。

借：在途物资　　182 000
　　应交税费——应交增值税（进项税额）　　18 000
　贷：银行存款　　200 000

进项税额=购买价款×扣除率=200 000×9%=18 000（元）

⑤25日，企业管理部门委托外单位修理机器设备，取得对方开具的增值税专用发票上注明的修理费用为20 000元，增值税税额为2 600元，款项已用银行存款支付。

借：管理费用　　20 000
　　应交税费——应交增值税（进项税额）　　2 600
　贷：银行存款　　22 600

⑥25日，该公司购进一幢简易办公楼作为固定资产核算，并投入使用。已取得增值税专用发票并经税务机关认证，增值税专用发票上注明的价款为1 500 000元，增值税税额为135 000元，全部款项以银行存款支付。不考虑其他相关因素。

借：固定资产　　1 500 000
　　应交税费——应交增值税（进项税额）　　135 000
　贷：银行存款　　1 635 000

②货物等已验收入库但尚未取得增值税扣税凭证。企业购进的货物等已到达并验收入库，但尚未收到增值税扣税凭证并未付款的，应在月末按货物清单或相关合同协议上的价格暂估入账，不需要将增值税的进项税额暂估入账。下月初，用红字冲销原暂估入账金额，待取得相关增值税扣税凭证并经认证后，按应计入相关成本费用或资产的金额，借记“原材料”“库存商品”“固定资产”“无形资产”等科目，按可抵扣的增值税额，借记“应交税费——应交增值税（进项税额）”科目，按应付或实际支付的金额，贷记“应付

账款”“应付票据”“银行存款”等科目。

【例9-20】承【例9-19】，2019年6月30日，甲公司购进原材料一批已验收入库，但尚未收到增值税扣税凭证，款项也未支付。随货同行的材料清单列明的原材料销售价格为260 000元。甲公司应进行如下操作：

借：原材料　260 000

　贷：应付账款　260 000

下月初，用红字冲销原暂估入账金额：

借：原材料　260 000

　贷：应付账款　260 000

7月10日，取得相关增值税专用发票上注明的价款为260 000元，增值税税额为33 800元，增值税专用发票已经认证。全部款项以银行存款支付。甲公司应进行如下操作：

借：原材料　260 000

　　应交税费——应交增值税（进项税额）　33 800

　贷：银行存款　293 800

③进项税额转出。企业已单独确认进项税额的购进货物、加工修理修配劳务或者服务、无形资产或者不动产但其事后改变用途（如用于简易计税方法计税项目、免征增值税项目、非增值税应税项目等），或发生非正常损失，原已计入进项税额、待抵扣进项税额或待认证进项税额，按照现行增值税制度规定不得从销项税额中抵扣。

进项税额转出的账务处理，借记“待处理财产损溢”“应付职工薪酬”“固定资产”“无形资产”等科目，贷记“应交税费——应交增值税（进项税额转出）”“应交税费——待抵扣进项税额”或“应交税费——待认证进项税额”科目。属于转作待处理财产

损失的进项税额，应与非正常损失的购进货物、在产品或库存商品、固定资产或无形资产的成本一并处理。

【例 9-21】承【例 9-19】，2019 年 6 月甲公司发生进项税额转出事项及相关操作如下：

①10 日，库存材料因管理不善发生火灾损失，材料实际成本为 20 000 元，相关增值税专用发票上注明的增值税税额为 2 600 元。甲公司将毁损库存材料作为待处理财产损溢入账。

借：待处理财产损溢——待处理流动资产损溢　　22 600
　贷：原材料　　20 000
　　应交税费——应交增值税（进项税额转出）　　2 600

②18 日，领用一批外购原材料用于集体福利，该批原材料的实际成本为 60 000 元，相关增值税专用发票上注明的增值税税额为 7 800 元。

借：应付职工薪酬——职工福利费　　67 800
　贷：原材料　　60 000
　　应交税费——应交增值税（进项税额转出）　　7 800

需要说明的是，一般纳税人购进货物、加工修理修配劳务、服务、无形资产或不动产，用于简易计税方法计税项目、免征增值税项目、集体福利或个人消费等，即使取得的增值税专用发票上已注明增值税进项税额，该税额按照现行增值税制度规定也不得从销项税额中抵扣的，取得增值税专用发票时，应将待认证的目前不可抵扣的增值税进项税额，借记“应交税费——待认证进项税额”科目，贷记“银行存款”“应付账款”等科目，经税务机关认证为不可抵扣的增值税进项税额时，借记“应交税费——应交增值税（进项税额）”科目，贷记“应交税费——待认证进项税额”科目；同时，将增值税进项税额转出，借记相关成本费用或资产科目，贷记“应交税费——应交增值税（进项税额转出）”科目。

【例 9-22】承【例 9-19】，2019 年 6 月 28 日，甲公司外购空调扇 300 台作为福利发放给直接从事生产的职工，取得的增值税专用发票上注明的价款为 150 000 元、增值税税额为 19 500 元，以银行存款支付了购买空调扇的价款和增值税进项税额，增值税专用发票尚未经税务机关认证。甲公司应进行如下操作：

①购入时：

借：库存商品——空调扇　　150 000
　　应交税费——待认证进项税额　　19 500
　贷：银行存款　　169 500

②经税务机关认证不可抵扣时：

借：应交税费——应交增值税（进项税额）　　19 500

贷：应交税费——待认证进项税额 19 500

同时，

借：库存商品——空调扇 19 500

贷：应交税费——应交增值税（进项税额转出） 19 500

③实际发放时：

借：应付职工薪酬——非货币性福利 169 500

贷：库存商品——空调扇 169 500

（3）销售等业务的账务处理

①企业销售货物、加工修理修配劳务、服务、无形资产或不动产，应当按应收或已收的金额，借记“应收账款”“应收票据”“银行存款”等科目，按取得的收益金额，贷记“主营业务收入”“其他业务收入”“固定资产清理”等科目，按现行增值税制度规定计算的销项税额（或采用简易计税方法计算的应纳增值税额），贷记“应交税费——应交增值税（销项税额）”或“应交税费——简易计税”科目。

企业销售货物等发生销售退回的，应根据税务机关开具的红字增值税专用发票作相反的会计分录。根据会计准则相关规定的收入或利得确认时点早于按照现行增值税制度确认增值税纳税义务发生时点的，应将相关销项税额记入“应交税费——待转销项税额”科目，待实际发生纳税义务时再转入“应交税费——应交增值税（销项税额）”或“应交税费——简易计税”科目。按照增值税制度确认增值税纳税义务发生时点早于根据会计准则相关规定收入或利得确认时点的，应将应纳增值税额，借记“应收账款”科目，贷记“应交税费——应交增值税（销项税额）”或“应交税费——简易计税”科目，根据会计准则相关规定确认收入或利得时，应按扣除增值税销项税额后的金额确认收入或利得。

【例9-23】承【例9-19】，2019年6月份，甲公司发生与销售相关的交易或事项以及相关操作如下：

①15日，销售产品一批，开具增值税专用发票上注明的价款为3 000 000元，增值税税额为390 000元，提货单和增值税专用发票已交给买方，款项尚未收到。

借：应收账款 3 390 000

贷：主营业务收入 3 000 000

应交税费——应交增值税（销项税额） 390 000

②28日，为外单位代加工电脑桌500个，每个收取加工费80元，已加工完成。开具增值税专用发票上注明的价款为40 000元，增值税税额为5 200元，款项已收到并存入银行。

借：银行存款 45 200

贷：主营业务收入 40 000

应交税费——应交增值税（销项税额） 5 200

②视同销售。企业有些交易和事项按照现行增值税制度规定，应视同对外销售处理，计算应交增值税。视同销售需要交纳增值税的事项主要有：企业将自产或委托加工的货物用于集体福利或个人消费、作为投资提供给其他单位或个体工商户、分配给股东或投资者、对外捐赠等。在这种情况下，企业应当根据视同销售的具体内容，按照现行增值税制度规定计算的销项税额（或采用简易计税方法计算的应纳增值税额），借记“长期股权投资”“应付职工薪酬”“利润分配”“营业外支出”等科目，贷记“应交税费——应交增值税（销项税额）”或“应交税费——简易计税”科目。

【例 9-24】承【例 9-19】，2019 年 6 月份，甲公司发生的视同销售交易或事项以及相关操作如下：

①10 日，以甲公司生产的产品对外捐赠，该批产品的实际成本为 200 000 元，市场不含税售价为 250 000 元，开具的增值税专用发票上注明的增值税税额为 32 500 元。

借：营业外支出　　232 500

　贷：库存商品　　200 000

　　应交税费——应交增值税（销项税额）　　32 500

甲公司以自产产品对外捐赠应交的增值税销项税额 = 250 000×13% = 32 500（元）

②25 日，甲公司用一批原材料对外进行长期股权投资。该原材料实际成本为 600 000 元，双方协商不含税价值为 750 000 元，开具的增值税专用发票上注明增值税税额为 97 500元。

借：长期股权投资　　847 500

　贷：其他业务收入　　750 000

　　应交税费——应交增值税（销项税额）　　97 500

同时，

借：其他业务成本　　600 000

　贷：原材料　　600 000

甲公司对外投资原材料应交的增值税销项税额 = 750 000×13% = 97 500（元）

（4）交纳增值税

企业交纳当月应交的增值税，借记“应交税费——应交增值税（已交税金）”科目，贷记“银行存款”科目；企业交纳以前期间未交的增值税，借记“应交税费——未交增值税”科目，贷记“银行存款”科目。

【例 9-25】承【例 9-19】至【例 9-24】，2019 年 6 月份，甲公司当月发生增值税销项税额合计 525 200 元，增值税进项税额转出合计 29 900 元，增值税进项税额合计为 195 050元。甲公司当月应交增值税计算结果如下：

当月应交增值税 = 525 200+29 900－195 050 = 360 050（元）

甲公司当月实际交纳增值税税款为 310 050 元，应进行如下操作：

借：应交税费——应交增值税（已交税金）　　310 050

　贷：银行存款　　310 050

（5）月末转出多交增值税和未交增值税

年度终了，企业应当将当月应交未交或多交的增值税自“应交增值税”明细科目转入“未交增值税”明细科目。对于当月应交未交的增值税，借记“应交税费——应交增值税（转出未交增值税）”科目，贷记“应交税费——未交增值税”科目；对于当月多交的增值税，借记“应交税费——未交增值税”科目，贷记“应交税费——应交增值税（转出多交增值税）”科目。

【例 9-26】承【例 9-25】，2019 年 6 月 30 日，甲公司将尚未交纳的其余增值税税款共计 50 000 元进行转账。甲公司应进行如下操作：

借：应交税费——应交增值税（转出未交增值税）　　50 000

　贷：应交税费——未交增值税　　50 000

7 月份，甲公司交纳 6 月未交的增值税 50 000 元，应进行如下操作：

借：应交税费——未交增值税　　50 000

　贷：银行存款　　50 000

需要说明的是，企业购入材料、商品等不能取得增值税专用发票的，发生的增值税应计入材料采购成本，借记“材料采购”“在途物资”“原材料”“库存商品”等科目，贷记“银行存款”等科目。

4. 小规模纳税人的账务处理

小规模纳税人核算增值税采用简化的方法，即购进货物、应税服务或应税行为，取得增值税专用发票上注明的增值税，一律不予抵扣，直接计入相关成本费用或资产。小规模纳税人销售货物、应税服务或应税行为时，按照不含税的销售额和规定的增值税征收率计算应交纳的增值税（应纳税额），但不得开具增值税专用发票。相关计算公式如下：

不含税销售额 = 含税销售额 ÷（1+征收率）

应纳税额 = 不含税销售额×征收率

一般来说，小规模纳税人采用销售额和应纳税额合并定价的方法并向客户结算款项，销售货物、应税劳务或应税行为后，应进行价税分离，确定不含税的销售额。

小规模纳税人进行账务处理时，只需在“应交税费”科目下设置“应交增值税”明细科目，该明细科目不再设置增值税专栏。“应交税费——应交增值税”科目贷方登记应交纳的增值税，借方登记已交纳的增值税；期末贷方余额，反映小规模纳税人尚未交纳的增值税，期末借方余额，反映小规模纳税人多交纳的增值税。

小规模纳税人购进货物、应税服务或应税行为，按照应付或实际支付的全部款项（包括支付的增值税额），借记“材料采购”“在途物资”“原材料”“库存商品”等科目，贷记“应付账款”“应付票据”“银行存款”等科目；销售货物、应税服务或应税行为，应按全部价款（包括应交的增值税额），借记“银行存款”等科目，按不含税的销售额，贷记“主营业务收入”等科目，按应交增值税额，贷记“应交税费——应交增值税”科目。

【例 9-27】甲公司为增值税小规模纳税人，适用增值税税率为 3%，原材料按实际成本核算。甲公司购入原材料一批，取得增值税专用发票上注明的价款为 36 000 元，增值税税额为 4 680 元，全部款项以银行存款支付，材料已验收入库。另销售产品一批，开具的普通发票上注明的货款（含税）为 59 740 元，款项已存入银行，用银行存款交纳增值税 1 740元。甲公司应进行如下操作：

①购入原材料：

借：原材料　　40 680

　贷：银行存款　　40 680

②销售产品：

借：银行存款　　59 740

　贷：主营业务收入　　58 000

　　应交税费——应交增值税　　1 740

不含税销售额=含税销售额÷（1+征收率）= 59 740÷（1+3%）= 58 000（元）

应纳增值税=不含税销售额×征收率=58 000×3%=1 740（元）

③交纳增值税：

借：应交税费——应交增值税　　1 740

　贷：银行存款　　1 740

5. 差额征税的账务处理

根据财政部和国家税务总局营改增相关规定，对于企业发生的某些业务（如金融商品转让、经纪代理服务、融资租赁和融资性售后回租业务、一般纳税人提供客运场站服务、试点纳税人提供旅游服务、选择简易计税方法提供建筑服务等）无法通过抵扣机制避免重复征税的，应采用差额征税方式计算交纳增值税。

（1）企业按规定相关成本费用允许扣减销售额的账务处理

按现行增值税制度规定，企业发生相关成本费用允许扣减销售额的，发生成本费用时，按应付或实际支付的金额，借记“主营业务成本”等科目，贷记“应付账款”“应付票据”“银行存款”等科目。待取得合规增值税扣税凭证且纳税义务发生时，按照允许抵扣的税额，借记“应交税费——应交增值税（销项税额抵减）”或“应交税费——简易计税”科目（小规模纳税人应借记“应交税费——应交增值税”科目），贷记“主营业务成本”等科目。

【例 9-28】甲旅行社为增值税一般纳税人，应交增值税采用差额征税方式核算。2019 年 5 月，甲旅行社为乙公司提供职工境内旅游服务，向乙公司收取含税价款 424 000 元，其中增值税 24 000 元，全部款项已收妥入账。旅行社以银行存款支付其他接团旅游企业的旅游费用和其他单位相关费用共计371 000元，其中，因允许扣减销售额而减少的销项税额为21 000元。甲旅行社应进行如下操作：

①确认旅游服务收入：

借：银行存款　　424 000

　贷：主营业务收入　　400 000

　　　应交税费——应交增值税（销项税额）　　24 000

②支付旅游费用等：

借：主营业务成本　　371 000

　贷：银行存款　　371 000

③根据增值税扣税凭证抵减销项税额，并调整成本：

借：应交税费——应交增值税（销项税额抵减）　　21 000

　贷：主营业务成本　　21 000

上述分录②、③可合并编制如下会计分录：

借：主营业务成本　　350 000

　　应交税费——应交增值税（销项税额抵减）　　21 000

　贷：银行存款　　371 000

（2）企业转让金融商品按规定以盈亏相抵后的余额作为销售额

按现行增值税制度规定，企业实际转让金融商品，月末，如产生转让收益，则按应纳税额，借记“投资收益”等科目，贷记“应交税费——转让金融商品应交增值税”科目；如产生转让损失，则按可结转下月抵扣税额，借记“应交税费——转让金融商品应交增值税”科目，贷记“投资收益”等科目。交纳增值税时，应借记“应交税费——转让金融商品应交增值税”科目，贷记“银行存款”科目。年末，“应交税费——转让金融商品应交增值税”科目如有借方余额，则借记“投资收益”等科目，贷记“应交税费——转让金融商品应交增值税”科目。

6. 增值税税控系统专用设备和技术维护费用抵减增值税额的账务处理

按现行增值税制度规定，企业初次购买增值税税控系统专用设备支付的费用以及缴纳的技术维护费允许在增值税应纳税额中全额抵减。增值税税控系统专用设备，包括增值税防伪税控系统设备（如金税卡、IC卡、读卡器或金税盘和报税盘）、货物运输业增值税专用发票税控系统设备（如税控盘和报税盘）、机动车销售统一发票税控系统和公路、内河货物运输业发票税控系统的设备（如税控盘和传输盘）。

企业初次购入增值税税控系统专用设备，按实际支付或应付的金额，借记“固定资产”科目，贷记“银行存款”“应付账款”等科目。按规定抵减的增值税应纳税额，借记“应交税费——应交增值税（减免税款）”科目（小规模纳税人应借记“应交税费——应交增值税”科目），贷记“管理费用”等科目。

企业发生增值税税控系统专用设备技术维护费，应按实际支付或应付的金额，借记“管理费用”科目，贷记“银行存款”等科目。按规定抵减的增值税应纳税额，借记“应交税费——应交增值税（减免税款）”科目（小规模纳税人应借记“应交税费——应交增值税”科目)，贷记“管理费用”等科目。

【例 9-29】甲公司为增值税一般纳税人，初次购买数台增值税税控系统专用设备作为固定资产核算，取得增值税专用发票上注明的价款为 53 000 元，增值税税额为 6 890 元，价款和税款以银行存款支付。甲公司应进行如下操作：

①取得设备，支付价款和税款时：

借：固定资产　　59 890

　贷：银行存款　　59 890

②按规定抵减增值税应纳税额时：

借：应交税费——应交增值税（减免税款）　　59 890

　贷：管理费用　　59 890

小微企业在取得销售收入时，应当按照现行增值税制度的规定计算应交增值税，并确认为应交税费，在达到增值税制度规定的免征增值税条件时，将有关应交增值税转入当期损益。

### 9.4.3 应交消费税

消费税是指在我国境内生产、委托加工和进口应税消费品的单位和个人，按其流转额交纳的一种税。

采取从价定率方法征收的消费税，以不含增值税的销售额为税基，按照税法规定的税率计算。企业的销售收入包含增值税的，应将其换算为不含增值税的销售额。采取从量定额计征的消费税，按税法确定的企业应税消费品的数量和单位应税消费品应缴纳的消费税计算确定。采取复合计税计征的消费税，由以不含增值税的销售额为税基，按照税法规定的税率计算的消费税和按税法确定的企业应税消费品的数量和单位应税消费品应缴纳的消费税计算的消费税合计确定。

企业应在“应交税费”科目下设置“应交消费税”明细科目，核算应交消费税的发生、交纳情况。该科目贷方登记应交纳的消费税，借方登记已交纳的消费税，期末贷方余额，反映企业尚未交纳的消费税，期末借方余额，反映企业多交纳的消费税。

（1）销售应税消费品

企业销售应税消费品应交的消费税，应借记“税金及附加”科目，贷记“应交税费——应交消费税”科目。

【例 9-30】甲公司销售所生产的护肤品，价款为 1 700 000 元（不含增值税），开具的增值税专用发票上注明的增值税税额为 221 000 元，适用的消费税税率为 30%，款项已存入银行。甲公司应进行如下操作：

①取得价款和税款时：

借：银行存款　　1 921 000

　贷：主营业务收入　　1 700 000

　　　应交税费——应交增值税（销项税额）　　221 000

②计算应交纳的消费税：

应纳消费税税额 = 1 700 000×30% = 510 000（元）

借：税金及附加　　510 000

　贷：应交税费——应交消费税　　510 000

（2）自产自用应税消费品

企业将生产的应税消费品用于在建工程等非生产机构时，按规定应交纳的消费税，借记“在建工程”等科目，贷记“应交税费——应交消费税”科目。

【例 9-31】甲公司下设的职工食堂享受企业提供的补贴，本月领用自产产品一批，该产品的成本为 23 000 元，市场不含税售价为 35 000 元，适用的增值税税率为 13%、消费税税率为 10%。甲公司应进行如下操作：

借：应付职工薪酬——职工福利费　　39 550

　　税金及附加　　3 500

　贷：主营业务收入　　35 000

　　　应交税费——应交增值税（销项税额）　　4 550

　　　　　　　——应交消费税　　3 500

同时，

借：主营业务成本　　23 000

　贷：库存商品　　23 000

(3) 委托加工应税消费品

企业如有应交消费税的委托加工物资，一般应由受托方代收代缴消费税。委托加工物资收回后，直接用于销售的，应将受托方代收代缴的消费税计入委托加工物资的成本，借记“委托加工物资”等科目，贷记“应付账款”“银行存款”等科目；委托加工物资收回后用于连续生产应税消费品，按规定准予抵扣的，应按已由受托方代收代缴的消费税，借记“应交税费——应交消费税”科目，贷记“应付账款”“银行存款”等科目，待用委托加工的应税消费品生产出应纳消费税的产品销售时，再交纳消费税。

【例 9-32】甲公司委托乙公司代为加工应交消费税的材料（非金银首饰）一批。甲公司发出材料的成本为 2 800 000 元，应付加工费为 400 000 元，增值税税率为 13%，由乙公司代收代缴的消费税为 160 000 元；材料已经加工完成，并由甲公司收回验收入库，加工费及相关税金尚未支付。甲公司采用实际成本法进行原材料的核算。甲公司应进行如下操作：

①委托加工物资收回继续用于生产应税消费品：

借：委托加工物资　　2 800 000
　贷：原材料　　2 800 000

借：委托加工物资　　400 000
　　应交税费——应交增值税（进项税额）　　52 000
　　　　　　——应交消费税　　160 000
　贷：应付账款　　612 000

借：原材料　　3 200 000
　贷：委托加工物资　　3 200 000

②如果委托加工物资收回直接对外销售：

借：委托加工物资　　2 800 000
　贷：原材料　　2 800 000

借：委托加工物资　　560 000
　　应交税费——应交增值税（进项税额）　　52 000
　贷：应付账款　　612 000

借：原材料　　3 360 000
　贷：委托加工物资　　3 360 000

(4) 进口应税消费品

企业进口应税物资交纳的消费税由海关代征。应交的消费税按照组成计税价格和规定的税率计算，消费税计入该项物资成本，借记“在途物资”“材料采购”“原材料”“库存商品”科目，贷记“银行存款”等科目。

【例 9-33】甲公司从国外进口需要交纳消费税的商品一批，已知该商品关税完税价格为600 000元，按规定应缴纳关税120 000元，假定进口的应税消费品的消费税税率为10%、增值税税率为13%。货物报关后，自海关取得的“海关进口消费税专用缴款书”注明的消费税为80 000元、“海关进口增值税专用缴款书”注明的增值税为104 000元。进口商品已验收入库，全部货款和税款已用银行存款支付。甲公司应进行如下操作：

进口商品的入账成本＝600 000+120 000+80 000＝800 000（元）

借：库存商品　　800 000

　　应交税费——应交增值税（进项税额）　　104 000

　贷：银行存款　　904 000

应交消费税税额＝［（600 000+120 000）÷（1−10%）］×10%＝80 000（元）；应交增值税税额＝（600 000+120 000+80 000）×13%＝104 000（元）。

### 9.4.4 其他应交税费

其他应交税费是指除上述应交税费以外的其他各种应上交国家的税费，包括应交资源税、应交城市维护建设税、应交土地增值税、应交所得税、应交房产税、应交土地使用税、应交车船税、应交教育费附加、应交矿产资源补偿费、应交个人所得税等。企业应当在“应交税费”科目下设置相应的明细科目进行核算，贷方登记应交纳的有关税费，借方登记已交纳的有关税费，期末贷方余额，反映企业尚未交纳的有关税费。

1. 应交资源税

资源税是对在我国境内开采矿产品或者生产盐的单位和个人征收的税。对外销售应税产品应交纳的资源税应记入“税金及附加”科目，借记“税金及附加”科目，贷记“应交税费——应交资源税”科目；自产自用应税产品应交纳的资源税应记入“生产成本”“制造费用”等科目，借记“生产成本”“制造费用”等科目，贷记“应交税费——应交资源税”科目。

【例9-34】甲公司本期对外销售资源税应税矿产品5 200吨（1吨＝1 000千克）、将自产资源税应税矿产品1 600吨用于其产品生产，税法规定每吨矿产品应交资源税5元。甲公司应进行如下操作：

①计算对外销售应税矿产品应交资源税：

借：税金及附加　　26 000

　贷：应交税费——应交资源税　　26 000

企业对外销售应税产品而应交的资源税＝5 200×5＝26 000（元）

②计算自用应税矿产品应交资源税：

借：生产成本　　8 000

　贷：应交税费——应交资源税　　8 000

企业自产自用应税矿产品而应交纳的资源税＝1 600×5＝8 000（元）

③交纳资源税：

借：应交税费——应交资源税 34 000

贷：银行存款 34 000

2. 应交城市维护建设税

城市维护建设税是以增值税和消费税为计税依据征收的一种税。其纳税人为交纳增值税和消费税的单位和个人，以纳税人实际缴纳的增值税和消费税税额为计税依据，并分别与两项税金同时交纳。税率因纳税人所在地不同从1%~7%不等。应纳税额计算公式为：

应纳税额=（实际交纳的增值税+实际交纳的消费税）×适用税率

企业按规定计算出应交纳的城市维护建设税，借记“税金及附加”等科目，贷记“应交税费——应交城市维护建设税”科目。交纳城市维护建设税，借记“应交税费——应交城市维护建设税”科目，贷记“银行存款”科目。

【例9-35】2019年10月，甲公司实际交纳增值税730 000元、消费税380 000元，适用的城市维护建设税税率为7%。甲公司应进行如下操作：

①计算应交城市维护建设税：

借：税金及附加 77 700

贷：应交税费——应交城市维护建设税 77 700

应交城市维护建设税=（730 000+380 000）×7%=77 700（元）

②用银行存款交纳城市维护建设税：

借：应交税费——应交城市维护建设税 77 700

贷：银行存款 77 700

3. 应交教育费附加

教育费附加是指为了加快发展地方教育事业、扩大地方教育经费资金来源而向企业征收的附加费用。教育费附加以各单位实际缴纳的增值税、消费税的税额为计征依据，按其一定比例分别与增值税、消费税同时缴纳。企业按规定计算出应交纳的教育费附加，借记“税金及附加”等科目，贷记“应交税费——应交教育费附加”科目。

【例9-36】甲公司按税法规定计算，其2019年第四季度应交纳教育费附加470 000元。款项已经用银行存款支付。甲公司应进行如下操作：

①计算应交纳的教育费附加：

借：税金及附加 470 000

贷：应交税费——应交教育费附加 470 000

②交纳教育费附加：

借：应交税费——应交教育费附加 470 000

贷：银行存款 470 000

4. 应交土地增值税

土地增值税是对转让国有土地使用权、地上的建筑物及其附着物（简称“转让房地产”）并取得增值性收入的单位和个人所征收的一种税。

土地增值税按照转让房地产所取得的增值额和规定的税率计算征收。转让房地产的增值额是转让收入减去税法规定扣除项目金额后的余额，其中，转让收入包括货币收入、实物收入和其他收入；扣除项目主要包括取得土地使用权所支付的金额、开发土地的成本及费用、新建房及配套设施的成本及费用、与转让房地产有关的税金、旧房及建筑物的评估价格、财政部确定的其他扣除项目等。土地增值税采用四级超率累进税率，其中最低税率为30%，最高税率为60%。

根据企业对房地产核算方法不同，企业应交土地增值税的账务处理也有所区别。企业转让的土地使用权连同地上建筑物及其附着物一并在“固定资产”科目核算的，转让时应交的土地增值税，借记“固定资产清理”科目，贷记“应交税费——应交土地增值税”科目；土地使用权在“无形资产”科目核算的，借记“银行存款”“累计摊销”“无形资产减值准备”科目，按应交的土地增值税，贷记“应交税费——应交土地增值税”科目，同时冲销土地使用权的账面价值，贷记“无形资产”科目，按其差额，借记或贷记“资产处置损益”科目；房地产开发经营企业销售房地产应交纳的土地增值税，借记“税金及附加”科目，贷记“应交税费——应交土地增值税”科目。交纳土地增值税，借记“应交税费——应交土地增值税”科目，贷记“银行存款”科目。

【例9-37】甲公司对外转让一幢厂房，根据税法规定计算的应交土地增值税为31 000元。甲公司应进行如下操作：

①计算应交土地增值税：

借：固定资产清理　　31 000

　贷：应交税费——应交土地增值税　　31 000

②用银行存款交纳土地增值税：

借：应交税费——应交土地增值税　　31 000

　贷：银行存款　　31 000

5. 应交房产税、城镇土地使用税、车船税和矿产资源补偿费

房产税是国家对在城市、县城、建制镇和工矿区征收的由产权所有人交纳的一种税。房产税依照房产原值一次减除10%~30%后的余额计算交纳。没有房产原值作为依据的，由房产所在地税务机关参考同类房产核定；房产出租的，以房产租金收入为房产税的计税依据。

城镇土地使用税是以城市、县城、建制镇、工矿区范围内使用土地的单位和个人为纳税人，以其实际占用的土地面积和规定税额计算征收。

车船税是以车辆、船舶（简称“车船”）为课征对象，向车船的所有人或者管理人

征收的一种税。

矿产资源补偿费是对在我国领域和管辖海域开采矿产资源而征收的费用。矿产资源补偿费按照矿产品销售收入的一定比例计征，由采矿人交纳。

企业应交的房产税、城镇土地使用税、车船税、矿产资源补偿费，借记“税金及附加”科目，贷记“应交税费——应交房产税、应交城镇土地使用税、应交车船税、应交矿产资源补偿费”科目。

【例 9-38】甲公司按税法规定本期应交纳房产税 185 000 元、车船税 36 000 元、城镇土地使用税 54 000 元。甲公司应进行如下操作：

①计算应交纳上述税金：

借：税金及附加　　275 000
　贷：应交税费——应交房产税　　185 000
　　　　　　——应交城镇土地使用税　　54 000
　　　　　　——应交车船税　　36 000

②用银行存款交纳上述税金：

借：应交税费——应交房产税　　185 000
　　　　　——应交城镇土地使用税　　54 000
　　　　　——应交车船税　　36 000
　贷：银行存款　　275 000

6. 应交个人所得税

企业职工按规定应交纳的个人所得税通常由单位代扣代缴。企业按规定计算的代扣代缴的职工个人所得税，借记“应付职工薪酬”科目，贷记“应交税费——应交个人所得税”科目；企业交纳个人所得税时，借记“应交税费——应交个人所得税”科目，贷记“银行存款”等科目。

【例 9-39】2019 年 4 月，甲公司结算本月应付职工工资总额 300 000 元，按税法规定应代扣代缴的职工个人所得税共计 3 000 元，实发工资 297 000 元。甲公司应进行如下操作：

①代扣个人所得税：

借：应付职工薪酬——职工工资、奖金、津贴和补贴　　3 000
　贷：应交税费——应交个人所得税　　3 000

②交纳个人所得税：

借：应交税费——应交个人所得税　　3 000
　贷：银行存款　　3 000

**经典考题回顾**

1.【单选题】下列各项中，企业确认当期销售部门使用车辆应交纳的车船税，应借记的会计科目是（　　）。

A. 税金及附加

B. 其他业务成本

C. 管理费用

D. 销售费用

2.【多选题】下列各项中，一般纳税人月末转出多交增值税的相关会计科目处理正确的有（　　）。

A. 借记“应交税费——未交增值税”科目

B. 贷记“应交税费——应交增值税（转出多交增值税）”科目

C. 借记“应交税费——应交增值税（转出多交增值税）”科目

D. 贷记“应交税费——未交增值税”科目

3.【判断题】企业初次购买增值税税控系统专用设备，按规定可抵减的增值税应纳税额，应冲减该专用设备成本。（　　）

**扫码关注，获取答案及更多考题资料**

# 能力训练

## 一、单项选择题

1. 企业于每月末计提短期借款利息时，应借记（　　）科目。

A.“预提费用”

B.“财务费用”

C.“应付利息”

D.“银行存款”

2. 按现行会计制度规定，短期借款发生的利息，一般应记入的会计科目是（　　）。

A. 管理费用

B. 投资收益

C. 财务费用

D. 营业外支出

3. 企业因生产经营需要从其他企业取得期限为6个月，年息为6%的借款200 000元，借款合同已经办妥，款项已划入企业的银行存款户，有关凭单已经开出。该借款通过（　　）核算。

A. 短期借款

B. 长期借款

C. 其他应付款

D. 长期应付款

4. 下列有关应付票据处理的表述中，不正确的是（　　）。

A. 企业开出商业承兑汇票时，按其票面金额贷记“应付票据”

B. 不带息应付票据到期支付时，按票面金额结转

C. 企业支付的银行承兑手续费，计入当期财务费用

D. 企业到期无力支付的银行承兑汇票，应按票面金额转入应付账款

5. 企业转销无法支付的应付账款时，应将该应付账款账面余额计入（　　）。

A. 资本公积

B. 营业外收入

C. 其他业务收入

D. 其他应付款

6. 下列各项中，不应在“应付职工薪酬”科目核算的是（　　）。

A. 因解除与职工的劳动关系给予的补偿

B. 交纳代扣的个人所得税

C. 营销部门人员的社会保险费

D. 为职工购买的商业保险

7. 某企业计提生产车间管理人员基本养老保险费120 000元。下列各项中，关于该事项的会计处理正确的是（　　）。

| | | |
|---|---|---|
| A. 借：管理费用 | 120 000 | |
| 　　贷：应付职工薪酬——设定提存计划——基本养老保险费 | | 120 000 |
| B. 借：制造费用 | 120 000 | |
| 　　贷：应付职工薪酬——设定提存计划——基本养老保险费 | | 120 000 |
| C. 借：制造费用 | 120 000 | |
| 　　贷：银行存款 | | 120 000 |
| D. 借：制造费用 | 120 000 | |
| 　　贷：其他应付款 | | 120 000 |

8. 一般纳税人当月缴纳当月应交的增值税，应通过（ ）科目核算。

A.“应交税费——应交增值税（进项税额）”

B.“应交税费——应交增值税（进项税额转出）”

C.“应交税费——应交增值税（销项税额）”

D.“应交税费——应交增值税（已交税金）”

9. 委托加工的应税消费品收回后用于连续加工应税消费品的，由受托方代扣代缴的消费税，委托方应借记的会计科目是（ ）。

A. 在途物资

B. 委托加工物资

C. 应交税费——应交消费税

D. 营业税金及附加

10. 下列各项中，不属于“应交增值税”明细账专栏的是（ ）。

A. 待认证进项税额

B. 销项税额抵减

C. 进项税额转出

D. 减免税款

11. 下列各项中，属于视同销售应计算应交增值税的是（ ）。

A. 将外购原材料用于集体福利

B. 将自产产品用于对外投资

C. 将外购货物用于简易计税方法计税的项目

D. 外购货物因管理不善被盗

**二、多项选择题**

1. 下列各项中，应通过“应付职工薪酬”科目核算的有（ ）。

A. 提取的工会经费

B. 计提的职工住房公积金

C. 计提的职工医疗保险费

D. 确认的职工短期带薪缺勤

2. 下列职工薪酬中，应根据职工提供服务的受益对象计入成本费用的有（ ）。

A. 工资

B. 工会经费

C. 辞退福利

D. 医疗保险费

3. 短期借款利息采用月末预提方式核算，下列预提短期借款利息的账务处理中，正确的有（　　）。

A. 借记“管理费用”

B. 借记“财务费用”

C. 贷记“短期借款”

D. 贷记“应付利息”

4. 下列关于应付账款的表述中，正确的有（　　）。

A. 购入商品需支付的应付账款包括增值税的金额

B. 应付账款按照扣除现金折扣后的金额入账

C. 企业开出商业汇票通过“应付账款”科目核算

D. 无法支付的应付账款按其账面余额转入营业外收入

5. 下列各项中，应计入其他应付款的有（　　）。

A. 应付租入包装物的租金

B. 应付融资租入大型设备的租金

C. 应付经营租入车辆的租金

D. 应付由企业负担的职工社会保险费用

6. 下列各项中，不通过“应交税费”科目核算的有（　　）。

A. 印花税

B. 耕地占用税

C. 增值税

D. 消费税

**三、判断题**

1. 企业短期借款利息必须采用预提方式进行会计核算。（　　）

2. 企业按规定计算的代扣代缴的职工个人所得税，借记“管理费用”科目，贷记“应交税费——应交个人所得税”科目。（　　）

3. 房地产开发企业销售房地产应交纳的土地增值税记入“税金及附加”科目。（　　）

4. “应付票据”核算企业购买材料、商品和接受劳务供应等而开出承兑的银行汇票。（　　）

5. “应付职工薪酬”项目，反映企业根据有关规定应付给职工的工资、职工福利、社会保险费、住房公积金、工会经费、职工教育经费，但不包括非货币性福利、辞退福利等薪酬。（　　）

扫码关注，获取答案及更多练习资料

# 项目 10 非流动负债核算

**学习目标：**

1. 熟悉长期借款、应付债券的核算；
2. 熟悉长期应付款的核算。

非流动负债核算思维导图如图 10-1 所示。

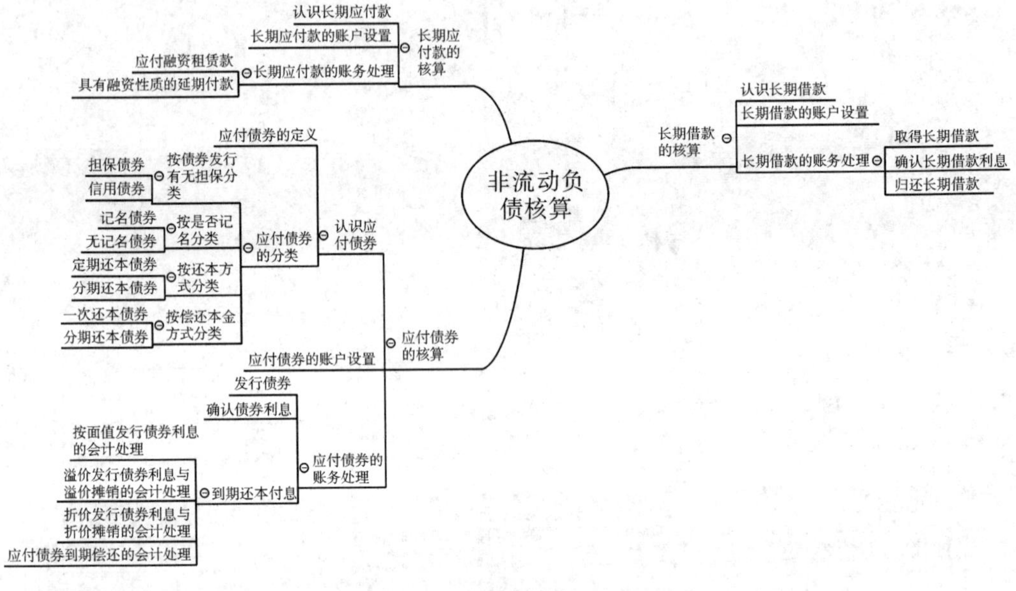


图 10-1 非流动负债核算思维导图

## 任务 10.1 长期借款的核算

### 10.1.1 认识长期借款

长期借款是指企业向银行或其他金融机构借入的期限在 1 年以上（不含 1 年）的各项

借款。长期借款是企业长期负债的重要组成部分，长期借款的使用关系到企业的生产经营规模和效益，一般用于固定资产的构建、改扩建工程、大修理工程、对外投资以及为了满足保持长期经营能力等方面的需要。

企业取得长期借款，必须按照规定的程序进行，一般要经过申请、审批、签订合同和划拨款项四个步骤。在借款的使用期间，应按期支付利息，到期偿还本金。

### 10.1.2　长期借款的账户设置

为了核算长期借款的取得、计息和归还情况，企业应设置“长期借款”科目，该科目的借方登记归还的本金和利息；贷方登记取得的长期借款本金和定期计提的长期借款信息；期末余额在贷方，反映尚未归还的本金和利息。“长期借款”科目可以按照贷款单位和贷款种类设置明细账，分别“本金”“利息调整”等进行明细核算。

### 10.1.3　长期借款的账务处理

1. 取得长期借款

企业借入长期借款，应按实际收到金额，借记“银行存款”科目，贷记“长期借款——本金”科目，如存在差额，还应借记“长期借款——利息调整”科目。

【例 10-1】甲公司于 2019 年 5 月 30 日从银行借入资金 3 800 000 元，借款期限为 3 年，借款年利率为 6.9%，到期一次还本付息，不计复利，所借款项存入银行、甲公司用该借款于当日购买不需要安装的设备一台，价款为 2 700 000 元，增值税税额为 351 000 元，另支付保险等费用 30 000 元，设备已于当日投入使用。甲公司应进行如下操作：

①取得借款：

借：银行存款　　3 800 000

　贷：长期借款——本金　　3 800 000

②支付设备款及保险费：

| | |
|---|---|
| 借：固定资产 | 2 730 000 |
| 应交税费——应交增值税（进项税额） | 351 000 |
| 贷：银行存款 | 3 081 000 |

2. 确认长期借款利息

长期借款利息费用应当在资产负债表日按照实际利率法计算确定，实际利率与合同利率差异较小的，也可以采用合同利率计算确定利息费用。长期借款按合同利率计算确定的应付未付利息，如果属于分期付息的，记入“应付利息”科目；如果属于到期一次还本付息的，记入“长期借款——应计利息”科目。

长期借款利息费用属于筹建期间的，计入管理费用。长期借款利息费用属于生产经营期间的，如果长期借款用于购建固定资产等符合资本化条件的资产，在资产尚未达到预定可使用状态前发生的利息支出应当资本化，计入在建工程等相关资产成本；在资产达到预定可使用状态后发生的利息支出，以及按规定不予资本化的利息支出，计入财务费用。账务处理方法为：借记“在建工程”“制造费用”“财务费用”“研发支出”等科目，贷记“应付利息”或“长期借款——应计利息”科目。

3. 归还长期借款

企业归还长期借款的本金时，应按归还的金额，借记“长期借款——本金”科目，贷记“银行存款”科目；按归还的利息，借记“应付利息”或“长期借款——应计利息”科目，贷记“银行存款”科目。

## 任务 10.2 应付债券的核算

### 10.2.1 认识应付债券

债券是企业为筹集资金，依照法定程序发行的，约定在一定期限内还本付息的一种书面凭证。应付债券，是以发行债券的方式筹集资金而形成的一种长期负债。通过发行债券取得的资金，构成了企业的一项非流动负债，企业会在未来某一特定日期按债券所记载的利率、期限等约定还本付息。

应付债券可以按下列不同方式进行分类：

（1）按债券发行有无担保分类

担保债券又称抵押债券，是指以特定的财产作为担保品，以保证其还本付息的债券。可以作为担保品的财产可以是企业拥有的不动产，如土地、房屋等；也可以是企业的动产，如设备等。一旦债券发行人违约，债券持有人有权将担保品变卖以补偿损失。

信用债券又称为无担保债券，是指没有任何特定的财产作为担保品的债券。这种债券全凭发行企业的信用，一旦企业破产清算，债券持有人便成为企业的一般债权人。因此，投资者的投资风险较高，要求的报酬率也高。

（2）按是否记名分类

记名债券是指企业在发行债券时，债券票面上记有债券持有人的姓名，并在每次发放利息时，由发行企业支付给债券持有人。

无记名债券是指债券票面上不记载持有人的姓名。但这种债券通常附有息票，在债券的存续期限内，持有人可以凭息票领取到期债券的利息和取回到期债券的本金。

（3）按还本方式分类

定期还本债券是指规定在未来某一时日到期一次全部偿还本金的债券。

分期还本债券是指在未来日期内分期偿还本金的债券。

（4）按偿还本金方式分类

按照偿还本金方式分类，债券分为一次还本债券和分期还本债券。一次还本债券是全部本金都在确定的到期日一次偿还的债务。一次还本债券又分为到期一次还本付息债券和分期付息到期还本债券两种。分期还本债券是按不同日期分次偿还本金的债券。

### 10.2.2 应付债券的账户设置

企业发行债券需报有关证券管理机构审核批准，这是保护债权人的权利、维护正常社会经济秩序所必需的。债券在发行时需要详细说明企业筹资的目的、债券的发行方式、发行价格、债券面值、筹资总金额、债券利率、付息时间、偿还方式和期限，以及其他重要事项。企业应当设置“企业债券备查簿”，详细登记每一只企业债券的票面金额、债券票面利率、还本付息期限与方式、发行总额、发行日期和编号、委托代销单位、转换股份等资料。企业债券到期结清时，应当在备查簿内逐笔注销。

为了总括核算和监督债券发行、计提利息、还本付息等业务，企业应当设置“应付债券”科目，该科目属于负债类科目，借方登记债券发行时产生的折价以及债券溢价的摊销；贷方登记债券面值、债券发行时产生的溢价、债券折价的摊销以及期末计提的应付债券利息；期末余额在借方，反映企业尚未偿还的长期债券。该科目可设“面值”“利息调整”“应计利息”等明细科目进行明细核算。

### 10.2.3 应付债券的账务处理

企业债券发行价格的高低一般取决于债券票面金额、债券票面利率、发行当时的市场利率以及债券期限等因素。债券发行有面值发行、溢价发行和折价发行三种情况。企业债券以其面值价格发行，称为面值发行；以低于债券面值价格发行，称为折价发行；以高于债券面值价格发行，则称为溢价发行。债券溢价或折价不是债券发行企业的收益或损失，而是债券发行企业在债券存续期间内对利息费用的一种调整。无论是面值发行，还是溢价发行或折价发行，均按债券面值记入“应付债券”科目的“面值”明细科目，实际收到的价款与面值的差额，记入“利息调整”明细科目。

1. 发行债券

企业按面值发行债券时，应按实际收到的金额，借记“银行存款”等科目，按债券票面金额，贷记“应付债券——面值”科目；存在差额的，应借记或贷记“应付债券——利息调整”科目。

2. 确认债券利息

发行长期债券的企业，应按期计提利息。对于按面值发行的债券，在每期采用票面利率计提利息时，应当按照与长期借款相一致的原则计入有关成本费用，借记“在建工程”“制造费用”“财务费用”“研发支出”等科目；其中，对于分期付息、到期一次还本的债券，其按票面利率计算确定的应付未付利息通过“应付利息”科目核算；对于一次还本付息的债券，其按票面利率计算确定的应付未付利息通过“应付债券——应计利息”科目核算。应付债券按实际利率（实际利率与票面利率差异较小时也可按票面利率）计算确定的利息费用，应按照与长期借款相一致的原则计入有关成本费用。

3. 到期还本付息

应付债券到期，企业支付债券本息时，借记“应付债券——面值”“应付债券——应计利息”“应付利息”等科目，贷记“银行存款”等科目。

（1）按面值发行债券利息的会计处理

【例 10-2】2018 年 1 月 1 日，甲公司按面值发行 3 年期债券，总面值为 800 000 元，年利率为 6%，每年年末计息，次年 1 月 2 日付息，到期还本。发行债券所筹集的资金用于购建固定资产，不足部分以自有资金解决。债券当日已发行完毕，款项已全部收入银行存款账户。该项固定资产的购建以出包方式进行，当日共支付工程款 900 000 元，发行债券所筹集资金不足部分用自有资金支付。固定资产于 2019 年 3 月 1 日竣工，达到预定可使用状态，并交付使用。甲公司应进行如下操作：

①2018 年 1 月 1 日，发行债券时：

借：银行存款　　800 000

　贷：应付债券——面值　　800 000

②支付工程款时：

借：在建工程　　900 000

　贷：银行存款　　900 000

③2018 年年末，确认债券利息时：

借：在建工程　　（800 000×6%）48 000

　贷：应付利息　　48 000

④2019 年 1 月 2 日，支付债券利息时：

借：应付利息　　48 000

　贷：银行存款　　48 000

⑤2019 年 3 月 1 日，确认债券利息时：

借：在建工程　　（800 000×6%÷12×2）8 000

　贷：应付利息　　8 000

⑥结转固定资产成本时：

固定资产成本＝900 000+48 000+8 000＝956 000（元）

借：固定资产　　956 000

　贷：在建工程　　956 000

⑦2019 年年末，确认债券利息时：

借：财务费用　　（800 000×6%÷12×10）40 000

　贷：应付利息　　40 000

⑧2020 年 1 月 2 日，支付债券利息时：

借：应付利息　　48 000

　贷：银行存款　　48 000

（2）溢价发行债券利息与溢价摊销的会计处理

企业溢价发行债券，各期的票面利息并不是真正的利息费用。因为企业在发行债券时，已经多收了一部分价款，这部分价款是对以后多付利息的补偿。企业应在债券的存续期内，分期摊销债券的溢价，并抵减债券的利息支出。债券的利息支出扣除溢价摊销，即为企业溢价发行债券的利息费用。

实际利率法摊销溢价，是以应付债券的期初摊余成本乘以实际利率，计算出实际利息，即利息费用，再以债券票面利息减去实际利息的差额作为债券溢价的分摊数额。

**小贴士：实际利率法摊销溢价计算公式**

实际利息费用＝期初应付债券的摊余成本×实际利率

应付利息＝应付债券的面值×债券票面利率

每期利息调整摊销金额＝应付利息－实际利息费用

（3）折价发行债券利息与折价摊销的会计处理

企业折价发行债券，各期的票面利息并不是全部的利息费用。因为企业在发行债券时，少收了一部分价款，这部分价款是对以后少付利息而提前给投资者的补偿。企业应在债券的存续期内，分期摊销债券的折价，债券的利息支出加上折扣摊销，即为企业折价发行债券的利息费用。债券折价的摊销也采用实际利率法。

实际利率法摊销折价，是以应付债券的期初摊余成本乘以实际利率，计算出实际利息费用，再以债券实际利息减去债券票面利息的差额作为债券折价的分摊数额。

**小贴士：实际利率法摊销折价计算公式**

实际利息费用=期初应付债券的摊余成本×实际利率

应付利息=应付债券的面值×债券票面利率

每期利息调整摊销金额=实际利息费用-应付利息

## 任务 10.3　长期应付款的核算

### 10.3.1　认识长期应付款

长期应付款是企业除长期借款和应付债券以外的其他各种长期应付款项，包括应付融资租入固定资产的租赁费、以分期付款方式购入固定资产等发生的应付款项等。

### 10.3.2　长期应付款的账户设置

为了核算企业融资租入固定资产和以分期付款方式购入固定资产时应付的款项及其偿还情况，企业应设置"长期应付款"科目。该科目属于负债类科目，其借方登记企业归还的长期应付款，贷方登记企业发生的长期应付款；期末余额在贷方，表示企业尚未支付的各种长期应付款。该科目应按长期应付款的种类设置明细科目，进行明细核算。

### 10.3.3　长期应付款的账务处理

1. 应付融资租赁款

应付融资租赁款是企业融资租入固定资产而发生的应付款，是在租赁开始日承租人应向出租人支付的最低租赁付款额。

融资租入固定资产时，在租赁期开始日，按应计入固定资产成本的金额（租赁开始日租赁资产公允价值与最低租赁付款额现值两者中较低者，加上初始直接费用），借记"在建工程""固定资产"科目，按最低租赁付款额，贷记"长期应付款"科目，按发生的初始直接费用，贷记"银行存款"等科目，按其差额，借记"未确认融资费用"科目。按期支付融资租赁费时，借记"长期应付款——应付融资租赁款"科目，贷记"银行存款"科目。

2. 具有融资性质的延期付款

企业延期付款购买固定资产，如果延期支付的购买价款超过正常信用条件，那么实质上具有融资性质。具体来说，企业购入资产超过正常信用条件延期付款实质上具有融资性质时，应按购买价款的现值，借记“固定资产”“在建工程”等科目，按应支付的价款总额，贷记“长期应付款”科目，按其差额，借记“未确认融资费用”科目。

企业在信用期间内采用实际利率法摊销未确认融资费用时，应按摊销额，借记“在建工程”“财务费用”等科目，贷记“未确认融资费用”科目。

## 能力训练

### 一、单项选择题

1. 企业筹建期间发生的长期借款利息支出不能资本化的部分应该计入（　　）。

A. 财务费用

B. 研发支出

C. 管理费用

D. 在建工程

2. 企业发生的下列各项利息支出中，不应计入财务费用的是（　　）。

A. 应付债券的利息

B. 短期借款的利息

C. 带息应付票据的利息

D. 用于购建固定资产的长期借款的利息费用

3. 企业计提分期付息的长期借款的利息时，贷方记入的会计科目是（　　）。

A.“短期借款”

B.“财务费用”

C.“应付利息”

D.“应收利息”

4. 2019 年 10 月 1 日，甲公司按照面值发行债券 10 000 000 元，并用来建造厂房，债券期限为 3 年，到期一次还本付息，票面利率与实际利率均为 6%。厂房建造于 2019 年年初开工，2019 年 12 月 31 日尚未完工，甲公司应编制的会计分录为（　　）。

A. 借：财务费用　　150 000

　　贷：应付利息　　150 000

B. 借：财务费用　　600 000

　　贷：应付债券　　600 000

C. 借：在建工程　　600 000

　　贷：应付债券　　600 000

D. 借：在建工程　150 000
　　贷：应付债券　150 000

5. 某企业发行分期付息、到期一次还本的债券，按其票面利率计算确定的应付未付利息，应该记入（　　）科目。

A.“应付债券——应计利息”
B.“应付利息”
C.“应付债券——利息调整”
D.“应付债券——面值”

6. 下列各项中，应通过“长期应付款”科目核算的是（　　）。

A. 应交教育费附加
B. 应付租入包装物租金
C. 融资租入的固定资产
D. 经营租入的固定资产

7. 企业每期期末计提一次还本付息的长期借款利息，对其中应当予以资本化的部分，下列会计处理中，正确的是（　　）。

A. 借记“财务费用”科目，贷记“长期借款”科目
B. 借记“财务费用”科目，贷记“应付利息”科目
C. 借记“在建工程”科目，贷记“长期借款”科目
D. 借记“在建工程”科目，贷记“应付利息”科目

## 二、多项选择题

1. 下列各项中，关于长期借款利息费用的会计处理表述正确的有（　　）。

A. 实际利率与合同利率差异较大的，采用合同利率计算确定利息费用
B. 经营期间建造固定资产发生的符合资本化条件的利息费用计入在建工程
C. 企业筹建期间发生的不符合资本化条件的利息费用计入管理费用
D. 经营期间在建工程达到预定可使用状态后发生的利息费用计入财务费用

2. 计算“应付债券”科目的账面余额应考虑（　　）。

A. 发行债券的面值
B. 发行债券的折价
C. 发行债券的溢价
D. 应计债券利息

3. 下列各项中，通过“长期应付款”项目核算的有（　　）。

A. 发行债券确认的应付债券本金
B. 分期付款购入固定资产确认的具有融资性质的应付款项
C. 融资租入固定资产形成的应付账款

D. 应向金融机构借入的期限在 1 年以上的借款

4. 下列各项中，企业应通过设置“应付债券”科目进行核算的有（　　）。

A. 应付债券发行

B. 期末应计提的到期一次还本付息的债券利息

C. 归还债券本金

D. 归还到期一次还本付息的债券利息

5. 对于分期付息、到期一次还本的应付债券，资产负债表日应按摊余成本和实际利率计算确定应付债券的利息费用，可以记入的借方科目为（　　）。

A.“研发支出”

B.“制造费用”

C.“财务费用”

D.“在建工程”

6.“应付债券”科目的贷方反映的内容有（　　）。

A. 归还的债券本金

B. 归还的债券利息

C. 期末计提到期一次还本付息应付债券利息

D. 债券的面值

## 三、判断题

1. 企业购入资产超过正常信用条件延期付款，实质上具有融资性质时，应按购买价款的现值，借记“固定资产”“在建工程”等科目，按应支付的价款总额，贷记“长期应付款”科目，按其差额借记“未确认融资费用”科目。（　　）

2. 企业向银行或其他金融机构借入的各种款项所发生的利息均应计入财务费用。（　　）

3. 企业发行担保债券，可以作为担保品的财产只能是企业拥有的不动产。（　　）

4. 应付融资租赁款是企业融资租入固定资产而发生的应付款，是在租赁开始日承租人应向出租人支付的最高租赁付款额。（　　）

5. 企业溢价发行债券，各期的票面利息并不是真正的利息费用。（　　）

# 项目 11 所有者权益核算

## 学习目标：

1. 掌握实收资本的核算；
2. 掌握资本公积的来源及核算；
3. 掌握留存收益的核算；
4. 熟悉利润分配的内容；
5. 熟悉盈余公积和未分配利润的内容。

所有者权益核算思维导图如图 11-1 所示。

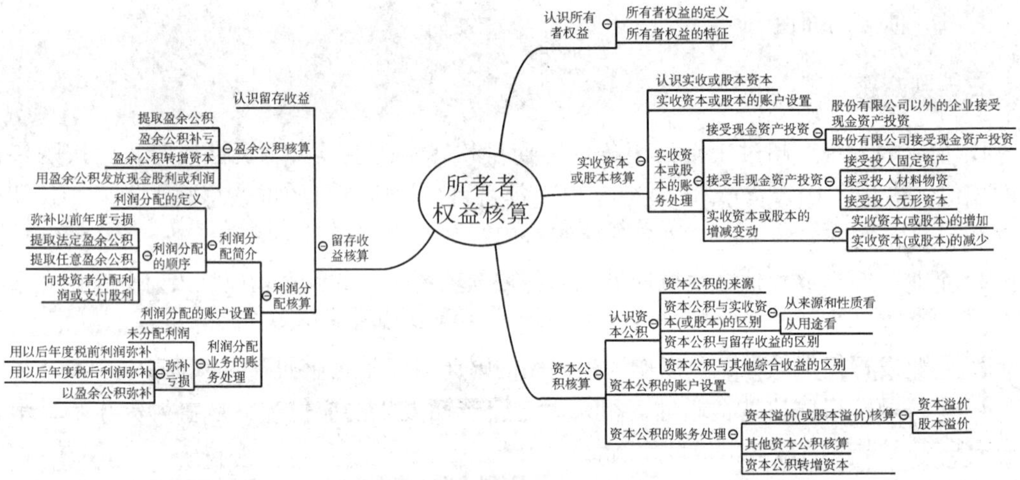


图 11-1 所有者权益核算思维导图

## 任务 11.1 认识所有者权益

所有者权益又称为股东权益，是指企业资产扣除负债后由所有者享有的剩余权益。所有者权益具有如下特征：①所有者权益是企业可长久使用的资金来源，除非发生减资、清算，企业不需要偿还所有者权益；②企业在清算时，所有者权益的清偿列在负债之后；③所有者权益的满足由企业实现的收益程度决定，所有者凭借所有者权益参与利润的分配。

会计方程式“资产-负债=所有者权益”清楚地说明了所有者权益实质上是一种剩余权益，是企业全部资产减去全部负债后的差额，体现企业的产权关系。因此，所有者权益的确认主要依赖于其他会计要素，尤其是资产和负债的确认；所有者权益金额的确定也主要取决于资产和负债的计量。

所有者权益通常由实收资本（或股本）、其他权益工具、资本公积、其他综合收益、专项储备、留存收益构成。

**小贴士：所有者权益与负债（债权人权益）的主要区别**

所有者权益和负债同属权益。权益是指对企业资产的求偿权。负债是债权人对企业资产的求偿权，而所有者权益是所有者对企业资产的剩余求偿权，即企业所有资产减去需要承担的债务后的剩余部分。两者的区别主要表现在以下五个方面。

（1）性质不同。负债是企业对债权人承担的经济责任，债权人有优先获取企业用于清偿债务的资产的要求权；所有者权益则是所有者对剩余资产的要求权，这种要求权在顺序上置于债权人的要求权之后。

（2）权利不同。债权人只有获取企业用于清偿债务的资产的要求权，而没有经营决策的参与权和收益分配权；所有者则可以参与企业的经营决策及收益分配。

（3）偿还期限不同。企业的负债通常都有约定的偿还日期；所有者权益在企业的存续期内一般不存在偿还问题，即不存在约定的偿还日期，是企业的一项可以永久使用的资金，只有在企业清算时才予以偿还。

（4）风险和收益不同。债权人获取的利息一般是按一定利率计算、预先可以确定的固定数额，企业不论盈利与否均应按期付息，风险较小；所有者获得多少收益则视企业的盈利水平及经营政策而定，风险较大。

（5）计量不同。负债必须在发生时按照规定的方法单独予以计量；而所有者权益除了投资者投资时以外，一般不能直接计量，而是通过资产和负债的计量来间接计量。

## 任务 11.2　实收资本或股本核算

### 11.2.1　认识实收资本或股本资本

实收资本是指企业按照章程规定或合同、协议约定，接受投资者投入企业的资本。实收资本的构成比例或股东的股份比例，是确定所有者在企业所有者权益中份额的基础，也是企业进行利润或股利分配的主要依据。

我国《公司法》规定，股东可以用货币出资，也可以用实物、知识产权、土地使用权等可以用货币估价并可以依法转让的非货币财产作价出资；但是，法律、行政法规规定不得作为出资的财产除外。企业应当对作为出资的非货币财产评估作价，核实财产，不得高估或者低估作价。法律、行政法规对评估作价有规定的，从其规定。股东应当按期足额缴纳公司章程中规定的各自所认缴的出资额。股东以货币出资的，应当将货币出资足额存入有限责任公司在银行开设的账户；以非货币财产出资的，应当依法办理其财产权的转移手续。股东不按照前款规定缴纳出资的，除应当向公司足额缴纳外，还应当向已按期足额缴纳出资的股东承担违约责任。企业收到所有者投入企业的资本后，应根据有关原始凭证（投资清单、银行通知单等），分别按不同的出资方式进行会计处理。

### 11.2.2 实收资本或股本的账户设置

股份有限公司应设置“股本”科目，其他各类企业应设置“实收资本”科目，反映和监督企业实际收到的投资者投入资本的情况，“实收资本”科目贷方登记企业收到投资者符合注册资本的出资额；借方登记企业按照法定程序报经批准减少的注册资本额；期末余额在贷方，反映企业实有的资本额。“实收资本”科目应按照投资者设置明细账进行明细核算。

### 11.2.3 实收资本或股本的账务处理

1. 接受现金资产投资

（1）股份有限公司以外的企业接受现金资产投资

企业接受现金资产投资时，应以实际收到的金额或存入企业开户银行的金额，借记“银行存款”等科目，按投资合同或协议约定的投资者在企业注册资本中所占份额的部分，贷记“实收资本”科目，企业实际收到或存入开户银行的金额超过投资者在企业注册资本中所占份额的部分，贷记“资本公积——资本溢价”科目。

【例 11-1】甲、乙、丙共同投资设立 A 有限责任公司，注册资本为 5 000 000 元，甲、乙、丙持股比例分别为 60%、25% 和 15%。按照规定，甲、乙、丙投入的资本分别为 3 000 000元、1 250 000 元和 750 000 元。A 有限责任公司已如期收到各投资者一次缴足的款项。A 有限责任公司应进行如下操作：

| | | |
|---|---|---|
| 借：银行存款 | 5 000 000 | |
| 贷：实收资本——甲 | | 3 000 000 |
| ——乙 | | 1 250 000 |
| ——丙 | | 750 000 |

**小贴士：实收资本的构成比例**

实收资本的构成比例即投资者的出资比例或股东的股份比例，通常是确定所有者在企业所有者权益中所占的份额和参与企业生产经营决策的基础，也是企业进行利润分配或股利分配的依据，同时还是企业清算时确定所有者对净资产的要求权的依据。

（2）股份有限公司接受现金资产投资

为了反映和监督股份有限公司股本情况，股份有限公司应设置“股本”科目。该科目贷方登记已发行的股票面值；借方登记经批准核销的股票而值；期末贷方余额反映发行在外的股票面值。“股本”科目应当按照股票的类别设置明细账进行明细核算。

股份有限公司发行股票时，既可以按面值发行股票，也可以溢价发行（我国目前不允许折价发行）。股份有限公司在核定的股本总额及核定的股份总额的范围内发行股票时，应在实际收到现金资产时进行会计处理。股份有限公司发行股票收到现金资产时，借记“银行存款”等科目，按每股股票面值和发行股份总数的乘积计算的金额，贷记“股本”科目，实际收到的金额与该股本之间的差额，贷记“资本公积——股本溢价”科目。

股份有限公司发行股票发生的手续费、佣金等交易费用，应从溢价中抵扣，冲减资本公积（股本溢价）。

【例 11-2】甲股份有限公司发行普通股 10 000 000 股，每股面值为 3 元，每股发行价格为 7 元。假定股票发行成功，股款 70 000 000 元已全部收到，不考虑发行过程中的税费等因素。甲股份有限公司应进行如下操作：

应记入“资本公积”科目的金额＝70 000 000－10 000 000×3＝40 000 000（元）

| | | |
|---|---|---|
| 借：银行存款 | 70 000 000 | |
| 　贷：股本 | | 30 000 000 |
| 　　　资本公积——股本溢价 | | 40 000 000 |

2. 接受非现金资产投资

（1）接受投入固定资产

企业接受投资者作价投入的房屋、建筑物、机器设备等固定资产，应按投资合同或协议约定的价值（不公允的除外）作为固定资产的入账价值，按投资合同或协议约定的投资者在企业注册资本或股本中所占份额的部分作为实收资本或股本入账，投资合同或协议约定的价值（不公允的除外）超过投资者在企业注册资本或股本中所占份额的部分，计入资本公积（资本溢价或股本溢价）。

【例 11-3】甲有限责任公司于设立时收到乙公司作为资本投入的不需要安装的机器设备一台，合同约定该机器设备的价值为 2 800 000 元，增值税进项税额为 364 000 元（由投资方支付税款，并提供或开具增值税专用发票）。经约定，甲有限责任公司接受乙公司的投入资本为 3 164 000 元，全部作为实收资本。合同约定的固定资产价值与公允价值相符，不考虑其他因素。甲有限责任公司应进行如下操作：

借：固定资产　　2 800 000
　　应交税费——应交增值税（进项税额）　　364 000
　贷：实收资本——乙公司　　3 164 000

（2）接受投入材料物资

企业接受投资者作价投入的材料物资，应按投资合同或协议约定的价值（不公允的除外）作为材料物资的入账价值，按投资合同或协议约定的投资者在企业注册资本或股本中所占份额的部分作为实收资本或股本入账，投资合同或协议约定的价值（不公允的除外）超过投资者在企业注册资本或股本中所占份额的部分，计入资本公积（资本溢价或股本溢价）。

【例 11-4】甲有限责任公司于设立时收到乙公司作为资本投入的原材料一批，该批原材料投资合同或协议约定价值（不含可抵扣的增值税进项税额部分）为 150 000 元，增值税进项税额为 19 500 元（由投资方支付税款，并提供或开具增值税专用发票）。合同约定的价值与公允价值相符，不考虑其他因素。甲有限责任公司对原材料按实际成本进行日常核算。甲有限责任公司应进行如下操作：

借：原材料　　150 000
　　应交税费——应交增值税（进项税额）　　19 500
　贷：实收资本——乙公司　　169 500

（3）接受投入无形资产

企业收到以无形资产方式投入的资本，应按投资合同或协议约定的价值（不公允的除外）作为无形资产的入账价值，按投资合同或协议约定的投资者在企业注册资本或股本中所占份额的部分作为实收资本或股本入账，投资合同或协议约定的价值（不公允的除外）超过投资者在企业注册资本或股本中所占份额的部分，计入资本公积（资本溢价或股本溢价）。

【例 11-5】甲有限责任公司于设立时收到乙公司作为资本投入的非专利技术一项，该非专利技术投资合同约定价值为 53 000 元，增值税进项税额为 3 180 元（由投资方支付税款，并提供或开具增值税专用发票）；同时收到丙公司作为资本投入的土地使用权一项，投资合同约定价值为 76 000 元，增值税进项税额为 6 840 元（由投资方支付税款，并提供或开具增值税专用发票）。合同约定的资产价值与公允价值相符，不考虑其他因素。甲有限责任公司应进行如下操作：

借：无形资产——非专利技术　　53 000
　　　　　　——土地使用权　　76 000
　　应交税费——应交增值税（进项税额）　　10 020
　贷：实收资本——乙公司　　56 180

——丙公司 82 840

3. 实收资本或股本的增减变动

一般情况下，企业的实收资本应相对固定不变，但在某些特定情况下，实收资本也可能发生增减变化。

**小贴士：企业的注册资金与实收资本的关系**

我国《企业法人登记管理条例施行细则》规定，除国家另有规定外，企业的注册资金应当与实收资本相一致，当实收资本比原注册资金增加或减少超过20%时，应持资金使用证明或者验资证明，向原登记主管机关申请变更登记。如擅自改变注册资本或抽逃资金，要受到工商行政管理部门的处罚。

（1）实收资本（或股本）的增加

一般企业增加资本主要有三个途径：接受投资者追加投资、资本公积转增资本和盈余公积转增资本。

企业按规定接受投资者追加投资时，其核算方法与投资者初次投入时相同。

企业采用资本公积或盈余公积转增资本时，应按转增的资本金额确认实收资本或股本。用资本公积转增资本时，借记“资本公积——资本溢价（或股本溢价）”科目，贷记“实收资本”（或“股本”）科目。用盈余公积转增资本时，借记“盈余公积”科目，贷记“实收资本”（或“股本”）科目。

【例11－6】甲、乙、丙三人共同投资设立了A有限责任公司，原注册资本为4 000 000元，甲、乙、丙分别出资500 000元、2 000 000元和1 500 000元。为扩大经营规模，经批准，A有限责任公司注册资本扩大为5 000 000元，甲、乙、丙按照原出资比

例分别追加投资125 000元、500 000元和375 000元。A有限责任公司如期收到甲、乙、丙追加的现金投资。A有限责任公司应进行如下操作：

借：银行存款　　1 000 000
　贷：实收资本——甲　　125 000
　　　　　　——乙　　500 000
　　　　　　——丙　　375 000

若因扩大经营规模需要，经批准，A有限责任公司按原出资比例将资本公积1 000 000元转增资本。A有限责任公司应进行如下操作：

借：资本公积　　1 000 000
　贷：实收资本——甲　　125 000
　　　　　　——乙　　500 000
　　　　　　——丙　　375 000

若因扩大经营规模需要，经批准，A有限责任公司按原出资比例将盈余公积1 000 000元转增资本。A有限责任公司应进行如下操作：

借：盈余公积　　1 000 000
　贷：实收资本——甲　　125 000
　　　　　　——乙　　500 000
　　　　　　——丙　　375 000

（2）实收资本（或股本）的减少

企业按法定程序报经批准减少注册资本的，按减少的注册资本金额减少实收资本。股份有限公司采用收购本公司股票方式减资的，通过“库存股”科目核算回购股份的金额减资时，按股票面值和注销股数计算的股票面值总额，借记“股本”科目，按注销库存股的账面余额，贷记“库存股”科目，按其差额，借记“资本公积——股本溢价”科目。股本溢价不足冲减的，应借记“盈余公积”“利润分配——未分配利润”科目。如果回购股票支付的价款低于面值总额的，应按股票面值总额，借记“股本”科目，按所注销的库存股账面余额，贷记“库存股”科目，按其差额，贷记“资本公积——股本溢价”科目。

【例11-7】2019年12月31日，甲上市公司的股本为100 000 000元（面值为1元），资本公积（股本溢价）为30 000 000元，盈余公积为40 000 000元。经股东大会批准，甲上市公司以现金回购方式回购本公司股票20 000 000股并注销，假定甲上市公司按每股2元回购股票，不考虑其他因素。甲上市公司应进行如下操作：

①回购本公司股份时：

库存股成本＝20 000 000×2＝40 000 000（元）

借：库存股　　40 000 000
　贷：银行存款　　40 000 000

②注销本公司股份时：

应冲减的资本公积=20 000 000×2-20 000 000×1=20 000 000（元）

借：股本　　20 000 000

　　资本公积——股本溢价　　20 000 000

　贷：库存股　　40 000 000

【例 11-8】承【例 11-7】，假定甲上市公司按每股 3 元回购股票，其他条件不变，甲上市公司应进行如下操作：

①回购本公司股份时：

库存股成本=20 000 000×3=60 000 000（元）

借：库存股　　60 000 000

　贷：银行存款　　60 000 000

②注销本公司股份时：

应冲减的资本公积=20 000 000×3-20 000 000×1=40 000 000（元）

借：股本　　20 000 000

　　资本公积——股本溢价　　30 000 000

　　盈余公积　　10 000 000

　贷：库存股　　60 000 000

由于应冲减的金额大于甲公司现有的资本公积，所以只能冲减资本公积 30 000 000 元，剩余的 10 000 000 元应冲减盈余公积。

【例 11-9】承【例 11-7】，假定甲上市公司按每股 0.9 元回购股票，其他条件不变，甲上市公司应进行如下操作：

①回购本公司股份时：

库存股成本=20 000 000×0.9=18 000 000（元）

借：库存股　　18 000 000

　贷：银行存款　　18 000 000

②注销本公司股份时：

应增加的资本公积=20 000 000×1-20 000 000×0.9=2 000 000（元）

借：股本　　20 000 000

　贷：库存股　　18 000 000

　　　资本公积——股本溢价　　2 000 000

由于折价回购，股本与库存股成本的差额 2 000 000 元应作增加资本公积处理。

**经典考题回顾**

1.【多选题】某公司由甲、乙投资者分别出资100万元设立。为扩大经营规模，该公司的注册资本由200万元增加到250万元，丙企业以现金出资100万元享有公司20%的注册资本。不考虑其他因素，该公司接受丙企业出资相关科目的会计处理结果正确的有（　　）。

A. 贷记“实收资本”科目100万元

B. 借记“银行存款”科目100万元

C. 贷记“资本公积”科目50万元

D. 贷记“盈余公积”科目100万元

2.【多选题】某公司期初的所有者权益为：股本5 000万元（面值为1元），资本公积1 000万元（其中股本溢价800万元），盈余公积500万元，未分配利润600万元。本期经董事会批准以每股7元的价格回购本公司股票200万股并按期注销。下列各项中，该公司回购并注销股票的相关科目会计处理结果正确的有（　　）。

A. 注销时，借记“股本”科目1 400万元

B. 回购时，借记“库存股”科目1 400万元

C. 注销时，借记“盈余公积”科目400万元

D. 注销时，借记“资本公积——股本溢价”科目800万元

3.【判断题】企业收到的投资者超出其在企业注册资本中所占份额的投资，应直接计入当期损益。（　　）

扫码关注，获取答案及更多考题资料

## 任务11.3　资本公积核算

### 11.3.1　认识资本公积

资本公积是企业收到投资者出资额超出其在注册资本（或股本）中所占份额的部分，以及其他资本公积等。资本公积包括资本溢价（或股本溢价）和其他资本公积等。

形成资本溢价（或股本溢价）的原因有溢价发行股票、投资者超额缴入资本等。

其他资本公积是指除资本溢价（或股本溢价）、净损益、其他综合收益和利润分配以

外所有者权益的其他变动。例如，企业的长期股权投资采用权益法核算时，因被投资单位除净损益、其他综合收益以及利润分配以外的所有者权益的其他变动（主要包括被投资单位接受其他股东的资本性投入、被投资单位发行可分离交易的可转债中包含的权益成分、以权益结算的股份支付、其他股东对被投资单位增资导致投资方持股比例变动等），投资企业按应享有份额而增加或减少的资本公积，直接计入投资方所有者权益（资本公积——其他资本公积）。

根据国家有关规定企业实行股权激励的，如果在等待期内取消了授予的权益工具，企业应在进行权益工具加速行权处理时，将剩余等待期内应确认的金额计入当期损益，并同时确认资本公积（其他资本公积）。企业集团（由母公司和其全部子公司构成）内发生的股份支付交易，如结算企业为接受服务企业的投资者，应当按照授予日权益工具的公允价值或应承担负债的公允价值确认为对接受服务企业的长期股权投资，同时确认资本公积（其他资本公积）或负债。

资本公积的核算包括资本溢价（或股本溢价）的核算、其他资本公积的核算和资本公积转增资本的核算等内容。

**小贴士：资本公积与实收资本（或股本）、留存收益、其他综合收益的区别**

（1）资本公积与实收资本（或股本）的区别

从来源和性质看，实收资本（或股本）是指投资者按照企业章程或合同、协议的约定，实际投入企业并依法进行注册的资本，它体现了企业所有者对企业的基本产权关系。资本公积是投资者的出资额超出其在注册资本中所占份额的部分（资本溢价或股本溢价），以及其他资本公积，它不直接表明所有者对企业的基本产权关系。

从用途看，实收资本（或股本）的构成比例是确定所有者参与企业财务经营决策的基础，也是企业进行利润分配或股利分配的依据，同时还是企业清算时确定所有者对净资产的要求权的依据。资本公积的用途主要是用来转增资本（或股本）。资本公积不体现各所有者的占有比例，也不能作为所有者参与企业财务经营决策或进行利润分配（或股利分配）的依据。

（2）资本公积与留存收益的区别

资本公积的来源不是企业实现的利润，而主要来自资本溢价（或股本溢价）等。留存收益是企业从历年实现的利润中提取或形成的留存于企业的内部积累，来源于企业生产经营活动实现的利润。

（3）资本公积与其他综合收益的区别

其他综合收益是指企业根据企业会计准则规定未在当期损益中确认的各项利得和损失。资本公积和其他综合收益都会引起企业所有者权益发生增减变动，资本公积不会影响企业的损益，而部分其他综合收益项目则在满足企业会计准则规定的条件时，可以重分类进损益，从而成为企业利润的一部分。

### 11.3.2 资本公积的账户设置

为了核算和监督企业资本公积的增减变动情况，企业应设置“资本公积”科目。该科目属于所有者权益类，其借方登记资本公积的减少数；贷方登记因投资者资本溢价（或股本溢价）、其他原因而增加的资本；期末余额在贷方，表示资本公积的结余数。该科目可按资本公积的内容设置明细账进行明细核算，资本公积一般应当设置以下明细科目：

“资本溢价”，该明细科目用来核算有限责任公司成立后，企业重组或有新的投资者介入时，投资者的出资额高于其享有的投资比例金额的部分。

“股本溢价”，该明细科目用来核算股份有限公司溢价发行时，股票价格超过股本的溢价额以及与发行权益性证券直接相关的手续费、经纪人佣金等交易费用。

“其他资本公积”，该明细科目用来核算除净损益、其他综合收益和利润分配以外所有者权益的其他变动。

### 11.3.3 资本公积的账务处理

1. 资本溢价（或股本溢价）核算

（1）资本溢价

除股份有限公司外的其他类型的企业，在企业创立时，投资者认缴的出资额与注册资本一致，一般不会产生资本溢价。但在企业重组或有新的投资者加入时，为了维护原有投资者的权益，新加入投资者的出资额，并不一定全部作为实收资本处理。这是因为，企业创建时的资金投入和企业已走向经营正轨时期的资金投入，即使在数量上相等，但其盈利能力却不一致；企业在正常生产经营后，其资本利润率通常都要高于企业初创阶段。另外，企业可能有一定的内部积累，如从净利润中提取的盈余公积、未分配利润等，新投资者加入企业后，与原投资者一样有权参与原有留存收益的分配。所以，只有新的出资额大于实收资本，才能维护原投资者的已有权益，投资者多缴的这部分就形成了资本溢价。

【例 11-10】甲有限责任公司由 A、B、C 三位投资者各投资 1 500 000 元设立，设立时的实收资本为 4 500 000 元。经过 3 年的经营，甲公司留存收益为 1 800 000 元，此时，D 投资者愿意出资 2 800 000 元作为投资，占该公司股份的 25%。甲有限责任公司已收到该现金投资。假定不考虑其他因素。甲公司应进行如下操作：

| | | |
|---|---|---|
| 借：银行存款 | 2 800 000 | |
| 　贷：实收资本——D | | 1 500 000 |
| 　　资本公积——资本溢价 | | 1 300 000 |

（2）股本溢价

与其他类型的企业不同，股份有限公司在成立时可能会溢价发行股票，因而在成立之初，就可能会产生股本溢价。股本溢价的数额等于股份有限公司发行股票时实际收到的金额超过股票面值总额的部分。

在按面值发行股票的情况下，企业发行股票取得的收入，应全部作为股本处理；在溢价发行股票的情况下，企业发行股票取得的收入，等于股票面值部分作为股本处理，超出股票面值的溢价收入应作为股本溢价处理。

发行股票相关的手续费、佣金等交易费用，如果是溢价发行股票的，应从溢价中抵扣，冲减资本公积（股本溢价）；无溢价发行股票或溢价金额不足以抵扣的，应将不足抵扣的部分冲减盈余公积和未分配利润。

【例 11-11】甲股份有限公司首次公开发行了普通股 50 000 000 股，每股面值 1 元，每股发行价格为 3 元。甲股份有限公司与证券公司约定，按发行收入的 2%收取佣金，从发行收入中扣除。假定收到的股款已存入银行。甲公司应进行如下操作：

公司收到证券公司转来的发行收入 = 50 000 000×3×（1−2%）= 147 000 000（元）

记入“资本公积”科目金额 = 50 000 000×（3−1）−50 000 000×3×2% = 97 000 000（元）

借：银行存款　　147 000 000

　贷：股本　　50 000 000

　　资本公积——股本溢价　　97 000 000

2. 其他资本公积核算

这里以因被投资单位除净损益、其他综合收益和利润分配以外的所有者权益的其他变动为例，介绍相关的其他资本公积的核算。

企业对被投资单位的长期股权投资采用权益法核算的，在持股比例不变的情况下，对因被投资单位除净损益、其他综合收益和利润分配以外的所有者权益的其他变动，应按持股比例计算应享有或应分担被投资单位所有者权益的增减数额，借记或贷记“长期股权投资——其他权益变动”科目，贷记或借记“资本公积——其他资本公积”科目。在处置长期股权投资时，应转销与该笔投资相关的其他资本公积，借记或贷记“资本公积——其他资本公积”科目，贷记或借记“投资收益”科目。

【例 11-12】甲有限责任公司于 2019 年 1 月 1 日向乙公司投资 4 500 000 元，拥有该公司 20%的股份，并对该公司有重大影响，因而对乙公司长期股权投资采用权益法核算。2019 年 12 月 31 日，乙公司除净损益、其他综合收益和利润分配之外的所有者权益增加 1 900 000元。假定除此之外，乙公司的所有者权益没有变化，甲有限责任公司的持股比例没有变化，乙公司资产的账面价值与公允价值一致。不考虑其他因素。甲公司应进行如下操作：

甲有限责任公司对乙公司投资增加的资本公积 = 1 900 000×20% = 380 000（元）

借：长期股权投资——乙公司　　380 000

贷：资本公积——其他资本公积　　380 000

3. 资本公积转增资本

经股东大会或类似机构决议，用资本公积转增资本时，应冲减资本公积，同时按照转增资本前的实收资本（或股本）的结构或比例，将转增的金额记入“实收资本”（或“股本”）科目下各所有者的明细分类账。

**经典考题回顾**

1.【单选题】下列各项中，导致企业所有者权益变动，且满足规定条件时可以重分类进损益的是（　　）。

A. 实收资本

B. 其他综合收益

C. 盈余公积

D. 资本公积

2.【单选题】某公司委托证券公司发行普通股 400 000 股，每股面值为 1 元，每股发行价格为 16 元。双方协议约定，证券公司按发行收入的 2%收取佣金，并直接从发行收入中扣除。不考虑其他因素，该公司发行股票应计入资本公积的金额为（　　）元。

A. 6 272 000

B. 5 880 000

C. 5 872 000

D. 6 000 000

扫码关注，获取答案及更多考题资料

# 任务 11.4　留存收益核算

## 11.4.1　认识留存收益

留存收益是指企业从历年实现的利润中提取或形成的留存于企业的内部积累，包括盈余公积和未分配利润两类。

盈余公积是指企业按照有关规定从净利润中提取的留存利润，其性质是对企业用途的指定，保证企业留有一定的积累，限制企业过分分配，以维护债权人的利益，促进企业的经营和发展。公司制企业的盈余公积包括法定盈余公积和任意盈余公积。法定盈余公积是指企业按照规定的比例从净利润中提取的盈余公积；任意盈余公积是指企业按照股东会或股东大会决议提取的盈余公积。

企业提取的盈余公积经批准可用于弥补亏损、转增资本或发放现金股利或利润等。

**小贴士：盈余公积的有关规定**

按照《公司法》有关规定，公司制企业应按照净利润（减弥补以前年度亏损）的10%提取法定盈余公积；非公司制企业法定盈余公积的提取比例可超过净利润的10%。法定盈余公积累计额已达到注册资本的50%时，可以不再提取。值得注意的是，如果以前年度未分配利润有盈余（年初未分配利润余额为正数），在计算提取法定盈余公积的基数时，不应包括企业年初未分配利润；如果以前年度有亏损（年初未分配利润余额为负数），应先弥补以前年度亏损再提取盈余公积。

公司制企业可根据股东大会的决议提取任意盈余公积。非公司制企业经类似权力机构批准，也可提取任意盈余公积。法定盈余公积和任意盈余公积的区别在于其各自计提的根据不同，前者以国家的法律法规为依据，后者由企业的权力机构自行决定。

未分配利润是指企业实现的净利润经过弥补亏损、提取盈余公积和向投资者分配利润后留存在企业的、历年结存的利润。

### 11.4.2　盈余公积核算

为了反映和监督盈余公积的形成和使用情况，企业应设置“盈余公积”科目。该科目贷方登记按规定提取的盈余公积数额；借方登记用盈余公积弥补亏损和转增资本的实际数额；贷方余额反映企业的盈余公积。“盈余公积”科目应按照盈余公积形成的来源分设“法定盈余公积”和“任意盈余公积”两个明细科目。

1. 提取盈余公积

企业按规定提取盈余公积时，应通过“利润分配”和“盈余公积”等科目核算。

【例 11-13】甲股份有限公司本年实现净利润 7 300 000 元，年初未分配利润为 0。经股东大会批准，甲股份有限公司按当年净利润的10%提取法定盈余公积。假定不考虑其他因素。甲股份有限公司应进行如下操作：

借：利润分配——提取法定盈余公积　　730 000

　贷：盈余公积——法定盈余公积　　730 000

本年提取法定盈余公积金额 = 7 300 000×10% = 730 000（元）

2. 盈余公积补亏

【例 11-14】经股东大会批准，甲股份有限公司用以前年度提取的盈余公积弥补当年亏损 307 000 元。假定不考虑其他因素。甲股份有限公司应进行如下操作：

借：盈余公积　　307 000
　贷：利润分配——盈余公积补亏　　307 000

3. 盈余公积转增资本

【例 11-15】因扩大经营规模需要，经股东大会批准，甲股份有限公司将盈余公积520 000元转增股本。假定不考虑其他因素。甲股份有限公司应进行如下操作：

借：盈余公积　　520 000
　贷：股本　　520 000

4. 用盈余公积发放现金股利或利润

【例 11-16】甲股份有限公司 2018 年 12 月 31 日股本为 50 000 000 元（每股面值 1 元），可供投资者分配的利润为 6 000 000 元，盈余公积为 20 000 000 元。2019 年 3 月 20 日，股东大会批准了 2018 年度利润分配方案，按每 10 股 2 元发放现金股利。甲公司共需要分派 10 000 000 元现金股利，其中动用可供投资者分配的利润 6 000 000 元、盈余公积 4 000 000元、假定不考虑其他因素。甲股份有限公司应进行如下操作：

①发放现金股利时：

借：利润分配——应付现金股利或利润　　6 000 000
　　盈余公积　　4 000 000
　贷：应付股利　　10 000 000

②支付股利时：

借：应付股利　　10 000 000
　贷：银行存款　　10 000 000

### 11.4.3 利润分配核算

利润分配是指企业根据国家有关规定和企业章程、投资者协议等，对企业当年可供分配的利润所进行的分配。

可供分配的利润=当年实现的净利润（或净亏损）+年初未分配利润（或-年初未弥补亏损）+其他转入

**小贴士：利润分配的顺序**

根据《公司法》等有关规定，利润分配的顺序如下：①弥补以前年度亏损；②提取法定盈余公积；③提取任意盈余公积；④向投资者分配利润或支付股利。

1. 利润分配的账户设置

企业应通过“利润分配”科目，核算企业利润的分配（或亏损的弥补）和历年分配（或弥补）后的未分配利润（或未弥补亏损）。该科目应分别按“提取法定盈余公积”“提取任意盈余公积”“应付现金股利或利润”“盈余公积补亏”“未分配利润”等进行明细核算。

2. 利润分配业务的账务处理

（1）未分配利润

从数量上看，未分配利润等于期初未分配利润，加上本年实现的净利润，减去提取盈余公积和利润分配以后的余额。这一数额即为“利润分配——未分配利润”科目的贷方余额，如果该科目年末为借方余额，则反映历年未弥补的亏损。年度终了，企业应将全年实现的净利润或发生的净亏损，自“本年利润”科目转入“利润分配——未分配利润”科目，并将“利润分配”科目所属其他明细科目的余额，转入“未分配利润”明细科目。结转后，“利润分配——未分配利润”科目如为贷方余额，表示累积未分配的利润数额；如为借方余额，则表示累积未弥补的亏损数额。

【例 11-17】甲股份有限公司年初未分配利润为 0，本年实现净利润 3 000 000 元，本年提取法定盈余公积 300 000 元，宣告发放现金股利 1 200 000 元，假定不考虑其他因素。甲股份有限公司应进行如下操作：

①结转实现净利润时：

借：本年利润　　3 000 000

　贷：利润分配——未分配利润　　3 000 000

②提取法定盈余公积、宣告发放现金股利时：

借：利润分配——提取法定盈余公积　　300 000

　　　　　　——应付现金股利或利润　　1 200 000

　贷：盈余公积　　300 000

　　　应付股利　　1 200 000

③将“利润分配”科目所属其他明细科目的余额结转至“未分配利润”明细科目：

借：利润分配——未分配利润　　1 500 000

贷：利润分配——提取法定盈余公积　　300 000
　　　　　　——应付现金股利或利润　　1 200 000

（2）弥补亏损

企业发生亏损时，应由企业自行弥补。弥补亏损的渠道主要有以下三个：

①用以后年度税前利润弥补。按照现行税收制度规定，企业发生亏损时，可以用以后年度实现的税前利润弥补，但税前利润弥补亏损的期间为连续5年。

②用以后年度税后利润弥补。企业发生的亏损经过5年未足额弥补，尚未弥补的亏损应用所得税后的利润弥补。

③以盈余公积弥补。企业以提取的盈余公积弥补亏损时，应当由公司董事会提议，并经股东大会批准。

企业以当年实现的利润弥补以前年度亏损时，不需要进行专门的会计处理。因为，企业在年末结账时，将实现的利润结转至“利润分配——未分配利润”科目的贷方，结转后自然抵减了借方的未弥补亏损。税前利润与税后利润弥补亏损的会计处理相同，两者的区别只是所计算的应交所得税不同。税法规定允许税前利润补亏的，亏损可以作为应税所得的调整数；而以税后利润补亏的，不能调整应税所得。

**经典考题回顾**

1.【单选题】下列各项中，导致企业所有者权益总额减少的是（　　）。

A. 以盈余公积弥补亏损

B. 以盈余公积转增资本

C. 宣告分配现金股利

D. 以资本公积转增资本

2.【单选题】某企业年初未分配利润借方余额为20万元，本年实现净利润为200万元。按净利润的10%提取的盈余公积金额为（　　）万元。

A. 2

B. 18

C. 20

D. 22

3.【多选题】某公司年初“利润分配——未分配利润”科目贷方余额为700 000元，本年实现净利润5 000 000元，本年提取法定盈余公积500 000元，宣告分配现金股利2 000 000元。不考虑其他因素，该公司当年结转本年利润及其分配的会计处理正确的有（　　）。

A. 结转“利润分配”科目所属明细科目余额时：

借：利润分配——未分配利润　　2 500 000
　贷：利润分配——提取法定盈余公积　　500 000
　　　　　　——应付现金股利　　2 000 000

B. 结转本年实现的净利润时：

借：利润分配——未分配利润　　5 000 000

　贷：本年利润　　5 000 000

C. 结转本年实现的净利润时：

借：本年利润　　5 000 000

　贷：利润分配——未分配利润　　5 000 000

D. 结转“利润分配”科目所属明细科目余额时：

借：利润分配——提取法定盈余公积　　500 000

　　　　　——应付现金股利　　2 000 000

　贷：利润分配——未分配利润　　2 500 000



## 能力训练

### 一、单项选择题

1. 下列各项中，不属于所有者权益的是（　　）。

A. 资本溢价

B. 计提的盈余公积

C. 投资者投入的资本

D. 应付高管人员基本薪酬

2. 甲股份有限公司采用回购本公司的股票方式减资，回购本公司股票时应借记的会计科目是（　　）。

A.“股本”

B.“资本公积”

C.“库存股”

D.“盈余公积”

3. 下列各项中，会引起所有者权益总额发生增减变动的有（　　）。

A. 宣告发放股票股利

B. 实际发放现金股利

C. 盈余公积转增资本

D. 接受投资者追加投资

4. 下列各项中，不属于资本公积核算内容的是（　　）。

A. 企业收到投资者出资额超出其在注册资本或股本中所占份额的部分

B. 直接计入所有者权益的利得

C. 直接计入所有者权益的损失

D. 企业收到投资者的出资额

5. 某股份有限公司按法定程序报经批准后采用收购本公司股票方式减资，购回股票支付价款低于股票面值总额的，所注销库存股账面余额与冲减股本的差额应计入（　　）。

A. 盈余公积

B. 营业外收入

C. 资本公积

D. 未分配利润

6. 下列各项中，不会使资本公积发生增减变动的有（　　）。

A. 企业实现净利润

B. 发行股票的佣金

C. 资本公积转增资本

D. 投资者超过注册资本额的投入资本

7. 下列各项中，能够导致企业留存收益减少的是（　　）。

A. 宣告分配现金股利

B. 以资本公积转增资本

C. 提取盈余公积

D. 以盈余公积弥补亏损

8. 某有限责任公司发生的下列事项中，不能引起“实收资本”账户发生增减变动的是（　　）。

A. 接受投资者投入固定资产

B. 接受外币资本投资

C. 用盈余公积弥补亏损

D. 经批准将资本公积转增资本

9. 甲公司年初未分配利润为 1 000 万元，当年实现净利润 500 万元，按 10%提取法定盈余公积，5%提取任意盈余公积，宣告发放现金股利 100 万元，不考虑其他因素，该公司年末未分配利润为（　　）万元。

A. 1 450

B. 1 475

C. 1 325

D. 1 400

10. 下列各项中，年度终了不需要转入“利润分配——未分配利润”科目的是（　　）。

A. 本年利润

B. 利润分配——应付现金股利

C. 盈余公积

D. 利润分配——提取法定盈余公积

## 二、多项选择题

1. 某股份有限公司按法定程序报经批准后采用收购本公司股票方式减资，购回股票支付价款高于股票面值总额，所注销库存股账面余额与冲减股本的差额可能涉及的会计科目有（　　）。

A. 盈余公积

B. 利润分配——未分配利润

C. 营业外收入

D. 资本公积

2. 下列关于实收资本的说法中，正确的有（　　）。

A. 是企业清算时确定所有者对净资产的要求权的依据

B. 是确定所有者在企业所有者权益中所占的份额和参与企业生产经营决策的基础

C. 实收资本可以转资本公积

D. 是企业进行利润分配和股利分配的依据

3. 下列各项中，应通过“资本公积”科目核算的有（　　）。

A. 发行股票取得的股本溢价

B. 转销确实无法偿还的应付账款

C. 接受现金捐赠

D. 其他资本公积

4. 下列各项中，不增加企业资本公积的有（　　）。

A. 划转无法支付的应付账款

B. 接受捐赠的固定资产

C. 股本溢价

D. 盘盈的固定资产

5. 下列各项中，属于盈余公积作用的有（　　）。

A. 转增资本

B. 盈余公积分派现金股利

C. 盈余公积补亏

D. 盈余公积转资本公积

6. 下列各项中，属于弥补亏损渠道的有（　　）。

A. 以盈余公积弥补亏损

B. 以资本公积弥补亏损

C. 用税前利润弥补

D. 用税后利润弥补

### 三、判断题

1. 提取法定盈余公积会使所有者权益增加。（　　）

2. 不管企业期初是否存在未弥补的亏损，当期计提法定盈余公积的基数都是当期实现的净利润。（　　）

3. 股份有限公司溢价发行股票时，按股票面值计入股本，溢价收入扣除发行手续费、佣金等发行费用后的金额计入资本公积。（　　）

4. 资本公积可以作为所有者参与企业财务经营决策或进行利润分配的依据。（　　）

5. 企业需要偿还所有者权益和负债。（　　）

# 项目 12　收入核算

## 学习目标：

1. 了解收入确认的原则、前提条件，收入确认和计量的步骤；
2. 掌握销售商品收入的账务处理；
3. 掌握完工百分比法确认提供劳务收入的账务处理；
4. 掌握让渡资产使用权的使用费收入的账务处理；
5. 熟悉销售商品收入的确认条件；
6. 熟悉劳务开始并完成于同一会计期间、劳务的开始和完成分属不同会计期间等情况下提供劳务收入的确认原则；
7. 熟悉让渡资产使用权的使用费收入的确认和计量原则。

收入核算思维导图如图 12-1 所示。

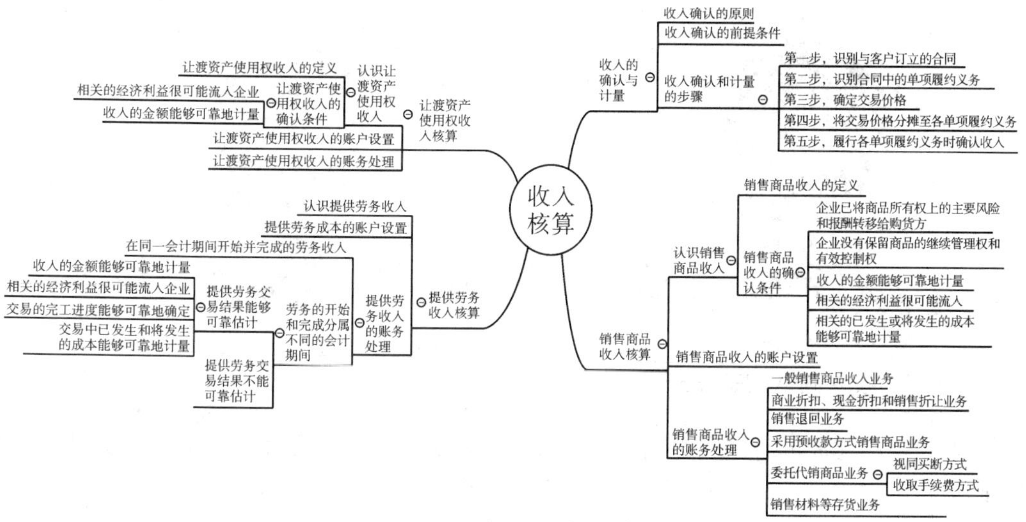


图 12-1　收入核算思维导图

## 任务12.1　收入的确认与计量

### 12.1.1　收入确认的原则

企业应当在履行了合同中的履约义务，即在客户取得相关商品控制权时确认收入。取得相关商品控制权，是指客户能够主导该商品的使用并从中获得几乎全部经济利益，也包括有能力阻止其他方主导该商品的使用并从中获得经济利益。取得商品控制权包括三个要素：一是客户必须拥有现时权利，能够主导该商品的使用并从中获得几乎全部经济利益。如果客户只能在未来的某一期间主导该商品的使用并从中获益，则表明其尚未取得该商品的控制权。二是客户有能力主导该商品的使用，即客户在其活动中有权使用该商品，或者能够允许或阻止其他方使用该商品。三是客户能够获得商品几乎全部的经济利益。商品的经济利益是指商品的潜在现金流量，既包括现金流入的增加，也包括现金流出的减少。客户可以通过使用、消耗、出售、处置、交换、抵押或持有等多种方式直接或间接地获得商品的经济利益。

### 12.1.2　收入确认的前提条件

企业与客户之间的合同同时满足下列五个条件的，企业应当在客户取得相关商品控制权时确认收入：

（1）合同各方已批准该合同并承诺将履行各自义务。

（2）该合同明确了合同各方与所转让商品相关的权利和义务。

（3）该合同有明确的与所转让商品相关的支付条款。

（4）该合同具有商业实质，即履行该合同将改变企业未来现金流量的风险、时间分布或金额。

（5）企业因向客户转让商品而有权取得的对价很可能收回。

### 12.1.3　收入确认和计量的步骤

根据《企业会计准则第 14 号——收入》，收入确认和计量大致可分为五步：

第一步，识别与客户订立的合同。合同是指双方或多方之间订立有法律约束力的权利义务的协议。合同有书面形式、口头形式以及其他形式。合同的存在是企业确认客户合同收入的前提，企业与客户之间的合同一经签订，企业即享有从客户取得与转移商品和服务对价的权利，同时负有向客户转移商品和服务的履约义务。

第二步，识别合同中的单项履约义务。履约义务是指合同中企业向客户转让可明确区分商品或服务的承诺。企业应当将向客户转让可明确区分商品（或者商品的组合）的承诺以及向客户转让一系列实质相同且转让模式相同的、可明确区分商品的承诺作为单项履约义务。

第三步，确定交易价格。交易价格是指企业因向客户转让商品而预期有权收取的对价金额，不包括企业代第三方收取的款项（如增值税）以及企业预期将退还给客户的款项。合同条款所承诺的对价，可能是固定金额、可变金额或两者兼有。

第四步，将交易价格分摊至各单项履约义务。当合同中包含两项或多项履约义务时，需要将交易价格分摊至各单项履约义务，分摊的方法是在合同开始日，按照各单项履约义务所承诺商品的单独售价（企业向客户单独销售商品的价格）的相对比例，将交易价格分摊至各单项履约义务。通过分摊交易价格，使企业分摊至各单项履约义务的交易价格能够反映其因向客户转让已承诺的相关商品而有权收取的对价金额。

第五步，履行各单项履约义务时确认收入。当企业将商品转移给客户，客户取得了相关商品的控制权，意味着企业履行了合同履约义务，此时，企业应确认收入。企业将商品控制权转移给客户，可能是在某一时段内（履行履约义务的过程中）发生，也可能在某一时点（履约义务完成时）发生。企业应当根据实际情况，首先判断履约义务是否满足在某一时段内履行的条件，如不满足，则该履约义务属于在某一时点履行的履约义务。

收入确认和计量的五个步骤中，第一步、第二步和第五步主要与收入的确认有关，第三步和第四步主要与收入的计量有关。

## 任务 12.2　销售商品收入核算

### 12.2.1　认识销售商品收入

销售商品收入是指企业通过销售商品实现的收入，如工业企业制造并销售产品、商业企业销售商品等实现的收入。

销售商品收入同时满足下列条件的，才能予以确认。

（1）企业已将商品所有权上的主要风险和报酬转移给购货方

企业已将商品所有权上的主要风险和报酬转移给购货方，是指与商品所有权有关的主要风险和报酬同时转移。与商品所有权有关的风险，是指商品可能发生减值或毁损等形成的损失；与商品所有权有关的报酬，是指商品价值增值或通过使用商品等形成的经济利益。判断企业是否已将商品所有权上的主要风险和报酬转移给购买方，应当关注交易的实质而不是形式，并结合所有权凭证的转移或实物的交付进行判断。如果与商品所有权有关的任何损失均不需要销货方承担，就意味着商品所有权上的主要风险报酬转移给了购货方。

**小贴士：所有权凭证、实物交付以及风险和报酬转移三者之间的关系**

所有权凭证、实物交付以及风险和报酬转移三者之间的关系，主要有以下几种情况：

一是所有权凭证转移，实物已经交付，风险和报酬转移，如一般的商品销售方式；

二是所有权凭证转移，实物未交付，风险和报酬转移，如交款提货方式销售商品；

三是所有权凭证未转移，实物已经交付，风险和报酬可能未转移，如委托代销方式销售商品，需要区分不同情况进行判断；

四是所有权凭证转移，实物已经交付，风险和报酬未转移，如附退货条件且无法判断退货可能性的商品销售、销售商品需要安装且安装属于销售合同重要组成部分等。

（2）企业没有保留商品的继续管理权和有效控制权

一般情况下，企业售出商品后不再保留与商品所有权相联系的继续管理权，也不再对售出商品实施有效控制，商品所有权上的主要风险和报酬已经转移给购货方，通常应在发出商品时确认收入。如果企业在商品销售后保留了与商品所有权相联系的继续管理权，或能够继续对其实施有效控制，说明商品所有权上的主要风险和报酬没有转移，销售交易不能成立，不能确认收入。但如果企业保留的管理权与所有权无关，则不影响企业对该项收入的确认。

（3）收入的金额能够可靠地计量

收入的金额能够可靠地计量，是指收入的金额能够合理地估计。收入金额能否合理地估计是确认收入的基本前提，如果收入的金额不能够合理估计，就无法确认收入。企业在销售商品时，商品销售价格通常已经确定。但是，由于销售商品过程中某些不确定因素的影响，也有可能存在商品销售价格发生变动的情况。在这种情况下，新的商品销售价格未确定前通常不应确认销售商品收入。

（4）相关的经济利益很可能流入

企业在销售商品的交易中，与交易相关的经济利益主要表现为销售商品的价款。相关的经济利益很可能流入企业，是指销售商品价款收回的可能性大于不能收回的可能性，即销售商品价款收回的可能性超过 50%。企业在销售商品时，如估计销售价款不是很可能收回，即使收入确认的其他条件均已满足，也不应当确认收入。

企业在确定销售商品价款收回的可能性时，应当结合以前和买方交往的直接经验、政府有关政策、其他方面取得信息等因素进行分析。

企业销售的商品符合合同或协议要求，已经将发票账单交付买方，买方承诺付款，通常表明相关的经济利益很可能流入企业。如果企业判断销售商品收入满足确认条件而予以确认，同时确认了一笔应收债权，一旦以后由于购货方资金周转困难无法收回该债权时，不应调整原会计处理，而应对该债权计提坏账准备，确认坏账损失。

如果企业根据以前与买方交往的直接经验判断买方信誉较差，或销售时得知买方在另一项交易中发生了巨额亏损、资金周转十分困难，或在出口商品时不能确定进口企业所在国政府是否允许将款项汇出等，就可能会出现与销售商品相关的经济利益不能流入企业的情况，不应确认收入。

（5）相关的已发生或将发生的成本能够可靠地计量

根据收入和费用配比原则，与同一项销售有关的收入和费用应在同一会计期间予以确认，即企业应在确认收入的同时或同一会计期间结转相关的成本。相关的已发生或将发生的成本能够可靠地计量，是指与销售商品有关的已发生或将发生的成本能够合理地估计。通常情况下，销售商品相关的已发生或将发生的成本能够合理地估计，如库存商品的成本、商品运输费用等。如果库存商品是本企业生产的，其生产成本能够可靠计量；如果是外购的，购买成本能够可靠计量。如果销售商品相关的已发生或将发生的成本不能够合理地估计，此时企业不应确认收入，若已收到价款，应将已收到的价款确认为负债。

### 12.2.2 销售商品收入的账户设置

为了核算和监督企业确认的销售商品、提供劳务等主营业务的收入，企业应设置“主营业务收入”科目。该科目属于损益类，借方登记销货退回、销售折让对销售收入的冲减额；贷方登记企业已实现的商品销售收入或提供劳务实现的收入；期末应将该科目余额转至“本年利润”科目的贷方，结转后该科目应无余额。该科目可按主营业务的种类设置明细账进行明细核算。

为了核算和监督企业在销售商品、提供劳务及让渡资产使用权等日常活动中发生的实际成本，企业应设置“主营业务成本”科目。该科目属于损益类，借方登记售出商品或劳务的成本；贷方登记销售退回商品或劳务的成本；期末应将该科目余额转至“本年利润”科目的借方，结转后该科目应无余额。该科目可按主营业务的种类设置明细账进行明细核算。

为了核算和监督企业日常活动应负担的税金及附加，包括企业经营活动发生的消费税、城市维护建设税、资源税、教育费附加、房产税、车船税、土地使用税等相关税费，企业应设置“税金及附加”科目。该科目属于损益类，期末应将本科目余额从贷方转入“本年利润”科目，结转后该科目无余额。

### 12.2.3 销售商品收入的账务处理

1. 一般销售商品收入业务

企业销售商品在符合收入确认的条件时，按照已收或应收合同或协议价款的公允价值确定销售商品收入的金额，并结转对应的销售成本。确认本期实现的商品销售收入时，应按实际收到或应收的价款，借记“银行存款”“应收账款”“应收票据”等科目，按实现的销售收入，贷记“主营业务收入”科目，按专用发票上注明的增值税税额，贷记“应交税费——应交增值税（销项税额）”科目。同时，借记“主营业务成本”“存货跌价准备”（销售存货所对应的跌价准备）科目，贷记“库存商品”科目。

【例 12-1】2019 年 8 月 11 日，甲公司采用托收承付结算方式销售一批商品，开出的增值税专用发票上注明的售价为60 000元，增值税税额为7 800元。商品已经发出，并已向银行办妥托收手续。该批商品的成本为18 000元。甲公司应进行如下操作：

借：应收账款　67 800

　贷：主营业务收入　60 000

　　　应交税费——应交增值税（销项税额）　7 800

借：主营业务成本　18 000

　贷：库存商品　18 000

2. 商业折扣、现金折扣和销售折让业务

企业销售商品收入的金额通常按照从购货方已收或应收的合同或协议价款确定。在确定销售商品收入金额时，应注意区分商业折扣、现金折扣和销售折让及其不同的账务处理方法。

（1）商业折扣

商业折扣是指企业为促进商品销售而给予的价格扣除。例如，企业为鼓励客户多买商品可能规定，购买100件以上商品给予客户10%的折扣，或客户每买10件送1件。此外，企业为了尽快出售一些残次、陈旧、冷清的商品，也可能降价（打折）销售。

商业折扣在销售时即已发生，并不构成最终成交价格的一部分。企业销售商品涉及商业折扣的，应当按照扣除商业折扣后的金额确定销售商品收入的金额。

（2）现金折扣

现金折扣是指债权人为鼓励债务人在规定的期限内付款而向债务人提供的债务扣除。现金折扣一般用符号“折扣率/付款期限”表示，例如，用“2/10，1/20，N/30”表示：销货方允许客户最长的付款期限为30天，如果客户在10天内付款，销货方可按商品售价给予客户2%的折扣；如果客户在11~20天内付款，销货方可按商品售价给予客户1%的折扣；如果客户在21~30天内付款，将不能享受现金折扣。

现金折扣发生在企业销售商品之后，企业销售商品后现金折扣是否发生以及发生多少要视买方的付款情况而定，企业在确认销售商品收入时不能确定现金折扣金额。因此，企业销售商品涉及现金折扣的，应当按照扣除现金折扣前的金额确定销售商品收入金额。现金折扣实际上是企业为了尽快回笼资金而发生的理财费用，应在实际发生时计入当期财务费用。

在计算现金折扣时，还应注意销售方式是按不包含增值税的价款提供现金折扣，还是按包含增值税的价款提供现金折扣。两种情况下购买方享有的折扣金额不同。

【例12-2】2019年6月10日，甲公司赊销一批商品，单位成本为8元，共20 000件。由于是大批量销售，所以给予客户10%的商业折扣。甲公司适用的增值税税率为13%。甲公司应进行如下操作：

①实现收入时：

借：应收账款　162 720

　贷：主营业务收入　144 000

　　应交税费——应交增值税（销项税额）　18 720

②收到款项时：

借：银行存款　162 720

　贷：应收账款　162 720

【例 12-3】2019 年 5 月 8 日，甲公司赊销一批商品，单位成本为 10 元，共 30 000 件。由于是大批量销售，所以给予客户 10%的商业折扣。同时，增加优惠条件“2/10，1/20，N/30”。确认收入时，甲公司应进行如下操作：

借：应收账款　305 100

　贷：主营业务收入　270 000

　　应交税费——应交增值税（销项税额）　35 100

若 2019 年 5 月 10 日，甲公司收到客户回款时（假定现金折扣不考虑增值税），应进行如下操作：

借：银行存款　299 700

　　财务费用　5 400

　贷：应收账款　305 100

若 2019 年 5 月 20 日，甲公司收到客户回款时（假定现金折扣不考虑增值税），应进行如下操作：

借：银行存款　302 400

　　财务费用　2 700

　贷：应收账款　305 100

若 2019 年 5 月 30 日，甲公司收到客户回款时（假定现金折扣不考虑增值税），应进行如下操作：

借：银行存款　305 100

　贷：应收账款　305 100

（3）销售折让

销售折让是指企业因售出商品质量不符合要求等原因而在售价上给予的减让。企业将商品销售给买方后，如买方发现商品在质量、规格等方面不符合要求，可能要求卖方在价格上给予一定的减让。

销售折让如发生在确认销售收入之前，则应在确认销售收入时直接按扣除销售折让后的金额确认；已确认销售收入的售出商品发生销售折让，且不属于资产负债表日后事项的，应在发生时冲减当期销售商品收入，如按规定允许扣减增值税税额的，还应冲减已确认的应交增值税销项税额。

【例 12-4】2019 年 7 月 12 日，甲公司赊销一批商品给乙客户，开出的增值税专用发票上注明的价款为 62 000 元，增值税税额为 8 060 元，该批商品的成本为 15 000 元。

甲公司应进行如下操作：

①销售实现时：

借：应收账款　　70 060

　贷：主营业务收入　　62 000

　　应交税费——应交增值税（销项税额）　　8 060

借：主营业务成本　　15 000

　贷：库存商品　　15 000

乙客户收到货物后，发现部分商品质量不符合合同要求，但尚可使用，故提出 10%的折让要求，甲公司经调查后确认情况属实，同意给予相应折让，开出红字增值税专用发票。

②发生销售折让时：

借：主营业务收入　　6 200

　贷：应收账款　　7 006

　　应交税费——应交增值税（销项税额）　　806

③实际收到款项时：

借：银行存款　　63 054

　贷：应收账款　　63 054

【例 12-5】承【例 12-4】，假定发生销售折让前，因该项销售在货款收回上存在不确定性，甲公司未确认该批商品的销售收入，纳税义务也未发生；发生销售折让后 2 个月，乙客户承诺近期付款。甲公司应进行如下操作：

①发出商品时：

借：发生商品　　15 000

　贷：库存商品　　15 000

②乙客户承诺付款，甲公司确认销售收入时：

借：应收账款　　63 054

　贷：主营业务收入　　55 800

　　应交税费——应交增值税（销项税额）　　7 254

借：主营业务成本　　15 000

　贷：发生商品　　15 000

③实际收到款项时：

借：银行存款　　63 054

贷：应收账款　　63 054

3. 销售退回业务

销售退回是指企业因售出商品在质量、规格等方面不符合销售合同规定条款的要求，客户要求企业予以退货。企业售出商品发生的销售退回，应分别按照不同情况进行会计处理。

（1）尚未确认销售收入的售出商品发生销售退回，应当冲减"发出商品"科目，同时，增加"库存商品"科目。

（2）已确认销售收入的售出商品发生销售退回的，除属于资产负债表日后事项外，企业收到退回的商品时，应退回货款或冲减应收账款，并冲减主营业务收入和增值税销项税额，借记"主营业务收入""应交税费——应交增值税（销项税额）"等科目，贷记"银行存款""应收票据""应收账款"等科目。收到退回商品验收入库，按照商品成本，借记"库存商品"科目，贷记"主营业务成本"科目。如果该项销售已发生现金折扣，应同时调整相关财务费用的金额。

【例 12-6】2019 年 7 月 5 日，甲公司收到乙公司因质量问题而退回的商品 10 件，每件商品的成本为 230 元。该批商品系甲公司于 2019 年 6 月 10 日出售给乙公司，每件售价为 370 元，货款尚未收到，甲公司尚未确认销售商品收入。因乙公司提出的退货要求符合销售合同约定，甲公司同意退货，并按规定向乙公司开具了增值税专用发票（红字）。验收退货入库时，甲公司应进行如下操作：

①发出商品时：

借：发出商品　　2 300

　贷：库存商品　　2 300

借：应收账款　　481

　贷：应交税费——应交增值税（销项税额）　　481

②发生销售退回（未确认收入的售出商品），增值税发票抵扣联也退回：

借：库存商品　　2 300

　贷：发出商品　　2 300

借：应交税费——应交增值税（销项税额）　　481

　贷：应收账款　　481

【例 12-7】甲公司在 2019 年 5 月 1 日向乙公司销售商品一批，开出的增值税专用发票上注明的售价为 5 400 元，增值税税额为 702 元。该批商品的成本为 2 200 元。为及早收回货款，甲公司和乙公司约定的现金折扣条件为"2/10，1/20，N/30"。乙公司在 2019 年 5 月 10 日支付货款。2019 年 9 月 5 日，该批商品因质量问题被乙公司退回，甲公司当日支付有关退货款。假定在计算现金折扣时不考虑增值税。甲公司应进行如下操作：

①2019 年 5 月 1 日，销售实现时：

借：应收账款　6 102

　贷：主营业务收入　5 400

　　应交税费——应交增值税（销项税额）　702

借：主营业务成本　2 200

　贷：库存商品　2 200

②2019 年 5 月 10 日，收到货款时：

借：银行存款　5 994

　财务费用　（5 400×2%）108

　贷：应收账款　6 102

③2019 年 9 月 5 日，发生销售退回时：

借：主营业务收入　5 400

　应交税费——应交增值税（销项税额）　702

　贷：银行存款　5 994

　　财务费用　108

借：库存商品　2 200

　贷：主营业务成本　2 200

4. 采用预收款方式销售商品业务

预收款方式销售商品是指购买方在商品尚未收到前按合同或协议约定分期付款，销售方在收到最后一笔款项时才将商品交付给购货方的销售方式。在这种方式下，销售方直到收到最后一笔款项时才将商品交付给购货方，表明商品所有权上的主要风险和报酬只有在收到最后一笔款项时才转移给购货方。一般情况下，销售方应在发出商品时确认收入，在此之前预收的货款应确认为预收账款。企业向供货单位预收款项时，借记“银行存款”科目，贷记“预收账款”科目；销售实现时，按实现的收入和应交的增值税销项税额，借记“预收账款”科目，按实现的营业收入，贷记“主营业务收入”科目，按增值税专用发票上注明的增值税税额，贷记“应交税费——应交增值税（销项税额）”科目；企业收到购货单位补付的款项时，借记“银行存款”科目，贷记“预收账款”科目；购货单位退回其多付的款项时，借记“预收账款”科目，贷记“银行存款”科目。

【例 12-8】2019 年 4 月 17 日，甲公司与乙公司签订协议，采用预收款方式向乙公司销售商品一批。该批商品的实际成本为 500 000 元。协议约定，该批商品的销售价格为 750 000元，增值税税额为 97 500 元；乙公司应在协议签订时预付 60%的货款（按销售价格计算），剩余款项于 2 个月后支付。甲公司应进行如下操作：

①收到 60%的货款时：

借：银行存款　450 000

贷：预收账款　450 000

②收到剩余货款及增值税税款并交付商品时：

借：预收账款　450 000

　银行存款　397 500

　贷：主营业务收入　750 000

　　应交税费——应交增值税（销项税额）　97 500

借：主营业务成本　500 000

　贷：库存商品　500 000

5. 委托代销商品业务

委托代销方式是指委托方根据协议委托受托方代销商品的一种销售方式，具体包括视同买断和收取手续费两种方式，二者在账务处理上存在着明显的区别。

企业应设置“委托代销商品”科目，该科目属于资产类，其借方登记发出代销商品的成本；贷方登记收到代销清单，结转的已销商品的成本；期末余额在借方，表示委托代销已发出尚未售出的商品成本。该科目可按受托单位设置明细账进行明细核算。

企业应设置“受托代销商品”“受托代销商品款”和“应付账款”科目。“受托代销商品”科目属于资产类，用于核算受托方收到的受托代销商品成本。其借方登记收到的受托代销商品成本；贷方登记受托方销售商品后，结转的受托代销商品成本；期末余额在借方，表示受托代销商品成本。“受托代销商品款”科目属于负债类，用于核算代销商品时，受托方收到代销商品未结算的货款。其借方登记售出商品后结算的代销商品款；贷方登记收到代销商品未结算的货款；期末余额在贷方，表示尚未结算的代销商品款。

（1）视同买断方式

视同买断方式是指委托方与受托方签订合同或协议，委托方按合同或协议收取代销的货款，实际售价由受托方自定，实际售价与合同或协议价之间的差额归受托方所有。

如果委托方和受托方之间的协议明确表示，受托方在取得代销商品后，无论是否能够卖出、是否获利，均与委托方无关，那么，委托方在符合销售商品收入确认条件发出商品时，委托方应确认相关销售商品收入。

如果委托方和受托方之间的协议明确表示，将来受托方没有将商品售出时可以将商品退回给委托方，或受托方因代销商品出现亏损时可以要求委托方补偿，那么，委托方在交付商品时不确认收入，受托方也不做购进商品处理，受托方将商品销售后，按实际售价确认销售收入，并向委托方开具代销清单；委托方收到代销清单时，再确认本企业的销售收入。

【例 12-9】甲公司委托乙公司销售某产品 3 000 件，协议价为 200 元/件，成本为 120 元/件。代销协议约定，乙公司未售出的产品可以退回。乙公司按 250 元/件的价格销售。年末，甲公司收到乙公司代销清单，列明已销售代销产品的 60%，增值税税率为 13%。甲公司应进行如下操作：

①将该批商品交付乙公司：

借：委托代销商品　　360 000

　贷：库存商品　　360 000

②收到代销清单：

借：应收账款　　406 800

　贷：主营业务收入　　360 000

　　　应交税费——应交增值税（销项税额）　　46 800

借：主营业务成本　　216 000

　贷：委托代销商品　　216 000

③收到货款：

借：银行存款　　406 800

　贷：应收账款　　406 800

（2）收取手续费方式

在这种方式下，委托方在发出商品时，商品所有权上的主要风险和报酬并未转移给受托方，委托方在发出商品时通常不应确认销售商品收入，而应在收到受托方开出的代销清单时确认，同时将应支付的代销手续费计入销售费用；受托方应在代销商品销售后，按合同或协议约定的方式计算确定代销手续费，确认劳务收入。

受托方可通过“受托代销商品”“受托代销商品款”或“应付账款”等科目，对受托代销商品进行核算。确认代销手续费收入时，借记“受托代销商品款”科目，贷记“其他业务收入”等科目。

【例 12-10】2019 年 8 月 19 日，甲公司委托乙公司销售商品 2 000 件，商品已经发出，每件成本为 70 元。合同约定乙公司应按每件 90 元对外销售，甲公司按售价的 5%向乙公司支付手续费。2019 年 8 月 21 日，乙公司对外实际销售商品 1 000 件，开出的增值税专用发票上注明的销售价款为 90 000 元，增值税税额为 11 700 元，款项已收到。甲公司收到乙公司开具的代销清单时，向乙公司开具一张相同金额的增值税专用发票。假定甲公司发出商品时纳税义务尚未发生；甲公司采用实际成本核算，乙公司采用进价核算代销商品。甲公司应进行如下操作：

①发出商品时：

借：委托代销商品　　140 000

　贷：库存商品　　140 000

②收到代销清单时：

借：应收账款　　101 700

　贷：主营业务收入　　90 000

应交税费——应交增值税（销项税额）　　11 700

借：主营业务成本　　70 000

　贷：委托代销商品　　70 000

借：销售费用　　4 500

　贷：应收账款　　4 500

代销手续费金额=90 000×5%=4 500（元）

③收到乙公司支付的货款时：

借：银行存款　　97 200

　贷：应收账款　　97 200

6. 销售材料等存货业务

企业在日常活动中还可能发生对外销售不需用的原材料、随同商品对外销售单独计价的包装物等业务。企业销售原材料、包装物等存货也视同商品销售，其收入确认和计量原则比照商品销售处理。企业销售原材料、包装物等存货实现的收入以及结转的相关成本，通过"其他业务收入""其他业务成本"科目核算。

为了核算企业除主营业务活动以外的其他经营活动实现的收入，包括销售材料、出租包装物和商品、出租固定资产、出租无形资产等实现的收入，企业应当设置"其他业务收入"科目。该科目属于损益类，贷方登记企业实现的各项其他业务收入；借方登记期末结转入"本年利润"科目的其他业务收入，结转后该科目应无余额。

为了核算企业除主营业务活动以外的其他经营活动所产生的成本，包括销售材料的成本、出租固定资产的折旧额、出租无形资产的摊销额、出租包装物的成本或摊销额，企业应当设置"其他业务成本"科目。该科目属于损益类，借方登记企业结转或发生的其他业务成本；贷方登记期末结转入"本年利润"科目的其他业务成本，结转后该科目应无余额。

【例 12-11】甲公司销售原材料一批，开出的增值税专用发票上注明售价为 28 000 元，增值税税额为 3 640 元，款项已由银行收妥。该批原材料的实际成本为 11 000 元。甲公司应进行如下操作：

①取得原材料销售收入时：

借：银行存款　　31 640

　贷：其他业务收入　　28 000

　　应交税费——应交增值税（销项税额）　　3 640

②结转已销原材料的实际成本时：

借：其他业务成本　　11 000

　贷：原材料　　11 000

**经典考题回顾**

1.【单选题】下列各项中，关于委托方以支付手续费方式委托代销商品的会计处理，正确的是（　　）。

A. 收到受托方开具的代销清单时按照代销商品的成本贷记“库存商品”科目

B. 发出商品时应按照合同约定的售价借记“委托代销商品”科目

C. 发出商品时确认销售商品收入

D. 收到受托方开具的代销清单时将应结算的代销手续费确认为销售费用

2.【单选题】企业对于已经发出但不符合收入确认条件的商品，其成本应贷记的科目是（　　）。

A. 在途物资

B. 发出商品

C. 库存商品

D. 主营业务成本

3.【多选题】下列各项中，关于现金折扣的会计处理表述正确的有（　　）。

A. 收回销货款发生的现金折扣，应计入当期财务费用

B. 收回销货款发生的现金折扣，应冲减当期商品销售收入

C. 销售商品附有现金折扣条件，应当按照扣除现金折扣前的金额确定商品销售收入

D. 销售商品附有现金折扣条件，应当按照扣除现金折扣后的金额确认应收账款

**扫码关注，获取答案及更多考题资料**

## 任务 12.3　提供劳务收入核算

### 12.3.1　认识提供劳务收入

劳务收入是指企业为客户提供劳务所取得的收入。企业提供劳务的种类很多，如旅游、运输、饮食、广告、咨询、培训、产品安装等。提供劳务主要是依靠企业的技术、设施等为客户提供非实物形态的服务。企业提供劳务收入的确认原则因劳务完成时间的不同而异。

### 12.3.2 提供劳务成本的账户设置

劳务成本是指企业对外提供劳务而发生的各项成本。企业应设置“劳务成本”科目，核算企业发生的各项劳务成本。房地产开发企业可将本科目改为“开发成本”科目。该科目属于成本类，借方登记为企业发生的各项劳务成本；贷方登记为结转劳务的成本；期末余额在借方，反映尚未完成或尚未结转的劳务成本。

### 12.3.3 提供劳务收入的账务处理

1. 在同一会计期间开始并完成的劳务收入

对于一次就能完成的劳务，或在同一会计期间内开始并完成的劳务，应在提供劳务交易完成时确认收入，确认的金额通常为从接受劳务方已收或应收的合同或协议价款，确认原则可参照销售商品收入的确认原则。

企业对外提供劳务，如属于企业的主营业务，所实现的收入应作为主营业务收入处理，结转的相关成本应作为主营业务成本处理；如属于主营业务以外的其他经营活动，所实现的收入应作为其他业务收入处理，结转的相关成本应作为其他业务成本处理。企业对外提供劳务发生的支出一般通过“劳务成本”科目予以归集，待确认为费用时，从“劳务成本”科目转入“主营业务成本”或“其他业务成本”科目。

对于一次就能完成的劳务，企业应在提供劳务完成时确认收入及相关成本。对于持续一段时间但在同一会计期间内开始并完成的劳务，企业应在为提供劳务发生相关支出时确认劳务成本，劳务完成时再确认劳务收入，并结转相关劳务成本。

【例 12-12】甲公司于 2019 年 6 月 10 日接受一项设备安装业务，该安装业务可一次完成。合同总价款为 17 000 元，实际发生安装成本 9 000 元。假定安装业务属于甲公司的主营业务，不考虑相关税费。在安装完成时，甲公司应进行如下操作：

| | | |
|---|---|---|
| 借：应收账款（或银行存款） | 17 000 | |
| 　贷：主营业务收入 | | 17 000 |
| 借：主营业务成本 | 9 000 | |
| 　贷：银行存款等 | | 9 000 |

2. 劳务的开始和完成分属不同的会计期间

（1）提供劳务交易结果能够可靠估计

如果劳务的开始和完成分属不同的会计期间，且企业在资产负债表日提供劳务交易结果能够可靠估计，应采用完工百分比法确认提供劳务收入。同时满足下列条件的，提供劳务交易的结果能够可靠估计：

①收入的金额能够可靠地计量。收入的金额能够可靠地计量，是指提供劳务收入的总额能够合理估计，通常情况下，企业应当按照从接受劳务方已收入或应收入的合同或协议

价款确定提供劳务收入总额。随着劳务的不断提供，可能会根据实际情况增加或减少已收或应收的合同或协议价款，此时，企业应及时调整提供劳务收入总额。

②相关的经济利益很可能流入企业。相关的经济利益很可能流入企业，是指提供劳务收入总额收回的可能性大于不能收回的可能性。企业在确定提供劳务收入总额能否收回时，应当结合接受劳务方的信誉、以前的经验以及双方就结算方式和期限达成的合同或协议条款等因素，综合进行判断。通常情况下，企业提供的劳务符合合同或协议要求，接受劳务方承诺付款，就表明提供劳务收入总额收回的可能性大于不能收回的可能性。

③交易的完工进度能够可靠地确定。企业可以根据提供劳务的特点，选用不同方法确定提供劳务交易的完工进度。

**小贴士：确定提供劳务交易完工进度的方法**

已完工作的测量：这是一种比较专业的测量方法，由专业测量师对已经提供的劳务进行测量，并按一定方法计算确定提供劳务交易的完工程度。

已经提供的劳务占应提供劳务总量的比例：这种方法主要以劳务量为标准确定提供劳务交易的完工程度。

已经发生的成本占估计总成本的比例：这种方法主要以成本为标准确定提供劳务交易的完工程度。只有反映已提供劳务的成本才能包括在已经发生的成本中，只有反映已提供或将提供劳务的成本才能包括在估计总成本中。

④交易中已发生和将发生的成本能够可靠地计量。交易中已发生和将发生的成本能够可靠地计量，是指交易中已经发生和将要发生的成本能够合理地估计。企业应当建立完善的内部成本核算制度和有效的内部财务预算及报告制度，准确地提供每期发生的成本，并对完成剩余劳务将要发生的成本做出科学、合理的估计。

完工百分比法是指按照提供劳务交易的完工进度确认收入与费用。当期确认的合同收入和费用可按下列公式计算：

当期确认的合同收入=（合同总收入×完工进度）-以前会计年度累计已确认的收入

当期确认的合同毛利=（合同总收入-合同预计总成本）×完工进度-以前会计年度累计已确认的毛利

当期确认的合同费用=当期确认的合同收入-当期确认的合同毛利-以前会计年度预计损失准备

在采用完工百分比法确认劳务收入的情况下，企业应按计算确定的劳务收入金额，借记“应收账款”“银行存款”等科目，贷记“主营业务收入”或“其他业务收入”等科目；发生劳务支出时，先通过“劳务成本”科目予以归集，借记“劳务成本”科目，贷记“银行存款”“应付职工薪酬”等科目；待确认为费用时，再结转劳务成本，借记“主营业务成本”或“其他业务成本”科目，贷记“劳务成本”科目。

【例 12-13】2019 年 11 月，甲公司与乙公司签订一项会计电算化软件设计合同，工期计划为 2019 年 11 月至 2020 年 4 月，合同总收入为 1 800 000 元。至 2019 年 12 月 31 日，已收款 700 000 元，已发生劳务成本（假定均为人员薪酬）675 000 元，估计仍需发生 450 000 元。公司按照已经发生的成本占估计总成本的比例确定完工进度，甲公司应进行如下操作：

①收款时：

借：银行存款　　700 000

　贷：预收账款　　700 000

②发生成本时：

借：劳务成本　　675 000

　贷：应付职工薪酬　　675 000

2019 年 12 月 31 日确定完工进度：

完工进度＝675 000÷（675 000+450 000）×100%＝60%

确认收入＝1 800 000×60%＝1 080 000（元）

确认成本＝（675 000+450 000）×60%＝675 000（元）

借：预收账款　　1 080 000

　贷：主营业务收入　　1 080 000

借：主营业务成本　　675 000

　贷：劳务成本　　675 000

（2）提供劳务交易结果不能可靠估计

如果劳务的开始和完成分属不同的会计期间，且企业在资产负债表日提供劳务交易结果不能可靠估计，即不能同时满足上述四个条件的，不能采用完工百分比法确认提供劳务收入。此时，企业应当正确预计已经发生的劳务成本能否得到补偿，分别按下列情况处理：

①已经发生的劳务成本预计全部能够得到补偿，应按已收或预计能够收回的金额确认提供劳务收入，并结转已经发生的劳务成本；

②已经发生的劳务成本预计部分能够得到补偿的，应按能够得到部分补偿的劳务成本金额确认提供劳务收入，并结转已经发生的劳务成本；

③已经发生的劳务成本预计全部不能得到补偿的，应将已经发生的劳务成本计入当期损益（主营业务成本或其他业务成本），不确认提供劳务收入。

【例 12-14】甲公司于 2019 年 12 月 25 日接受乙公司委托，为其培训一批学员，培训期为 6 个月，2020 年 1 月 1 日开学。协议约定，乙公司应向甲公司支付的培训费总额为 90 000元，分三次等额支付，第一次在开学时预付，第二次在 2020 年 3 月 1 日支付，第三次在培训结束时支付。2020 年 1 月 1 日，乙公司预付第一次培训费。至 2020 年 2 月 28 日，甲公司发生培训成本 40 000 元（假定均为培训人员薪酬）。2020 年 3 月 1 日，甲公司得知乙公司经营发生困难，后两次培训费能否收回难以确定。假定不考虑相关税费，甲公司应进行如下操作：

①2020 年 1 月 1 日，收到乙公司预付的培训费：

借：银行存款　　30 000

　贷：预收账款　　30 000

②实际发生培训成本：

借：劳务成本　　40 000

　贷：应付职工薪酬　　40 000

③2020 年 2 月 28 日，确认提供劳务收入并结转劳务成本：

借：预收账款　　30 000

　贷：主营业务收入　　30 000

借：主营业务成本　　40 000

　贷：劳务成本　　40 000

甲公司已经发生的劳务成本 40 000 元预计只能部分得到补偿，即只能按预收款项得到补偿，应按预收账款 30 000 元确认劳务收入，并将已经发生的劳务成本 40 000 元结转入当期损益。

**经典考题回顾**

1.【多选题】下列各项中，企业按完工百分比法确认提供劳务完工进度的依据有（　　）。

A. 已收取价款占预计总价款的比例

B. 已发生的成本占预计总成本的比例

C. 专业测量师的测量结果

D. 已经提供的劳务量占总劳务量的比例

2.【多选题】甲公司为一家培训公司，2016 年 12 月 1 日，甲公司与乙公司签订一项培训劳务合同，期限为 3 个月。截至 12 月 31 日，该劳务合同完工进度不能可靠估计，已实际发生劳务成本 40 万元，预计仅能收回 20 万元。不考虑其他因素，下列各项中，甲公司年末对该项业务会计处理结果表述正确的有（　　）。

A.“银行存款”科目借方登记 20 万元

B.“劳务成本”科目贷方登记 20 万元

C.“主营业务收入”科目贷方登记 20 万元

D.“主营业务成本”科目借方登记 40 万元

# 任务 12.4　让渡资产使用权收入核算

## 12.4.1　认识让渡资产使用权收入

让渡资产使用权收入是指企业通过让渡无形资产等资产使用权的使用费取得的收入。例如，出租固定资产取得的租金，进行债券投资收取的利息，进行股权投资取得的现金股利，商业银行对外贷款、租赁公司出租资产等实现的收入。

（1）相关的经济利益很可能流入企业。企业在确定让渡资产使用权的使用费收入金额是否很可能收回时，应当根据对方企业的信誉和生产经营情况、双方就结算方式和期限等达成的合同或协议条款等因素，综合进行判断。如果企业估计使用费收入金额收回的可能性不大，就不应确认收入。

（2）收入的金额能够可靠地计量。当让渡资产使用权的使用费收入金额能够可靠估计时，企业才能确认收入。让渡资产使用权的使用费收入金额，应按照有关合同或协议约定的收费时间和方法计算确定。如果合同或协议规定一次性收取使用费，且不提供后续服务的，应当视同销售该项资产一次性确认收入；提供后续服务的，应在合同或协议规定的有效期内分期确认收入。如果合同或协议规定分期收取使用费的，应按合同或协议规定的收款时间和金额或规定的收费方法计算确定的金额分期确认收入。

## 12.4.2　让渡资产使用权收入的账户设置

企业让渡资产使用权的使用费收入，一般通过“其他业务收入”科目核算；让渡资产计提的摊销额等，一般通过“其他业务成本”科目核算。

### 12.4.3 让渡资产使用权收入的账务处理

企业确认让渡资产使用权的使用费收入时，按确定的收入金额，借记“银行存款”“应收账款”等科目，贷记“其他业务收入”科目。企业对所让渡资产计提摊销以及所发生的与让渡资产有关的支出等，借记“其他业务成本”科目，贷记“累计摊销”等科目。

【例 12-15】甲公司向乙公司转让某软件的使用权，一次性收取使用费 75 000 元，不提供后续服务，款项已经收回。假定不考虑相关税费，确认使用费收入时，甲公司应进行如下操作：

借：银行存款　　75 000

　贷：其他业务收入　　75 000

【例 12-16】甲公司于 2019 年 1 月 1 日向乙公司转让某专利权的使用权，协议约定转让期为 5 年，每年年末收取使用费 200 000 元。2019 年，该专利权计提的摊销额为120 000 元，每月计提金额为 10 000 元。假定不考虑其他因素和相关税费。甲公司应进行如下操作：

①2019 年年末，确认使用费收入时：

借：应收账款（或银行存款）　　200 000

　贷：其他业务收入　　200 000

②2019 年每月计提专利权摊销额时：

借：其他业务成本　　10 000

　贷：累计摊销　　10 000

**经典考题回顾**

【单选题】下列各项中，不属于让渡资产使用权收入的是（　　）。

A. 债券投资获得的利息收入

B. 出租周转材料收取的租金

C. 出租固定资产收取的保证金

D. 股票投资获得的现金股利

扫码关注，获取答案及更多考题资料

## 能力训练

### 一、单项选择题

1. 企业销售商品已经发出，但不满足收入确认条件，则应借记的会计科目是（　　）。

A. 主营业务成本

B. 在途物资

C. 委托代销商品

D. 发出商品

2. 甲公司2019年7月销售商品发生商业折扣34万元、现金折扣22万元、销售折让40万元。该企业上述业务计入当月财务费用的金额为（　　）万元。

A. 22

B. 96

C. 56

D. 62

3. 甲公司于2019年12月向乙公司提供某版面的使用权，合同规定的使用期为5年，一次性收取使用费50 000元，且不提供后续服务，款项已经收到，则甲公司当年应确认的使用费收入为（　　）元。

A. 0

B. 10 000

C. 50 000

D. 250 000

4. 甲公司购买商品入库后，销售方提供了现金折扣（1/10，2/20，N/30），甲公司于10日内付款，对于享受的现金折扣，应当（　　）。

A. 冲减管理费用

B. 冲减营业外支出

C. 冲减财务费用

D. 冲减商品成本

5. 2019年5月1日，甲公司采用预收款方式销售A商品，预收货款20万元，总价50万元，并约定于7月1日交付剩余款项并发出商品。下列说法正确的是（　　）。

A. 5月1日确认收入50万元

B. 5 月 1 日确认收入 20 万元

C. 7 月 1 日确认收入 50 万元

D. 5 月 1 日确认成本 20 万元

6. 企业已确认销售收入的售出商品发生销售折让，且不属于资产负债表日后事项的，应（　　）。

A. 增加销售费用

B. 冲减主营业务成本

C. 冲减主营业务收入

D. 增加管理费用

7. 甲公司 2019 年 1 月售出产品并已确认收入，2019 年 5 月发生销售退回时，其冲减的销售收入应在退回当期记入（　　）科目的借方。

A. 营业外支出

B. 营业外收入

C. 销售费用

D. 主营业务收入

8. 下列各项中，关于收入的表述，不正确的是（　　）。

A. 企业在商品销售后如能够继续对其实施有效控制，则不应确认收入

B. 企业采用交款提货方式销售商品，通常应在开出发票账单并收到货款时确认收入

C. 企业在资产负债表日提供劳务交易结果能够可靠估计的，应采用完工百分比法确认提供劳务收入

D. 企业销售商品相关的已发生或将发生的成本不能可靠计量，但已收到价款的，应按照已收到的价款确认收入

9. 下列各项中，应确认为其他业务收入的是（　　）。

A. 银行存款利息收入

B. 转让商标使用权收入

C. 接受现金捐赠利得

D. 现金股利收入

10. 下列各项中，不影响企业的主营业务收入确认金额的是（　　）。

A. 销售商品发生的销售折让

B. 销售商品发生的商业折扣

C. 销售商品发生的销售退回

D. 销售商品发生的现金折扣

11. 委托方采用支付手续费的方式代销商品，受托方在商品销售后应按（　　）确认

收入。

A. 销售价款和手续费之和

B. 销售价款和增值税之和

C. 销售价款

D. 收取的手续费

## 二、多项选择题

1. 下列各项中，关于企业销售商品收入确认时点的表述，正确的有（ ）。

A. 采用支付手续费委托代销方式销售商品，应在收到代销清单时确认收入

B. 采用预收货款方式销售商品，应在收到货款时确认收入

C. 采用交款提货方式销售商品，应在开出发票收到货款时确认收入

D. 采用托收承付方式销售商品，应在发出商品并办妥托收手续时确认收入

2. 下列各项中，采用支付手续费方式委托代销商品的会计处理，表述正确的有（ ）。

A. 委托方通常在收到受托方开出的代销清单时确认销售商品收入

B. 委托方发出商品时应按约定的售价记入“委托代销商品”科目

C. 受托方应在代销商品销售后按照双方约定的手续费确认劳务收入

D. 受托方一般应按其与委托方约定的售价总额确认受托代销商品款

3. 甲公司 2019 年 10 月售出产品一批，并确认了收入，2019 年 12 月由于质量问题被退回，在做相关处理时不会涉及的科目是（ ）。

A. 库存商品

B. 营业外支出

C. 利润分配

D. 主营业务收入

4. 确认商品销售收入时所指的商品所有权上的主要风险和报酬包括（ ）。

A. 商品可能发生的赔钱损失

B. 商品可能发生的毁损风险

C. 商品所有权相关的经济利益

D. 商品由于质量问题的退货风险

## 三、判断题

1. 企业尚未确认销售收入的售出商品发生销售折让，且不属于资产负债表日后事项的，应在发生时冲减当期销售收入。（ ）

2. 对于一次就能完成的劳务，企业应在为提供劳务发生相关支出时确认劳务成本，

在劳务完成时确认收入，并结转相关劳务成本。（　）

3. 让渡资产使用权一次性收取使用费且提供后续服务的，分期确认收入。（　）

4. 企业发生的销售退回，均应在发生时冲减发生当期的销售商品收入，同时冲减当期销售商品成本以及税金。（　）

5. 如果合同或协议规定一次性收取使用费，且提供后续服务的，应在合同或协议规定的有效期内分期确认收入。（　）

# 项目 13　成本费用核算

## 学习目标：

1. 掌握营业成本的组成内容及账务处理；
2. 掌握税金及附加的内容及账务处理；
3. 掌握期间费用的内容及账务处理。

成本费用核算思维导图如图 13-1 所示。

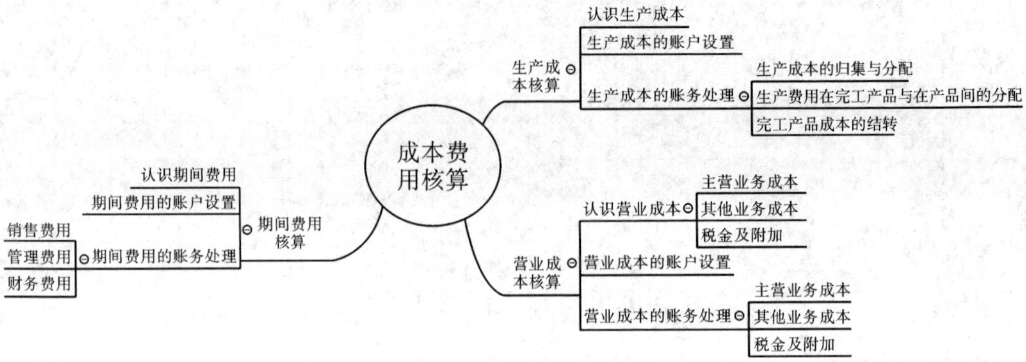


图 13-1　成本费用核算思维导图

## 任务 13.1　生产成本核算

### 13.1.1　认识生产成本

生产成本是指企业在生产产品过程中所发生的材料费用、职工薪酬等，以及不能直接计入而按一定标准分配计入的各种间接费用。产品生产成本核算是对生产经营过程中实际发生的成本、费用进行计算，并进行相应的账务处理。最后计入本月各种产品生产成本，按成本项目反映完工产品和月末在产品成本的过程。

### 13.1.2　生产成本的账户设置

为了核算生产成本的发生和结转情况，企业应设置“生产成本”科目。该科目属于成本类，借方登记企业发生的各项直接材料、直接人工和制造费用，贷方登记期末生产完工并验收入库的产品、自制材料、自制工具的实际成本；期末余额在借方，反映企业尚未加工完成的在产品成本。该科目可按照基本生产成本和辅助生产成本项目进行明细核算。

为了核算企业为进行工业性生产而发生的各项间接费用，企业应设置“制造费用”科目。该科目属于成本类，借方登记企业发生的各项制造费用，贷方登记按一定的分配方法和分配标准将制造费用在各成本计算对象间的分配结转；期末无余额。该科目可按照不同生产车间、部门和费用项目进行明细核算。

### 13.1.3　生产成本的账务处理

企业发生的各项生产费用，能确定由某一成本核算对象负担的，应当按照所对应的产品成本项目类别，直接计入产品成本核算对象的生产成本；由几个成本核算对象共同负担的，应当选择合理的分配标准分配计入。

1. 生产成本的归集与分配

对于发生的能直接归属于特定成本核算对象的直接材料、直接人工等直接费用，直接计入生产成本，借记“生产成本”科目，贷记“银行存款”“原材料”“应付职工薪酬”等科目。

对于无法直接判断其应归属的成本核算对象的间接费用，先在制造费用中归集，借记“制造费用”科目，贷记“银行存款”“原材料”“应付职工薪酬”“累计折旧”等科目。月度终了，再采用一定的方法在各成本核算对象之间进行分配，计入各成本核算对象的成本，借记“生产成本”科目，贷记“制造费用”科目。

2. 生产费用在完工产品与在产品间的分配

企业在生产过程中发生的生产费用，经过在各种产品之间进行分配和归集之后，应计入本月各种产品的成本，都已集中反映在“生产成本”科目及其所属各种产品成本明细账中。为了计算产品成本，还需要加上期初在产品费用，然后将其在本期完工产品和期末在产品之间进行分配，计算出本月产成品成本。

3. 完工产品成本的结转

在计算出当期完工产品成本后，对验收入库的产成品，应结转成本。结转本期完工产品成本时，借记“库存商品”等科目，贷记“生产成本”科目。

【例 13-1】2019 年 5 月 20 日，甲公司生产的 A 产品、B 产品两种产品中，根据“发料凭证汇总表”的记录，基本生产车间共耗用材料 580 000 元（其中，350 000 元用于生产 A 产品，230 000 元用于生产 B 产品），车间管理部门领用材料 2 000 元。根据“工资结算汇总表”结算本月应付基本生产车间生产工人工资130 000元（其中，生产A产品工人的工资为76 000元，生产B产品工人的工资为54 000元），应付车间管理人员工资17 000元。假定A、B两种产品本月无其他耗费，均于本月末完工入库，且无月初在产品成本和月末在产品成本。假定本月制造费用为19 000元，经分配，计入A产品成本10 000元，计入B产品成本9 000元。根据完工产品成本汇总表，本月A产品完工成本为436 000元，B产品完工成本为293 000元。甲公司应进行如下操作：

①领用原材料时：

| | | |
|---|---|---|
| 借：生产成本——A产品 | 350 000 | |
| ——B产品 | 230 000 | |
| 制造费用 | 2 000 | |
| 贷：原材料 | | 582 000 |

②分配工资时：

| | | |
|---|---|---|
| 借：生产成本——A产品 | 76 000 | |
| ——B产品 | 54 000 | |
| 制造费用 | 17 000 | |
| 贷：原材料 | | 147 000 |

③分配制造费用时：

| | | |
|---|---|---|
| 借：生产成本——A产品 | 10 000 | |
| ——B产品 | 9 000 | |
| 贷：制造费用 | | 19 000 |

④结转本月完工产品成本时：

| | | |
|---|---|---|
| 借：库存商品——A产品 | 436 000 | |
| ——B产品 | 293 000 | |
| 贷：生产成本——A产品 | | 436 000 |
| ——B产品 | | 293 000 |

## 任务13.2 营业成本核算

### 13.2.1 认识营业成本

营业成本是指企业为生产产品、提供劳务等发生的可归属于产品成本、劳务成本等的费用。应当在确认销售商品收入、提供劳务收入等时，将已销售商品、已提供劳务的成本等计入当期损益。营业成本包括主营业务成本和其他业务成本。

1. 主营业务成本

主营业务成本是指企业销售商品、提供劳务等经常性活动所发生的成本。企业一般在确认销售商品、提供劳务等主营业务收入时，或在月末，将已销售商品、已提供劳务的成本转入主营业务成本。

2. 其他业务成本

其他业务成本是指企业确认的除主营业务活动以外的其他经营活动所发生的支出。其他业务成本包括销售材料的成本、出租固定资产的折旧额、出租无形资产的摊销额、出租包装物的成本或摊销额等。采用成本模式计量投资性房地产的，其投资性房地产计提的折旧额或摊销额，也构成其他业务成本。

3. 税金及附加

税金及附加是指企业经营活动应负担的相关税费，包括消费税、城市维护建设税、教育费附加、资源税、环境保护税、土地增值税、房产税、城镇土地使用税、车船税、印花税、耕地占用税、契税、车辆购置税等。

### 13.2.2　营业成本的账户设置

为了核算企业因销售商品、提供劳务或让渡资产使用权等日常活动而发生的实际成本，企业应当设置“主营业务成本”“其他业务成本”“税金及附加”科目。

### 13.2.3　营业成本的账务处理

1. 主营业务成本

企业应当设置“主营业务成本”科目，用于核算企业因销售商品、提供服务等日常活动而发生的实际成本，该科目按主营业务的种类进行明细核算。企业结转已销售商品或提供服务成本时，借记本科目，贷记“库存商品”“合同履约成本”等科目。期末，将主营业务成本的余额转入“本年利润”科目，借记“本年利润”科目，贷记“主营业务成本”科目，结转后，“主营业务成本”科目应无余额。

【例 13-2】2019 年 8 月 20 日，甲公司向乙公司销售产品一批，开出的增值税专用发票上注明的价款为 180 000 元，增值税税额为 23 400 元。甲公司已收到乙公司支付的款项 203 400 元，并将提货单送交乙公司。该批产品的成本为 60 000 元。甲公司应进行如下操作：

①销售实现时：

| | | |
|---|---|---|
| 借：银行存款 | 203 400 | |
| 　贷：主营业务收入 | | 180 000 |
| 　　　应交税费——应交增值税（销项税额） | | 23 400 |
| 借：主营业务成本 | 60 000 | |

贷：库存商品　　60 000

②期末，将主营业务成本结转至本年利润时：

借：本年利润　　60 000

贷：主营业务成本　　60 000

【例 13-3】2019 年 9 月 1 日，甲公司销售产品 200 件，单价为 1 500 元，单位成本为 900 元，增值税专用发票上注明的价款为 300 000 元，增值税税额为 39 000 元，购货方尚未付款，销售成立。当月 11 日，因产品质量问题购货方退货。甲公司应进行如下操作：

①销售产品时：

借：应收账款　　339 000

贷：主营业务收入　　300 000

应交税费——应交增值税（销项税额）　　39 000

借：主营业务成本　　180 000

贷：库存商品　　180 000

②发生销售退回时：

借：主营业务收入　　300 000

应交税费——应交增值税（销项税额）　　39 000

贷：应收账款　　339 000

借：库存商品　　180 000

贷：主营业务成本　　180 000

【例 13-4】2019 年 10 月 5 日，甲公司向乙公司销售商品一批，开出增值税专用发票上注明的价款为 550 000 元，增值税税额为 71 500 元，销售商品的实际成本为 300 000 元。提货单和增值税专用发票已交购货方，并收到购货方开出的银行承兑汇票。甲公司应进行如下操作：

借：应收票据　　621 500

贷：主营业务收入　　550 000

应交税费——应交增值税（销项税额）　　71 500

借：主营业务成本　　300 000

贷：库存商品　　300 000

期末，将主营业务成本结转至本年利润时：

借：本年利润　　300 000

贷：主营业务成本　　300 000

2. 其他业务成本

企业应当设置“其他业务成本”科目，核算企业确认的除主营业务活动以外的其他日常经营活动所发生的支出。该科目按其他业务成本的种类进行明细核算。企业发生的其他业务成本，借记“其他业务成本”科目，贷记“原材料”“周转材料”“累计折旧”“累计摊销”“应付职工薪酬”“银行存款”等科目。期末，“其他业务成本”科目余额转入“本年利润”科目，结转后，“其他业务成本”科目应无余额。

【例 13-5】2019 年 5 月 2 日，甲公司销售原材料一批，开具的增值税专用发票上注明的售价为 25 000 元，增值税税额为 3 250 元，款项已由银行收妥。该批原材料的实际成本为 9 300 元。甲公司应进行如下操作：

①销售实现时：

借：银行存款　　28 250

　贷：其他业务收入　　25 000

　　　应交税费——应交增值税（销项税额）　　3 250

借：其他业务成本　　9 300

　贷：原材料　　9 300

②期末，将其他业务成本结转至本年利润时：

借：本年利润　　9 300

　贷：其他业务成本　　9 300

【例 13-6】2019 年 5 月 11 日，甲公司出租一幢办公楼给乙公司使用，已确认为投资性房地产，采用成本模式进行后续计量。出租的办公楼成本为 48 000 000 元，按直线法计提折旧，使用寿命为 20 年，预计净残值为零。按照合同规定，乙公司按月向甲公司支付租金。甲公司计提折旧时应进行如下操作：

借：其他业务成本　　200 000

　贷：投资性房地产累计折旧　　200 000

每月应计提的折旧额＝48 000 000÷20÷12＝200 000（元）

【例 13-7】2019 年 7 月 1 日，甲公司将自行开发完成的无形资产出租给乙公司，该无形资产的成本为 600 000 元，双方约定的租赁期限为 10 年。甲公司应进行如下操作：

①每月摊销无形资产成本时：

借：其他业务成本　　5 000

　贷：累计摊销　　5 000

甲公司每月摊销额＝600 000÷10÷12＝5 000（元）

②期末，将其他业务成本结转至本年利润时：

借：本年利润　　5 000

　贷：其他业务成本　　5 000

3. 税金及附加

企业应当设置“税金及附加”科目，核算企业经营活动发生的消费税、城市维护建设税、教育费附加、资源税、房产税、城镇土地使用税、车船税、环境保护税、印花税等相关税费。其中，按规定计算确定的与经营活动相关的消费税、城市维护建设税、资源税、教育费附加、房产税、城镇土地使用税、车船税、环境保护税等税费，企业应借记“税金及附加”科目，贷记“应交税费”科目。期末，应将“税金及附加”科目余额转入“本年利润”科目，结转后，“税金及附加”科目无余额。企业交纳的印花税，不会发生应付未付税款的情况，不需要预计应纳税金额，同时也不存在与税务机关结算或者清算的问题。因此，企业交纳的印花税不通过“应交税费”科目核算，于购买印花税票时，直接借记“税金及附加”科目，贷记“银行存款”科目。

【例 13-8】甲公司为增值税一般纳税人，2019 年 9 月 13 日，向某大型商场销售高档护肤品一批，开具增值税专用发票取得不含税销售额 460 000 元。甲公司应进行如下操作：

①销售收入实现时：

| | | |
|---|---|---|
| 借：银行存款 | 519 800 | |
| 贷：主营业务收入 | | 460 000 |
| 应交税费——应交增值税（销项税额） | | 59 800 |

②计算应交消费税时：

应交消费税=460 000×15%=69 000（元）

| | | |
|---|---|---|
| 借：税金及附加 | 69 000 | |
| 贷：应交税费——应交消费税 | | 69 000 |

③缴纳消费税时：

| | | |
|---|---|---|
| 借：应交税费——应交消费税 | 69 000 | |
| 贷：银行存款 | | 69 000 |

【例 13-9】2019 年 5 月，甲公司当月实际应交增值税为 380 000 元，应交消费税为 190 000 元。该公司适用的城市维护建设税税率为 7%，教育费附加的征收率为 3%。甲公司应进行如下操作：

①计算应交城市维护建设税和教育费附加时：

应交城市维护建设税=（380 000+190 000）×7%=39 900（元）

应交教育费附加=（380 000+190 000）×3%=17 100（元）

| | | |
|---|---|---|
| 借：税金及附加 | 57 000 | |
| 贷：应交税费——应交城市维护建设税 | | 39 900 |
| ——应交教育费附加 | | 17 100 |

②实际缴纳城市维护建设税和教育费附加时：

| | | |
|---|---|---|
| 借：应交税费——应交城市维护建设税 | 39 900 | |
| ——应交教育费附加 | 17 100 | |
| 贷：银行存款 | | 57 000 |

**经典考题回顾**

【单选题】下列各项中，制造业企业应计入其他业务成本的是（　　）。

A. 公益性捐赠支出

B. 经营性出租固定资产的折旧费

C. 存货盘亏净损失

D. 台风造成的财产净损失

扫码关注，获取答案及更多考题资料

# 任务 13.3　期间费用核算

## 13.3.1　认识期间费用

期间费用是指企业日常活动发生的不能计入特定核算对象的成本，而应计入发生当期损益的费用。

期间费用是企业日常活动中所发生的经济利益的流出，通常不计入特定的成本核算对象，这是因为期间费用是企业为组织和管理整个经营活动所发生的费用，与可以确定成本核算对象的材料采购、产成品生产等没有直接关系。因此，期间费用不计入有关核算对象的成本，而是直接计入当期损益。

**小贴士：期间费用的两种情形**

期间费用包含以下两种情况：一是企业发生的不符合或者不再符合资产确认条件的支出，应当在发生时确认为费用，计入当期损益；二是企业发生的交易或者事项导致其承担了一项负债，而又不确认为一项资产的，应当在发生时确认为费用计入当期损益。

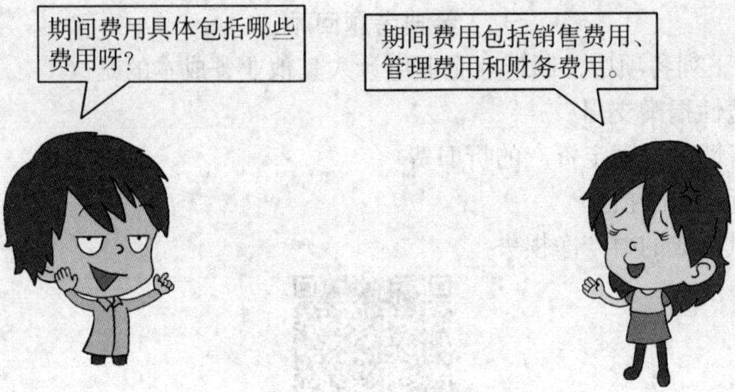


销售费用是指企业销售商品和材料、提供劳务的过程中发生的各种费用，包括保险费、包装费、展览费和广告费、商品维修费、预计产品质量保证损失、运输费、装卸费等以及为销售本企业商品而专设的销售机构（含销售网点、售后服务网点等）的职工薪酬、业务费、折旧费等经营费用。企业发生的与专设销售机构相关的固定资产修理费用等后续支出也属于销售费用。销售费用是与企业销售商品活动有关的费用，但不包括销售商品本身的成本和劳务成本。销售商品的成本属于主营业务成本，提供劳务的成本属于劳务成本。

管理费用是指企业为组织和管理生产经营发生的各种费用，包括企业在筹建期间内发生的开办费、董事会和行政管理部门在企业的经营管理中发生的以及应由企业统一负担的公司经费（包括行政管理部门职工工资及福利费、物料消耗、低值易耗品摊销、办公费和差旅费等）、行政管理部门负担的工会经费、董事会费（包括董事会成员津贴、会议费和差旅费等）、聘请中介机构费、咨询费（含顾问费）、诉讼费、业务招待费、技术转让费、研究费用、排污费等。企业生产车间（部门）和行政管理部门发生的固定资产修理费用等后续支出，也作为管理费用核算。

财务费用是指企业为筹集生产经营所需资金等而发生的筹资费用，包括利息支出（减利息收入）、汇兑损益以及相关的手续费、企业发生的现金折扣等。

### 13.3.2 期间费用的账户设置

为了核算销售费用的发生和结转情况，企业应当设置“销售费用”科目。该科目属于损益类，借方登记企业发生的各项销售费用；贷方登记期末“本年利润”账户的销售费用；期末无余额。该科目可按照费用项目进行明细核算。

为了核算管理费用的发生和结转情况，企业应设置“管理费用”科目。该科目属于损益类，借方登记企业发生的各项管理费用；贷方登记期末转入“本年利润”账户的管理费用；期末无余额。该科目可按照费用项目进行明细核算。

为了核算财务费用的发生和结转情况，企业应当设置“财务费用”科目。该科目属于损益类，借方登记企业发生的各项财务费用；贷方登记本期发生的、应冲减的财务费用（利息收入、汇兑收益）以及期末转入“本年利润”账户的财务费用；期末无余额。该科目可按照费用项目进行明细核算。

### 13.3.3 期间费用的账务处理

1. 销售费用

企业发生销售费用时，借记“销售费用”科目，贷记“库存现金”“银行存款”“应付职工薪酬”“累计折旧”等科目；期末，应将“销售费用”科目余额转入“本年利润”科目，借记“本年利润”科目，贷记“销售费用”科目。

【例 13-10】甲公司销售部 2019 年 6 月份共发生费用 210 000 元。其中：销售人员薪酬 165 000 元，销售部专用办公设备折旧费 45 000 元，甲公司应进行如下操作：

借：销售费用　　210 000

　贷：应付职工薪酬　　165 000

　　　累计折旧　　45 000

【例 13-11】甲公司于 2019 年 6 月 20 日用银行存款支付所销产品保险费 6 000 元，包装费 4 000 元。甲公司应进行如下操作：

借：销售费用——保险费　　6 000

　　　　　　——包装费　　4 000

　贷：银行存款　　10 000

【例 13-12】甲公司于 2019 年 7 月 31 日将本月发生的销售费用 32 000 元结转入“本年利润”科目。甲公司应进行如下操作：

借：本年利润　　32 000

　贷：销售费用　　32 000

2. 管理费用

企业在筹建期间发生的开办费，包括人员工资、办公费、培训费、差旅费、印刷费、注册登记费等，借记“管理费用”科目，贷记“银行存款”科目；企业行政管理部门人员的职工薪酬，借记“管理费用”科目，贷记“应付职工薪酬”科目；企业行政管理部门发生的办公费、水电费、差旅费等以及企业发生的业务招待费、咨询费、研究费用等其他费用，借记“管理费用”科目，贷记“银行存款”“研发支出”等科目。期末，应将“管理费用”科目余额转入“本年利润”科目，借记“本年利润”科目，贷记“管理费用”科目。

【例 13-13】2019 年 10 月 1 日，甲公司为拓展产品销售市场发生业务招待费 27 500 元，用银行存款支付。甲公司应进行如下操作：

借：管理费用——业务招待费　　27 500

　贷：银行存款　　27 500

【例 13-14】2019 年 10 月 12 日，甲公司就一项产品出口问题向有关专家进行咨询，以现金支付咨询费 22 000 元。甲公司应进行如下操作：

借：管理费用——咨询费　　22 000

　贷：库存现金　　22 000

【例 13-15】2019 年 11 月 31 日，甲公司将“管理费用”科目余额 38 000 元转入“本年利润”科目。甲公司应进行如下操作：

借：本年利润　　38 000

　贷：管理费用　　38 000

3. 财务费用

企业发生各项财务费用时，借记“财务费用”科目，贷记“银行存款”等科目；企业发生利息收入、汇兑收益时，应冲减财务费用。月终，企业应将借方归集的财务费用全部转入“本年利润”科目的借方，计入当期损益，期末结转后，该科目无余额。

【例 13-16】2019 年 1 月 1 日，甲公司用银行存款支付一季度应负担的短期借款利息 1 800 元。甲公司应进行如下操作：

借：财务费用——利息支出　　1 800

　贷：银行存款　　1 800

【例 13-17】2019 年 4 月 1 日，甲公司向银行借入生产经营用短期借款 480 000 元，期限为 6 个月，年利率为 5%。该借款本金到期后一次归还，利息分月预提，按季支付。每月末，预提当月应计利息 2 000 元（480 000×5%÷12）。甲公司应进行如下操作：

借：财务费用——利息支出　　2 000

　贷：应付利息　　2 000

【例 13-18】2019 年 5 月 31 日，甲公司将“财务费用”科目余额 4 000 元结转到“本年利润”科目。甲公司应进行如下操作：

借：本年利润　　4 000

　贷：财务费用　　4 000

**经典考题回顾**

1.【单选题】2018 年 10 月，某企业销售产品确认应缴增值税 240 万元，结转当月销售产品成本 1 200 万元，支付广告费 20 万元，展览费 15 万元（两项费用均不含增值税），不考虑其他因素，当月该企业销售业务相关会计处理结果正确的是（　　）。

A.“销售费用”科目增加 1 235 万元

B.“税金及附加”科目增加 240 万元

C.“主营业务成本”科目增加 440 万元

D.“销售费用”科目增加 35 万元

2.【单选题】某企业 2017 年 6 月发生如下费用：支付办公用品费用 10 000 元，预付第三季度房租 9 000 元，支付第二季度利息 6 000 元，其中 4、5 月预提利息 4 000 元。则该企业 6 月份应确认的期间费用为（　　）元。

A. 12 000

B. 10 000

C. 25 000

D. 16 000

3.【多选题】下列各项中，应计入企业财务费用的有（　　）。

A. 支付的发行股票手续费

B. 支付的银行结算手续费

C. 确认的短期借款利息费

D. 支付的银行承兑汇票手续费



# 能力训练

## 一、单项选择题

1. 下列各项中，企业按税法规定交纳的税金应记入“税金及附加”科目核算的是（　　）。

A. 设立营业账簿交纳的印花税

B. 转让厂房交纳的土地增值税

C. 进口商品交纳的关税

D. 代扣代交管理人员个人所得税

2. 下列各项中，应计入管理费用的是（　　）。

A. 发给总部行政管理人员的非货币性福利

B. 因商品质量原因给予客户的销售折让

C. 行政管理部门发生的符合资本化条件的设备更新支出

D. 企业签订采购合同应缴纳的印花税

3. 车间的日常修理费应计入（　　）。

A. 其他业务成本

B. 营业外支出

C. 管理费用

D. 财务费用

4. 下列各项中，不能通过财务费用核算的是（　　）。

A. 企业发行股票支付的手续费

B. 汇兑损益

C. 利息支出

D. 企业发生的现金折扣

5. 下列各项中，应该通过销售费用科目核算的是（　　）。

A. 销售方发生的现金折扣

B. 审计费用

C. 销售商品过程中发生的保险费用

D. 随同商品出售而单独计价的包装物

6. 下列各项中，应计入期间费用的是（　　）。

A. 计提车间管理用固定资产的折旧费

B. 预计产品质量保证损失

C. 车间管理人员的工资费用

D. 销售商品发生的商业折扣

7. 下列各项中，属于主营业务成本核算内容的是（　　）。

A. 销售商品的成本

B. 出租无形资产的摊销额

C. 支付的业务招待费

D. 销售原材料的成本

8. 下列各项中，工业企业期末需要将各科目的期末余额转入生产成本的是（　　）。

A. 财务费用

B. 管理费用

C. 销售费用

D. 制造费用

9. 某企业随同商品出售单独计价的包装物，应记入的会计科目是（　　）。

A. 主营业务成本

B. 管理费用

C. 其他业务成本
D. 销售费用

10. 因书立购销合同而缴纳的印花税，其会计分录正确的是（　　）。
A. 借记“税金及附加”，贷记“银行存款”
B. 借记“税金及附加”，贷记“应交税费”
C. 借记“管理费用”，贷记“应交税费”
D. 借记“管理费用”，贷记“银行存款”

## 二、多项选择题

1. 下列各项中，计入工业企业其他业务成本的有（　　）。
A. 生产车间领用低值易耗品的摊销额
B. 采用成本模式计量投资性房地产计提的折旧
C. 结转销售原材料的成本
D. 以经营租赁方式出租大型设备计提的折旧

2. 下列各项中，不会影响主营业务成本金额的有（　　）。
A. 以经营租赁方式出租固定资产折旧
B. 出租包装物的成本
C. 用于对外投资的自产产品成本
D. 出租无形资产的摊销额

3. 下列各项中，不应在发生时确认为销售费用的有（　　）。
A. 车间管理人员的工资
B. 投资性房地产的折旧额
C. 销售部门的固定资产所计提的折旧
D. 专设销售机构固定资产的维修费

4. 下列各项中，关于管理费用的会计处理表述正确的有（　　）。
A. 企业发生的专设销售机构相关的固定资产修理费用
B. 转销确实无法支付的应付账款应冲减管理费用
C. 行政管理部门负担的工会经费应计入管理费用
D. 企业在筹建期间内发生的开办费应计入管理费用

5. 下列各项中，一般不会通过“税金及附加”核算的内容有（　　）。
A. 制造业企业转让自用房产应交纳的土地增值税
B. 交通运输企业提供运输服务应交纳的增值税
C. 天然气企业对外出售天然气应交纳的资源税
D. 拥有并使用车船的制造业企业应交纳的车船税

## 三、判断题

1. 期末，“销售费用”科目可能有余额，也可能没有余额。（　　）

2. 企业支付的税款滞纳金应当计入财务费用。（　　）

3. 企业生产工人的社会保险费应计入当期管理费用。（　　）

4. 企业自己耗用的低值易耗品的摊销应通过“税金及附加”科目核算。（　　）

5. 制造性企业出租包装物的摊销额计入其他业务成本。（　　）

6. 车间管理人员的工资和福利费不属于直接工资，因而不能计入产品成本，应计入管理费用。（　　）

# 项目 14 利润核算

**学习目标：**

1. 掌握利润的构成及其主要内容；
2. 掌握营业外收入、营业外支出的核算内容及其账务处理；
3. 掌握应交所得税、所得税费用的计算及账务处理；
4. 熟悉本年利润的结转方法及账务处理。

利润核算思维导图如图 14-1 所示。

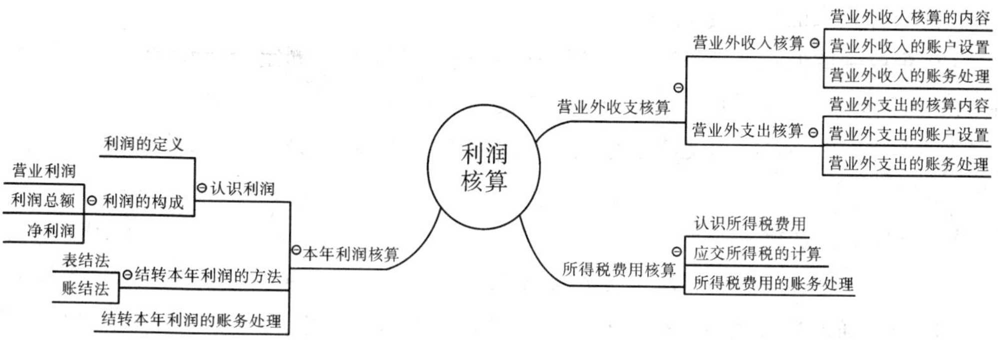


**图 14-1 利润核算思维导图**

## 任务 14.1 营业外收支核算

### 14.1.1 营业外收入核算

1. 营业外收入核算的内容

营业外收入是指企业确认的与其日常活动无直接关系的各项利得。营业外收入并不是企业经营资金耗费所产生的，不需要企业付出代价，实际上是经济利益的净流入，不需要与有关的费用进行配比。营业外收入主要包括非流动资产毁损报废收益、与企业日常活动无关的政府补助、盘盈利得、捐赠利得、债务重组利得等。

**小贴士：各项营业外收入的含义**

非流动资产毁损报废收益是指因自然灾害等发生毁损、已丧失使用功能而报废的非流动资产所产生的清理收益。

与企业日常活动无关的政府补助是指企业从政府无偿取得货币性资产或非货币性资产，且与企业日常活动无关的利得。

盘盈利得是指企业对现金等资产清查盘点时发生盘盈，报经批准后计入营业外收入的金额。

捐赠利得是指企业接受捐赠产生的利得。

2. 营业外收入的账户设置

为了核算和监督企业营业外收入的取得及结转情况，企业应设置“营业外收入”科目。该科目属于损益类，其贷方登记企业确认的各项营业外收入；借方登记期末结转入本年利润的营业外收入；结转后该科目应无余额。该科目可按营业外收入的项目设置明细账进行明细核算。

3. 营业外收入的账务处理

（1）企业确认处置非流动资产毁损报废收益时，借记“固定资产清理”“银行存款”“待处理财产损溢”等科目，贷记“营业外收入”科目。

【例 14-1】甲公司将固定资产报废清理的净收益 5 200 元转作营业外收入。甲公司应进行如下操作：

借：固定资产清理　　5 200

　贷：营业外收入——非流动资产处置利得　　5 200

（2）企业确认盘盈利得、捐赠利得计入营业外收入时，借记“库存现金”“待处理财产损溢”等科目，贷记“营业外收入”科目。

【例 14-2】甲公司在现金清查中盘盈 300 元，按管理权限报经批准后转入营业外收入。甲公司应进行如下操作：

①发现盘盈：

借：库存现金　　300

　贷：待处理财产损溢　　300

②经批准转入营业外收入：

借：待处理财产损溢　　300

　贷：营业外收入　　300

（3）期末，应将“营业外收入”科目余额转入“本年利润”科目，借记“营业外收入”科目，贷记“本年利润”科目。结转后，“营业外收入”科目应无余额。

### 14.1.2 营业外支出核算

1. 营业外支出的核算内容

营业外支出是指企业发生的与其日常活动无直接关系的各项损失，主要包括非流动资产毁损报废损失、捐赠支出、盘亏损失、非常损失、罚款支出、债务重组损失等。

**小贴士：各项营业外支出的含义**

非流动资产毁损报废损失是指因自然灾害等发生毁损、已丧失使用功能而报废非流动资产所产生的清理损失。

捐赠支出是指企业对外进行捐赠发生的支出。

盘亏损失主要指对于财产清查盘点中盘亏的资产，查明原因并报经批准计入营业外支出的损失。

非常损失指企业对于因客观因素（如自然灾害等）造成的损失，扣除保险公司赔偿后应计入营业外支出的净损失。

罚款支出是指企业支付的行政罚款、税务罚款，以及其他违反法律法规、合同协议等而支付的罚款、违约金、赔偿金等支出。

2. 营业外支出的账户设置

为了核算和监督企业营业外支出的发生及结转情况，企业应设置“营业外支出”科目。该科目属于损益类，其借方登记企业发生的各项营业外支出；贷方登记期末结转入本年利润的营业外支出；结转后该科目应无余额。该科目按营业外支出项目设置明细账进行明细核算。

3. 营业外支出的账务处理

（1）企业确认处置非流动资产毁损报废损失时，借记“营业外支出”科目，贷记“固定资产清理”“无形资产”等科目。

【例 14-3】2018 年 1 月 1 日，甲公司取得一项价值 4 500 000 元的非专利技术，2020 年 1 月 1 日出售时已累计摊销 300 000 元，未计提减值准备，出售时取得的增值税专用发票上注明的价款为 4 000 000 元，增值税销项税额为 240 000 元。甲公司应进行如下操作：

| | | |
|---|---|---|
| 借：银行存款 | 4 240 000 | |
| 　　累计摊销 | 300 000 | |
| 　　营业外支出 | 200 000 | |
| 　贷：无形资产 | | 4 500 000 |
| 　　　应交税费——应交增值税（销项税额） | | 240 000 |

（2）企业确认盘亏、罚款支出时，借记“营业外支出”科目，贷记“待处理财产损溢”“库存现金”等科目。

【例 14-4】甲公司的原材料发生意外灾害损失共计 273 000 元，经批准全部转作营业外支出。不考虑相关税费。甲公司应进行如下操作：

①发生原材料意外灾害损失：

借：待处理财产损溢　　273 000

　贷：原材料　　273 000

②批准处理：

借：营业外支出　　273 000

　贷：待处理财产损溢　　273 000

（3）期末，应将“营业外支出”科目余额转入“本年利润”科目，借记“本年利润”科目，贷记“营业外支出”科目。结转后，“营业外支出”科目应无余额。

**经典考题回顾**

1.【单选题】下列各项中，企业应计入营业外收入的是（　　）。

A. 接受固定资产捐赠确认的利得

B. 销售多余原材料取得的收入

C. 持有交易性金融资产期间的公允价值变动收益

D. 转让非专利技术使用权取得的使用费收入

2.【单选题】下列各项中，应计入营业外支出的是（　　）。

A. 结转售出材料的成本

B. 采购原材料运输途中合理损耗

C. 自然灾害导致的原材料损失

D. 管理原因导致的原材料盘亏

扫码关注，获取答案及更多考题资料

## 任务 14.2　所得税费用核算

### 14.2.1　认识所得税费用

所得税费用是指应从当期利润总额中扣除的所得税费用。

由于所得税法规与《企业会计准则》是基于不同目的、遵循不同原则分别制定的，所以，二者在收入和费用确认原则、资产和负债的计量标准等方面存在一定的差异，导致企业在一定期间按税法规定计算的应纳税所得额与按会计准则要求确认的会计利润往往不一致。基于此，所得税费用的核算产生于会计处理与税收处理对所得认定上的差异。《企业会计准则第 18 号——所得税》规定，采用资产负债表债务法进行所得税费用的核算。

**小贴士：资产负债表债务法**

资产负债表债务法是从资产负债表出发，通过比较资产负债表上列示的资产、负债，按照会计准则规定确定的账面价值与按照税法规定确定的计税基础，对于两者之间的差异分别计算应纳税暂时性差异与可抵扣暂时性差异，确认相关的递延所得税负债与递延所得税资产，并在此基础上确定每一个会计期间利润表中的所得税费用。该方法本质上涉及两张资产负债表：一张表是按照会计准则规定编制的资产负债表，有关资产、负债在该表中以其账面价值体现；另一张表是假定按照税法规定进行核算编制的资产负债表，其中资产、负债列示的价值量为其计税基础，也就是从税法的角度来看，企业持有的有关资产、负债的金额。

在资产负债表债务法下，所得税费用包括当期所得税费用和递延所得税费用两个部分。其中，当期所得税是指当期应交所得税；递延所得税包括递延所得税资产和递延所得税负债。递延所得税资产是指以未来期间很可能取得用来抵扣可抵扣暂时性差异的应纳税所得额为限确认的一项资产；递延所得税负债是指根据应纳税暂时性差异计算的未来期间应付所得税的金额。

### 14.2.2　应交所得税的计算

应交所得税是指企业按照企业所得税法规定计算确定的针对当期发生的交易和事项，应交纳给税务部门的所得税金额，即当期应交所得税。应纳税所得额是在企业税前会计利润（利润总额）的基础上调整确定的，计算公式如下：

应交所得税=应纳税所得额×所得税税率

应纳税所得额=税前会计利润+纳税调整增加额-纳税调整减少额

**小贴士：纳税调整增加事项和纳税调整减少事项**

纳税调整增加事项主要包括：①企业所得税税法规定允许扣除项目中，企业已计入当期费用但超过税法规定扣除标准的金额（如超过企业所得税法规定标准的职工福利费、工会经费、职工教育经费、业务招待费、公益性捐赠支出、广告费和业务宣传费等）；②企业已计入当期损失但企业所得税法规定不允许扣除项目的金额（如税收滞纳金、罚金、罚款等）。

纳税调整减少事项主要包括：①按企业所得税税法规定允许弥补的亏损，如前 5 年内未弥补亏损等；②准予免税的项目，如国债利息收入等。

### 14.2.3 所得税费用的账务处理

企业根据《企业会计准则》的规定，计算确定的当期所得税和递延所得税之和，即为应从当期利润总额中扣除的所得税费用。计算公式如下：

当期所得税费用=当期应交所得税+递延所得税

递延所得税=（递延所得税负债的期末余额-递延所得税负债的期初余额）-（递延所得税资产的期末余额-递延所得税资产期初余额）

企业应设置“所得税费用”科目，该科目属于损益类，核算企业所得税费用的确认及其结转情况。其借方登记从当期损益中扣除的所得税税额；贷方登记期末转入“本年利润”科目的所得税税额。期末，应将“所得税费用”科目的余额转入“本年利润”科目，借记“本年利润”科目，贷记“所得税费用”科目，结转后，“所得税费用”科目应无余额。

【例 14-5】2019 年，甲公司当年应交所得税税额为 6 500 000 元；递延所得税负债年初数为 450 000 元，年末数为 580 000 元；递延所得税资产年初数为 300 000 元，年末数为 240 000 元。甲公司应进行如下操作：

递延所得税=（580 000-450 000）-（240 000-300 000）=190 000（元）

所得税费用=6 500 000+190 000=6 690 000（元）

| | | |
|---|---|---|
| 借：所得税费用 | 6 690 000 | |
| 贷：应交税费——应交所得税 | | 6 500 000 |
| 递延所得税负债 | | 130 000 |
| 递延所得税资产 | | 60 000 |

## 任务 14.3 本年利润核算

### 14.3.1 认识利润

利润是指企业在一定会计期间的经营成果，包括收入减去费用后的净额、直接计入当期利润的利得和损失等。其中，直接计入当期利润的利得和损失是指应当计入当期损益、最终会引起所有者权益发生增减变动的与所有者投入资本或者向所有者分配利润无关的利得或损失。

收入减去费用后的净额反映的是企业日常活动的业绩。直接计入当期利润的利得和损失反映的是企业非日常活动的业绩。企业应当严格划分收入和利得、费用和损失之间的界限，以更加准确地反映企业的经营业绩。

利润的确认主要依赖于收入和费用，以及直接计入当期利润的利得和损失的确认。利润金额的计量主要取决于收入和费用，以及直接计入当期利润的利得和损失金额的计量。

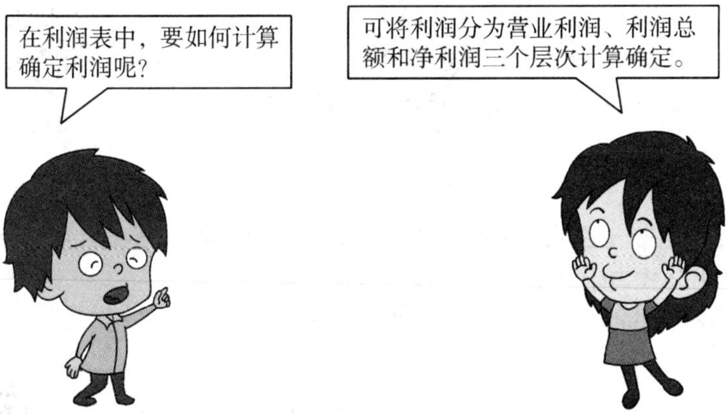


（1）营业利润

营业利润是指企业一定期间的日常活动取得的利润。具体构成用公式表示如下：

营业利润=营业收入-营业成本-税金及附加-销售费用-管理费用-研发费用-财务费用+其他收益+投资收益（-投资损失）+净敞口套期收益（-净敞口套期损失）+公允价值变动收益（-公允价值变动损失）-信用减值损失-资产减值损失+资产处置收益（-资产处置损失）

**小贴士：营业利润各项构成的含义**

营业收入是指企业经营业务所实现的收入总额，包括主营业务收入和其他业务收入。

营业成本是指企业经营业务所发生的实际成本总额，包括主营业务成本和其他业务成本。

研发费用是指企业进行研究与开发过程中发生的费用化支出，以及计入管理费用的自行开发无形资产的摊销。

其他收益主要是指与企业日常活动相关，除冲减相关成本费用以外的政府补助。

投资收益（或损失）是指企业以各种方式对外投资所取得的收益（或损失）。

净敞口套期收益（或损失）项目，反映净敞口套期下被套期项目累计公允价值变动转入当期损益的金额或现金流量套期储备转入当期损益的金额。本项目应根据“净敞口套期损益”科目的发生额分析填列；如为套期损失，本项目以“-”号填列。

公允价值变动收益（或损失）是指企业交易性金融资产等公允价值变动形成的应计入当期损益的利得（或损失）。

信用减值损失是指企业计提各项金融工具信用减值准备所确认的信用损失。

资产减值损失是指企业计提有关资产减值准备所形成的损失。

资产处置收益（或损失）反映企业出售划分为持有待售的非流动资产（金融工具、长期股权投资和投资性房地产除外）或处置组（子公司和业务除外）时确认的处置利得或损失，以及处置未划分为持有待售的固定资产、在建工程、生产性生物资产及无形资产而产生的处置利得或损失，还包括债务重组中因处置非流动资产产生的利得或损失和非货币性资产交换中换出非流动资产产生的利得或损失。

（2）利润总额

利润总额是指企业一定期间的营业利润，加上营业外收入减去营业外支出后的所得税前利润总额。其用公式表示如下：

利润总额=营业利润+营业外收入-营业外支出

（3）净利润

净利润是指企业一定期间的利润总额减去所得税费用后的净额。其用公式表示如下：

净利润=利润总额-所得税费用

### 14.3.2　结转本年利润的方法

会计期末，结转本年利润的方法有表结法和账结法两种。

1. 表结法

表结法下，各损益类科目每月末只需结计出本月发生额和月末累计余额，不结转到“本年利润”科目，只有在年末时才将全年累计余额结转入“本年利润”科目。但每月末要将损益类科目的本月发生额合计数填入利润表的本月数栏，同时将本月末累计余额填入利润表的本年累计数栏，通过利润表计算反映各期的利润（或亏损）。表结法下，年中损益类科目无须结转入“本年利润”科目，从而减少了转账环节和工作量，同时并不影响利润表的编制及有关损益指标的利用。

2. 账结法

账结法下，每月末均需编制转账凭证，将在账上结计出的各损益类科目的余额结转入“本年利润”科目。结转后“本年利润”科目的本月余额反映当月实现的利润或发生的亏损，“本年利润”科目的本年余额反映本年累计实现的利润或发生的亏损。账结法在各月均可通过“本年利润”科目提供当月及本年累计的利润（或亏损）额，但增加了转账环节和工作量。

### 14.3.3　结转本年利润的账务处理

企业应设置“本年利润”科目，核算企业本年度实现的净利润（或发生的净亏损）。

会计期末，企业应将“主营业务收入”“其他业务收入”“其他收益”“营业外收入”等科目的余额分别转入“本年利润”科目的贷方，将“主营业务成本”“其他业务成本”

“税金及附加”“销售费用”“管理费用”“财务费用”“信用减值损失”“资产减值损失”“营业外支出”“所得税费用”等科目的余额分别转入“本年利润”科目的借方。企业还应将“投资收益”“公允价值变动损益”“资产处置损益”科目的净收益转入“本年利润”科目的贷方，将“投资收益”“公允价值变动损益”“资产处置损益”科目的净损失转入“本年利润”科目的借方。结转后“本年利润”科目如为贷方余额，表示当年实现的净利润；如为借方余额，表示当年发生的净亏损。

年度终了，企业还应将“本年利润”科目的本年累计余额转入“利润分配——未分配利润”科目。如“本年利润”为贷方余额，借记“本年利润”科目，贷记“利润分配——未分配利润”科目；如为借方余额，作相反的会计分录，借记“利润分配——未分配利润”科目，贷记“本年利润”科目。结转后，“本年利润”科目应无余额。

【例 14-6】2019 年，甲公司有关损益类科目的年末余额见表 14-1。该企业采用表结法年末一次结转损益类科目，所得税税率为 25%。

**表 14-1　损益类科目的年末余额**　　单位：元

| 科目名称 | 借或贷 | 结账前余额 |
|---|---|---|
| 主营业务收入 | 贷 | 6 000 000 |
| 其他业务收入 | 贷 | 700 000 |
| 其他收益 | 贷 | 150 000 |
| 投资收益 | 贷 | 1 000 000 |
| 营业外收入 | 贷 | 50 000 |
| 主营业务成本 | 借 | 4 000 000 |
| 其他业务成本 | 借 | 400 000 |
| 税金及附加 | 借 | 80 000 |
| 销售费用 | 借 | 500 000 |
| 管理费用 | 借 | 770 000 |
| 财务费用 | 借 | 300 000 |
| 营业外支出 | 借 | 250 000 |

甲公司 2019 年年末结转本年利润，应进行如下操作：

（1）将各损益类科目年末余额结转至“本年利润”科目：

①结转各项收入、利得类科目：

借：主营业务收入　　6 000 000
　　其他业务收入　　700 000
　　其他收益　　150 000

投资收益　　1 000 000
营业外收入　　50 000
贷：本年利润　　7 900 000

②结转各项费用、损失类科目：

借：本年利润　　6 300 000
贷：主营业务成本　　4 000 000
其他业务成本　　400 000
税金及附加　　80 000
销售费用　　500 000
管理费用　　770 000
财务费用　　300 000
营业外支出　　250 000

（2）经过上述结转后，“本年利润”科目的贷方发生额合计 7 900 000 元减去借方发生额合计 6 300 000 元即为税前会计利润 1 600 000 元。

（3）假设甲公司 2019 年度不存在所得税纳税调整以及递延所得税因素。

（4）应交所得税＝1 600 000×25%＝400 000（元）

①确认所得税费用：

借：所得税费用　　400 000
贷：应交税费——应交所得税　　400 000

②将所得税费用转入“本年利润”科目：

借：本年利润　　400 000
贷：所得税费用　　400 000

（5）将“本年利润”科目年末余额 1 200 000 元（7 900 000－6 300 000－400 000）转入“利润分配——未分配利润”科目：

借：本年利润　　1 200 000
贷：利润分配——未分配利润　　1 200 000

**经典考题回顾**

1.【多选题】下列各项中，企业年末应将其本期发生额结转至“本年利润”科目的有（　　）。

A. 营业外收入
B. 财务费用
C. 管理费用
D. 制造费用

2.【判断题】利润反映的是企业在一定会计期间的经营成果，包括收入减去费用后的净额、直接计入当期利润的利得和损失。（　）

扫码关注，获取答案及更多考题资料

# 能力训练

## 一、单项选择题

1. 下列各项中，应列入“营业外收入”科目的是（　）。
   A. 接受社会捐赠收到的款项
   B. 收到与收益相关的政府补助款
   C. 无形资产的租金收入
   D. 结转原材料收发计量差错而导致的盘盈金额
2. 对企业无法查明原因的现金溢余，应做的处理是（　）。
   A. 冲减管理费用
   B. 增加营业外收入
   C. 冲减财务费用
   D. 增加其他业务收入
3. 下列各项中，不会引起利润总额发生增减变动的是（　）。
   A. 计提坏账准备
   B. 确认让渡资产使用权收入
   C. 确认所得税费用
   D. 取得持有交易性金融资产的股息
4. 下列各项中，关于结转本年利润的方法表述不正确的是（　）。
   A. 表结法减少了月末转账环节工作量，且不影响利润表的编制
   B. 表结法下每月月末需将损益类科目本月发生额合计数填入利润表的本月数栏目
   C. 账结法无须每月编制转账凭证，仅在年末一次性编制
   D. 期末结转本年利润的方法有表结法和账结法两种

5. 企业因债权人撤销而转销无法支付的应付账款时，应将所转销的应付账款计入（　　）。

A. 投资收益

B. 其他应付款

C. 营业外收入

D. 冲减管理费用

6. 甲公司利润总额为500万元，应纳税所得额为480万元，所得税税率为25%，递延所得税资产增加8万元，则所得税费用为（　　）万元。

A. 120

B. 112

C. 125

D. 117

7. 下列各项中，应计入营业外支出的是（　　）。

A. 合同违约金

B. 法律诉讼费

C. 出租无形资产的摊销额

D. 广告宣传费

8. 下列各项中，不应计入营业外收入的是（　　）。

A. 无法支付的应付账款

B. 捐赠利得

C. 债务重组利得

D. 固定资产盘盈

## 二、多项选择题

1. 下列各项中，影响“所得税费用”科目金额的有（　　）。

A. 当期应交所得税

B. 递延所得税收益

C. 递延所得税费用

D. 代扣代缴的个人所得税

2. 下列各项中，应计入营业外收入的有（　　）。

A. 转让无形资产取得的净收益

B. 转让长期股权投资取得的净收益

C. 转让交易性金融资产取得的净收益

D. 转让固定资产所有权取得的净收益

3. 下列各项中，期末余额应转入本年利润的有（　　）。
   A. 投资收益
   B. 主营业务收入
   C. 营业外收入
   D. 递延收益
4. 下列各项中，关于期末结转本年利润“账结法”的表述正确的有（　　）。
   A. 每月月末需要编制结转损益凭证
   B. 与“表结法”相比，减少了转账环节和相应的工作量
   C. 每月月末将各损益类科目的余额转入“本年利润”科目
   D. “本年利润”科目可以提供当月及本年累计的利润（或亏损）额
5. 下列各项中，影响营业外支出的有（　　）。
   A. 无形资产处置损失
   B. 现金盘亏
   C. 债务重组损失
   D. 出售长期股权投资的净损失

**三、判断题**

1. 企业出售固定资产发生的处置亏损属于企业的损失，也是企业的费用之一。（　　）
2. 企业当期的所得税费用不等于当期的应交所得税。（　　）
3. 表结法下，应将每月在账上结计出各损益类科目的余额转入“本年利润”科目。（　　）
4. 年度终了，只有在企业盈利的情况下，才能将“本年利润”科目的本年累计余额转入“利润分配——未分配利润”科目。（　　）
5. 企业获得的捐赠利得应该计入营业外收入，影响利润总额。（　　）

# 项目 15　财务报告编制

## 学习目标：

1. 了解财务报告的构成与分类、财务报告的编制要求；
2. 掌握资产负债表的内容、格式及其编制；
3. 掌握利润表的结构、内容及其编制；
4. 掌握现金流量表的结构、内容及其编制；
5. 掌握所有者权益变动表的结构和内容；
6. 熟悉所有者权益变动表的编制；
7. 熟悉附注的概念及其主要披露项目。

财务报告编制思维导图如图 15-1 所示。

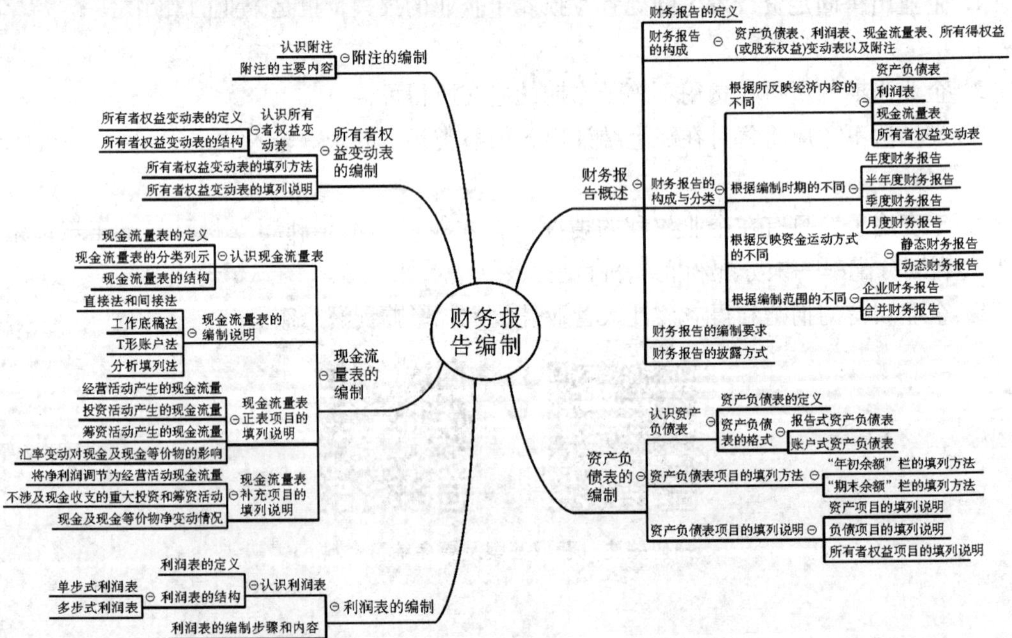


图 15-1　财务报告编制思维导图

# 任务 15.1　财务报告概述

## 15.1.1　财务报告的定义

财务报告是指企业对外提供的反映企业某一特定日期的财务状况和某一会计期间的经营成果、现金流量等会计信息的文件。

财务报告的主要作用是向财务报告使用者提供真实、公允的信息，用于落实和考核企业领导人经济责任的履行情况，并有助于包括所有者在内的财务报告使用者的经济决策。我国《企业财务会计报告条例》规定，企业不得编制和对外提供虚假的或隐瞒重要事实的财务报告；企业负责人对本企业财务报告的真实性、完整性负责。

财务报告的目标是向财务报告使用者提供与企业财务状况、经营成果和现金流量等有关的会计信息，反映企业管理层受托责任履行情况，有助于财务报告使用者做出经济决策。财务报告使用者通常包括投资者、债权人、政府及其有关部门和社会公众等。

## 15.1.2　财务报告的构成与分类

《企业会计准则第 30 号——财务报表列报》规定，财务报表至少应当包括下列组成部分：资产负债表、利润表、现金流量表、所有者权益（或股东权益）变动表以及附注。财务报表上述组成部分具有同等的重要程度。小企业编制的财务报表可以不包括现金流量表。

（1）根据所反映经济内容的不同，财务报告可以分为资产负债表、利润表、现金流量表和所有者权益变动表。资产负债表是反映企业在某一特定日期资产、负债与所有者权益状况的会计报表；利润表是反映企业在一定会计期间经营成果的会计报表；现金流量表是

反映企业一定会计期间现金及现金等价物流入和流出的会计报表；所有者权益变动表是反映构成所有者权益的各个组成部分的当期增减变动情况的会计报表。四张报表从不同侧面综合反映了企业经济活动的全貌及其结果。

（2）根据编制时期的不同，财务报告可以分为年度财务报告、半年度财务报告、季度财务报告和月度财务报告。月度财务报告和季度财务报告是指月度和季度终了提供的财务报告；半年度财务报告是指在每个会计年度的前6个月结束后对外提供的财务报告；年度财务报告是指年度终了对外提供的财务报告。年度财务报告要求揭示完整、反映全面，年度财务报告包括资产负债表、利润表、现金流量表、所有者权益变动表及相关附注。季度财务报告和月度财务报告要求简明扼要、及时，通常仅包括资产负债表和利润表。半年度财务报告、季度财务报告和月度财务报告统称为中期财务报告。

（3）根据反映资金运动方式的不同，财务报告可以分为静态财务报告和动态财务报告。静态财务报告是指反映企业在某一时点全部资产以及全部负债和所有者权益状况的书面报告，一般根据各个账户的期末余额填列；动态财务报告是指反映企业在报告期内资金运动全貌的报告，一般根据有关账户的发生额填列。

（4）根据编制范围的不同，财务报告可以分为企业财务报告和合并财务报告。企业财务报告是指独立核算的企业根据会计账簿和有关资料编制的用来反映企业经营活动情况和财务状况的财务报告；合并财务报告是指由母公司编制的，包括所有控股子公司财务报表的有关数据，反映企业集团整体财务状况、经营成果、现金流量和所有者权益变动的财务报告。

### 15.1.3 财务报告的编制要求

在编制财务报告的过程中，应遵守下列关于财务报告编制的要求。

（1）企业在编制年度财务报告前，应当全面清查资产、核实债务，包括结算款项、存货、投资、固定资产、在建工程等。在年度中间，应根据具体情况，对各项财产物资和结算款项进行重点抽查、轮流清查或者定期清查。企业清查、核实后，应当将清查、核实的结果及其处理办法向企业董事会或者相应机构报告，并根据国家统一会计准则的规定进行相应的会计处理。

企业在编制财务报告前，除应当全面清查资产、核实债务外，还要做好结账和对账工作，并检查会计核算中可能存在的各种需要调整的情况。

（2）企业在编制财务报告时，应当按照国家统一会计准则规定的会计报表格式和内容，根据登记完整、核对无误的会计账簿记录和其他有关资料编制会计报表，做到内容完整、数字真实、计算准确，不得漏报或者任意取舍。会计报表之间、会计报表各项目之间，凡有对应关系的数字，应当相互一致；会计报表中本期与上期的有关数字应当相互衔接。会计报表附注应当对会计报表中需要说明的事项做出真实、完整、清楚的说明。

### 15.1.4 财务报告的披露方式

财务报告不仅包括财务报表，而且包括同会计信息系统有关的其他财务报告。在我国，严格意义上的财务报告应当包括财务报表及其附注、审计报告和企业披露的信息几部分。其中，财务报告中的基本财务报表要符合财政部会计准则的规定；财务报告中的附注要符合财政部和中国证监会的规定；审计报告是指由具有证券相关业务资格的注册会计师遵守审计准则进行审计所出具的报告；企业披露的信息需经注册会计师审阅并发表意见。

一般意义上的财务报告由财务报表和其他财务报告组成。财务报表主要反映过去的财务信息；其他财务报告主要提供未来的信息，且不限于财务信息。

## 任务 15.2 资产负债表的编制

### 15.2.1 认识资产负债表

1. 资产负债表的定义

资产负债表是反映企业在某一特定日期的财务状况的报表，是企业经营活动的静态反映。通过资产负债表，可以反映企业在某一特定日期所拥有或控制的经济资源、所承担的现时义务和所有者对净资产的要求权，帮助财务报表使用者全面了解企业的财务状况、分析企业的偿债能力等情况，从而为其作出经济决策提供依据。

2. 资产负债表的格式

资产负债表各项目在表中的排列方法不同，形成了各种各样的资产负债表格式。由于企业各异，资产负债表项目排列及采用的结构也会有所区别。但不论采取何种格式，资产负债表都应标明本表的名称、报表企业的名称、资产负债表日和货币计量单位等。常用的资产负债表格式有报告式和账户式。

（1）报告式资产负债表。报告式资产负债表对资产、负债、股东权益项目采用垂直分列的形式。报告式资产负债表的优点在于便于编制比较资产负债表，即在一张报表中，除列出本期的财务状况外，还可增设几个栏目，分别列示过去几期的财务状况。其缺点是资产和权益间的恒等关系不明晰。

（2）账户式资产负债表。按照 T 形账户的形式设计的资产负债表，即将资产列在报表左方（借方），负债及所有者权益列在报表右方（贷方），左（借）、右（贷）两方总额相等。

账户式资产负债表的优缺点与报告式资产负债表正好相反，其资产和权益间的恒等关系一目了然，但要编制比较资产负债表则需做些旁注，比较困难。

根据《企业会计准则第30号——财务报表列报》的规定，资产负债表采用账户式结构，分左右两部分。左方为资产项目，大体按资产的流动性大小排列，流动性大的资产如“货币资金”“交易性金融资产”等排在前面，流动性小的资产如“长期股权投资”“固定资产”等排在后面。右方为负债及所有者权益项目，一般按要求清偿时间的先后顺序排列，“短期借款”“应付票据”及“应付账款”等需要在一年以内或者长于一年的一个正常营业周期内偿还的流动负债排在前面，“长期借款”等在一年以上才需偿还的非流动负债排在中间，在企业清算之前不需要偿还的所有者权益项目排在后面。

账户式资产负债表中的资产各项目的合计等于负债和所有者权益各项目的合计，即资产负债表左方和右方平衡。通过账户式资产负债表，可以反映资产、负债、所有者权益之间的内在关系，即“资产=负债+所有者权益”。

我国一般企业资产负债表格式见表15-1。

**表15-1 资产负债表**

会企01表

编制单位： ____年____月____日 单位：元

| 资产 | 期末余额 | 上年年末余额 | 负债和所有者权益（或股东权益） | 期末余额 | 上年年末余额 |
|---|---|---|---|---|---|
| 流动资产： | | | 流动负债： | | |
| 货币资金 | | | 短期借款 | | |
| 交易性金融资产 | | | 交易性金融负债 | | |
| 衍生金融资产 | | | 衍生金融负债 | | |
| 应收票据 | | | 应付票据 | | |
| 应收账款 | | | 应付账款 | | |
| 应收款项融资 | | | 预收款项 | | |
| 预付款项 | | | 合同负债 | | |
| 其他应收款 | | | 应付职工薪酬 | | |
| 存货 | | | 应交税费 | | |
| 合同资产 | | | 其他应付款 | | |
| 持有待售资产 | | | 持有待售负债 | | |
| 一年内到期的非流动资产 | | | 一年内到期的非流动负债 | | |
| 其他流动资产 | | | 其他流动负债 | | |
| 流动资产合计 | | | 流动负债合计 | | |
| 非流动资产： | | | 非流动负债： | | |
| 债权投资 | | | 长期借款 | | |

表15-1(续)

| 资产 | 期末余额 | 上年年末余额 | 负债和所有者权益（或股东权益） | 期末余额 | 上年年末余额 |
|---|---|---|---|---|---|
| 其他债权投资 | | | 应付债券 | | |
| 长期应收款 | | | 其中：优先股 | | |
| 长期股权投资 | | | 永续债 | | |
| 其他权益工具投资 | | | 租赁负债 | | |
| 其他非流动金融资产 | | | 长期应付款 | | |
| 投资性房地产 | | | 预计负债 | | |
| 固定资产 | | | 递延收益 | | |
| 在建工程 | | | 递延所得税负债 | | |
| 生产性生物资产 | | | 其他非流动负债 | | |
| 油气资产 | | | 非流动负债合计 | | |
| 使用权资产 | | | 负债合计 | | |
| 无形资产 | | | 所有者权益（或股东权益）： | | |
| 开发支出 | | | 实收资本 | | |
| 商誉 | | | 其他权益工具 | | |
| 长期待摊费用 | | | 其中：优先股 | | |
| 递延所得税资产 | | | 永续债 | | |
| 其他非流动资产 | | | 资本公积 | | |
| 非流动资产合计 | | | 减：库存股 | | |
| | | | 其他综合收益 | | |
| | | | 专项储备 | | |
| | | | 盈余公积 | | |
| | | | 未分配利润 | | |
| | | | 所有者权益（或股东权益）合计 | | |
| 资产总计 | | | 负债和所有者权益（或股东权益）总计 | | |

### 15.2.2 资产负债表项目的填列方法

根据《企业会计准则第30号——财务报表列报》的规定，企业需要提供比较资产负债表，以便报表使用者通过比较不同时点资产负债表的数据掌握企业财务状况的变动情况及发展趋势。所以，资产负债表还就各个项目再分为“年初余额”和“期末余额”两栏填列。

1. “年初余额”栏的填列方法

资产负债表“年初余额”栏内各项数字，应根据上年年末资产负债表“期末余额”栏内所列数字填列。如果上年度资产负债表规定的各个项目的名称和内容同本年度不相一致，那么，应对上年年末资产负债表各项目的名称和数字按照本年度的规定进行调整，填入表中“年初余额”栏。

2. “期末余额”栏的填列方法

“期末余额”是指某一资产负债表日的数字，即月末、季末、半年末或年末的数字。

（1）根据总账账户的余额填列。资产负债表中的有些项目，可直接根据有关总账账户的余额填列，如“交易性金融资产”“工程物资”“固定资产清理”“递延所得税资产”“短期借款”“交易性金融负债”“应付票据”“应付职工薪酬”“应交税费”“应付利息”“应付股利”“其他应付款”“专项应付款”“预计负债”“递延所得税负债”“实收资本”“资本公积”“盈余公积”“库存股”等项目应根据总账账户的余额填列。

（2）根据几个总账账户的余额计算填列。例如，“货币资金”项目，需要根据“库存现金”“银行存款”“其他货币资金”三个总账账户余额合计填列。

（3）根据有关明细账账户的余额计算填列。例如，“开发支出”项目应根据“研发支出”账户所属的“资本化支出”明细账户的期末余额填列；“应付账款”项目应根据“应付账款”和“预付账款”两个账户所属的相关明细账户的期末贷方余额计算填列；“预收账款”项目应根据“预收账款”和“应收账款”两个账户所属的相关明细账户的期末贷方余额合计数计算填列；“一年内到期的非流动资产”“一年内到期的非流动负债”项目应根据有关非流动资产或负债项目的明细账户的余额分析填列；“长期借款”“应付债券”项目应分别根据“长期借款”“应付债券”账户的明细账户余额分析填列；“未分配利润”项目应根据“利润分配”账户中所属的“未分配利润”明细账户的期末余额填列。

（4）根据总账账户和明细账户的余额分析计算填列。例如，“长期借款”项目应根据“长期借款”总账账户的余额扣除“长期借款”账户所属的明细账户中将在资产负债表日起一年内到期且企业不能自主地将清偿义务展期的长期借款后的金额填列。

（5）综合运用上述填列方法分析填列。例如，“存货”项目应根据“原材料”“库存商品”“委托加工物资”“周转材料”“材料采购”“在途物资”“发出商品”“材料成本差异”等总账账户期末余额的分析汇总数，再减去“存货跌价准备”账户余额后的金额填列。

### 15.2.3　资产负债表项目的填列说明

1. 资产项目的填列说明

（1）“货币资金”项目，反映企业库存现金、银行结算户存款、外埠存款、银行汇票存款、银行本票存款、信用卡存款、信用证保证金存款等的合计数。本项目应根据“库存现金”“银行存款”“其他货币资金”科目期末余额的合计数填列。

（2）“交易性金融资产”项目，反映资产负债表日企业分类为以公允价值计量且其变动计入当期损益的金融资产，以及企业持有的指定为以公允价值计量且其变动计入当期损益的金融资产的期末账面价值。该项目应根据“交易性金融资产”科目的相关明细科目期末余额分析填列。自资产负债表日起超过一年到期且预期持有超过一年的以公允价值计量且其变动计入当期损益的非流动金融资产的期末账面价值，在“其他非流动金融资产”项目反映。

（3）“应收票据”项目，反映资产负债表日以摊余成本计量的、企业因销售商品、提供服务等收到的商业汇票，包括银行承兑汇票和商业承兑汇票。该项目应根据“应收票据”科目的期末余额，减去“坏账准备”科目中相关坏账准备期末余额后的金额分析填列。

（4）“应收账款”项目，反映资产负债表日以摊余成本计量的、企业因销售商品、提供服务等经营活动应收取的款项。该项目应根据“应收账款”科目的期末余额，减去“坏账准备”科目中相关坏账准备期末余额后的金额分析填列。

（5）“应收款项融资”项目，反映资产负债表日以公允价值计量且其变动计入其他综合收益的应收票据和应收账款等。

（6）“预付款项”项目，反映企业按照购货合同规定预付给供应单位的款项等。本项目应根据“预付账款”和“应付账款”科目所属各明细科目的期末借方余额合计数，减去“坏账准备”科目中有关预付账款计提的坏账准备期末余额后的净额填列。如“预付账款”科目所属明细科目期末为贷方余额的，应在资产负债表“应付账款”项目内填列。

(7)“其他应收款”项目，反映企业除应收票据、应收账款、预付账款等经营活动以外的其他各种应收、暂付的款项。本项目应根据“应收利息”“应收股利”和“其他应收款”科目的期末余额合计数，减去“坏账准备”科目中相关坏账准备期末余额后的金额填列。其中的“应收利息”仅反映相关金融工具已到期可收取但于资产负债表日尚未收到的利息。基于实际利率法计提的金融工具的利息应包含在相应金融工具的账面余额中。

(8)“存货”项目，反映企业期末在库、在途和在加工中的各种存货的可变现净值或成本（成本与可变现净值孰低）。存货包括各种材料、商品、在产品、半成品、包装物、低值易耗品、发出商品等。本项目应根据“材料采购”“原材料”“库存商品”“周转材料”“委托加工物资”“发出商品”“生产成本”“受托代销商品”等科目的期末余额合计数，减去“受托代销商品款”“存货跌价准备”科目期末余额后的净额填列。材料采用计划成本核算，以及库存商品采用计划成本核算或售价核算的企业，还应按加或减材料成本差异、商品进销差价后的金额填列。

(9)“合同资产”项目，反映企业按照《企业会计准则第14号——收入》的相关规定，根据本企业履行履约义务与客户付款之间的关系在资产负债表中列示的合同资产。“合同资产”项目应根据“合同资产”科目的相关明细科目期末余额分析填列，同一合同下的合同资产和合同负债应当以净额列示，其中净额为借方余额的，应当根据其流动性在“合同资产”或“其他非流动资产”项目中填列，已计提减值准备的，还应以减去“合同资产减值准备”科目中相关的期末余额后的金额填列；其中净额为贷方余额的，应当根据其流动性在“合同负债”或“其他非流动负债”项目中填列。

(10)“持有待售资产”项目，反映资产负债表日划分为持有待售类别的非流动资产及划分为持有待售类别的处置组中的流动资产和非流动资产的期末账面价值，该项目应根据“持有待售资产”科目的期末余额，减去“持有待售资产减值准备”科目的期末余额后的金额填列。

(11)“一年内到期的非流动资产”项目，反映企业预计自资产负债表日起一年内变现的非流动资产。本项目应根据有关科目的期末余额分析填列。

(12)“债权投资”项目，反映资产负债表日企业以摊余成本计量的长期债权投资的期末账面价值。该项目应根据“债权投资”科目的相关明细科目期末余额，减去“债权投资减值准备”科目中相关减值准备的期末余额后的金额分析填列。自资产负债表日起一年内到期的长期债权投资的期末账面价值，在“一年内到期的非流动资产”项目反映。企业购入的以摊余成本计量的一年内到期的债权投资的期末账面价值，在“其他流动资产”项目反映。

(13)“其他债权投资”项目，反映资产负债表日企业分类为以公允价值计量且其变动计入其他综合收益的长期债权投资的期末账面价值。该项目应根据“其他债权投资”科目的相关明细科目期末余额分析填列。自资产负债表日起一年内到期的长期债权投资的期末账面价值，在“一年内到期的非流动资产”项目反映。企业购入的以公允价值计量且其变动计入其他综合收益的一年内到期的债权投资的期末账面价值，在“其他流动资产”项目反映。

（14）“长期应收款”项目，反映企业租赁产生的应收款项和采用递延方式分期收款、实质上具有融资性质的销售商品和提供劳务等经营活动产生的应收款项。本项目应根据“长期应收款”科目的期末余额，减去相应的“未实现融资收益”科目和“坏账准备”科目所属相关明细科目期末余额后的金额填列。

（15）“长期股权投资”项目，反映投资方对被投资单位实施控制、重大影响的权益性投资，以及对其合营企业的权益性投资。本项目应根据“长期股权投资”科目的期末余额，减去“长期股权投资减值准备”科目的期末余额后的净额填列。

（16）“其他权益工具投资”项目，反映资产负债表日企业指定为以公允价值计量且其变动计入其他综合收益的非交易性权益工具投资的期末账面价值。该项目应根据“其他权益工具投资”科目的期末余额填列。

（17）“固定资产”项目，反映资产负债表日企业固定资产的期末账面价值和企业尚未清理完毕的固定资产清理净损益。该项目应根据“固定资产”科目的期末余额，减去“累计折旧”和“固定资产减值准备”科目的期末余额后的金额，以及“固定资产清理”科目的期末余额填列。

（18）“在建工程”项目，反映资产负债表日企业尚未达到预定可使用状态的在建工程的期末账面价值和企业为在建工程准备的各种物资的期末账面价值。该项目应根据“在建工程”科目的期末余额，减去“在建工程减值准备”科目的期末余额后的金额，以及“工程物资”科目的期末余额，减去“工程物资减值准备”科目的期末余额后的金额填列。

（19）“使用权资产”项目，反映资产负债表日承租人企业持有的使用权资产的期末账面价值。该项目应根据“使用权资产”科目的期末余额，减去“使用权资产累计折旧”和“使用权资产减值准备”科目的期末余额后的金额填列。

（20）“无形资产”项目，反映企业持有的专利权、非专利技术、商标权、著作权、土地使用权等无形资产的成本减去累计摊销和减值准备后的净值。本项目应根据“无形资产”科目的期末余额，减去“累计摊销”和“无形资产减值准备”科目期末余额后的净额填列。

（21）“开发支出”项目，反映企业开发无形资产过程中能够资本化形成无形资产成本的支出部分。本项目应当根据“研发支出”科目中所属的“资本化支出”明细科目期末余额填列。

(22)“长期待摊费用”项目，反映企业已经发生但应由本期和以后各期负担的分摊期限在一年以上的各项费用。长期待摊费用中在一年内（含一年）摊销的部分，在资产负债表“一年内到期的非流动资产”项目填列。本项目应根据“长期待摊费用”科目的期末余额，减去将于一年内（含一年）摊销的数额后的金额分析填列。

(23)“递延所得税资产”项目，反映企业根据所得税准则确认的可抵扣暂时性差异产生的所得税资产。本项目应根据“递延所得税资产”科目的期末余额填列。

(24)“其他非流动资产”项目，反映企业除上述非流动资产以外的其他非流动资产。本项目应根据有关科目的期末余额填列。

2. 负债项目的填列说明

(1)“短期借款”项目，反映企业向银行或其他金融机构等借入的期限在一年以下（含一年）的各种借款。本项目应根据“短期借款”科目的期末余额填列。

(2)“交易性金融负债”项目，反映企业资产负债表日承担的交易性金融负债，以及企业持有的直接指定为以公允价值计量且其变动计入当期损益的金融负债的期末账面价值。该项目应根据“交易性金融负债”科目的相关明细科目期末余额填列。

(3)“应付票据”项目，反映资产负债表日以摊余成本计量的、企业因购买材料、商品和接受服务等开出、承兑的商业汇票，包括银行承兑汇票和商业承兑汇票。该项目应根据“应付票据”科目的期末余额填列。

(4)“应付账款”项目，反映资产负债表日以摊余成本计量的、企业因购买材料、商品和接受服务等经营活动应支付的款项。该项目应根据“应付账款”和“预付账款”科目所属的相关明细科目的期末贷方余额合计数填列。

(5)“预收款项”项目，反映企业按照购货合同规定预收供应单位的款项。本项目应根据“预收账款”和“应收账款”科目所属各明细科目的期末贷方余额合计数填列。如“预收账款”科目所属明细科目期末为借方余额的，应在资产负债表“应收账款”项目内填列。

(6)“合同负债”项目，反映企业按照《企业会计准则第14号——收入》的相关规定，根据本企业履行履约义务与客户付款之间的关系在资产负债表中列示的合同负债。“合同负债”项目应根据“合同负债”的相关明细科目期末余额分析填列。

(7)“应付职工薪酬”项目，反映企业为获得职工提供的服务或解除劳动关系而给予的各种形式的报酬或补偿。企业提供给职工配偶、子女、受赡养人、已故员工遗属及其他受益人等的福利，也属于职工薪酬。职工薪酬主要包括短期薪酬、离职后福利、辞退福利和其他长期职工福利。本项目应根据“应付职工薪酬”科目所属各明细科目的期末贷方余额分析填列。外商投资企业按规定从净利润中提取的职工奖励及福利基金，也在本项目列示。

(8)“应交税费”项目，反映企业按照税法规定计算应交纳的各种税费，包括增值税、消费税、城市维护建设税、教育费附加、企业所得税、资源税、土地增值税、房产税、城镇土地使用税、车船税、矿产资源补偿费等。企业代扣代缴的个人所得税，也通过本项目列示。企业所交纳的税金不需要预计应交数的，如印花税、耕地占用税等，不在本项目列示。本项目应根据“应交税费”科目的期末贷方余额填列，如“应交税费”科目期末为借方余额，应以“-”号填列。需要说明的是，“应交税费”科目下的“应交增值税”“未交增值税”“待抵扣进项税额”“待认证进项税额”“增值税留抵税额”等明细科目期末借方余额应根据情况，在资产负债表中的“其他流动资产”或“其他非流动资产”项目列示；“应交税费——待转销项税额”等科目期末贷方余额应根据情况，在资产负债表中的“其他流动负债”或“其他非流动负债”项目列示；“应交税费”科目下的“未交增值税”“简易计税”“转让金融商品应交增值税”“代扣代缴增值税”等科目期末贷方余额应在资产负债表中的“应交税费”项目列示。

（9）“其他应付款”项目，反映企业除应付票据、应付账款、预收账款、应付职工薪酬、应交税费等经营活动以外的其他各项应付、暂收的款项。本项目应根据“应付利息”“应付股利”“其他应付款”科目的期末余额合计数填列。其中，“应付利息”科目仅反映相关金融工具已到期应支付但于资产负债表日尚未支付的利息。基于实际利率法计提的金融工具的利息应包含在相应金融工具的账面余额中。

（10）“持有待售负债”项目，反映资产负债表日处置组中与划分为持有待售类别的资产直接相关的负债的期末账面价值。本项目应根据“持有待售负债”科目的期末余额填列。

（11）“一年内到期的非流动负债”项目，反映企业非流动负债中将于资产负债表日后一年内到期部分的金额，如将于一年内偿还的长期借款。本项目应根据有关科目的期末余额分析填列。

（12）“长期借款”项目，反映企业向银行或其他金融机构借入的期限在一年以上（不含一年）的各项借款。本项目应根据“长期借款”科目的期末余额，扣除“长期借款”科目所属的明细科目中将在资产负债表日起一年内到期且企业不能自主地将清偿义务展期的长期借款后的金额计算填列。

（13）“应付债券”项目，反映企业为筹集长期资金而发行的债券本金及应付的利息。本项目应根据“应付债券”科目的期末余额分析填列。对于资产负债表日企业发行的金融工具，分类为金融负债的，应在本项目填列，对于优先股和永续债还应在本项目下的“优先股”项目和“永续债”项目分别填列。

（14）“租赁负债”项目，反映资产负债表日承租人企业尚未支付的租赁付款额的期末账面价值。该项目应根据“租赁负债”科目的期末余额填列。自资产负债表日起一年内到期应予以清偿的租赁负债的期末账面价值，在“一年内到期的非流动负债”项目反映。

（15）“长期应付款”项目，应根据“长期应付款”科目的期末余额，减去相关的

“未确认融资费用”科目的期末余额后的金额，以及“专项应付款”科目的期末余额填列。

（16）“预计负债”项目，反映企业根据或有事项等相关准则确认的各项预计负债，包括对外提供担保、未决诉讼、产品质量保证、重组义务以及固定资产和矿区权益弃置义务等产生的预计负债。本项目应根据“预计负债”科目的期末余额填列。企业按照《企业会计准则第22号——金融工具确认和计量》的相关规定，对贷款承诺等项目计提的损失准备，应当在本项目中填列。

（17）“递延收益”项目，反映尚待确认的收入或收益。本项目核算包括企业根据政府补助准则确认的应在以后期间计入当期损益的政府补助金额、售后租回形成融资租赁的售价与资产账面价值差额等其他递延性收入。本项目应根据“递延收益”科目的期末余额填列。本项目中摊销期限只剩一年或不足一年的，或预计在一年内（含一年）进行摊销的部分，不得归类为流动负债，仍在本项目中填列，不转入“一年内到期的非流动负债”项目。

（18）“递延所得税负债”项目，反映企业根据所得税准则确认的应纳税暂时性差异产生的所得税负债。本项目应根据“递延所得税负债”科目的期末余额填列。

（19）“其他非流动负债”项目，反映企业除以上非流动负债以外的其他非流动负债。本项目应根据有关科目期末余额，减去将于一年内（含一年）到期偿还数后的余额分析填列。非流动负债各项目中将于一年内（含一年）到期的非流动负债，应在“一年内到期的非流动负债”项目内反映。

3. 所有者权益项目的填列说明

（1）“实收资本（或股本）”项目，反映企业各投资者实际投入的资本（或股本）总额。本项目应根据“实收资本（或股本）”科目的期末余额填列。

（2）“其他权益工具”项目，反映资产负债表日企业发行在外的除普通股以外分类为权益工具的金融工具的期末账面价值，并下设“优先股”和“永续债”两个项目，分别反映企业发行的分类为权益工具的优先股和永续债的账面价值。

（3）“资本公积”项目，反映企业收到投资者出资超出其在注册资本或股本中所占的份额以及直接计入所有者权益的利得和损失等。本项目应根据“资本公积”科目期末余额填列。

（4）“其他综合收益”项目，反映企业其他综合收益的期末余额。本项目应根据“其他综合收益”科目的期末余额填列。

（5）“专项储备”项目，反映高危行业企业按国家规定提取的安全生产费的期末账面价值。本项目应根据“专项储备”科目的期末余额填列。

（6）“盈余公积”项目，反映企业盈余公积的期末余额。本项目应根据“盈余公积”科目的期末余额填列。

（7）“未分配利润”项目，反映企业尚未分配的利润。本项目应根据“本年利润”科目和“利润分配”科目的余额计算填列。未弥补的亏损在本项目内以“-”号填列。

**经典考题回顾**

1. 【单选题】2018 年 12 月 31 日，某公司下列会计科目余额为：“固定资产”科目借方余额 1 000 万元，“累计折旧”科目贷方余额 400 万元，“固定资产减值准备”科目贷方余额 80 万元，“固定资产清理”科目借方余额 20 万元。2018 年 12 月 31 日，该公司资产负债表中“固定资产”项目期末余额应列报的金额为（　　）万元。

A. 620

B. 540

C. 600

D. 520

2. 【多选题】下列会计科目的期末余额，应在资产负债表“存货”项目中列示的有（　　）。

A. 工程物资

B. 生产成本

C. 原材料

D. 周转材料

3. 【判断题】年末，企业应将于一年内（含一年）摊销的长期待摊费用，列入资产负债表“一年内到期的非流动资产”项目。　（　　）

**扫码关注，获取答案及更多考题资料**

# 任务 15.3　利润表的编制

## 15.3.1　认识利润表

1. 利润表的定义

利润表，又称损益表，是反映企业在一定会计期间的经营成果的报表。

通过利润表，可以反映企业在一定会计期间收入、费用、利润（或亏损）的金额和构成情况，为财务报表使用者全面了解企业的经营成果、分析企业的获利能力及盈利增长趋势、做出经济决策提供依据。

2. 利润表的结构

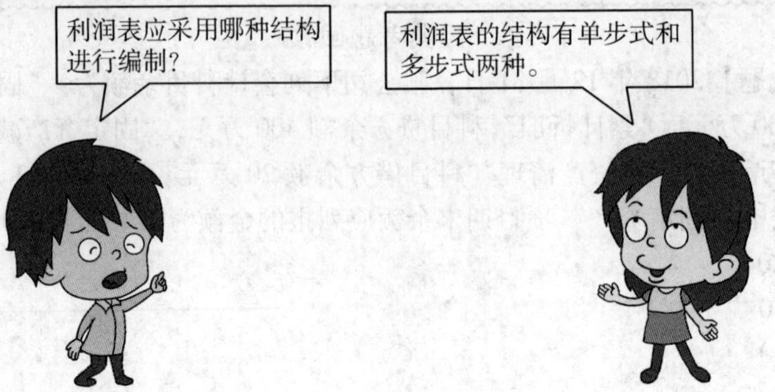


（1）单步式利润表。单步式利润表将所有收入和费用分别汇总列示，然后将收入合计减去费用合计得出本期利润或亏损。单步式利润表的编制方式简单，收入、支出归类清楚，但缺点是收入、费用的性质不加区分，硬性归为一类，不利于报表分析。

（2）多步式利润表。多步式利润表将不同性质的收入和费用进行分类，分别计算出营业利润、利润总额和净利润。多步式利润表比单步式利润表提供的信息更加丰富，通过对不同时期各对应项目的比较分析，可以预测未来现金的流量，将营业利润与其他利润分开列示，可使报表使用者分清主次，对未来经营成果做出正确判断、预测。因此，我国企业的利润表采用多步式格式。

我国一般企业利润表的格式见表15-2。

**表15-2　利润表**

会企02表

编制单位：　　　　____年____月____日　　　　单位：元

| 项目 | 本期金额 | 上期金额 |
| --- | --- | --- |
| 一、营业收入 | | |
| 减：营业成本 | | |
| 税金及附加 | | |
| 销售费用 | | |
| 管理费用 | | |
| 研发费用 | | |
| 财务费用 | | |
| 其中：利息费用 | | |
| 利息收入 | | |
| 加：其他收益 | | |

表15-2(续)

| 项目 | 本期金额 | 上期金额 |
| --- | --- | --- |
| 投资收益（损失以“-”号填列） | | |
| 其中：对联营企业和合营企业的投资收益 | | |
| 以摊余成本计量的金融资产终止确认收益（损失以“-”号填列） | | |
| 净敞口套期收益（损失以“-”号填列） | | |
| 公允价值变动收益（损失以“-”号填列） | | |
| 信用减值损失（损失以“-”号填列） | | |
| 资产减值损失（损失以“-”号填列） | | |
| 资产处置收益（损失以“-”号填列） | | |
| 二、营业利润（亏损以“-”号填列） | | |
| 加：营业外收入 | | |
| 减：营业外支出 | | |
| 三、利润总额（亏损总额以“-”号填列） | | |
| 减：所得税费用 | | |
| 四、净利润（净亏损以“-”号填列） | | |
| （一）持续经营净利润（净亏损以“-”号填列） | | |
| （二）终止经营净利润（净亏损以“-”号填列） | | |
| 五、其他综合收益的税后净额 | | |
| （一）不能重分类进损益的其他综合收益 | | |
| 1. 重新计量设定受益计划变动额 | | |
| 2. 权益法下不能转损益的其他综合收益 | | |
| 3. 其他权益工具投资公允价值变动 | | |
| 4. 企业自身信用风险公允价值变动 | | |
| …… | | |
| （二）将重分类进损益的其他综合收益 | | |
| 1. 权益法下可转损益的其他综合收益 | | |
| 2. 其他债权投资公允价值变动 | | |
| 3. 金融资产重分类计入其他综合收益的金额 | | |
| 4. 其他债权投资信用减值准备 | | |
| 5. 现金流量套期 | | |
| 6. 外币财务报表折算差额 | | |
| …… | | |

表15-2(续)

| 项目 | 本期金额 | 上期金额 |
|---|---|---|
| 六、综合收益总额 | | |
| 七、每股收益 | | |
| (一) 基本每股收益 | | |
| (二) 稀释每股收益 | | |

### 15.3.2 利润表的编制步骤和内容

我国一般企业利润表的主要编制步骤和内容如下：

第一步，以营业收入为基础，减去营业成本、税金及附加、销售费用、管理费用、研发费用、财务费用，加上其他收益、投资收益（或减去投资损失）、净敞口套期收益（或减去净敞口套期损失）、公允价值变动收益（或减去公允价值变动损失）、资产减值损失、信用减值损失、资产处置收益（或减去资产处置损失），计算出营业利润。

第二步，以营业利润为基础，加上营业外收入，减去营业外支出，计算出利润总额。

第三步，以利润总额为基础，减去所得税费用，计算出净利润（或净亏损）。

第四步，以净利润（或净亏损）为基础，计算出每股收益。

第五步，以净利润（或净亏损）和其他综合收益为基础，计算出综合收益总额。

利润表各项目均需填列“本期金额”和“上期金额”两栏。其中，“上期金额”栏内各项数字，应根据上年该期利润表的“本期金额”栏内所列数字填列；“本期金额”栏内各期数字，除“基本每股收益”和“稀释每股收益”项目外，应按照相关科目的发生额分析填列。如“营业收入”项目，根据“主营业务收入”“其他业务收入”科目的发生额分析计算填列；“营业成本”项目，根据“主营业务成本”“其他业务成本”科目的发生额分析计算填列。

### 15.3.3 利润表项目的填列说明

（1）“营业收入”项目，反映企业经营主要业务和其他业务所确认的收入总额。本项目应根据“主营业务收入”和“其他业务收入”科目的发生额分析填列。

（2）“营业成本”项目反映企业经营主要业务和其他业务所发生的成本总额。本项目应根据“主营业务成本”和“其他业务成本”科目的发生额分析填列。

（3）“税金及附加”项目，反映企业经营业务应负担的消费税、城市维护建设税、教育费附加、资源税、土地增值税、房产税、车船税、城镇土地使用税、印花税等相关税费。本项目应根据“税金及附加”科目的发生额分析填列。

（4）“销售费用”项目，反映企业在销售商品过程中发生的包装费、广告费等费用和为销售本企业商品而专设的销售机构的职工薪酬、业务费等经营费用。本项目应根据“销售费用”科目的发生额分析填列。

（5）“管理费用”项目，反映企业为组织和管理生产经营发生的管理费用。本项目应根据“管理费用”科目的发生额分析填列。

（6）“研发费用”项目，反映企业进行研究与开发过程中发生的费用化支出以及计入管理费用的自行开发无形资产的摊销。本项目应根据“管理费用”科目下的“研发费用”明细科目的发生额以及“管理费用”科目下的“无形资产摊销”明细科目的发生额分析填列。

（7）“财务费用”项目，反映企业为筹集生产经营所需资金等而发生的应予费用化的利息支出。本项目应根据“财务费用”科目的相关明细科目发生额分析填列。其中，“利息费用”项目，反映企业为筹集生产经营所需资金等而发生的应予费用化的利息支出，本项目应根据“财务费用”科目的相关明细科目的发生额分析填列；“利息收入”项目，反映企业应冲减财务费用的利息收入，本项目应根据“财务费用”科目的相关明细科目发生额分析填列。

（8）“其他收益”项目，反映计入其他收益的政府补助，以及其他与日常活动相关且计入其他收益的项目。本项目应根据“其他收益”科目的发生额分析填列。企业作为个人所得税的扣缴义务人，根据《中华人民共和国个人所得税法》，收到的扣缴税款手续费，应作为其他与日常活动相关的收益在本项目中填列。

（9）“投资收益”项目，反映企业以各种方式对外投资所取得的收益。本项目应根据“投资收益”科目的发生额分析填列。如为投资损失，本项目以“-”号填列。

（10）“净敞口套期收益”项目，反映净敞口套期下被套期项目累计公允价值变动转入当期损益的金额或现金流量套期储备转入当期损益的金额。本项目应根据“净敞口套期损益”科目的发生额分析填列；如为套期损失，本项目以“-”号填列。

（11）“公允价值变动收益”项目，反映企业应当计入当期损益的资产或负债公允价值变动收益。本项目应根据“公允价值变动损益”科目的发生额分析填列；如为净损失，本项目以“-”号填列。

（12）“信用减值损失”项目，反映企业按照《企业会计准则第 22 号——金融工具确认和计量》的要求计提的各项金融工具信用减值准备所确认的信用损失。本项目应根据“信用减值损失”科目的发生额分析填列。

（13）“资产减值损失”项目，反映企业有关资产发生的减值损失。本项目应根据“资产减值损失”科目的发生额分析填列。

（14）“资产处置收益”项目，反映企业出售划分为持有待售的非流动资产（金融工具、长期股权投资和投资性房地产除外）或处置组（子公司和业务除外）时确认的处置利得或损失，以及处置未划分为持有待售的固定资产、在建工程、生产性生物资产及无形资产而产生的处置利得或损失。债务重组中因处置非流动资产（金融工具、长期股权投资和投资性房地产除外）产生的利得或损失和非货币性资产交换中换出非流动资产（金融工具、长期股权投资和投资性房地产除外）产生的利得或损失也包括在本项目内。本项目应根据“资产处置损益”科目的发生额分析填列；如为处置损失，本科目以“-”号填列。

（15）“营业利润”项目，反映企业实现的营业利润。如为亏损，本科目以“-”号填列。

（16）“营业外收入”项目，反映企业发生的除营业利润以外的收益，主要包括与企业日常活动无关的政府补助、盘盈利得、捐赠利得（企业接受股东或股东的子公司直接或间接的捐赠，经济实质属于股东对企业的资本性投入的除外）等。本项目应根据“营业外收入”科目的发生额分析填列。

（17）“营业外支出”项目，反映企业发生的除营业利润以外的支出，主要包括公益性捐赠支出、非常损失、盘亏损失、非流动资产毁损报废损失等。本项目应根据“营业外支出”科目的发生额分析填列。

（18）“利润总额”项目，反映企业实现的利润。如为亏损，本项目以“-”号填列。

（19）“所得税费用”项目，反映企业应从当期利润总额中扣除的所得税费用。本项目应根据“所得税费用”科目的发生额分析填列。

（20）“净利润”项目，反映企业实现的净利润。如为亏损，本项目以“-”号填列。

（21）“其他综合收益的税后净额”项目，反映企业根据企业会计准则规定未在损益中确认的各项利得和损失扣除所得税影响后的净额。

（22）“综合收益总额”项目，反映企业净利润与其他综合收益（税后净额）的合计金额。

（23）“每股收益”项目，包括基本每股收益和稀释每股收益两项指标，反映普通股或潜在普通股已公开交易的企业，以及正处在公开发行普通股或潜在普通股过程中的企业的每股收益信息。

**经典考题回顾**

1. 【单选题】某企业 2018 年发生短期借款利息 120 万元，享受购货现金折扣 10 万元，取得银行存款利息收入 30 万元。2018 年该企业列入利润表“财务费用”项目的本期金额应为（　　）万元。

A. 100

B. 900

C. 150

D. 80

2. 【单选题】下列各项中，影响企业利润表“利润总额”项目的是（　　）。

A. 收到投资者超过注册资本份额的出资

B. 向投资者分配的现金股利

C. 向灾区捐款发生的支出

D. 确认的所得税费用

3.【多选题】下列各项中，关于利润表项目本期金额填列方法表述正确的有（　　）。

A.“税金及附加”项目应根据“应交税费”科目的本期发生额分析填列

B.“营业利润”项目应根据“本年利润”科目的本期发生额分析填列

C.“营业收入”项目应根据“主营业务收入”和“其他业务收入”科目的本期发生额分析填列

D.“管理费用”项目应根据“管理费用”科目的本期发生额分析填列

扫码关注，获取答案及更多考题资料

## 任务 15.4　现金流量表的编制

### 15.4.1　认识现金流量表

1. 现金流量表的定义

现金流量表是反映企业在一定会计期间现金和现金等价物流入和流出的财务报表。现金流量表是动态报表，通过现金流量表，可以了解企业现金流量的影响因素；了解企业净利润的质量；评价企业的支付能力、偿债能力和周转能力；预测企业未来现金流量，为分析和判断企业的财务前景提供信息。

**小贴士：现金和现金等价物**

现金是指企业库存现金以及可以随时用于支付的存款，包括库存现金、银行存款和其他货币资金（如银行汇票存款、银行本票存款、信用卡存款、信用证保证金存款和存出投资款）等，但不包括不能随时支取的定期存款。

现金等价物是指企业持有的期限短、流动性强、易于转换为已知金额现金、价值变动风险很小的投资。期限短，一般是指从购买日起三个月内到期。现金等价物通常包括三个月内到期的债券投资等。

2. 现金流量表的分类列示

现金流量是指企业在某一期间内现金和现金等价物的流入和流出的数量。我国《企业会计准则第31号——现金流量表》，根据企业业务活动的性质和现金流量的来源，将企业一定期间产生的现金流量分为三类：经营活动产生的现金流量、投资活动产生的现金流量和筹资活动产生的现金流量。

（1）经营活动是指企业投资活动和筹资活动以外的所有交易和事项，包括销售商品或提供劳务、购买商品或接受劳务、收到的税费返还、支付职工薪酬、支付的各项税费、支付广告费用等。

（2）投资活动是指企业长期资产的购建和不包括在现金等价物范围内的投资及其处置活动，包括取得和收回投资、购建和处置固定资产、购买和处置无形资产等。

（3）筹资活动是指导致企业资本及债务规模和构成发生变化的活动，包括发行股票或接受投入资本、分派现金股利、取得和偿还银行借款、发行和偿还公司债券等。

3. 现金流量表的结构

现金流量表一般包括表首、正表和补充资料三部分。其中，表首部分列示报表名称、编制单位、编制日期、报表编号、货币名称、计量单位等内容。现金流量表的报表正表是现金流量表的基本部分，主要反映现金流量的分类和每一类现金流量的流入量和流出量；补充资料是对正表部分的补充，可以起到与主表进行核对，全面揭示企业的理财活动的作用。

现金流量表采用报告式结构，以“现金流入-现金流出=现金流量净额”为基础，采取多步式，分别按照经营活动、投资活动和筹资活动，分项报告企业的现金流入量和流出量，最后汇总反映企业在某一期间现金及现金等价物的净增加额。

我国企业现金流量表的具体格式见表15-3。

**表15-3 现金流量表**

会企03表

编制单位：　　　　____年____月____日　　　　单位：元

| 项目 | 本期金额 | 上期金额 |
|---|---|---|
| 一、经营活动产生的现金流量： | | |
| 销售商品、提供劳务收到的现金 | | |
| 收到的税费返还 | | |
| 收到其他与经营活动有关的现金 | | |
| 经营活动现金流入小计 | | |
| 购买商品、接受劳务支付的现金 | | |
| 支付给职工以及为职工支付的现金 | | |
| 支付的各项税费 | | |
| 支付其他与经营活动有关的现金 | | |

表15-3(续)

| 项目 | 本期金额 | 上期金额 |
| --- | --- | --- |
| 支付的各项税费 | | |
| 支付其他与经营活动有关的现金 | | |
| 经营活动现金流出小计 | | |
| 经营活动产生的现金流量净额 | | |
| 二、投资活动产生的现金流量： | | |
| 收回投资收到的现金 | | |
| 取得投资收益收到的现金 | | |
| 处置固定资产、无形资产和其他长期资产收回的现金净额 | | |
| 处置子公司及其他营业单位收到的现金净额 | | |
| 收到其他与投资活动有关的现金 | | |
| 投资活动现金流入小计 | | |
| 购建固定资产、无形资产和其他长期资产支付的现金 | | |
| 投资支付的现金 | | |
| 取得子公司及其他营业单位支付的现金净额 | | |
| 支付其他与投资活动有关的现金 | | |
| 投资活动现金流出小计 | | |
| 投资活动产生的现金流量净额 | | |
| 三、筹资活动产生的现金流量 | | |
| 吸收投资收到的现金 | | |
| 取得借款收到的现金 | | |
| 收到其他与筹资活动有关的现金 | | |
| 筹资活动现金流入小计 | | |
| 偿还债务支付的现金 | | |
| 分配股利、利润或偿付利息支付的现金 | | |
| 支付其他与筹资活动有关的现金 | | |
| 筹资活动现金流出小计 | | |
| 筹资活动产生的现金流量净额 | | |
| 四、汇率变动对现金及现金等价物的影响 | | |
| 五、现金及现金等价物净增加额 | | |
| 加：期初现金及现金等价物余额 | | |
| 六、期末现金及现金等价物余额 | | |

现金流量表补充资料的具体格式见表 15-4。

**表 15-4　现金流量表补充资料**

| 补充资料 | 本期金额 | 上期金额 |
|---|---|---|
| 1. 将净利润调节为经营活动现金流量： | | |
| 净利润 | | |
| 加：资产减值准备 | | |
| 固定资产折旧、油气资产折耗、生产性生物资产折旧 | | |
| 无形资产摊销 | | |
| 长期待摊费用摊销 | | |
| 处置固定资产、无形资产和其他长期资产的损失（收益以“-”号填列） | | |
| 固定资产报废损失（收益以“-”号填列） | | |
| 公允价值变动损失（收益以“-”号填列） | | |
| 财物费用（收益以“-”号填列） | | |
| 投资损失（收益以“-”号填列） | | |
| 递延所得税资产的减少（增加以“-”号填列） | | |
| 递延所得税负债的增加（减少以“-”号填列） | | |
| 存货的减少（增加以“-”号填列） | | |
| 经营性应收项目的减少（增加以“-”号填列） | | |
| 经营性应付项目的增加（减少以“-”号填列） | | |
| 其他 | | |
| 经营活动产生的现金流量净额 | | |
| 2. 不涉及现金收支的重大投资和筹资活动： | | |
| 债务转为资本 | | |
| 一年内到期的可转换公司债券 | | |
| 融资租入固定资产 | | |
| 3. 现金及现金等价物净变动情况： | | |
| 现金的期末余额 | | |
| 减：现金的期初余额 | | |
| 加：现金等价物的期末余额 | | |
| 减：现金等价物的期初余额 | | |
| 现金及现金等价物净增加额 | | |

### 15.4.2 现金流量表的编制说明

现金流量表的编制就是根据资产负债表和利润表、会计核算记录和业务发生情况进行的重分类，因此，编制现金流量表的过程就是将权责发生制下的会计资料调整为收付实现制下的现金流量的过程。现金流量信息要求分别按经营活动、投资活动和筹资活动进行报告。

1. 直接法和间接法

在编制现金流量表时，列报经营活动现金流量的方法有直接法与间接法两种。这两种方法通常也称为编制现金流量表的方法。

直接法是指按现金收入和现金支出的主要类别直接反映企业经营活动产生的现金流量的方法。例如，直接列报“销售商品、提供劳务收到的现金”“购买商品、接受劳务支付的现金”等。在直接法下，一般是以利润表中的营业收入为起算点，调节与经营活动有关的项目的增减变动，然后计算出经营活动产生的现金流量。

间接法是指以净利润为起算点，调整不涉及现金的收入、费用、营业外收支等有关项目，剔除投资活动、筹资活动对现金流量的影响，据此计算出经营活动产生的现金流量。在间接法下，将净利润调节为经营活动现金流量，实际上就是将按权责发生制原则确定的净利润调整为现金净流入，并剔除投资活动和筹资活动对现金流量的影响。

采用直接法编报现金流量表，便于分析企业经营活动产生的现金流量的来源和用途，预测企业现金流量的未来前景；采用间接法编报现金流量表，便于将净利润与经营活动产生的现金流量净额进行比较，了解净利润与经营活动产生的现金流量差异的原因，从现金流量的角度分析净利润的质量。因此，我国《企业会计准则》规定企业应当采用直接法编报现金流量表，同时要求在附注中提供以净利润为基础调节到经营活动现金流量的信息。

2. 工作底稿法

采用工作底稿法编制现金流量表，是以工作底稿为手段，以资产负债表和利润表数据为基础，对每个项目进行分析并编制调整分录，从而编制现金流量表。

**小贴士：工作底稿法的程序**

第一步，将资产负债表的期初数和期末数过入工作底稿的“期初数”栏和“期末数”栏。

第二步，对当期业务进行分析并编制调整分录。在编制调整分录时，要以利润表项目为基础，从营业收入开始，结合资产负债表项目逐一进行分析。在调整分录中，有关现金和现金等价物的事项并不直接借记或贷记现金，而是分别记入“经营活动产生的现金流量”“投资活动产生的现金流量”“筹资活动产生的现金流量”有关项目，借记表示现金流入，贷记表示现金流出。

第三步，将调整分录过入工作底稿中的相应部分。

第四步，核对调整分录，借方、贷方合计数均已经相等，资产负债表项目的期初数加减调整分录中的借贷金额以后也等于期末数。

第五步，根据工作底稿中的现金流量表项目部分编制正式的现金流量表。

3. T 形账户法

采用T形账户法编制现金流量表，是以T形账户为手段，以资产负债表和利润表数据为基础，对每个项目进行分析并编制调整分录，从而编制现金流量表。

**小贴士：T形账户法的程序**

第一步，为所有的非现金项目（包括资产负债表项目和利润表项目）分别开设T形账户，并将各自的期末、期初变动数过入各该账户。如果项目的期末数大于期初数，则将差额过入和项目余额相同的方向；反之，过入相反的方向。

第二步，开设一个大的“现金及现金等价物”T形账户，每边分为经营活动、投资活动和筹资活动三个部分，左边登记现金流入，右边登记现金流出。与其他账户一样，过入期末、期初变动数。

第三步，以利润表项目为基础，结合资产负债表分析每个非现金项目的增减变动，并据此编制调整分录。

第四步，将调整分录过入各T形账户，并进行核对。该账户借贷相抵后的余额与原先过入的期末期初变动数应当一致。

第五步，根据大的“现金及现金等价物”T形账户编制正式的现金流量表。

4. 分析填列法

分析填列法，是直接根据资产负债表、利润表和有关会计账户明细账的记录，分析计算出现金流量表各项目的金额，并据以编制现金流量表的一种方法。

### 15. 4. 3　现金流量表正表项目的填列说明

1. 经营活动产生的现金流量

（1）“销售商品、提供劳务收到的现金”项目，反映企业销售商品、提供劳务实际收到的现金（包括增值税销项税额）。本项目可以根据“库存现金”“银行存款”“应收账款”“应收票据”“预收账款”“主营业务收入”“其他业务收入”等账户的记录分析填列。

**小贴士：“销售商品、提供劳务收到的现金”项目计算公式**

销售商品、提供劳务收到的现金=当期销售商品、提供劳务收到的现金+当期收回前期的应收账款和应收票据+当期预收款项+当期收回前期核销的坏账损失-当期销售退回支付的现金

（2）“收到的税费返还”项目，反映企业收到返还的各种税费，包括收到的增值税、消费税、关税、所得税、教育费附加等各种税费返还款。本项目可以根据“库存现金”

“银行存款”“营业外收入”“其他应收款”等账户的记录分析填列。

（3）“收到其他与经营活动有关的现金”项目，反映企业除了上述各项目以外所收到的其他与经营活动有关的现金，如罚款收入、经营租赁收到的租金、流动资产损失中由个人赔偿的现金等。若某项流入金额较大，应单独列示。本项目可以根据“库存现金”“银行存款”“营业外收入”等账户的记录分析填列。

（4）“购买商品、接受劳务支付的现金”项目，反映企业购买材料、商品、接受劳务实际支付的现金（包括增值税进项税额）。本项目可以根据“库存现金”“银行存款”“应付账款”“应付票据”“预付账款”“主营业务成本”“其他业务成本”等账户的记录分析填列。

**小贴士：“购买商品、接受劳务支付的现金”项目计算公式**

购买商品、接受劳务支付的现金=当期购买商品、接受劳务支付的现金+当期支付前期的应付账款和应付票据+当期预付的账款-当期因购货退回收到的现金

（5）“支付给职工以及为职工支付的现金”项目，反映企业实际支付给职工以及为职工支付的现金，包括工资、奖金、各种津贴和补贴等职工薪酬，以及为职工支付的其他费用。企业代扣代缴的职工个人所得税，也在本项目反映。本项目不包括支付给离退休人员的各项费用及支付给在建工程人员的薪酬。支付给离退休人员的费用，在“支付其他与经营活动有关的现金”项目中反映；支付给在建工程人员的薪酬，在“购建固定资产、无形资产和其他长期资产支付的现金”项目中反映。本项目可以根据“应付职工薪酬”“库存现金”“银行存款”等账户的记录分析填列。

**小贴士：“支付给职工以及为职工支付的现金”项目计算公式**

支付给职工以及为职工支付的现金=本期产品成本及管理费用、销售费用中的职工薪酬（除非货币性薪酬）+应付职工薪酬项目（除在建工程人员薪酬）（期初余额-期末余额）

（6）“支付的各项税费”项目，反映企业按规定支付的各种税费，包括企业本期发生本期支付、前期发生本期支付和本期预缴的各种税费，但不包括计入固定资产价值、实际支付的耕地占用税，也不包括本期退回的增值税、所得税。本项目可以根据“应交税费”“库存现金”“银行存款”等账户的记录分析填列。

（7）“支付其他与经营活动有关的现金”项目，反映企业除上述各项外，支付的其他与经营活动有关的现金。本项目可以根据“库存现金”“银行存款”“管理费用”“营业外支出”等账户的记录分析填列。

2. 投资活动产生的现金流量

（1）“收回投资收到的现金”项目，反映企业出售、转让或到期收回除现金等价物以外的对其他企业的权益工具、债务工具和合营中的权益等投资收到的现金，不包括收回债务工具实现的投资收益、处置子公司及其他营业单位收到的现金净额。本项目可根据“可供出售金融资产”“持有至到期投资”“长期股权投资”“库存现金”“银行存款”等账户的记录分析填列。

（2）“取得投资收益收到的现金”项目，反映企业除现金等价物以外对其他企业的权益工具、债务工具和合营中的权益投资分回的现金股利和利息等。现金等价物范围内的债券性投资，其利息收入在本项目反映。股票股利不在本项目反映。本项目可以根据“库存现金”“银行存款”“投资收益”等账户的记录分析填列。

（3）“处置固定资产、无形资产和其他长期资产收回的现金净额”项目，反映企业出售、报废固定资产、无形资产和其他长期资产收到的现金（包括因资产毁损收到的保险赔偿款），减去为处置这些资产而支付的有关费用后的净额。如所收回的现金净额为负数，则应在“支付其他与投资活动有关的现金”项目反映。本项目可以根据“固定资产清理”“库存现金”“银行存款”等账户的记录分析填列。

（4）“处置子公司及其他营业单位收到的现金净额”项目，反映企业处置子公司及其他营业单位所取得的现金，减去相关处置费用以及子公司及其他营业单位持有的现金和现金等价物后的净额。本项目可以根据“长期股权投资”“银行存款”“库存现金”等账户的记录分析填列。

（5）“收到其他与投资活动有关的现金”项目，反映企业除上述各项目外，收到的其他与投资活动有关的现金流入。本项目可以根据“应收股利”“应收利息”“银行存款”“库存现金”等账户的记录分析填列。

（6）“购建固定资产、无形资产和其他长期资产支付的现金”项目，反映企业本期购买或建造固定资产、取得无形资产和其他长期资产实际支付的现金，不包括为购建固定资产而发生的借款利息资本化部分，以及融资租入固定资产支付的租赁费。本项目可以根据“固定资产”“在建工程”“无形资产”“库存现金”“银行存款”等账户的记录分析填列。

（7）“投资支付的现金”项目，反映企业取得除现金等价物以外的对其他企业的权益工具、债务工具和合营中的权益投资所支付的现金，以及支付的佣金、手续费等附加费用。本项目可以根据“可供出售金融资产”“持有至到期投资”“长期股权投资”“库存现金”“银行存款”等账户的记录分析填列。

（8）“取得子公司及其他营业单位支付的现金净额”项目，反映企业购买子公司及其他营业单位购买出价中以现金支付的部分，减去子公司及其他营业单位持有的现金和现金等价物后的净额。本项目可以根据“长期股权投资”“库存现金”“银行存款”等账户的记录分析填列。

（9）“支付其他与投资活动有关的现金”项目，反映企业除上述各项以外所支付的其他与投资活动有关的现金流出。本项目可以根据“应收股利”“应收利息”“银行存款”“库存现金”等账户的记录分析填列。

3. 筹资活动产生的现金流量

（1）“吸收投资收到的现金”项目，反映企业以发行股票、债券等方式筹集资金实际收到的款项，即发行收入减去直接支付给金融企业的佣金、手续费、宣传费、咨询费、印刷费等发行费用后的净额。本项目可以根据“实收资本（或股本）”“库存现金”“银行存款”等账户的记录分析填列。

（2）“取得借款收到的现金”项目，反映企业举借各种短期、长期借款实际收到的现金。本项目可以根据“短期借款”“长期借款”“库存现金”“银行存款”等账户的记录分析填列。

（3）“收到其他与筹资活动有关的现金”项目，反映企业除上述各项目外收到的其他与筹资活动有关的现金流入，如接受现金捐赠等。若某项流入金额较大，应单独列示。本项目可以根据“银行存款”“库存现金”“营业外收入”等账户的记录分析填列。

（4）“偿还债务支付的现金”项目，反映企业偿还债务本金所支付的现金，包括偿还金融企业的借款本金、偿付企业到期的债券本金等，不包括企业支付的借款利息和债券利息。本项目可以根据“短期借款”“长期借款”“应付债券”“库存现金”“银行存款”等账户的记录分析填列。

（5）“分配股利、利润或偿付利息支付的现金”项目，反映企业实际支付的现金股利、支付给其他投资单位的利润或用现金支付的借款利息、债券利息等。本项目可以根据“应付股利”“应付利息”“财务费用”“库存现金”“银行存款”等账户的记录分析填列。

（6）“支付其他与筹资活动有关的现金”项目，反映企业除上述各项目外支付的其他与筹资活动有关的现金流出，如捐赠现金支出、融资租入固定资产支付的租赁费等。若某项流出金额较大，应单独列示。本项目可以根据“营业外支出”“长期应付款”“银行存款”“库存现金”等账户的记录分析填列。

4. 汇率变动对现金及现金等价物的影响

本项目反映企业外币现金流量以及境外子公司的现金流量折算为人民币时，所采用的现金流量发生日的即期汇率或按照系统合理的方法确定的、与现金流量发生日即期汇率近似汇率折算的人民币金额与“现金及现金等价物净增加额”中的外币现金净增加额按期末汇率折算的人民币金额之间的差额。

本项目金额可采用简化方法倒挤得出，即通过将现金流量表补充资料中“现金及现金等价物净增加额”数额与现金流量表中“经营活动产生的现金流量净额”“投资活动产生的现金流量净额”“筹资活动产生的现金流量净额”三项之和相比较，其差额即为“汇率变动对现金及现金等价物的影响”项目的金额。

### 15.4.4 现金流量表补充资料项目的填列说明

在我国，企业还应采用间接法反映企业经济活动产生的现金流量情况，在补充资料中披露将净利润（利润表中的“净利润”金额）调节为经营活动现金流量、不涉及现金收支的重大投资和筹资活动、现金及现金等价物净变动等信息，以对现金流量表中采用直接法反映的企业经营活动产生的现金流量进行核对和补充说明。

1. 将净利润调节为经营活动现金流量

采用间接法列报经营活动产生的现金流量时，需要对四大类项目进行调整：一是实际没有支付现金的费用；二是实际没有收到现金的收益；三是不属于经营活动的损益；四是经营性应收应付项目的增减变动。

（1）“资产减值准备”项目，根据“资产减值损失”账户的记录分析填列。

（2）“固定资产折旧”项目，根据“累计折旧”账户的贷方发生额分析填列。

（3）“无形资产摊销”和“长期待摊费用摊销”项目，可以根据“累计摊销”“长期待摊费用”账户的贷方发生额分析填列。

（4）“处置固定资产、无形资产和其他长期资产的损失（减：收益）”项目，根据“营业外收入”“营业外支出”等账户所属有关明细科目的记录分析填列。如为净收益，以“-”号填列。

（5）“固定资产报废损失”项目，根据“营业外收入”“营业外支出”等账户所属有关明细科目的记录分析填列。

（6）“公允价值变动损失”项目，根据“公允价值变动损益”账户的发生额分析填列。如为持有损失，在将净利润调节为经营活动现金流量时，应当加回；如为持有利得，在将净利润调节为经营活动现金流量时，应当扣除。

（7）“财务费用”项目，根据“财务费用”账户借方发生额分析填列。如为收益，以“-”号填列。

（8）“投资损失（减：收益）”项目，根据利润表中“投资收益”项目的数字填列。如为投资收益，以“-”号填列。

（9）“递延所得税资产减少（减：增加）”项目，根据资产负债表“递延所得税资产”项目期初、期末余额分析填列。

（10）“递延所得税负债增加（减：减少）”项目，根据资产负债表“递延所得税负债”项目期初、期末余额分析填列。

（11）“存货的减少（减：增加）”项目，根据资产负债表中“存货”项目的期初数、期末数之间的差额填列；期末数大于期初数的差额，以“-”号填列。如果存货的增减变化过程属于投资活动，如在建工程领用存货，应当将这一因素剔除。

（12）“经营性应收项目的减少（减：增加）”项目，根据有关账户的期初、期末余额分析填列。如为增加，以“-”号填列。

（13）“经营性应付项目的增加（减：减少）”项目，根据有关账户的期初、期末余额分析填列。如为增加，以“-”号填列。

（14）“不涉及现金收支的重大投资和筹资活动的披露”项目，反映企业一定期间内影响资产或负债但不形成该期现金收支的所有投资和筹资活动的信息。

2. 不涉及现金收支的重大投资和筹资活动

企业应当在补充资料中披露不涉及当期现金收支、但影响企业财务状况或在未来可能影响企业现金流量的重大投资和筹资活动，主要包括：债务转为资本，反映企业本期转为资本的债务金额；一年内到期的可转换公司债券，反映企业一年内到期的可转换公司债券的本息；融资租入固定资产，反映企业本期融资租入的固定资产。

3. 现金及现金等价物净变动情况

本项目反映企业在一定会计期间现金及现金等价物的期末余额减去期初余额后的净增加额（或净减少额），是对现金流量表中“现金及现金等价物净增加额”项目的补充说明。本项目的金额应与现金流量表“现金及现金等价物净增加额”项目的金额核对相符。

## 任务 15.5　所有者权益变动表的编制

### 15.5.1　认识所有者权益变动表

1. 所有者权益变动表的定义

所有者权益变动表是指反映构成所有者权益各组成部分当期增减变动情况的报表。

通过所有者权益变动表，既可以为财务报表使用者提供所有者权益总量增减变动的信息，也能为其提供所有者权益增减变动的结构性信息，特别是能够让财务报表使用者理解所有者权益增减变动的根源。

2. 所有者权益变动表的结构

在所有者权益变动表上，企业至少应当单独列示反映下列信息的项目：①综合收益总额；②会计政策变更和差错更正的累积影响金额；③所有者投入资本和向所有者分配利润等；④提取的盈余公积；⑤实收资本、其他权益工具、资本公积、其他综合收益、专项储备、盈余公积、未分配利润的期初和期末余额及其调节情况。

所有者权益变动表以矩阵的形式列示：一方面，列示导致所有者权益变动的交易或事项，即所有者权益变动的来源，对一定时期所有者权益的变动情况进行全面反映；另一方面，按照所有者权益各组成部分（实收资本、其他权益工具、资本公积、库存股、其他综合收益、盈余公积、未分配利润）列示交易或事项对所有者权益各部分的影响。

我国一般企业所有者权益变动表的格式见表 15-5。

表 15-5　所有者权益变动表　会企 04 表

编制单位：　　　　　　____年____月____日　　　　　　单位：元

| 项目 | 本年金额 | | | | | | | | | | | 上年金额 | | | | | | | | | | |
|---|---|---|---|---|---|---|---|---|---|---|---|---|---|---|---|---|---|---|---|---|---|---|
| | 实收资本（或股本） | 其他权益工具 | | | 资本公积 | 减：库存股 | 其他综合收益 | 专项储备 | 盈余公积 | 未分配利润 | 所有者权益合计 | 实收资本（或股本） | 其他权益工具 | | | 资本公积 | 减：库存股 | 其他综合收益 | 专项储备 | 盈余公积 | 未分配利润 | 所有者权益合计 |
| | | 优先股 | 永续债 | 其他 | | | | | | | | | 优先股 | 永续债 | 其他 | | | | | | | |
| 一、上年年末余额 | | | | | | | | | | | | | | | | | | | | | | |
| 加：会计政策变更 | | | | | | | | | | | | | | | | | | | | | | |
| 前期差错更正 | | | | | | | | | | | | | | | | | | | | | | |
| 其他 | | | | | | | | | | | | | | | | | | | | | | |
| 二、本年年初余额 | | | | | | | | | | | | | | | | | | | | | | |
| 三、本年增减变动金额（减少以“-”号填列） | | | | | | | | | | | | | | | | | | | | | | |
| （一）综合收益总额 | | | | | | | | | | | | | | | | | | | | | | |
| （二）所有者投入和减少资本 | | | | | | | | | | | | | | | | | | | | | | |
| 1. 所有者投入的普通股 | | | | | | | | | | | | | | | | | | | | | | |
| 2. 其他权益工具持有者投入资本 | | | | | | | | | | | | | | | | | | | | | | |
| 3. 股份支付计入所有者权益的金额 | | | | | | | | | | | | | | | | | | | | | | |
| 4. 其他 | | | | | | | | | | | | | | | | | | | | | | |
| （三）利润分配 | | | | | | | | | | | | | | | | | | | | | | |

表15-5（续）

| 项目 | 本年金额 | | | | | | | | | | | | 上年金额 | | | | | | | | | | | |
|---|---|---|---|---|---|---|---|---|---|---|---|---|---|---|---|---|---|---|---|---|---|---|---|---|
| | 实收资本（或股本） | 其他权益工具 | | | 资本公积 | 减：库存股 | 其他综合收益 | 专项储备 | 盈余公积 | 未分配利润 | 所有者权益合计 | 实收资本（或股本） | 其他权益工具 | | | 资本公积 | 减：库存股 | 其他综合收益 | 专项储备 | 盈余公积 | 未分配利润 | 所有者权益合计 |
| | | 优先股 | 永续债 | 其他 | | | | | | | | | 优先股 | 永续债 | 其他 | | | | | | | |
| 1. 提取盈余公积 | | | | | | | | | | | | | | | | | | | | | | |
| 2. 对所有者（或股东）的分配 | | | | | | | | | | | | | | | | | | | | | | |
| 3. 其他 | | | | | | | | | | | | | | | | | | | | | | |
| （四）所有者权益内部结转 | | | | | | | | | | | | | | | | | | | | | | |
| 1. 资本公积转增资本（或股本） | | | | | | | | | | | | | | | | | | | | | | |
| 2. 盈余公积转增资本（或股本） | | | | | | | | | | | | | | | | | | | | | | |
| 3. 盈余公积弥补亏损 | | | | | | | | | | | | | | | | | | | | | | |
| 4. 设定受益计划变动额结转留存收益 | | | | | | | | | | | | | | | | | | | | | | |
| 5. 其他综合收益结转留存收益 | | | | | | | | | | | | | | | | | | | | | | |
| 6. 其他 | | | | | | | | | | | | | | | | | | | | | | |
| 四、本年年末余额 | | | | | | | | | | | | | | | | | | | | | | |

### 15.5.2 所有者权益变动表的填列方法

所有者权益变动表各项目均需填列“本年金额”和“上年金额”两栏。

所有者权益变动表“上年金额”栏内各项数字，应根据上年度所有者权益变动表“本年金额”栏内所列数字填列。上年度所有者权益变动表规定的各个项目的名称和内容与本年度不一致的，应对上年度所有者权益变动表各项目的名称和数字按照本年度的规定进行调整，填入所有者权益变动表的“上年金额”栏内。

所有者权益变动表“本年金额”栏内各项数字一般应根据“实收资本（或股本）”“其他权益工具”“资本公积”“库存股”“其他综合收益”“专项储备”“盈余公积”“利润分配”“以前年度损益调整”科目的发生额分析填列。

企业的净利润及其分配情况作为所有者权益变动的组成部分，不需要单独编制利润分配表列示。

### 15.5.3 所有者权益变动表的填列说明

（1）“上年年末余额”项目，反映企业上年资产负债表中实收资本（或股本）、其他权益工具、资本公积、库存股、其他综合收益、专项储备、盈余公积、未分配利润的年末余额。

（2）“会计政策变更”“前期差错更正”项目，分别反映企业采用追溯调整法处理的会计政策变更的累积影响金额和采用追溯重述法处理的会计差错更正的累积影响金额。

（3）“本年增减变动金额”项目

①“综合收益总额”项目，反映净利润和其他综合收益扣除所得税影响后的净额相加后的合计金额。

②“所有者投入和减少资本”项目，反映企业当年所有者投入的资本和减少的资本。

**小贴士：“所有者投入和减少资本”项目具体内容**

“所有者投入的普通股”项目，反映企业接受投资者投入形成的实收资本（或股本）和资本溢价或股本溢价。

“其他权益工具持有者投入资本”项目，反映企业发行的除普通股以外分类为权益工具的金融工具的持有者投入资本的金额。

“股份支付计入所有者权益的金额”项目，反映企业处于等待期中的权益结算的股份支付当年计入资本公积的金额。

③“利润分配”项目，反映企业当年的利润分配金额。

④“所有者权益内部结转”项目，反映企业构成所有者权益的组成部分之间当年的增

减变动情况。

**小贴士："所有者权益内部结转"项目具体内容**

"资本公积转增资本（或股本）"项目，反映企业当年以资本公积转增资本或股本金额。

"盈余公积转增资本（或股本）"项目，反映企业当年以盈余公积转增资本或股本金额。

"盈余公积弥补亏损"项目，反映企业当年以盈余公积弥补亏损的金额。

"设定受益计划变动额结转留存收益"项目，反映企业因重新计量设定受益计划净负债或净资产所产生的变动计入其他综合收益，结转至留存收益的金额。

"其他综合收益结转留存收益"项目，主要反映：第一，企业指定为以公允价值计量且其变动计入其他综合收益的非交易性权益工具投资终止确认时，之前计入其他综合收益的累计利得或损失从其他综合收益中转入留存收益的金额；第二，企业指定为以公允价值计量且其变动计入当期损益的金融负债终止确认时，之前由企业自身信用风险变动引起而计入其他综合收益的累计利得或损失从其他综合收益中转入留存收益的金额等。

**经典考题回顾**

1. 【单选题】下列各项中，不在所有者权益变动表列示的是（　　）。
   A. 利润分配
   B. 所有者投入和减少资本
   C. 每股收益
   D. 综合收益总额

2. 【判断题】所有者权益变动表是反映企业当期所有者权益各构成部分增减变动情况的报表。（　　）

扫码关注，获取答案及更多考题资料

# 任务 15.6　附注的编制

## 15.6.1　认识附注

附注是指对在资产负债表、利润表、现金流量表和所有者权益变动表等报表中列示项目的文字描述或明细资料，以及对未能在这些报表中列示项目的说明等。

首先，附注拓展了企业财务信息的内容，打破了财务报表内容所受限制，如提供报表数据的形成来源及结构的分析性信息等；其次，附注突破了揭示项目必须用货币加以计量的局限性；再次，附注充分满足了企业财务会计报告使用者的要求，增进了会计信息的可理解性；最后，附注提高了会计信息的可比性，可以使不同行业或同一行业不同企业的会计信息的差异更具可比性，从而便于进行对比分析。

通过附注与资产负债表、利润表、现金流量表和所有者权益变动表列示项目的相互参照关系，以及对未能在报表中列示项目的说明，可以使财务报表使用者全面了解企业的财务状况、经营成果和现金流量情况。

## 15.6.2　附注的主要内容

附注应当按照下列顺序披露有关内容。

1. 企业的基本情况

（1）企业的注册地、组织形式和总部地址。

（2）企业的业务性质和主要经营活动。

（3）母公司以及集团最终母公司的名称。

（4）财务报告的批准报出者和财务报告批准报出日。

（5）营业期限有限的企业，还应当披露有关营业期限的信息。

2. 财务报表的编制基础

财务报表的编制基础是指财务报表是在持续经营基础上还是非持续经营基础上编制的。企业一般在持续经营基础上编制财务报表，清算、破产属于非持续经营基础。

3. 遵循企业会计准则的声明

企业应当声明编制的财务报表符合《企业会计准则》的要求，真实、完整地反映了企业的财务状况、经营成果和现金流量等有关信息，以此明确企业编制财务报表所依据的制度基础。

4. 重要会计政策和会计估计

企业应当披露采用的重要会计政策和会计估计，不重要的会计政策和会计估计可以不披露。在披露重要会计政策和会计估计时，企业应当披露重要会计政策的确定依据和财务报表项目的计量基础，以及会计估计中所采用的关键假设和不确定因素。

**小贴士：会计政策的确定依据和财务报表项目的计量基础**

会计政策的确定依据，主要是指企业在运用会计政策过程中所做的对报表中确认的项目金额最具影响的判断。

财务报表项目的计量基础，是指企业计量该项目采用的是历史成本、重置成本、可变现净值、现值还是公允价值，这直接影响使用者对财务报表的理解和分析。

在确定报表中确认的资产和负债的账面价值过程中，企业有时需要对不确定的未来事项在资产负债表日对这些资产和负债的影响加以估计，如企业预计持有至到期投资未来现金流量采用的折现率和假设。这类假设的变动对这些资产和负债项目的金额的确定影响很大，有可能会在下一个会计年度内做出重大调整，因此，强调这一披露要求，有助于提高财务报表的可理解性。

5. 会计政策和会计估计变更以及差错更正的说明

企业应当按照会计政策、会计估计变更和差错更正会计准则的规定，披露会计政策和会计估计变更以及差错更正的有关情况。

6. 报表重要项目的说明

企业对报表重要项目的说明，应当按照资产负债表、利润表、现金流量表、所有者权益变动表及其项目列示的顺序，采用文字和数字描述相结合的方式进行披露。报表重要项目的明细金额合计应当与报表项目金额相衔接，主要重要项目及其披露信息见表 15-6。

表 15-6　报表重要项目及其披露信息

| 报表重要项目 | 披露信息 |
| --- | --- |
| 以公允价值计量且其变动计入当期损益的金融资产 | 企业应披露以公允价值计量且其变动计入当期损益的金融资产的账面价值，并分别反映交易性金融资产和在初始确认时指定为以公允价值计量且其变动计入当期损益的金融资产<br>对于指定为以公允价值计量且其变动计入当期损益的金融资产，应当披露下列信息：①指定的金融资产的性质；②初始确认时对上述金融资产做出指定的标准；③如何满足运用指定的标准 |
| 应收款项 | 企业应披露应收款项的账龄结构和客户类别以及期初、期末账面余额等信息 |
| 存货 | 企业应当披露下列信息：<br>①各类存货的期初和期末账面价值；<br>②确定发出存货成本所采用的方法；<br>③存货可变现净值的确定依据，存货跌价准备计提方法，当期计提的存货跌价准备的金额，当期转回的存货跌价准备的金额，以及计提和转回的有关情况；<br>④用于担保的存货账面价值 |
| 长期股权投资 | 企业应当披露下列信息：<br>①对控制、共同控制、重大影响的判断；<br>②对投资性主体的判断及主体身份的转换；<br>③企业集团的构成情况；<br>④重要的非全资子公司的相关信息；<br>⑤对使用企业集团资产和清偿企业集团债务的重大限制；<br>⑥纳入合并财务报表范围的结构化主体的相关信息；<br>⑦企业在其子公司的所有者权益份额发生变化的情况；<br>⑧投资性主体的相关信息；<br>⑨合营安排和联营企业的基础信息；<br>⑩重要的合营企业和联营企业的主要财务信息；<br>⑪不重要的合营企业和联营企业的汇总财务信息；<br>⑫与企业在合营企业和联营企业中权益相关的风险信息；<br>⑬未纳入合并财务报表范围的结构化主体的基础信息；<br>⑭与权益相关资产负债的账面价值和最大损失敞口；<br>⑮企业是结构化主体的发起人但在结构化主体中没有权益的情况；<br>⑯向未纳入合并财务报表范围结构化主体提供支持的情况；<br>⑰未纳入合并财务报表范围结构化主体的额外信息披露 |
| 投资性房地产 | 企业应当披露下列信息：<br>①投资性房地产的种类、金额和计量模式；<br>②采用成本模式的，投资性房地产的折旧或摊销，以及减值准备的计提情况；<br>③采用公允价值模式的，公允价值的确定依据和方法，以及公允价值变动对损益的影响；<br>④房地产转换情况、理由，以及对损益或所有者权益的影响；<br>⑤当期处置的投资性房地产及其对损益的影响 |

表15-6(续)

| 报表重要项目 | 披露信息 |
| --- | --- |
| 固定资产 | 企业应当披露下列信息：<br>①固定资产的确认条件、分类、计量基础和折旧方法；<br>②各类固定资产的使用寿命、预计净残值和折旧率；<br>③各类固定资产期初期末原价、累计折旧额及固定资产减值准备累计金额；<br>④当期确认的折旧费用；<br>⑤对固定资产所有权的限制及金额和用于担保的固定资产账面价值；<br>⑥准备处置的固定资产名称、账面价值、公允价值、预计处置费用和预计处置时间等 |
| 无形资产 | 企业应当披露下列信息：<br>①无形资产的期初和期末账面余额、累计摊销额及减值准备累计金额；<br>②使用寿命有限的无形资产，其使用寿命的估计情况；使用寿命不确定的无形资产，其使用寿命不确定的判断依据；<br>③无形资产的摊销方法；<br>④用于担保的无形资产账面价值、当期摊销额等情况；<br>⑤计入当期损益和确认为无形资产的研究开发支出金额 |
| 应付职工薪酬 | （1）企业应当披露短期职工薪酬相关的下列信息：<br>①应当支付给职工的工资、奖金、津贴和补贴及其期末应付未付金额；<br>②应当为职工缴纳的医疗保险费、工伤保险费和生育保险费等社会保险费，及其期末应付未付金额；<br>③应当为职工缴存的住房公积金，及其期末应付未付金额；<br>④为职工提供的非货币性福利，及其计算依据；<br>⑤依据短期利润分享计划提供的职工薪酬金额及其计算依据；<br>⑥其他短期薪酬<br>（2）企业应当披露所设立或参与的设定提存计划的性质，计算缴费金额的公式或依据，当期缴费金额以及应付未付金额<br>（3）企业应当披露与设定受益计划有关的下列信息：<br>①设定受益计划的特征及与之相关的风险；<br>②设定受益计划在财务报表中确认的金额及其变动；<br>③设定受益计划对企业未来现金流量金额、时间和不确定性的影响；<br>④设定受益计划义务现值所依赖的重大精算假设及有关敏感性分析的结果<br>（4）企业应当披露支付的因解除劳动关系所提供的辞退福利及其期末应付未付金额<br>（5）企业应当披露提供的其他长期职工福利的性质、金额及计算依据 |
| 应交税费 | 企业应当披露应交税费的构成及期初、期末账面余额等信息 |
| 短期借款和长期借款 | 企业应当披露短期借款、长期借款的构成及期初、期末账面余额等信息。对于期末逾期借款，应分别贷款单位、借款金额、逾期时间、年利率、逾期未偿还原因和预期还款期等进行披露 |
| 应付债券 | 企业应当披露应付债券的构成及期初、期末账面余额等信息 |
| 长期应付款 | 企业应当披露长期应付款的构成及期初、期末账面余额等信息 |
| 营业收入 | 企业应当披露营业收入的构成及本期、上期发生额等信息 |

表15-6(续)

| 报表重要项目 | 披露信息 |
|---|---|
| 公允价值变动收益 | 企业应当披露公允价值变动收益的来源及本期、上期发生额等信息 |
| 投资收益 | 企业应当披露投资收益的来源及本期、上期发生额等信息 |
| 资产减值损失 | 企业应当披露各项资产的减值损失及本期、上期发生额等信息 |
| 营业外收入 | 企业应当披露营业外收入的构成及本期、上期发生额等信息 |
| 营业外支出 | 企业应当披露营业外支出的构成及本期、上期发生额等信息 |
| 所得税费用 | 企业应当披露下列信息：<br>①所得税费用（收益）的主要组成部分；<br>②所得税费用（收益）与会计利润关系的说明 |
| 其他综合收益 | 企业应当披露下列信息：<br>①其他综合收益各项目及其所得税影响；<br>②其他综合收益各项目原计入其他综合收益、当期转出计入当期损益金额；<br>③其他综合收益各项目的期初和期末余额及其调节情况 |
| 政府补贴 | 企业应当披露下列信息：<br>①政府补助的种类及金额；<br>②计入当期损益的政府补助金额；<br>③本期返还的政府补助金额及原因 |
| 借款费用 | 企业应当披露下列信息：<br>①当期资本化的借款费用金额；<br>②当期用于计算确定借款费用资本化金额的资本化率 |

7. 或有和承诺事项、资产负债表日后非调整事项、关联方关系及其交易等需要说明的事项

8. 有助于财务报表使用者评价企业管理资本的目标、政策及程序的信息

**经典考题回顾**

【多选题】下列各项中，应在企业财务报表附注中披露的内容有（　　）。

A. 会计政策和会计估计变更以及差错更正的说明

B. 遵循企业会计准则的声明

C. 财务报表的编制基础

D. 重要会计政策和会计估计

# 能力训练

## 一、单项选择题

1. 年度终了前，资产负债表中的“未分配利润”项目，应根据（　　）填列。
   A.“利润分配”科目余额
   B.“本年利润”科目余额
   C.“本年利润”和“利润分配”科目的余额
   D.“应付股利”科目余额
2. 下列各项中，不应列入利润表“营业成本”项目的是（　　）。
   A. 已销商品的实际成本
   B. 在建工程领用产品的成本
   C. 对外提供劳务结转的成本
   D. 投资性房地产计提的折旧额
3. 下列各项中，不应在所有者权益变动表中反映的是（　　）。
   A. 所有者投入资本
   B. 盈余公积转增股本
   C. 所有者减少资本
   D. 采购原材料
4. 下列资产负债表项目中，应根据多个总账科目余额计算填列的是（　　）。
   A. 应付账款
   B. 盈余公积
   C. 未分配利润
   D. 长期借款
5. 下列报表中，（　　）能够反映企业一定时点所拥有的资产、需偿还的债务，以及投资者所拥有的净资产的情况。
   A. 资产负债表
   B. 利润表
   C. 现金流量表
   D. 所有者权益变动表
6. 资产负债表中资产的排列依据是（　　）。

A. 项目重要性

B. 项目流动性

C. 项目时间性

D. 项目收益性

7. 下列各项中，关于财务报表附注的表述不正确的是（　　）。

A. 附注中包括财务报表重要项目的说明

B. 对未能在财务报表中列示的项目在附注中说明

C. 如果没有需要披露的重大事项，企业不必编制附注

D. 附注中包括会计政策和会计估计变更以及差错更正的说明

8. 下列各项中，关于财务报表说法不正确的是（　　）。

A. 我国企业的资产负债表采用账户式结构

B. 我国企业的利润表采用多步式格式

C. 我国企业的利润表采用单步式格式

D. 我国企业的现金流量表采用报告式结构

9. 下列各项中，属于企业现金流量表中“筹资活动产生的现金流量”的是（　　）。

A. 收回长期股权投资收到的现金

B. 处置商标收回的现金净额

C. 吸收股权投资收到的现金

D. 收到持有至到期投资的利息

10. 下列资产负债表项目中，应根据有关科目余额减去其备抵科目余额填列的是（　　）

A. 固定资产

B. 长期待摊费用

C. 开发支出

D. 货币资金

11. 下列各项中，关于资产负债表“预收账款”项目填列方法的表述，正确的是（　　）。

A. 根据“预收账款”科目的期末余额填列

B. 根据“预收账款”和“应收账款”科目所属明细各科目期末贷方余额合计数填列

C. 根据“预收账款”和“预付账款”科目所属各明细科目期末借方余额合计数填列

D. 根据“预收账款”和“应付账款”科目所属各明细科目期末贷方余额合计数填列

## 二、多项选择题

1. 所有者权益变动表至少应单独列示（　　）。
   A. 净利润
   B. 综合收益总额
   C. 会计政策变更和差错更正的累积影响金额
   D. 所有者投入资本和向所有者分配利润
2. 下列资产负债表项目中，根据总账余额直接填列的有（　　）。
   A. 短期借款
   B. 实收资本
   C. 直收票据
   D. 应收账款
3. 下列各项中，关于我国企业资产负债表的表述正确的有（　　）。
   A. 资产项目按照重要性排列
   B. 资产项目按照流动性大小排列
   C. 负债项目按照清偿时间的先后顺序排列
   D. 资产负债表的编制依据是“资产=负债+所有者权益”
4. 下列各项中，属于企业现金流量表中“投资活动产生的现金流量”的有（　　）。
   A. 购买交易性金融资产
   B. 购买原材料
   C. 分配股利或利润支付的现金
   D. 购买无形资产
5. 下列各项中，可以通过资产负债表反映的有（　　）。
   A. 某一时点的财务状况
   B. 某一时点的偿债能力
   C. 某一期间的经营成果
   D. 某一期间的获利能力

## 三、判断题

1. 企业对报表重要项目的说明，可以按任意顺序，采用文字和数字描述相结合的方式进行披露，报表重要项目的明细金额合计，应当与报表项目金额相衔接。（　　）

2. 为购建固定资产而发生的借款利息资本化金额，应列示在现金流量表“购建固定资产、无形资产和其他长期资产支付的现金”项目中。（　　）

3. 企业购入货物验收入库后，若发票账单尚未收到，应在月末按照估计的金额确认

一笔负债，反映在资产负债表有关负债项目内。 (　　)

4. 编制所有者权益变动表的企业，也必须单独编制利润分配表。 (　　)

5. 资产负债表中应收票据排在应收账款前，因为应收票据流动性比应收账款强。 (　　)

扫码关注，获取答案及更多练习资料

# 参考文献

[1] 财政部会计资格评价中心. 初级会计实务 [M]. 北京：中国财经出版传媒集团，经济科学出版社，2019.

[2] 财政部中财传媒　全国会计资格考试辅导用书编写组. 初级会计实务通关题库 [M]. 北京：中国财经出版传媒集团，经济科学出版社，2019.

[3] 全国会计专业技术资格考试领导小组办公室. 初级会计专业技术资格考试大纲 [M]. 北京：中国财经出版传媒集团，经济科学出版社，2019.

[4] 财政部会计资格评价中心. 中级会计实务 [M]. 北京：中国财经出版传媒集团，经济科学出版社，2020.

[5] 中华人民共和国财政部. 企业会计准则（合订本）2019 [M]. 北京：中国财经出版传媒集团，经济科学出版社，2020.

[6] 企业会计准则编审委员. 企业会计准则详解与实务　条文解读+实务应用+案例讲解（2020 年版）[M]. 北京：人民邮电出版社，2020.

[7] 企业会计准则编审委员. 企业会计准则及应用指南实务详解（2020 年版）[M]. 北京：人民邮电出版社，2020.

[8] 全国税务师职业资格考试教材编写组. 财务与会计 [M]. 北京：中国税务出版社，2019.

[9] 中国注册会计师协会. 会计 [M]. 北京：中国财经出版传媒集团，中国财政经济出版社，2020.

[10] 曾英姿. 财务与会计实务 [M]. 6 版. 厦门：厦门大学出版社，2019.

[11] 高翠莲. 会计基本技能 [M]. 2 版. 北京：高等教育出版社，2019.

[12] 谢国珍，李传双. 财务会计 [M]. 北京：高等教育出版社，2016.